KB271512

우리말의 인지론적 분석

우리말의 인지론적 분석

이 기 종 著

도서출판 **역락**

책머리에

국어학을 전공한 지 어언 15년이 지났고, 박사 학위를 받은 지도 벌써 5년의 세월이 흘렀다. 돌이켜보니 치열한 이십대 후반부터 삼십대를 훌쩍 넘어 불혹의 나이에 이르기까지 나는 드넓은 학문의 바다에서 거친 항해와 표류를 거듭했던 것 같다.

고등학교 시절에 나는 건축과를 지망하는 이과생이었다. 그러다가 문학에 심취했던 사춘기 덕분에 과감히 국문과를 지망했고 대학에서도 내내 소설가를 꿈꾸며 문학 언저리를 기웃거렸다. 그리고는 군에 입대를 했고, 다른 사람들처럼 조금은 철(?)이 들어 복학을 하였다.

내가 국어학에 관심을 기울인 것은 그 즈음이었다고 기억한다. 당시 내게 문학은 더 이상 신기루가 아니었다. 우러러보았던 문학 작품이 여지없이 비평의 칼날에 분석 당하고 내밀한 작가의 세계까지도 쉽게 까발려지는 것을 보고 순진했던 문학청년의 치기는 그만 위축당하고 말았다. 그러면서 나는 문학의 바탕을 이루는 언어 세계에 대해 점차 호기심이 싹트기 시작했다. 그래서 동기들은 중·고등학교 국어 선생님으로 사회에 발을 내딛었지만, 나는 더 큰 바다로 나가기 위한 삶의 이정표를 새로이 세웠다.

국어학을 전공하겠다는 내 말에 적잖이 놀라는 눈치로 의외라는 표정을 지으셨던 강정희 선생님에 대한 기억이 지금도 새롭다. 마술과 같은 언어학의 세계에 입사하고자 겪었던 시련들, 일테면 각종 학회 세미나를 쫓아다녔던 기억이나 학기말 리포트로 밤을 새웠던 일, 대학원 세미나마다 기를 쓰고 논문을 발표하려 했던 일 등이 오히려 이제는 가슴 뿌듯한 그리움으로 남아 있다.

　석사 논문부터 나는 언어의 세계에 내재된 인식 논리의 질서정
연함에 관심을 쏟았고, 그러한 관심은 박사 과정으로 자연스럽게
연결되었다. 특히 당시 나는 '인지 언어학'이라는 새로운 연구방법
에 탐닉하였고, 자연스럽게 '정신 공간'에 대한 신비감에 눈을 돌리
게 되었다. 그 결과 지각, 추측, 심리 등의 정신 공간 문제를 어떻
게 명시적으로 해석할 수 있을까에 착안하여 영원히 부끄럼으로
남는다는 학위 논문을 끝낼 수 있었다.

　이 책에 실린 내용들은 인간의 정신공간에 대한 언어 표상을 인
지론적으로 해석한 것이다. 제1부에서는 사고나 개념 같은 추상적
개체의 구조를 분석하고 명시적 기술을 시도하고자 하는 인지언어
학적 방법에 따라 짐작·추측 관련 언어 표상이 어떤 인지론적 과
정으로 생성되는지 관련된 표현 형식들의 의미 기능을 어떤 절차
로 해석하는지 규명하였다. 제2부에서는 언술 전략적 차원에서 이
루어지는 자기방어 표현(自己防禦 表現)의 의미 기능과 유형을 고
찰하였다. 끝으로 제3부에서는 공간 이동 동사 '떨어지다'의 인지
과정(개념화)와 영상 도식을 시도하였다.

　책을 묶으면서 본래 추상적인 정신 현상을 더더욱 복잡다단하게
해석하지 않았나 싶다. 특히 인지 체계의 어떤 인지 기능으로도
환원될 수 없는 독자적인 언어 기능을 새삼 실감할 수 있었다. 나
는 앞으로도 이 점을 고려하여 정신 세계를 해명하는 데 균형 잡
힌 시각을 견지하려 한다.

　이제 하마 불혹의 나이를 넘긴 지금, 비록 아무 것도 이루지 못했지만 모쪼록 이 책이 미혹 받지 않을 학자의 길에 새로운 지표가 되었으면 싶다. 아울러 막 꽃망울이 맺기 시작한 인지언어학 분야에 명민한 두뇌로 열매를 맺을 후학들에게 자그마한 도움이라도 되었으면 한다.

　끝으로 내게 국어학의 세계로 이끌어 준 강정희 선생님과, 힘들 때마다 용기를 북돋아 주신 박영환 교수님, 늘 인자하셨던 류구상 교수님의 은혜를 단 한순간도 잊은 적이 없다. 또한 내게 큰 가르침을 주셨던 국어국문학과 여러 선생님들과 동학들, 그리고 역락 출판사의 이대현 사장에게도 이 자리를 빌어 고마움을 전하고 싶다.

　끝으로 불편한 몸으로 우리 아이들을 봐주시려고 먼 걸음을 마다하지 않으시는 어머님, 늘 산처럼 묵묵히 나를 지켜봐 주신 아버님, 그리고 가난한 선비 만나서 고생하는 아내와 세 아이들에게도 고마움과 미안한 마음을 함께 전한다.

2001년 6월에
저자 씀.

차 례

우리말의 인지론적 분석

차례

차례

제2부 자기방어 표현의 유형과 기능

차 례

제1부

짐작·추측 구문의 인지론적 해석

1. 머리말

1.1 연구 목적과 방법

이 글은 현대 국어의 짐작(斟酌)·추측(推測) 구문의 의미 기능을 인지론적으로 해석한 것이다.[1] 따라서 국어에 다양하게 존재하는 짐작·추측에 관한 표현 형식을 유형별로 분류함은 물론, 개별 형식의 구문 의미 및 담화 의미를 밝히는 데 목적을 둔다.

국어에서 짐작·추측의 심리적 표상은 다양한 언어 형식으로 이룩된다.[2] 논의를 위해 이들을 간추리면 다음과 같다.

---

1) 발화 내용을 언어학에서는 '의미' 또는 '해석', 언어 심리학에서는 '명제' 또는 '명제 표상'이라고 불러 왔다. '인지론적 해석'이란 언어 논리의 근거를 심리작용에서 찾으려 하는 인지 문법론(Langacker, R. W. 1683), 인지 의미론(Miller, A. & Johnson, L. 1976, Jackendoff, R. 1983, 이기동 1983, 1991)에 따라, 짐작·추측의 의미 논리를 인지론적인 심리 표상 장치로 설명하고자 사용한 개념임을 밝혀 둔다.
2) 표상(representation)이란 객관적 세계 현상을 반영하는 것으로서, 실재 사물이나 사태를 심리적으로 인식하는 심리 현상을 말한다. 일반적으로 언어적 표상의 특징은 구체적 사물, 개별적 사실을 지각할 뿐만 아니라, 추상적 사실까지도 분석과 종합으로 표상하게 한다.

(1) ㄱ. 비가 오{리라, 겠다}.

　　ㄴ. 비가 오{ㄹ 것이, ㄹ 터이, ㄴ/ㄹ 모양이}다.

　　ㄷ. 비가 오(ㄴ/ㄹ){듯하, 듯싶, 성(상)싶, 법하, 것 같}다.

　　ㄹ. (ⅰ) 비가 오{나, 는가, ㄹ까, 지} 싶다.

　　　　(ⅱ) 비가 오{나, 는가, ㄹ까} 보다.

　　　　(ⅲ) 비가 오지 않{나, 는가, ㄹ까} 한다.

　　ㅁ. 비가 오{기 쉽, ㄴ/ㄹ지 모른}다.

　　ㅂ. (ⅰ) 비가 온다고 {짐작, 추측}한다.

　　　　(ⅱ) {짐작건대, 추측건대}, 비가 온다.

　위의 예들은 '비가 오다'라는 사실과 이에 대한 화자의 주관적 관여로 이루어져 있다. 주관적 관여란 명제 내용인 사태를 화자가 어떻게 인식하고 표현하는가를 뜻하며, 이를 언어학에서는 양태(modality) 의미로 다루어 왔다. 여기에서 짐작·추측의 양태 의미는 다양한 양태 연산자(modal operater)들에 의해 이룩된다.

　이 글에서는 {겠}, {리}에서부터 {-(ㄴ지/ㄹ지) 모른다}, {-기 쉽다}에 이르는 다양한 표현 형식의 기저 의미를 (1ㅂ)으로 보고, 이들이 '짐작·추측'이라는 개념적 양태 범주에 포함될 수 있다는 전제 아래 논의를 시작하기로 한다. 특히 이들 양태 연산자들의 기저에는 공유 의미역이 존재하지만 개별 형식들의 의미 활성역은 다르리라는 점에 초점을 둔다.

　이는 다양한 형식들이 포괄하여 쓰인 다음 발화에 잘 나타난다.

(2) ㄱ. 甲: 어젠 내가 졌지만, 오늘 바둑은 다르{*겠, ㄹ 것이}다.

　　　乙: 그래? 단단히 벼르고 오{았나 보, ㄴ 모양이}군. 자네 실력으로는 안 될텐데.

　　ㄴ. (바둑을 조금 두었을 때, 甲이 유리한 형국이 되자)

　　　甲: 오늘은 내가 이기{겠, ㄹ 것 같, 지 싶, ??ㄹ 것이}다. 시작이 좋은 걸 보면…

　　　乙: 글쎄? 끝내기가 중요하니까 이겼다고 보기엔 아직 이르

{?겠, ㄹ 것이, *ㄹ 모양이, ㄹ 것 같, 지 않을까 싶}다.
　　ㄷ. (바둑이 끝날 무렵 甲이 거의 이기게 되자)
　　　甲: 내가 이기{ㄴ 것 같, ㄴ 듯싶(하), 었지 싶}다. 이젠 돌
　　　　 을 던지는 게 좋{??겠, ㄹ 것이, ㄹ 듯하, 지 않을까 싶}다.
　　　乙: 정말 지{었는가 보, ㄴ 모양이, ㄴ 듯하, ㄴ 것 같}군.

(2)에서 우리는 {겠}과 {-ㄹ 것이다}를 비롯한 양태 연산자들이 화맥에 따라 각각 선별되어 쓰이고 있음을 알 수 있다. 이는 개별 형식들이 지닌 심리적 표상 세계의 하위 체계가 다를 것임을 암시한다. 즉 화자가 사태에 대한 인식 태도나 발화 외적 전제 조건―인식 거리, 근거 특성, 전제 지식―등에 따라 표현 형식을 적절히 선택하여 사용하기 때문이다.

이 글에서는 이러한 언어 현상을 설명하기 위해 의미 체계를 다양한 시각에서 접근하여 설정하고자 한다. 우선 양태가 지닌 두 가지 측면을 고려하여 이를 주·객관적 양태로 구분하겠다. 이는 양태 연산자의 의미를 화자의 주관적 태도 표명인 짐작·추측으로 보는 관점과, 화자가 제시하는 대상의 확실성 여부에 대한 객관적인 문제로 해석하는 것을 말한다.3) 이로써 양태 연산자들은 문맥에 따라 '짐작', '추측'이나 사태의 '가능성', '개연성', '확실성'의 두

---

3) 양태(modality)를 언어학자들은 화자의 주관적 태도를 표시하는 한 방법으로, 하나의 문법범주로 간주한다. 반면 논리학자들은 사건(event)과 사실 세계간의 특별한 관계를 단언하는 객관적 문제로 해석하였다. 양태를 주관적인 것과 객관적인 것으로 구분한 것은 Sommerfeldt(1973:284~296), White(1975:1~3), Lyons(1977: §17), Hare(1970:3~24) 참조. 또한 Lyons(1977:802~808), Hare(1970:17)에서는 양태의 주·객관성에 대한 형식화를 시도하였다. 이들은 하나의 명제에 대한 양태의미를 'tropic'부분과 'neustic' 부분으로 나누어, 전자는 그 발화가 수행하는 화행의 종류를, 후자는 화행에 대한 화자의 태도를 표시한다고 보았다. 이는 결국 양태 연산자(modal operator)가 화맥에 따라 주관적 혹은 객관적으로 구별되거나, 주·객관이 합한 표현으로 사용된다는 것을 밝힌 것이다.

관점에서 의미를 부여할 수 있을 것이다. 아울러 개별 형식에 따라 주·객관적 양태 의미 가운데 하나를 취하거나, 두 가지를 다 포괄하고 있을 것이라는 전제가 성립된다.

양태 연산자들은 양태적 문맥 의미와 함께 담화·화용적 의미도 지니고 있다. 이는 객관적 양태인 확실성 문제에서 비롯되는데, 화자는 청자와의 관계에 따라 사태의 인식과는 다른 언술 태도를 보이기도 한다. 이는 (2ㄷ)의 甲의 발화에 잘 드러나 있다. 즉 화자는 이미 알고 있는 사실임에도 불구하고 청자의 입장을 고려하여 확실하지 않은 어조로 자신의 의견을 공손히 진술하고 있다. 이러한 비확정적 서술 태도나 공손어법적 기능도 이 글에서는 중요하게 다루어야 할 것이다.4) 이에 본 고에서는 양태 연산자의 의미 체계를 다음과 같이 설정하기로 한다.

〈양태 표현 형식의 의미 체계 (도식 1)〉

	화자태도	분류 기준	의　　미	언어기능
양 태 (樣態)	인식태도	주관적 개념 표명 (인식의 바탕)	① 짐작·추측	정서적(↑)
		객관적 사태 표명 (사태의 확실성 정도)	② 가능성, 개연성, 확실성 : 미확인, 불확실성	지시적(↓)
서 법 (敍法)	서술태도	불확실성에 바탕을 둔 약한 단언 (청자에 대한 태도)	③ 비확정적 서술	사회적
			④ 공손어법	사회적

---

4) Austin(1962:67)은 발화를 진술적 발화(constative utterance)와 수행적 발화(performative utterance)로 구분하였다가, 진술적 발화도 단언(assertion)이라는 언표내적 행위를 수행하므로 수행문에 포함시켰다. 물론 짐작·추측 구문은 언어 외적 세계를 화자(=인식자)가 정보로 획득하고 수용하는 개체내 소통(intraindividual communication)에 일차적 기능이 있을 것이다. 그러나 획득 정보를 청자에게 전달하는 발화 행위에서는 적정 조건이 따르게 마련이므로 양태 연산자들은 사회적 기능의 개체간 소통(interindividual communication)에도 어느 정도 관여한다고 볼 수 있다.

위 도표에서 화자의 태도는 명제나 청자와의 관계로 구별할 수 있다. 이 가운데 명제 태도는 명제 내용에 대한 '앎(know)', '믿음 (believe)' 등을 바탕으로 한 주관적 양태와, 사태와 사실 세계 (factual world)와의 관계를 단언하는 객관적 양태로 다시 나눌 수 있다. 전자는 개념 주도적이며 화자 자신의 심리적 태도가 반영되므로 정서적 기능(affective function)을 수행하는 데 적극적이다. 반면 후자는 자료 의존적이며 가능 사태를 충실히 표상하는 데 초점을 두기 때문에 지시적 기능(referential function)을 어느 정도 수행한다고 볼 수 있다.5) 물론 주·객관적 양태 의미는 상호 밀접하게 관련되어 있다.6) 이러한 인식 태도를 바탕으로 생성되는 사회적 기능에는 비확정적 서술 태도 및 공손어법이 있는데, 개별 표현 형식에 따라 화용적인 표현 가치가 다를 것이다.7)

양태 연산자의 의미 기능을 변별하기 위한 의미 체계는 인식 논리와 언어 논리에 에 바탕을 둔 해석 방법이다. 따라서 본 고에서는 두 가지 전제 가설을 세우고 이를 입증하는 순으로 논의를 진행하기로 한다.

첫째, 짐작·추측 구문은 '짐작·추측'이라는 인식이나 심리 현

---

5) 명제에 대한 심리적 태도를 표상하는 양태는 정서적 기능(affecttive function) 혹은 표현적 기능(express function)을 수행한다고 볼 수 있다. 그럼에도 불구하고 객관적 양태를 지시적 기능(referential function)에 넣은 이유는 일부 심리적 표상이 지시적 기능에서 '짐작·추측'의 의미를 형성하고 있기 때문이다. 언어의 지시적 기능·사 회적 기능·정서적 기능은 Lyons(1977), Shon(1980) 참조.

6) 모든 발화에는 화자의 주관이 개입되어 있으며, 주·객관적 양태 의미가 미분화되어 나타나는 경우가 많다. 확실성 문제도 화자의 주관에 의해 좌우되지만, 본 고에서의 양면적 접근 태도는 양태 의미를 엄밀히 파악하기 위한 방법임을 밝혀 둔다.

7) 몇몇 연구에서는 짐작·추측 표현 형식들의 사회적 기능을 수사학적인 용어인 '완곡어법'으로 다루었다. 그러나 '완곡어법'은 주로 감정·정서적 차원에서 이루어지는 표현기법만을 한정하므로, 이 글에서는 화용론자들의 대화 규칙에 사용된 공손어법의 개념을 빌어 사용한다.

상에 따른 의미 해석의 산물이다. 따라서 문법 논리 배후에 이들에 대한 현실 세계의 논리를 상정하고, 이를 문법 논의에 어떻게 적용하여 설명하느냐가 이 논의에 첫 번째 관건이 될 것이다.

이를 위해 주관적 양태 의미인 '짐작·추측'에 관한 의미 가설을 다음과 같이 설정한다.

〈주관적 양태(짐작·추측)에 관한 의미 가설〉

㈎ 짐작과 추측은 인식 대상, 인식 바탕 영역, 인식 방법에서 어느 정도 구별된다. 그 결과 몇몇 양태 연산자의 의미 해석이 '짐작'이나 '추측'으로 분화될 수 있다.

㈏ 짐작과 추측은 추리라는 인식 행위를 공유하고 있지만, 추리 특성도 근거 특성, 인식 영역, 근거와 사실의 관계 등의 부차적 특성을 바탕으로 감성적 추론과 이성적 추론으로 엄밀히 구분하기로 한다.

객관적 양태에서 거론될 수 있는 문제는 '확실성(certainty)'의 문제이다. 잘 알다시피 추측은 확실한 앎을 추구하려는 적극적 인식 태도에서 생성된다. 따라서 비록 불확실한 인식을 바탕에 두고 있지만, 논리적인 판단 과정을 통해 화자 자신은 명제에 대해 확신의 태도를 지닐 수도 있다.

이 글에서는 확실성의 문제를 판단 근거의 양상이나 인식자의 시점 등에 의한 주관화 정도로 접근하고자 한다. 이러한 확실성 문제와 결부하여 다음 몇 가지 가설을 세운다.

〈객관적 양태(확실성)에 관한 의미 가설〉

㈎ 확실성의 정도는 짐작·추측 표현 형식의 주관화 정도에 따라 결정된다. 즉 객관적인 근거가 발화 내·외적 현장에 명백히 존재할수록 화자는 명제에 대하여 확실한 인식 태도를 지닐 수 있다.

㈏ 확실성은 명제에 대한 화자의 사태에 대한 믿음의 정도와 비례

한다. 따라서 동일한 발화 상황에서도 인지자에 따라 확실성 여부가 다르게 표출될 뿐더러, 몇몇 표현 형식은 화자의 주관에 따라 확실성이 나 단언 효과가 중의적으로 나타나기도 한다.

㈐ 확실성에 관한 인식 태도는 언술 태도에 따라 가변적으로 나타난다.

이상 제기된 전제나 가설은 표현 형식들의 의미 기능을 변별하기 위하여 인식 논리의 틀을 포괄적으로 상정한 것이다. 그러나 이러한 인식 논리만으로 개별 표현 형식의 독자적 표현 가치를 추출해 낼 수는 없다. 특히 (3)처럼 언어 논리에 따른 양상을 설명하기 위해서는 새로운 해석 절차를 세울 필요가 있다.

둘째, 언어 기능이란 인지 체계의 어떤 인지 기능으로도 환원될 수 없는 독자적 기능을 지니고 있음도 고려하여야 할 것이다.8) 즉 사물이나 자연 현상, 인간의 심리적·정서적 체계는 그 자체가 매우 애매하고 불연속적이다. 또한 실제 언어 사용자는 논리 이전의 감정의 차원에서 말하고, 또 직관적으로 세계를 이해하기 때문에 인지 체계만으로 언어 현상을 만족스럽게 설명하기 어렵다. 더욱이 모든 문장은 상황 맥락 속에서 그 기능을 발휘하게 되므로 짐작·추측 표상의 양태 연산자가 지닌 담화·화용적 의미에도 관심을 두어야 할 것이다.

이상 제기된 문제 의식과 이에 따른 의미 가설을 입증하기 위해 본 고에서는 다음의 방법들을 사용하기로 한다.9)

---

8) 인지 언어학에서는 언어 기능이 인지 체계 속에서 독자적으로 존재한다는 '자율성(autonomy)'보다는 '상호 작용설(interactionnality)'을 지지한다. 즉 언어의 실제적 사용은 언어 기능과 여타 인지 단위(지각 심리, 논리적 추론, 개념형성 능력, 의사소통 능력 등) 및 물리·생리적 조건의 상호 작용으로 행해진다는 것이다. 물론 순수 언어이론에서 거론되는 언어 기능이나 문법의 독자성도 상호 작용설을 전제로 하고 있다. 따라서 이 글에서도 후자의 입장을 견지하되, 두 차원을 혼동하여 문법 논리를 흐리지 않도록 유의할 것이다.

9) 이 글의 연구 방법이란 어떤 특정 문법모형이나 방법론에 국한하지 않는다. 이는 심리 표상의 언어 처리과정이 매우 복잡할 뿐만 아니라

짐작·추측 표현과 관련된 양태 연산자의 의미 기능을 파악하기 위하여 기능론적 연구 방법을 채택하고자 한다. 여기에서 말하는 기능론이란 문장의 의미, 문장이 생성되는 담화상에서의 담화·화용론적 요인, 그리고 지각이나 인지 같은 인간적인 요소 등에 의거하여 문장의 형태를 설명하는 포괄적인 접근 방법을 일컫는 것이다(박영환 1991:7).

인간이 의사 소통의 목적으로 사용하는 언어표현 방식(통사구조) 속에는 인간의 의식 세계가 반영되어 있다. 그러므로 언어 연구는 인간의 여러 속성을 고려하여야 한다(Givon 1979:5)는 지적처럼 최근 인지 언어학이나 담화(Text) 언어학에서는 인간의 의식 구조와 담화 구조를 중심으로 언어의 본질적 문제를 접근, 이해하고 있다.

인지 언어학에서는 인간의 정신 공간(마음)도 컴퓨터와 마찬가지로 정보 처리 구조와 정보 처리 과정을 통하여 기술될 수 있다고 보았다. 이로써 인지 언어학자들은 사고나 개념과 같은 추상적 개체의 구조를 분석하고 명시적 기술을 시도한 바 있다.[10] 이러한

　짐작·추측 표상 기제의 이질성이 하나의 문법모형이나 방법으로 설명적 충족성을 기할 수 없으리라는 믿음 때문이다.

10) 인지(공간)문법에서는 일관성 있는 의미 기술을 위해 정신 공간 이론, 명제적 모형, 은유 모형, 환유 모형 등의 인지 모형을 이용한다. 이를 수용하여 국어 문법 연구에서는 공간 속에 투영되어 있는 이동 동사, 공간 개념어 등의 인지과정(개념화)을 영상으로 도식화한 바 있다(이기동 1977, 신현숙 1991).

　추상적인 정신 공간에 대한 연구는 영상 도식을 이용한 시제와 상의 의미 기술을 시도한 Langacker(1986), 양상의 추리가 영상의 은유적 투사를 이용하여 이루어짐을 밝힌 Sweetser(1984)등이 있으며, 이에 대한 전반적인 연구는 Fauconnier(1985), Haiman(1980, 1983)을 들 수 있다. 아울러 추상적인 감정 개념인 '분노'를 개념 구조로 설명한 Lakoff(1987, 이기우 옮김 1994:467~518)이나, '사랑(love)'의 개념 구조를 밝힌 Kövecses(1986, 鄭春會 編譯 1992: 87~157) 등이 있다. 국어 문법에서의 정신 공간 연구는 일천하였지

명시적 기술에서 인간의 심상(mental image)에 관한 영상이나 표상론자들의 견해는 짐작·추측 구문의 해석에 기여할 것이다. 즉 표상이란 실재의 어떤 부분에 대한 하나의 관점으로부터의 그림이나 기술이라는 점에서 짐작·추측의 언어적 표상도 가능한 실재 사태에 대한 기술이라고 볼 수 있다.11)

아울러 담화 언어학에서는 인지적 내용을 기반으로 절차적 접근 방식(procedural approach)을 사용하여 텍스트 생산자와 수용자 간의 인지 정보처리 절차를 체계적으로 밝혀 왔다. 이 또한 짐작·추측 구문의 의미 해석에 크게 기여하리라 본다.

1.2 연구 범위와 대상

이 연구는 현대 국어의 짐작·추측 표상에 관계하는 언어 형식들을 대상으로 삼는다. 이에 명제와 명제 태도가 외현된 일반적인 서술 형식의 표현 형식에 일차적 관심을 갖는다. 이들은 예문 (1)에서 보았듯이 형태론적 구성도 풍부한 편이며 통사적으로도 다양한 모습을 보이고 있다. 이들 가운데 (1ㅂ)의 '짐작하다', '추측하다' 명시 구문은 2장의 짐작·추측의 개념에서 언급될 것이므로 유형

만, 최근 임지룡(1999, 2000, 2001) 등에서 활발히 논의되고 있다.
11) 정대현(1989:72~92)에서는 심상이 영상으로 도식화될 수 없고 표상된다는 논지를 폈다. 아울러 심리적 표상이 相似型으로서 지시적 기능을 지니고 있음도 아울러 밝힌 바 있다.

    a. A가 B를 표상한다.
    b. (ⅰ) A는 B에 유사(resemble)하다.
       (ⅱ) A는 B의 그림이다.
       (ⅲ) A는 B를 모사(copy)한다.

이상에서 A가 B를 표상하기 위해서는 A가 B를 지시(denote, refer)하여야 한다는 것이다. 반면 영상-기술론자인 Fodor(1983)에서는 심상이 영상적 모습과 기술적 측면을 다 가지는 것으로 파악하였다. 이러한 표상 기능은 국어 짐작·추측 구문의 일부형식-{모양이다}, {것 같다}, {듯하다}-에도 적용될 수 있을 것이다.

별 의미 기능에는 일단 제외하기로 한다.

개념적 양태 의미 범주는 그 개념을 어떻게 규정하느냐에 따라 달라질 것이다. 따라서 본 고에서는 기존의 양태 범주에서 논의되었던 언어 형식이나 사전에 제시된 '짐작'과 '추측'에 관련된 언어 형식들을 발췌하여 연구 대상으로 삼았다.

문법 범주란 의미적으로 관련된 문법 요소들의 집합이라고 정의 내릴 수 있다. 문법 범주의 실현은 그 범주 의미와 속성에 따라 일정한 언어 형식으로 실현되어야 하는 엄격한 언어 규칙이며, 특정 범주는 특정 형식·특정 분포로 실현되어야 하는 규칙성을 지니고 있다.

본 고에서는 의미적으로 관련된 표현 형식을 일단 단일 양태 범주에 포함시켜 논의를 진행하되, 문법적 기능을 고려하여 다음과 같이 짐작·추측 구문을 유형별로 나누면 다음과 같다.

〈짐작·추측 구문의 유형 (도식 2)〉

	문법범주·구성방식	형　식	관련형식
제1유형	선어말어미(양태소)	{겠}	{겠지}
		{리}	{리라}, {려니}
제2유형	관형형어미 + 양태의존명사 + 서술동사{이다}	{-ㄹ 것이다}	{-ㄹ거}
		{-ㄹ 터이다}	{텐데}, {테지}
		{-ㄴ/ㄹ 모양이다}	
제3유형	의존명사 + 양태 술어 (양태 조동사)	{듯하다}	
		{듯싶다}	
		{성싶다}	{상싶다}
		{법하다}	
		{것 같다}	{명사+같다}
제4유형	의문문어미 + 양태술어 (양태 관용표현)	{-(나/ㄴ가/ㄹ까/지) 싶다}	{구나 싶다}
		{-(나/ㄴ가/ㄹ까) 보다}	
		{-(나/ㄴ가/ㄹ까) 한다}	
제5유형	명사형어미 + 동사	{-(ㄴ지/ㄹ지) 모른다}	{-ㄴ가 모른다}
		{-기 쉽다}	

이상의 일반적인 유형 외에도 짐작·추측과 관련된 언어 형식은 다양하게 발달되어 있을 것이다.[12] 예를 들면 추정 의문법 어미 {-ㄹ까}, 해석적 추측의 부사절 어미 {-ㄴ지}, {-ㄴ가}, 가치판단(평가)로 해석되는 {-아 보이다}, {-처럼(듯이) 보이다} 등이 거론될 수 있다. 이러한 표현 형식들은 짐작·추측의 심리 행위가 수행되었지만, 이를 직접 표상하는 양태적 기능보다는 다른 언어 기능에 초점을 두고 있다. 물론 이들 형식들은 일반적 유형의 구성 요소이거나 통사적 변이형태라는 점에서 짐작·추측 구문과 상호 관련이 깊다. 따라서 이들을 유사 짐작·추측 구문으로 처리하되 그 특성만을 간단히 언급할 것이다.

이 연구의 대상이 되는 언어는 현대 국어의 구어(口語)와 문어(文語)이다. 짐작·추측 표상 형식들은 사적으로 많은 변화 양상을 보이고 있으며 구·문어에 따라 쓰임이 달리 나타난다. 이러한 양상은 제1유형의 양태소나, 준어미적 기능을 수행하는 제2유형에서 두드러지게 나타난다.

우선 {리}는 연로하신 분들의 언술이나 회고적인 문어에 그 용법이 확인되며, 현대 국어에서는 '생각하다' 등을 모문 서술어로 취하는 내포문으로 명맥을 유지할 뿐이다. 아울러 {겠}은 구어에 매우 생산적으로 쓰이지만, 문어에서는 서술자가 발화를 직접 인용하는 경우 외에는 잘 사용되지 않는 경향이 있다.

제2유형의 {-ㄹ 것이다}는 {겠}과는 상대적으로 문어에서 용례를 흔히 찾아볼 수 있지만 발화에서는 축약된 {-ㄹ거}로 대체되어

---

12) 본 고에서는 개별 형식을 편의상 〈도식2〉처럼 { }에 묶어 표기하고자 한다. 이는 전통적인 형태소 표기 방식과는 다소 어긋나나 짐작·추측 관련 표현 형식을 일괄하여 설명하고자 한 것이며, 표기와 구별하기 위한 방식이다. 특히 {-ㄹ 것이다}도 기저형을 {-으(ㄹ) 것이-}로 표시해야겠지만, 논의 진행상 다른 표현 형식과의 통일성을 기하기 위해 부득이 그렇게 표기하기로 한다. 아울러 제3유형의 {법하다}도 {-ㄹ}만을 선행요소로 통합하는 점이 동일 유형의 다른 형식과 구별되지만 일단 개별적 형태 표기는 생략하였다.

생산적으로 사용된다. {-ㄹ 터이다}는 문어에만 용례가 보일 뿐, 구어에서는 {-텐데}, {-테니까}, {-테면} 등의 어미로 전이되어 사용된다.

양태 술어로 이룩되는 제3, 4유형이나 5유형은 위 도표에서 보듯이 사적인 변화도 심하지 않을 뿐더러 언술 상황에도 큰 제약을 받지 않는다. 다만 이들 형식들은 사용 빈도나 사용자 층위에서 심한 변화를 겪는 듯하다. 제3유형의 {법하다}, {성싶다}에 비해 {것 같다}가 최근에 매우 생산적으로 사용된다거나, 제4유형의 {싶다} 구문은 일부 연로하신 분들에게는 잘 사용되지 않는 듯하다. 아울러 제5유형의 {-기 쉽다}는 {-(ㄴ지/ㄹ지) 모른다}에 비해 제한적으로 사용되는 형식이다.

언어학은 언어에 나타나는 현상들을 일정한 규칙 체계로 설명하는 것이다. 그러므로 문법 기술의 대상은 음성 언어인 말(言)과 문자 언어인 글(語)을 포괄하여 상정하는 것이 바람직하다. 특히 표현 매체에 따라 짐작·추측의 표상 체계가 달라지는 현상을 설명하기 위하여서도 연구 대상을 구어와 함께 객관적인 검증 자료로서 문어를 채택하기로 한다.13) 이 연구의 문어 텍스트는 「李箱 文學賞 作品集」(1977~1995년) 19권으로 삼는다.14)

---

13) 최근 언어학에서는 언어학의 대상을 언어 습득, 변화에서 우선하는 口語에 한정시키거나, 또는 口語와 文語는 표현수단의 차이일 뿐이라는 인식을 지녔던 것도 사실이다. 그러나 안정성이 높은 文語 (written language)는 인지·감정적 의미 차이가 심하지 않아 인지적 해석에 유용하며, 구어는 발화상황에 따른 의미 기능 파악에 적합하다는 점을 고려하여 본 고에서는 양자를 연구 대상으로 삼고자 한다. 문법 사실의 구·문어체별 특성은 張素媛 (1986) 참조.

14) 제1회(1977) 수상작인 金承鈺의 〈서울의 달빛 0장〉 외 7편에서부터 제19회(1995) 윤후명의 〈하얀 배〉 외 9편에 이르기까지 총 61명의 작가에 전체 164편의 텍스트를 대상으로 삼았다. 이 소설들을 예문 발췌 대상으로 삼은 이유는 다양한 작가와 정평 있는 작품이라는 점을 고려했기 때문이다. 텍스트의 인용 예문은 ('년도:쪽)의 방식으로 표시하였다.

1.3 선행 연구

짐작·추측 구문에 관한 연구는 표상 기제의 다양성으로 형태·통사적인 문법 범주별로 각각 진행되어 왔다. 따라서 자세한 연구 성과는 뒤에 다시 언급하기로 하고, 여기에서는 포괄적인 연구 흐름만을 우선 정리해 보기로 한다.

전통 문법이나 구조주의 문법 시대에는 문법 범주별로 '추측'의 의미를 부여하는 데 그치고 있다. 일례를 들면, 최현배(1937)에서는 미룸 도움줄기(推量 補助語幹)의 {겠}, 미룸 도움 그림씨(推測 補助形容詞)의 {듯하다}, {듯싶다}, {법하다}, {보다}, {싶다} 등을 언급하고 있을 따름이다.

짐작(斟酌)이나 추측(推測)이 국어 문법 형태소의 의미 연구에 본격적으로 거론된 것은 서법 혹은 양태론자들에 의해서였다. 짐작·추측 구문이 사태에 대한 심리적 태도를 표상하고 있으므로 이에 대한 연구는 당연히 서법·양태의 연구와 궤를 같이 한다고 볼 수 있다.

서법론자들은 전통문법 이래로 '미래', '가능', '추측' 등의 의미를 가지는 것으로 알려진 {겠}을 서법으로 포괄하고자 하는 시도를 하였다. 南基心(1972)에서는 '추정', '능력', '의도'의 의미를 '未確認法'으로 일괄하여 설명하였다. 아울러 羅鎭錫(1972)에서는 '추량, 의도', 金錫得(1974)에서는 '추정, 의지'로 {겠}이 문맥에 따라 구별된다고 보았다. 申昌淳(1972)에서는 {겠}이 '미래'보다는 '화자의 推斷'을 나타내는 단일한 형태소로 보고, '의도' 역시 핵심 의미인 '추단'에 내포된다고 보았다. 특히 高永根(1965, 1976, 1981, 1986)에서는 국어의 서법 체계를 수립하는 과정에서 선어 말어미에 의한 '추측법'을 개괄하기도 하였다.

양태소 {겠}에 대한 연구는 주로 {-ㄹ 것이다} 형식과의 비교를 통하여 의미를 정밀하게 기술하고자 하였다. 申昌淳(1972), 이정민(1973), 李基用(1978), 서정수(1978), 成耆徹(1979), 任洪彬(1980), 김차균(1981), 李南淳(1981), 安明哲(1983), 成光秀(1984), 張京姬(1985), 이선경(1986), 김규철(1988) 등에서 {겠}과 {-ㄹ 것이다}의 성격이 다각적으로 검토되고 그 해명을 위한 방법론적인 모색도 깊이를 더해왔음은 주지의 사실이다. 그러나 유감스럽게도 이들 논의는 총체적인 접근 방식을 배제한 채, 하나의 주관적 관점에서 이들을 변별하고자 노력하였다.15) 그 결과 상반된 결론이 나오는 등 설명적 충족성을 기할 수 없었다. 한편 양태 의미의 변별 연구에서 벗어나 {겠}의 사회적 기능도 검토되었다(박옥숙 1987, 임칠성 1991).

{듯하다}, {듯싶다}, {성싶다} 등은 전통 문법학자들이나 의존 명사 연구자들에 의해 논의되었다. 최현배(1937) 등에서는 보조 용언으로서 '추측'의 의미를 부여하였으며, 의존 명사 연구자들은 통합 구성체가 지닌 구성 요소의 의미 추출에 주력하였다. 한편 양태 조동사(양태술어)로서 본격적인 의미 기능의 파악은 安明哲(1983), 차현실(1983, 1984, 1986)에 와서였다. 특히 후자에

---

15) '겠'과 '-ㄹ 것이다'의 의미 구별에 관한 연구 논지는 다음과 같다.

변별기준	연구자	{겠}	{-ㄹ 것이다}
근거자료 (주·객관) (확실성)	申昌淳 李基用 서정수 成光秀	객관적 자료가 요구됨 강한 짐작(객관적 근거 필요) 주관성(객관적 근거 불필요) 주관적 판단(직접 표현)	객관적 자료가 불필요 약한 짐작(객관적 근거 불필요) 객관성(객관적 근거 필요) 객관적 판단(간접 표현)
시간성 공간성	이정민 成耆徹 김차균 이선경	가까운 미래 현재 경험 발화시 상황 판단 언술장면과 인접	먼 미래 과거 경험 발화 이전의 상황 판단 언술장면과 단절
판단특성 대상성 인과관계 정보특성	李南淳 任洪彬 張京姬 김규철	배제적 판단 대상성 결과 짐작 모습(새정보)	포괄적 판단 무 대상성 불확실성 바탕(주어진 정보)

서는 미확인 양상 술어 {싶다}, {보다}, {같다} 구문을 이행 분석 (performative analysis)과 성분 분석 방법을 통해 양태적 기능과 의미 특성을 논의하였다. 嚴正浩(1990)에서는 종결어미와 보조동사의 통합 구성에 참여하는 {싶다}, {보다}, {한다} 구문의 통사적 특성과 의미를 탐색하였다.

양태론자들은 발화를 명제(사태)와 화자의 심리적 태도를 나타내는 요소로 이분하여 이에 대한 관계 의미를 파악하는 방법을 취하고 있다.

서법·양태 이론이 서구에서 유입·정착되면서 국어 문법 발전에 큰 기여를 한 바 있다. 특히 몇몇 형태소—{더}, {겠}—의 양태 의미 파악은 단순한 시제나 상(相)의 문법 범주 처리에서 벗어나 문법적 인식의 폭을 넓혔음은 물론 인지론적 해석의 기반을 다졌다는 데 의의가 있겠다. 그러나 이러한 성과에도 불구하고 양태·서법이 국어 문법 범주로의 자리매김이 분명히 이루어지지 않았기 때문에 용어상의 문제나 범주 처리 문제 등의 해결치 못한 과제를 남겨 놓고 있는 것도 사실이다.16)

---

16) 서법이나 양태(양상)에 대한 용어나 하위 범주 처리가 문제가 된 까닭은 Jespersen(1924)에서의 서법(mood)에 대한 고전적 정의에서 비롯되었다고 볼 수 있다. 즉 "話者가 문장내용에 대해 가지는 마음의 태도가 일정한 활용형으로 실현되는 현상"이라는 정의에서 화자의 태도를 단순히 화자만의 태도이냐 청자와의 관계까지 반영하느냐가 제기되었으며, 이에 따라 형태론적 규정도 선어말 어미나 어말 어미의 범주 산입이 달리 나오게 되었다. 이러한 혼란은 서구 언어이론을 국어에 수용하는 과정에서 빚은 당연한 결과이겠지만, 근본적인 이유는 연구자가 개념 범주나 문법 범주(형태 범주) 가운데 어느 것에 가치를 두느냐에 따라 이들의 개념이나 하위 범주가 달라졌기 때문이다.
최근 高永根(1986)에서는 Bybee(1985)에 개념규정에 따라서 법과 양태를 구분하였다. 이에 따르면 서법(mood)이란 화자가 사태와 대결함으로써 나타나는 부수적 의미가 일정한 동사의 형태로 구현되는 문법 범주이고, 양태(modality)란 서법 범주나 기타 어휘적 수단에 의해 나타나는 부수적 의미 자체를 가리키는 의미범주라는 것이다. 아울

실질적 의미를 지닌 {-기 쉽다}의 의미 파악은 국응도(1968), 송석중(1969) 등에서 이룩되었으나, {-(ㄴ지/ㄹ지) 모른다}만을 대상으로 한 연구는 아직 이루어지지 않은 듯하다. 끝으로 이기동(1991)에서는 인지 언어학적 방법을 원용하여 {듯하다}의 관계 의미를 영상으로 도식화한 바 있다. 그러나 심상(mental image)은 영상으로 도식화되기보다는 표상(representation)되는 것이 일반적이며, 심리적 추상 세계를 객관적 영상으로 명료하게 도식화할 수 있겠는가에 의문을 제기할 수 있다.17)

이제까지의 짐작·추측 구문에 관한 연구는 단일 문법 범주 아래 이에 해당하는 형식들을 부분적으로 다루었을 뿐, 모든 형식을 포괄하여 다룬 연구는 없는 듯하다. 이는 하나의 의미 범주 아래 거론될 수 있는 표현 형식의 다양성에 기인하겠지만, 추상적인 정신 문제를 하나의 문법 논리로 일관되게 설명하는 데 따르는 어려움 때문일 것이다.

그러나 최근 여러 학문간의 협동과 교류를 통해 인간의 앎(지식)의 문제를 해명하려는 인지 과학의 연구 성과는 언어학에서도 새롭고 다각적인 시도 방법이 절실히 요망된다 하겠다. 왜냐하면 언어학은 인지의 주도구이자 형식인 언어를 대상으로 삼고 있어서 추상적인 인지 과정을 규명할 수 있는 열쇠가 될 수 있기 때문이다. 물론 이 연구도 이제까지의 문법 연구 성과를 발판으로 삼는다. 다만 개념적 양태 범주에 따른 다양한 형식들을 포괄적으로 설명할 수 있는 새로운 시각을 제시하는 데 초점을 두기로 한다.

러 Halliday (1970)에서는 진술·의문 등의 문장 종결형은 서법으로, 개연성·가능성·확실성 등의 의미는 양태로 구분하였다. 이 방법에 의거하여 張京姬(1985)에서는 국어의 양태 범주와 서법 범주를 구분하여 제시하였다. 이상 서법·양태에 대한 종합적인 연구 성과는 李智凉(1990 :358~366) 참조.

17) 심상(mental image)에 대한 이론으로는 Pylyshyn의 명제론과, Fodor 와 Kosslyn & Pomerantz의 연상-기술론 등이 있다. 이는 정대현 (1989:89~92) 참조.

1.4 논의 구성

서론에 이어지는 2장에서는 짐작 · 추측 구문을 이해하기 위한 기초적 사실을 다룰 것이다. 이는 짐작 · 추측의 인지 과정(개념화)을 말한다. 이를 위해 먼저 짐작 · 추측의 인식론적 지위를 다른 인식 기제들 —느낌, 앎, 판단, 생각—과의 상관성으로 밝혀볼 것이다. 인식론적 상관성은 짐작과 추측이 어떠한 인식 바탕에서 작용하는지를 밝혀서 양자의 개념을 구별하는 데 도움을 줄 것이다. 2.2에서는 '짐작하다', '추측하다'의 구문 유형을 살펴 그 의미 차이를 구명하기로 한다. 이는 양태 연산자의 의미를 구별하기 위한 것임은 물론, 추상적 심리 개념을 지닌 '짐작 · 추측'의 의미 구조를 명시적으로 기술하고자 시도한 것이다.

3장에서는 2장에서 밝혀진 기초적 사실을 바탕으로 짐작 · 추측이 어떠한 과정을 통해 언어로 표상되며, 어떠한 특성을 지니고 있는지 논의할 것이다. 3.1에서는 구문의 성립 조건을 경험주 조건, 명제 내용 조건, 명제 태도 조건으로 나누고, 이들 조건과 관련된 의미론적 문제들을 검토하기로 한다. 3.2에서는 언술 상황과 표상화 과정으로 구문의 단계적 실현 과정을 살펴보기로 한다. 특히 실현 과정을 정보 처리과정을 통해 단계적으로 설명함으로써 추상적 심리과정에 대한 명시적 기술의 취지를 살릴 것이다. 3.3에서는 주관화 정도와 근거와 사실의 논리적 관계 등이 심도 있게 논의될 것이다. 이로써 제기되는 짐작 · 추측 구문의 하위 의미는 개별 양태 연산자의 의미를 변별할 수 있는 기준이 될 것이다.

4장에서는 2,3장에서 개진된 사실을 중심으로 개별 형식의 의미 기능을 파악할 것이다. 아울러 이는 각 형식들이 지니고 있는 의미 · 화용론적 제약을 설명하는 실제적인 장이 될 것이다. 아울러 짐작 · 추측과 관련된 언어 표현들을 개괄하여 개념적 양태 범주를 분명히 제시함은 물론 앞으로의 논의 방향을 제시할 것이다.

끝으로 5장에서는 앞서 내린 결론들을 재확인하고 미처 해결하지
못한 것들을 제시하여 그 해결 전망을 모색할 것이다.

2 . 짐작·추측의 인지과정

이 장에서는 앞 장에서 전제한 주관적 양태 의미인 '짐작'과 '추
측'의 개념을 인식론적으로 규정하고자 한다. 이는 개별 형식의 양
태 의미를 파악하기 위한 기초 작업이 될 것이다. 이를 위해 우선
짐작·추측과 다른 인식 기제와의 인식론적 상관성을 통해 이들의
인식론적 지위를 구명하기로 한다. 아울러 이를 바탕으로 '짐작'과
'추측'의 개념화(인지 과정)를 시도하고자 한다.18)

2.1 인식론적 상관성

인지문법학자들은 의미 구조가 자질이나 의미 표지의 다발로 환
원될 수 있다는 생각을 거부하는 대신에 모든 의미 구조(서술)는
인지 영역에 비추어 기술된다고 주장한 바 있다. 여기에서 말하는
영역이란 모든 종류의 인지 과정(개념화)일 수 있어서 지각 경
험·개념·개념적 복합체·지식 체계 등을 들 수 있다.
　짐작과 추측은 인식화된 단일 개념처럼 보이지만 다른 인식론적
기제들과 서로 관련된 개념적 복합체라고 볼 수 있다. 일반적으로
짐작은 '앎(認知)'과, 추측은 '생각(思考 行爲)'과　관련 있으리라는

---

18) 인지문법학자들은 의미를 개념화(conceptualization)와 동일시하는
데, 인지 과정이란 이런 개념화(심리적 경험)를 뜻한다. 여기에서는
'인지 과정'을 심리적 경험의 인지 사건을 처리하는 과정을 밝히기 위
한 개념으로 사용한다. 이는 궁극적으로 짐작·추측(인지 사건)의 인
지 유형을엄밀히 규정하고자 하는 데 따른 것이다.

것은 잘 알려진 사실이다. 그러나 짐작과 추측의 바탕 영역이 앎과 생각으로 명확히 구분되지 않는 데에 문제가 있다. 즉 짐작에도 추리 과정이 내재해 있어 사고 영역이 전제되어 있다고 볼 수 있다. 아울러 추측은 고도의 추리적 사고에 의존하여 정보를 해석하거나 지식을 넓히는 앎의 구체적인 방법이다. 이로써 짐작과 추측의 바탕 영역도 인식론적으로 상관성을 지니고 있는 것이다.

이 절에서는 짐작과 추측의 바탕 영역과 그 상관성을 개연적으로나마 밝혀서 활성화된 짐작·추측의 의미 구조를 밝히는 데 도움을 주고자 한다. 아울러 양태 표현 형식들이 이러한 인지 영역에 어떻게 관여되어 있는지 살펴보고자 한다.[19]

---

19) 인지 언어학에서는 언어 의미의 본질을 다음의 다섯 가지 방법으로 접근하여 파악하고 있다(이기동·김종도 옮김 1991:49~50).

   ⑴ 의미는 개념화(심리적 경험)로 환원된다.
   ⑵ 자주 쓰이는 표현은 전형적으로 서로 관련된 의미들의 망을 보여 준다.
   ⑶ 의미구조들은 인지영역들 (cognitive domains)에 준해 특징지어진다.
   ⑷ 바탕(base)에 윤곽(profile)을 부과함으로써 구조의 값을 끌어낸다.
   ⑸ 의미 구조는 관습적 영상(imagery)을 포함하며, 특정한 방식으로 상황을 해석한다.

이 가운데 '짐작(斟酌)'은 단의관계(monosemy)에 있어 보이지만, 한자어로는 다의적으로 쓰였다. 이를 보면 ① 잔에 술을 따름. ② 선악을 헤아려 취사(取捨)함. ③ 사정을 추찰(推察)함. ④ 요량하여 처리함으로 설명하고 있다(李相殷 監修(1980),「漢韓大字典」). 여기에서 ①이 어림 짐작과, ③이 미룸 짐작의 개념과 관계가 있어 보인다. '짐작·추측'과 관련된 영어 어휘로는 'guess', 'surmise', 'conjecture' 등이 있는데, 이들 또한 근거 특성에 의해 구별하여 사용된다. 즉 'guess'는 주로 어림짐작으로써 근거가 전혀 또는 거의 없는 상황에, 'surmise'는 "직관이나 상상에 의해 추측하다"로 근거가 빈약한 상황에 사용된다는 것이다. 아울러 'conjecture'는 충분치는 않으나 몇 가지 근거를 토대로 추리하는 상황에 적절히 쓰인다.
본 고에서는 (3)과 (4)의 방법을 이용하여 '짐작·추측'의 바탕 영역을 찾고, 이에 부과된 짐작과 추측의 모습 결정소를 찾기로 한다.

2.1.1 느낌과 짐작

짐작은 화자의 직접적인 지각 경험으로 사태를 개괄적으로 알아차리는 지각적 행위로 규정할 수 있다. 일반적으로 사물이나 사태를 지각하기 위해서는 보고, 듣고, 느끼는 감각 작용이 전제된다. 이 가운데 느낌은 짐작에 중요한 기제로 작용하게 된다.[20] 왜냐하면 미확인 사태를 파악하기 위해서는 확인 가능한 시각·청각 기제보다는 느낌으로 어림하는 것이 보편적이기 때문이다. 이러한 느낌에 의한 짐작 표현은 다음과 같다.

(1) ㄱ. 시큼한 것이 {느낌, 짐작, ?추측}으로는 식초를 넣은 듯싶다.
　　ㄴ. 킬리만자로산은 이름만으로도 매우 험난할 것 같애. 그냥 내 {느낌, 짐작, ?추측}이야.

(2) ㄱ. (왠지 모르지만, 순전히 느낌이지만) 영수가 지금쯤 용돈이 떨어졌{겠, ??을 것이, *을 모양이, 을 것 같, 을 듯싶, 지 싶, ??을지도 모른}다.
　　ㄴ. 빛깔로 봐서는 감이 좀 떫{겠, ??을 것이, *은가 보, 을 것 같, 지 않을까 싶}다.

'짐작'은 (1)처럼 느낌에 의한 지각적 사태에 잘 쓰이고 있다. (2)는 이러한 어림짐작 상황에 {겠}, {것 같다}, {듯하다}, {-지 싶다} 등이 잘 쓰이는 반면, {-ㄹ 것이다}, {-(ㄴ/ㄹ) 모양이다},

---

20) '느낌'은 심리학에서의 감각(感覺) 행위를 말한다. 감각은 외부 자극이 신체에 도달하는 순간부터 대뇌에 도달할 때까지를 말한다. 이는 감각의 처리과정을 정보로 받아들이고, 이를 신경메시지로 변환시키고, 그리고 대뇌에 전달하는 과정을 지닌다. 한편 지각이란 대뇌에 전달된 정보를 해석하고 상황을 판단하여 행동에 영향을 미치는 과정을 말한다. 지각과 짐작의 상관성은 지각 양태소 {-지}가 짐작 표현에도 사용된다는 점에서도 잘 알 수 있다.

{-(나/ㄴ가) 보다}는 잘 호응하지 않는다. 이러한 느낌 여부에 따른 양태 구문의 의미 차이는 '느끼다'의 구문 유형에서도 잘 드러난다.21)

우선 '느끼다'는 '짐작하다'와 마찬가지로 대상성이 전제된 타동 구성을 취할 수 있다. 다만 '느끼다'는 어휘 특성상 자극 대상의 특성에 따라 제약이 따른다.

(3) ㄱ. 나는 {슬픔, 아픔, 피곤함, ??어두움, ?매움…}을 느꼈다.
    ㄴ. 나는 {어두워짐, 매워짐, 조용해짐…}을 느꼈다.
    ㄷ. 나는 {어두움, 매움, 조용함…}이 느껴졌다.

(3)은 정서 · 감각 형용사에 명사화소 {-음}이 통합된 '느끼다' 구문이다. '느끼다'는 (3ㄱ)처럼 주체 중심의 정서 · 감각 형용사를 대상화할 수 있는 반면, 대상 중심의 감각 형용사 '어둡다, 맵다' 등은 대상화하기 어렵다. 이는 느낌이 자극 대상에 직접 반응하는 특성을 지니고 있기 때문이다. 따라서 (3)의 ㄴ,ㄷ처럼 자극 대상 · 자극 인지자에 상태 변화의 기능을 지닌 {-지다}가 결합하면 문이 자연스럽게 이룩된다. 한편 대상에 대한 화자의 인식 과정에서 '느낌'과 '짐작'은 상대적이다.

(4) ㄱ. 甲: 찌가 솟는 순간 찌르르 손에 {느낌, *짐작}이 왔어. 월척인 듯싶더라고.
    　　乙: 그래, 그 느낌이 어떠했는지 짐작이 {간다, *온다}.
    ㄴ. 甲: 목소리만으로 선생님이라는 느낌이 {들었, 왔, *갔}어.
    　　乙: 그래? 그 {느낌, 짐작}이 맞았니?

---

21) 金興洙(1988:31~41)에서는 '느낌'과 '앎'이 상호 보완적이고 유기적인 관계 속에서 공존하며, 넘나들 수 있는 인지 영역을 지니고 있음이 개진되었다. 아울러 느낌 여부에 따라 양태 구문의 의미 차이 ― {겠}이 발화시의 경험에 따르는 직관, {-ㄹ 것이다}가 추리에 따른 논리적 판단―를 구별하였다. 이는 본 고의 짐작 · 추측의 개념 규정과 일맥 상통한다.

(4)에서 보듯이 느낌은 자극이 대상에서 자극을 받는 인지체로 이동하는 반면, 짐작은 대상으로 인지자가 이동하는 상반된 시점 양상을 보여준다. 이로써 '느끼다'는 자극 뜻하는 반면, '짐작하다'는 감각정보를 바탕으로 인지자가 능동적으로 개괄적 정보를 획득하는 것이다.

이러한 '느낌'의 대상 특성을 구체적으로 살펴보기 위해 '알다', '깨닫다', '짐작하다'의 구문 유형과 비교해 보기로 하자.

   (5) ㄱ. 말이 많아 그가 취한 것을 {?느꼈, 알았, *깨달았, 짐작했}다.
       ㄴ. 말이 많아져 그가 취했다는 것(사실)을 {느꼈, 알았, 깨달았, 짐작했}다.
       ㄷ. 영수가 왜 취했는지 {*느꼈, 알았, 깨달았, 짐작했}다.

   (6) ㄱ. 그제야 그가 영 떠났다고 {느꼈, *알았, *깨달았, ?짐작했}다.
       ㄴ. 우리 네 식구가 살기엔 방이 너무 좁은 것으로 {느꼈, ?? 알았, *깨달았, 짐작했}다.

명사절을 인지 내용으로 취하고 있는 (5)에서 '느끼다'는 (5ㄱ)처럼 하나의 사태를 인지 내용으로 취할 때 가장 자연스러우며, (5ㄴ)처럼 사실보다는 반사실의 인지내용을 대상화할 때 덜 자연스럽다. 하나의 사실이 인지 내용이 되는 구성에 더욱 잘 어울린다.22) 이 점은 지각 동사인 '깨닫다'와 동일한 호응 양상을 보여

---

22) '느끼다'는 '-ㄴ 것'의 불구-동격 명사절과 '를'격의 통합 구성으로 사태를 직접 인지내용으로 취하기도 한다. 金興洙(1988: 40)에서는 느낌이 사실보다는 사태에 잘 호응하며, 인지는 대상의 동일성이나 사실과 잘 호응한다고 보았다. 따라서 (5)예문의 {느끼다}는 이미 인지한 사실을 발화하는 것으로 보아야 할 것이다. 다음 예문은 이런 직접적인 경험 내용을 '느끼다'를 통해 발화하고 있는 예이다.
  a. 창밖이 훤한 것을 보고 날이 샌 것을 {느꼈, 알았, 깨달았, 짐작했}다.
  b. 발을 헛디디는 순간 떨어지겠{?는, 다는} 것을 느낄 수 있었다.

준다. 반면 '알다'와 '짐작하다'는 사태나 사실을 다 인지내용으로 취할 수 있다. 한편 '느끼다'는 (5ㄷ)처럼 {-ㄴ지}, {-ㄴ가}, {-ㄹ지}, {-ㄹ까}로 이룩되는 명사절을 대상화하지 못한다. 이는 '느끼다'가 자극 대상에 직접 작용하는 지각적 명제에 관여할 뿐, 간접적이고 주관적인 인지 사실을 이유 명제로 대상화할 수 없기 때문이다.

　(6)의 {-다고} 인용절이나 {-로}로 이룩되는 명사절은 명제 내용이 사실임을 전제하지 않는다. 이는 화자의 주관적 심리적 경험을 표상하며, 사실일 가능성을 알거나 믿는 구문 유형이라고 볼 수 있다. 이 구문 유형에 '느끼다'와 '짐작하다'가 잘 호응하는 반면, '알다'와 '깨닫다'는 객관적으로 실재하는 대상을 사실 정보로 수용하므로 비문법적이다.

　'느끼다'와 '짐작하다'가 사실일 가능성을 알거나 믿는 잠정적인 인지 경험을 서술하며, 2차적인 인지 수정이 가능한 인지동사라는 공통점은 두 동사의 상적 특성에도 나타난다.

　화자에게 실재하는 것으로 발화되는 명제 조건은 그 명제가 이미 사실로써 드러나 있는 상태(완료상)이어야 한다. 그러나 잠정적인 실재 가능성을 전제하고 있는 일부 인지동사들은 미완료의 상적 특성을 지닌다. 이 점에서 발화 이전의 직접적인 체험이나 감각 경험을 서술하는 데 적합한 '느끼다'는 자극 발생의 순간상과 잘 호응하지만, 때로는 주관적 인지동사로써 상태 지속상에도 잘 어울린다. 다만 능동적 의미일 때는 완료나 지속이 가능한 반면, 피동적 의미일 때는 완료상만 자연스럽게 호응한다.

(7) ㄱ. 혼자 살아서인지 외로움을 느끼{었, 고 있, *는 중이}다.
　　 ㄴ. 혼자 살아서인지 외로움이 느껴지{었, ?고 있, *는 중이}다.
(8) ㄱ. 개가 짖는 {??동안, 순간} 무서움을 느꼈다.
　　 ㄴ. 개가 짖는 순간 무서운 개라고 {느꼈, **짐작했**, ?추측해}다.

'느끼다'는 직접 체험을 통하여 발화 이전 경험을 서술하는 데 잘 사용된다. 아울러 이러한 심리적 경험이 주체 중심의 정서라면 (7ㄱ)처럼 지속되기도 한다. 그러나 (7ㄴ)처럼 자극 대상에 따른 인지 경험이라면 순간상만 가능하다.

(8ㄱ)의 순간적인 감각 동사 '느끼다'는 (8ㄴ)처럼 인지 경험으로 전이되기도 한다. 이처럼 인지경험 표현에 '느끼다'와 '짐작하다'는 같이 쓰인다. '느끼다'와 '짐작하다'의 의미론적 상관성은 구문의 기저 의미를 화용적으로 해석한 다음 예에 잘 드러나 있다.

(9) 나는 전화 목소리로 그녀가 40대 중반임을 {느낀다, 짐작한다}.
   ㄱ. 나는 머리에 전해진 목소리를 느끼는 동시에 그 자극을 통해 그녀의 나이를 안다
   ㄴ. 나는 내 경험과의 비교를 통해 느낌으로 그녀의 나이를 어렴풋이 알아차린다.

(9)는 동일한 발화 상황에 쓰인 '느끼다'와 '짐작하다'를 의미·화용적으로 해석한 것이다. 이때에 '느끼다'는 특정한 시·공간에 얽매어 있는 잠정적인 반응으로써 규정되거나 합의되기 이전의 인지 경험을 말한다.23) 이러한 잠정적인 자극 대상에 대한 반응이 (9ㄴ)처럼 어림짐작의 중요한 인식 기제로 작용한다고 볼 수 있다. 그러나 '느끼다'는 앎의 대상이나 인식 결과 등에서 '짐작하다'와 어느 정도 구별된다.

---

23) 李建源(1990:167~192)에서는 잠정적으로, 물리적으로 인지되는 것을 '신호'로, 독자나 청자에게 전달되는 것을 '느낌'으로, 언어 사용자들에게 공통적으로 받아들여지는 것을 '뜻'으로 각각 구분하여 이들 관계를 구명하였다. 이에 따르면 주관동사 '춥다'라는 표현에 직접 관여하는 것은 화자의 느낌일 뿐이지, 규정되거나 합의된 뜻은 아니라는 것이다.

(10) 나는 그들이 부부라는 것을 {느끼, 직감하, 짐작하}였다.
> ㄱ. 새벽에 다정스레 손잡고 산책하는 그들을 보고 나는 그들이 부부라는 것을 {??느끼, 직감하, 짐작하}였다.
> ㄴ. 밤새 싸움을 했다가도 아침만 되면 다정스런 그들을 보고 나는 그들이 부부라는 것을 새삼스럽게 {느끼, *짐작하}였다.

(10)의 인지 내용은 경험 양상에 따라 '느끼다'와 '짐작하다'가 구별된다. '짐작하다'는 (10ㄱ)처럼 지각 경험을 통한 새로운 사실을 어렴으로 알아차리는 데에 사용된다. 그러나 '느끼다'는 이미 알고 있는 사실에서 자극 속성에 따라 새롭게 지각하는 사태에 자연스럽게 호응한다. 이는 짐작이 경험에 의한 사실성 판단에 잘 호응하는 반면, 느낌은 대상의 가치 판단에 직접적으로 기여함을 뜻한다. 특히 이러한 차이는 화자 자신의 심리적 경험 표현에서 두드러지게 나타난다.

(11) 이건 순전히 {느낌, *짐작}이지만, 나 그녀를 사랑하는 것 같애.
> ㄱ. 그녀에게만 관심을 기울이는 것을 보고 그때 이미 난 {느끼, 짐작하, 알}었어.
> ㄴ. 그녀에 대한 네 눈빛에서 그걸 {느낄, ?짐작할} 수 있었어.
> ㄷ. {네 얘기 들어보니까, 내가 사랑한 경험으로 보아} 짐작건대, 너 정말 그녀를 사랑하는 모양이다.

(11)에서 화자는 느낌에 의해 자신의 심리 상태에 대한 가치를 표명하고 있다. 이러한 평가에 대한 (10ㄱ)의 발화는 인지 경험 사실에 대한 회상 표현으로 다양한 인지 동사가 어울릴 수 있다. 그러나 (10ㄴ)처럼 특별한 순간적인 인지 상황에 '느끼다'가 자연스러운 반면, (10ㄷ)의 지각 경험을 통한 사실 판단에는 '짐작하다'가 잘 호응한다.

이상 느낌과 짐작의 인식론적 관련성을 요약하면 다음과 같다.

첫째, 짐작 행위는 주로 인식자의 느낌에 의존하는 경우가 많다.

이러한 느낌이 관여하는 짐작 표현에 {겠}, {듯하다}, {듯싶다}, {것 같다}, {-지 싶다} 등이 잘 호응한다. 이러한 인식론적 상관성은 대상이 전제된 타동 구성을 취하는 등의 구문 유형에서도 '느끼다'와 '짐작하다'가 일치하였다. 또한 상적 특성에서도 잠정적인 미완료와 순간적인 인지 경험에 의해 이루어지는 동일함을 보여 주었다.

둘째, '느끼다'를 정보 처리 관점으로 해석하면 〔감각 정보를 받다〕로 파악된다. 이는 자극 수용자적 관점에서 '느낌이 오다(들다)'에서 의미를 부여한 것이다. 이로써 감각 정보의 수용으로 새로운 어림치의 정보를 획득하는 것이 짐작이라고 볼 수 있다.

셋째, 느낌은 특정 시·공간에 구현되는 합의되거나 규정되기 이전의 인지 경험으로써 지각의 한 방법이 된다. 이와는 달리 짐작은 어림치의 정보를 느낌으로 획득한 앎(지각)의 상태라는 점에서 양자가 구별된다.

2.1.2 앎과 짐작

인지 동사 '알다'의 의미는 이기용(1978), 장경희(1985)에서 이미 논의된 바 있다. 이를 요약하면 다음과 같다.

㈎ '알다'의 핵심의미는 〔정보(information)를 가지다〕이다.[24]
㈏ '앎'과 '짐작'은 어떤 사실의 진위에 대한 사람의 인식 상태로, 진위 파악의 완전성/가능성의 차이로 분화된다.
㈐ '앎'은 '짐작'을 함의한다.

---

24) 李基用(1978:38~42)에서는 '알다'라는 동사가 첫째 어떤 능력이나 면식이 있음을, 둘째 어떤 상황에 대한 정보를 가지고 있음을, 셋째 일종의 믿음을 뜻하는 것으로 파악하였다. 張京姬(1985:16~21)에서는 이 가운데 〔정보를 가지다〕를 핵심 의미로 보았다.

 일반적으로 '앎'의 인식 방법으로는 지각이나 사유가 잘 알려져 있다. 그런데 전제하였다시피 짐작은 지각과 사유의 영역에 함의되어 있으므로 여기에서는 이러한 짐작이 앎에 어떻게 함의되어 있는지 살펴보기로 하자.

 우선 '알다'에서 제기될 수 있는 문법적 사실은 사실성 전제 문제이다. '알다'는 일반적으로 '참'(眞)인 사실을 전제하지만, 정보 획득의 시상(時相)이나 보문소에 따라 사실을 전제하지 않을 때도 있다. 이는 사실일 가능성을 알거나 믿는 짐작과 상호 관련이 있음을 암시한다.

 우선 사실성을 드러내는 보문 명사 {것}은 대상성의 격조사 {-을}을 취할 때에는 보문의 내용이 참인 사실을 전제로 한다. 반면 가능성을 내포하는 격조사 {-로}를 취할 때에는 잠정적인 인지 사실을 나타내어 사실임을 전제할 수도 있고 그렇지 않을 수도 있다.

(12) ㄱ. 나는 영수가 칼국수 먹은 것을 {안다, 알았다}.
     ㄴ. 나는 영수가 칼국수 먹을 것을 {안다, 알았다}.25)
     ㄷ. *나는 영수가 칼국수 먹은 걸 아는데, 안 먹었니?

(13) ㄱ. 나는 영수가 칼국수 먹은 걸로 {안다, 알았다}.
     ㄴ. 나는 영수가 칼국수 먹을 걸로 {안다, 알았다}.
     ㄷ. 영수가 칼국수 먹은 걸로 알았는데, 안 먹었구나.

---

25) '-를 것을 안다'는 '예감하다, 장담하다'의 뜻으로 사용된다. 이는 미연의 사태가 기대하는 사실로 될 가능성을 믿어, 자신있는 어조로 청자를 설득하는 발화 상황에 적절히 사용될 수 있다. 아울러 사실 명제를 요구하지 않는 접속문의 선행절에도 사용된다.

   a. 감독은 우리 팀이 이길 것을 {예감했다, 장담했다}.
   b. 비가 올 걸 알{아야, 면, 지만, 았는데도, 아서…} 우산을 빠트렸다.
   c. 우리는 이겨야 합니다. 나는 여러분이 이길 걸 압니다. 꼭 이깁시다.
   d. 나는 미래를 압니다. 그래서 당신이 성공할 걸 압니다. 믿으십시오.

(12ㄱ)의 발화는 '영수가 칼국수를 먹다'라는 사실을 '참'(眞)으로 하고 있다. 따라서 (12ㄷ)처럼 인지된 내용과 다른 사실이 오게 되면 비문법적이다. 이처럼 사실을 전제로 한 인지 행위는 일반적으로 완료된 사태이어야 함을 전제한다.

(12ㄴ)은 예정된 미경험 사태에 대한 인지 경험을 언술하고 있다. 이는 아직 증명되지 않은 사실로 가능성만을 믿게 되므로 과거의 인지 경험을 서술하는 '알았다'가 더욱 자연스럽다. 이러한 과거의 인지 경험은 짐작으로 이룩되게 마련이다. 여기에서 미확인의 미연 사태에 대한 앎은 사실일 가능성을 믿는 믿음의 양상으로 전이되는 듯하다.

(13)의 {-로}는 두 가지 일에 대한 선택적 기능으로 앎의 내용이 사실과 다를 수 있음을 적절히 표현할 수 있다. 따라서 '참'(眞)인 명제보다는 '참'(眞)일 가능성을 믿는 기능으로 (13ㄷ)처럼 인지 내용과 다른 지각 사태를 수용하게 된다. 한편 (13ㄱ)의 '-로 알다'는 발화 시점까지 지속되는 인지 경험을 단순 서술하고 있다. 이때에도 사실을 전제한다고 볼 수 있다. 반면 '-로 알았다'는 과거 인지 내용과 현재 지각 사실이 다를 수 있는 잠정적 사태의 인지 경험 표현에 잘 쓰인다.26) (13ㄴ)의 미연 사태에 대한 인지 가능성은 {-로}의 특성으로 말미암아 인지 배경시간과 관계없이 자연스럽게 가능 명제화된다. 이때의 '-ㄹ 것으로 알다'는 예상되는 사태에 대한 화자의 긍정적 태도나 믿음을 표현하고 있다. 이는 짐작이 지닌 앎의 상태와 일치한다.

---

26) '-로 알다'는 타인의 잘못된 인지를 표현하거나, 새로운 사실의 인지 상황에서 자신의 판단에 대한 의심을 표현할 때에 자주 쓰인다. 일반적으로 사실과 다른 인지내용에 '-로 알다'가 호응하지만, 미연의 사태에 대한 믿음의 표현에서는 결과 사실과 일치하기도 한다.

   a. 어머니는 개가 술 먹은 걸로 알아. 이렇게 멀쩡한데.
   b. 난 개가 술 먹은 걸로 아는데, 내 짐작이 잘못되었나?
   c. 난 이{??긴, 길} 걸로 알았어. 결국 이겼지만.

과거의 인지 경험을 서술하는 '-ㄹ 것으로 알았다'는 '짐작하다'와 표현가치가 유사하여 대체할 수 있다. 이러한 '-로 알았다'는 인지 내용과 결과 사실이 일치하거나 일치하지 않을 수도 있는 중의적 특성을 지니고 있다.

(14) ㄱ. 나는 개가 범인일 {줄, 걸로} ∨ **알았어**. 봐 맞잖아.
    ㄴ. 나는 개가 범인일 {**줄, 걸로**} 알았어. 내 {판단, 생각, 짐작}
       이 틀렸지만. 〔이상 ∨: 休止, 진하게 : 의미초점〕

위 예문처럼 '알다'는 보문의 진리치가 참으로 전제되는 경우와 그렇지 않은 경우가 있다. 이에 대한 구별은 화맥에서는 자연스럽겠지만, 문맥에서는 휴지(pause)와 초점(focus)에 의해 어느 정도 가능하다. 즉 (14ㄱ)은 명제와 '알다' 사이에 휴지가 주어지고, '알다'에 초점이 놓이면 사실 전제의 정보를 소유하고 있음을 뜻한다. 반면 (14ㄴ)에서는 '줄'과 '알았어' 사이에 휴지가 오지 않는다.

보문소 {것}이 명제에 대해 가치 중립적 성격을 띠고 있지만, {줄}은 일반적으로 앎의 내용이 사실과 다른 상황에 잘 사용된다. 그러나 {줄}도 후행하는 조사의 불투명성─조사가 생략되는 경우가 많음─으로 그렇게 인식될 뿐, 사실성 전제는 {것}과 동일하게 가치 중립적이다.

(15) 순이가 학교에 간 줄 알고 있는데, 안 갔니?
    ㄱ. *순이가 학교에 간 줄을 알고 있는데, 안 갔니?
    ㄴ. 순이가 학교에 간 줄로 알고 있는데, 안 갔니?

(15)는 장경희(1985:18)에서의 예문이다. 여기에서 '-줄 알다}만으로는 사실성 전제를 판단하기 어렵다. 이는 (15ㄱ, ㄴ)처럼 뒤에 오는 조사에 따라 사실을 전제로 하느냐, 사실일 가능성을 전제하느냐로 구분된다. 이처럼 '-줄 알다'는 '-것 알다'와 마찬가지로

후행하는 조사나 인지 시점이 보문의 진리치를 결정하게 된다. 물론 {줄}이 {것}에 비해 사실임을 전제하지 않는 상황에 더 잘 쓰이는 경향이 있다.

    (16) ㄱ. 나는 Y가 이길 줄{을, 로} 알아.
          ㄴ. 나는 Y가 이길 줄{을, 로} 알았어.

    위 예문의 사실의 진위는 '알다'의 상적 특성에 의해 좌우된다. (16ㄱ)은 발화시까지 사실이 드러나지 않은 미완료의 인지 경험을 언술하고 있다. 이때 {-을}은 확실한 앎이나 믿음을 표현하며, {-로}는 그럴 가능성이 있음을 뜻한다고 볼 수가 있다.27) 반면 결과 사실이 드러난 (16ㄴ)에서의 {-을}은 사실을 전제한다. 그러나 {-로}는 사실일 가능성을 알았으므로 중의적인 사실성 전제를 지니고 있다.

    '알다'가 지닌 이러한 사실성 전제는 다른 구문 유형에서도 그대로 적용된다. 즉 명제에 대해 판단 태도를 보이는 데 적합한 {-다고} 인용절은 참·거짓의 판단에 중립적이고, 동사류의 어휘 의미에 따라 경험주의 태도가 나타난다. 이처럼 확실성 여부의 평가가 유보되고 사실 자체만이 표현되는 명제에 '알다'는 제약이 따르게 된다. 아울러 {-으로} 격의 명사절을 '알다'가 대상으로 취할 때에는 잠정적이고 임시적인 가능 사태를 믿음으로나마 표현하여 제약이 따르지 않는다.

    (17) ㄱ. 나는 그가 지금쯤 대학에 다닌다고 {*알았다, 짐작했다}.
          ㄴ. 나는 그가 지금쯤 대학에 다니겠다고 {*알았다, 짐작했다}.
          ㄷ. 나는 그가 대학에 왜 다니는지를 {알았다, 짐작했다}.

---

27) '알다'가 지닌 보문의 진리치가 사실이거나 사실임이 전제되지 않는 경우에 대한 논의는 高永根(1970), 이정민(1978) 참조.

(18) ㄱ. 나는 그가 대학에 다니는 것으로 {알았다, 짐작했다}.
    ㄴ. 나는 김치가 짠 {것, 줄}으로 알았다.
    ㄷ. 나는 시험 문제가 어려울{것, 줄}으로 알았다.

(17)의 {-다고} 인용절 명제는 사실성이 전제되지 않은 판단・사유동사와 잘 어울린다. 이처럼 인용절이 단정적인 사실로 표현되어 명제가 된 구문 유형에 구문 유형에 '알다'는 잘 호응하지 않는다. 이는 (17ㄴ)처럼 약한 단언 명제가 오는 경우에도 '알다'는 비문법적이다. 아울러 {-ㄴ지} 의문 명사절을 보문 내용으로 하는 (17ㄷ)은 구체적인 대상성을 지니고 있어 '알다'가 잘 호응한다.

(18)의 {-로}는 확실성은 없으나 인지 내용을 잠정적인 사태로 간주하므로, 과거의 인지 사실이나 짐작 내용을 표현함에 적합하다. 반면 (18ㄴ)은 과거의 심리적 경험—가치 판단—을 인지 내용으로 하고 있다. 이때에 {것}보다는 {줄}이 {-으로}와의 연결에 더 자연스럽다. (18ㄷ)은 이미 사실로 드러난 화맥에서 과거의 짐작 사실이나 예측을 표현하고 있다. 이러한 인지 경험에서 사실과 부합된 앎은 예측으로, 사실과 다른 앎은 짐작으로 각각 해석되는 경향이 있다.

'알다'와 관련된 짐작・추측 표현에 {-(ㄴ지/ㄹ지) 모른다}가 있다. 이는 정보를 가지지 않은 상태를 표현하는 술어 '모른다'의 의미에 이끌려 사실일 가능성을 믿는 표현으로 전이된 예이다.

(19) ㄱ. 그녀가 어디 사는지 {안, 짐작한, 모른}다.
    ㄴ. 그녀가 대전에 사는지 {안, *짐작한, 모른}다.

(19ㄱ)에서의 '모른다'는 단순히 정보를 가지고 있지 않은 '알지 못함(不知)'로, (19ㄴ)의 '모른다'는 정보가 없는 미확인 사실에 대한 가능성을 판단하는 '짐작'으로도 해석이 된다. 이처럼 정보 획득 양상에서 확인된 '앎'은 지각 양태로, 확인되지 않은 앎은 '짐작'으

로 분화되는 것이다. 이러한 '알다'가 가능 명제를 인지내용으로 취할 때에는 개별 형식에 따라 제약 현상이 달리 나타난다.

   (20) ㄱ. 비가 오(-ㄹ){?겠, 것이, ??것 같, *모양이}(음)을 알았다.
       ㄴ. 비가 오(-ㄹ){?겠, 것이, *듯싶, *모양이}ㄴ지 알았다.[28]

'알다'가 짐작·추측 명제를 인지 대상화할 때에는 {겠}보다 {-ㄹ 것이다}가 더욱 자연스럽다. 아울러 {-(나/ㄴ가) 보다}, {-(ㄴ/ㄹ) 모양이다}는 모문 술어로 '알다'를 잘 취하지 않는다. 이러한 제약은 개별 표상 형식이 {앎(지각)}과 밀접한 관련이 있어 의미가 중복된 데 따른 것이다. 반면 사유를 통한 앎을 추구하는 {-ㄹ 것이다}는 인식 영역이 중복되지 않아 자연스럽게 호응한다. 이로써 '앎'의 인식 영역에 의해서도 몇몇 양태 연산자의 의미 기능이 구별된다. 즉 {겠}, {-(나/ㄴ가) 보다}, {-(ㄴ/ㄹ) 모양이다}가 짐작과 밀접한 관계가 있을 것이라는 소결론이 나온다.

  이상 '알다' 구문 유형이 지닌 사실성 전제와 이에 따른 짐작과의 관련성을 살펴보았다. 이를 정리하면 다음과 같다.

  첫째, '알다'의 핵심 의미는 [정보를 가지다]로 볼 수 있다. 이러한 정보 소유의 구체적인 방법은 지각과 사유가 될 것이다. 이 가운데 지각은 발화 현장에서 확인된 '앎'이며, 확인되지 않은 가능한 앎은 '짐작'으로 분화된다.

  둘째, '알다'는 사실성이 전제된 타동 구성을 잘 보여 준다. 그러나 조사 {-로}의 결합이나 인지 시점에 따라 사실임을 전제할 수도 있고 그렇지 않을 수도 있다. 또한 '알다'는 사실 전제의 {-ㄴ지}, {-ㄹ지} 내포문의 모문 술어로 잘 쓰이지만, 사실임을 전제하지 않는 {-다(라)고} 인용문에는 비문법적이다.

---

28) 여기에 쓰일 수 있는 '모양이다'는 실질적 의미의 '모양(模樣)'으로, 짐작의 {-(ㄴ/ㄹ) 모양이다}와 의미 기능이 다르기 때문에 비문으로 처리하였다.

셋째, 정보 소유 상태인 앎의 영역은 고정·불변한 세계가 아니다. 인간의 기억 능력은 한계가 있어서 확실한 앎도 점차 불투명해지게 마련이고, 역으로 인간은 지각이나 사고를 통해 끊임없이 인지 영역을 확대하기도 한다. 이로써 앎에 관련된 인식 기제 짐작·추측이 존립하게 되는 것이다.

넷째, '알다'가 가능 명제를 명사절로 인지 대상화할 때에는 양태 연산자에 따라 제약이 따른다. 이로써 {겠}, {-(나/-ㄴ가) 보다}, {-(ㄴ/ㄹ) 모양이다}는 '앎'과 매우 밀접한 짐작 표현에 사용되며, {-ㄹ 것이다}는 사유(추측)를 통해 앎을 추구하여 인지 동사 '알다'와 잘 호응한다.

2.1.3 판단과 추측

추측과 판단의 인식론적 상관성을 논의하기 앞서 철학자들이나 기존 양태 연구자들에 의해 제기된 판단의 특성은 다음과 같다.

   (가) 양태 연구자들은 '사실성'의 전제 유무에 따라 사실임을 믿는 단정 표현과 사실이라고 인식할 수 없거나 부족함이 있다고 판단하는 추정 표현이 무표적(ϕ)·유표적으로 대응된다고 보았으며, 철학자들은 이러한 추정을 판단이 주장하고 있는 내용의 확실성, 타당성의 정도인 양상(mode)에서 '개연 판단 (problemative judgement)'으로 분류하였다.[29]

   (나) 장경희(1985:29~33)에서는 국어의 인지동사 '판단하다'의 의미를 〔정보의 가치를 결정하다〕로 파악하여 '가치 판단(평가)'과 동일시하고 있다.

   (가)의 '개연 판단'과 사태와 사실 세계의 관계를 단언하는 객관적

---

29) Kant는 다음과 같이 판단을 범주화하였다 (文貞福 1987:90~96).

양태, 즉 '가능성', '개연성', '확실성'의 문제가 상호 관련이 깊다. 이로써 기존 연구에서는 근거 특성, 주관화 정도, 단언의 정도 따위의 판단이 지닌 부차적 특성이 양태 의미의 변별에 깊이 있게 다루어지기도 하였다.30)

판단과 짐작·추측의 또 다른 관련성은 판단의 전제가 되는 근거 특성에 따라 짐작과 추측이 분화될 수 있으리라는 것이다. '짐작'은 느낌·앎과의 관계에 따라 외적 증거가 불필요하며, 주로 내적 경험 근거에 의해 실현된다. 이를 추측과 관련된 개념으로 정의하면 '감성적 추론'이라고 할 수 있다. 그러나 추측은 외적 증거가 필요한 논리적 판단으로서 인지자의 이성에 의존하게 된다. 이러한 두 가지 기초적 사실을 바탕으로 여기에서는 '판단하다'의 구문 유형을 살펴봄으로써 '판단'과 '짐작·추측'의 상관성을 검토해

---

(1) 分量(quantity)   ① 全稱判斷(universal judgement) 모든 S는 P이다.
                          ② 特稱判斷(particular judgement) 약간의 S는 P이다.
                          ③ 單稱判斷(individual judgement) 이 S는 P이다.

(2) 性質(quality)   ① 肯定判斷(affirmative judgement) S는 P이다.
                          ② 否定判斷(negative judgement) S는 P가 아니다.
                          ③ 無限判斷(unlimited judgement) S는 非 P이다.

(3) 關係(relation)   ① 定言判斷(categorical judgement) S는 P이다.
                          ② 假言判斷(hypothetical judgement) 만일 X라면, S는 P이다.
                          ③ 選言判斷(disjunctive judgement) S는 P이든가 Q이다.

(4) 樣相(mode)   ① 蓋然判斷(probable judgement) S는 P일 것이다.
                          ② 實然判斷(assertive judgement) S는 P이다.
                          ③ 確然判斷(apodictic judgement) S는 필히 P이어야 한다.

30) 개연적 판단과 추측은 언뜻 보면 동일한 개념을 지니고 있는 것처럼 보인다. 그러나 「S는 P일 것이다」라는 개연적 판단도 이미 판단으로 성립한 이상 판단 자체가 불확실한 것이라고는 할 수 없다. 또한 「S는 P가 아닐 것이다」를 강력히 거부하고 있는 점으로 실연 판단과 다를 바가 없고, 또 필연 판단은 실연 판단의 단순한 강조에 불과하지, 판단 자체가 지니는 진리 요구성에는 아무런 차이가 있지 않다는 것이다. 이로써 일반 논리학에서는 양상에 의한 구분을 생략하고 세론하지 않고 있다. 이러한 관점에서 보면 '불확실한 판단'이라는 개념은 성립할 수 없다.

보기로 하자.

판단은 명제의 진위에 대한 이성 작용 및 평가로서 화자의 믿음과 관련된 인식 양태로서 평가 · 단언의 화행에 관여한다.[31] 김홍수(1988:118)에서는 단언과 관련지어 '짐작하다'가 청자 지향적 화행인 단언의 의미를 함의하지 않으나, '추측하다'는 단언적 의미를 중의적으로 보여준다고 개진한 바 있다.

국어 짐작 · 추측 관련 양태 연산자들은 화행에 따라 가치 판단의 의미를 지니는데, 이는 다음과 같은 상관적 장면의 평가 화행에 잘 나타나 있다.

(21) 오늘 비 올까? 야구 구경가기로 했는데.
   ㄱ. 왠지 올 {듯 싶어, 것 같아}요. (느낌 · 직관에 의한 판단)
   ㄴ. 후덥지근한 것이 한차례 퍼붓겠는데요. (경험적 판단)
   ㄷ. 밤에 별도 안 떴고, 일기예보대로라면 올거야. (논리적 판단)

(22) 그 사람 어떠니?
   ㄱ. 언뜻 봐서는 괜찮은 사람 같아요. (느낌 · 직관에 의한 판단)
   ㄴ. 몇 년 겪어봐서 아는데, 괜찮은 사람 같아요. (경험적 판단)
   ㄷ. 친구들이 좋은 걸 보면 괜찮은 사람 같아요. (추리적 판단)

(21)과 (22)의 화행에서 화자는 상대가 요구하는 의문 정보를

---

31) 판단이란 사고의 기본적 인식행위로 어떤 존재에 관하여 그것이 어떤 상태에 있는가를 밝히는 단일한 인식행위이다. 판단을 문장으로 표현한 것이 명제이며, 이 명제는 주사(主辭)＋빈사(賓辭)＋이다(繫辭)로 이루어진다. 판단은 우리가 얻은 지각을 명료하게 이해할 때 성립되며, 지식은 일차적으로 판단이라고 볼 수 있다. 모든 판단은 참이 아니면 거짓이며, 진위는 대상이나 객관 세계에 있는 것이 아니라 사유나 주관측에 있다. 판단론자들은 「S는 P이다」, 「S는 P가 아니다」 등의 판단이 단순히 존재 사태를 기술(descripttion)하는 듯하지만, 사실은 그 사태가 이런 것 혹은 저런 것이라는 단정, 혹은 주장하는 것이라고 보았다.

각각 심증(느낌, 직관), 경험, 논리적 사고를 통해 판단하여 평가, 단언하고 있다. 이때의 응답 발화의 해석은 '개연적 판단'이나 '짐작·추측'의 중의적인 해석이 가능할 것이다. 그런데 (21)처럼 정보를 적극적으로 요구하지 않는 가부 판단의 화행에 사용된 {듯싶다}, {겠}, {모양이다}는 화자 중심의 사태 판단으로 단언의 의미가 적극 함의되어 있지 않는 듯하다. 반면 {-ㄹ 것이다}는 자연스럽게 청자 지향적 단언으로 의견 진술이나 주장의 효과를 높이고 있다. 특히 (22)와 같은 구체적 정보를 요구하는 평가 화행에서는 {것 같다}가 판단 방법에 관계없이 사태의 가능성, 개연성을 판단하는 객관적 양태 기능을 더욱 잘 수행하는 것으로 보여진다. 이처럼 {판단}은 양태 연산자의 의미 해석에 두루 관여할 수 있을 정도로 포괄적인 개념을 지녔지만, 언술 상황에 따라 가치판단 여부가 달리 해석될 수 있는 여지가 높다.

이상 판단과 추측의 인식론적 상관성을 개괄하였는데, 이제 '판단하다'의 구문 유형으로 다른 인지 동사들과의 상관성을 살펴보기로 하자.

우리는 '짐작하다'가 사실일 가능성을 알거나 믿는 반사실동사로 전제된 사실이 참일 수도 있고 거짓일 수 있음을 밝힌 바 있다. 그러나 '판단하다'는 사실성을 전제하는 타동사문을 취할 때에는 '알다'와는 달리 제약을 보인다.

(23) ㄱ. 나는 그녀가 40대 중반인 것을 {*판단, 짐작, 생각}하였다.
    ㄴ. 사태가 심상찮다는 것을 {?판단, 짐작, *생각}할 수 있었다.
    ㄷ. 동생과 싸우는 것이 잘못임을 {??판단하, ?짐작하, 알}였다.

가치 판단 명제를 대상화하는 '판단하다'는 이미 사실임을 전제한 (23ㄱ)의 지각 명제를 대상화하기 어렵다. 그렇지만 (23ㄴ)처럼 사태 추이에 대한 긍·부정의 이치적 평가 명제를 대상으로 가능성 유무를 표현하거나, (23ㄷ)처럼 가치 판단에 대한 인지 표현에서는 '판단하다'가 다른 인지 동사와의 의미 관련성으로 어느 정도 용인된다. 물론 이때의 '판단하다'는 {깨닫다}라는 지각적 의미가 강하다.

'판단하다'가 두 개의 가치 가운데 하나를 따져 선택하는 인지 과정을 거친다면, 판단은 '따짐(argumentation)'이라는 적극적 논리 형식이 개재된 사유 행위의 소산물임을 알 수 있다. 이에 (23)에서 보듯이 '판단하다'와 '생각하다'가 {-를}격의 명사절 구성에서 어느 정도 일치함을, 또 '알다'와 '짐작하다'와 대비됨을 보여 준다. 특히 '판단하다'는 다음과 같이 두 개 이상의 판단 가치가 존재하는 명제에서는 자연스럽게 타동 구성을 이룬다.

(24) ㄱ. 주식을 사야 할지 말아야 할지를 {판단, ?짐작, 생각}했다.
     ㄴ. 그가 범인인지 아닌지를 {판단, ?짐작, 추측, 생각}하였다.
     ㄷ. 도자기가 고려 시대 것인지 조선 시대 것인지 {판단, ?? 생각}할 수가 없었다.

(25) ㄱ. 정답이 ①번 같기도 하고, ②번인 듯하기도 하고, ③번처럼 보이기도 하고 ④번인가 싶기도 하고, 도대체 어떤 것인지 {알, 판단할} 수가 없네.
     ㄴ. 유선방송이 생겨 영화를 볼지, 뉴스를 볼지, 야구 경기를 볼지 도무지 판단이 안 선다.
     ㄷ. 어제 선생님이 리포트 냈어. 그런데 원고지에 하라는 건지, 리포트 용지에 하라는 건지, 아니면 PC로 쳐 오라는 건지 {알, 짐작할, ?판단할} 수가 없어.

(24ㄱ)처럼 타동 구성의 '판단하다'에 '생각하다'가 쓰일 수 있는 까닭은 일반적으로 두 개의 가치를 따지는 사유 행위 뒤에 가치 결정이 뒤따르기 때문이다. 그렇지만 (24ㄷ)처럼 화자가 자신의 능력이 부족함을 표현하는 언술 상황에서는 '판단하다'만이 자연스럽다. 이는 '판단하다'가 두 개의 가치를 놓고 생각하여 하나의 가

치를 선택·결정하는 데 비하여, '생각하다'는 두뇌활동이 이미 명사절 명제에 전제되어 있음에도 불구하고 결과적 사실과 서로 어긋나 있기 때문이다.

한편 아울러 두 개 이상의 정보가 존재하는 데에도 '판단하다'가 쓰일 수 있지만 이는 정보 가치가 동일하여 선택하기 어려운 화맥에서만 제한적으로 사용될 따름이다. (25ㄷ)에서 '판단하다'가 부자연스러운 이유는 가치 판단의 화맥이 아니라 청자(선생님)의 발화에 대한 주관적 해석 가운데 하나를 선택하는 인지적 상황으로 해석되기 때문이다.32)

판단과 생각의 인식론적 상관성은 다음의 {-(으)로}로 통합된 구문이나 인용절이 하나의 명제로서 판단 내용이 되는 {-다고} 구문에 양자가 매우 생산적으로 사용되는 것으로도 확인된다.

    (26) ㄱ. 나는 아현이가 도서관에 간 것으로 {판단, 짐작, 생각}했다.
        ㄴ. 계룡산이 오르기엔 너무 높다고 {판단, ??짐작, 생각}했다.
        ㄷ. 축 처진 어깨를 보고 네가 시험에 떨어졌다고 {?판단, 짐작, ??추측, 생각}했어. 영희도 그렇게 {?판단, 생각} 했고.

(26)에서 보듯이 명제내용에 따라 인지동사들이 선택적으로 사용된다. (26ㄱ)은 {-으로}의 의미기능에 다라 중립적인 명제내용을 가치판단이나 사유 대상화하고 있다. 반면 (26ㄴ)에서 '짐작하다'는 평가적 화행에 어울리지 않아 부자연스럽다. (26ㄷ)은 짐작 화행으로 '판단하다'와 '생각하다'가 선별적으로 사용된다. 이는 지각적 상황에서의 발화라는 데 근본적인 이유가 있겠지만 판단의 주체특성에도 이끌린 결과이다. 즉 두뇌활동이라는 사유 행위는 누구나 있게 마련이지만 이를 통한 타인의 판단 행위는 자신의 인

---

32) 張京姬(1985:29~33)에서는 '판단하다'가 두 개의 정보 가운데 하나를 선택하는 의미만을 지니고 있다고 보았다. 그러나 이러한 설명은 특정한 인지 화맥에서만 적용되는 듯하다.

지 영역권에서 벗어나기 때문이다.

　인지 정보를 명료하게 따져 가치를 결정하는 '판단하다'는 어떤 존재에 대해 그것이 어떤 상태에 있는가를 밝히는 사유행위라는 점에서 순간상과 완료상에 잘 호응하지만 가능명제를 대상화했을 때에는 지속상과도 어느 정도 호응한다.

　(27) ㄱ. 나는 지금 우리말에 대한 사랑이 부족하다고 판단하 {-ㄴ, ?
　　　　　고 있, *는 중이, 였}다.
　　　 ㄴ. 해보겠다는 {결심, 계획, 판단, 논리}이 서면 그때 오너라.

　'판단하다'의 상적 특성은 지속적인 미완료의 '알다'와 구별된다. 아울러 (27ㄴ)처럼 판단은 화자의 의지가 적극 개입하는 경우에 사용된다. 이러한 '판단하다'는 어떤 존재에 대해 그것이 어떤 상태에 있는가를 밝히는 사유의 인식행위이다. 따라서 가능 명제를 판단 대상화할 때에는 구문 유형에 따라 양태 연산자가 선별되어 사용된다.

　(28) ㄱ. 나는 순이가 지금 집에 있{을까, 겠나, 을 것인가, ?을 것
　　　　　같은가, ?을 모양인가} 판단했다.
　　　 ㄴ. 나는 순이가 지금 집에 없{겠, 을 것이, 을 것 같, 는 모양
　　　　　이, 을지도 모른}다(라)고 판단했다.

　(28ㄱ)의 '판단하다'는 의문 명사화문을 내포문으로 취하고 있다. 이때에 가치 판단에 잘 쓰이는 {것 같다}는 모문 술어와 의미 중복으로 호응하기 어렵다. 아울러 객관적인 근거에 의한 판단에 쓰이는 {-(ㄴ/ㄹ) 모양이다}는 의문 명사화한 가치 판단의 화맥에서는 부적절하다. 그러나 (28ㄴ)처럼 사실명제를 직접 판단 대상화하는 {-다(라)고} 인용절에는 모든 양태 연산자가 자연스럽게 사용된다.

이상 짐작·추측과 관련 있는 판단의 인지 과정에 대해 살펴보았다. 이를 요약하면 다음과 같다.

첫째, '판단'은 포괄적이고 독립적인 인식 행위로서, '짐작·추측'과 관련된 양태 연산자의 인지론적 의미 해석에 기여할 수 있다. 특히 상관적 장면의 응답 화행에서 양태 연산자들은 경험적·논리적 가치 판단으로 잘 사용된다.

둘째, '판단하다'는 구문 유형이나 대상 명제에 따라 '가치 판단'이나 '개연적 판', '의사 판단' 등의 다양한 문맥 의미를 지니게 된다.

셋째, '단언(assertion)'과 관련하여 '짐작하다'는 단언의 의미를 함의하지 않는 반면, '추측하다'는 단언의 의미를 중의적으로 보여 준다.

이상의 사실들은 짐작·추측 구문의 해석 기제—주·객관적 판단, 판단 근거—에 중요한 논거로 기능할 것이다. 특히 다양한 판단 기제들은 객관적 양태 의미를 부여하는 데 기초가 되므로 3장에서 상세히 논의하기로 하자.

2.1.4 생각과 추측

국어에서 사고 행위를 표현하는 인지 동사는 '생각하다'이다. 생각(思考)은 앎의 전제 조건으로 기능하며 기본적 단위인 {판단}과도 인식론적 상관성이 매우 깊다.33) 여기에서는 짐작·추측이 어

---

33) 사고(思考)는 객관적 현실을 표상·개념·판단 등으로 반영하는 적극적인 두뇌활동을 말한다. 심리학에서는 사고를 문제 해결을 위한 목표 설정, 수정 등의 절차적 경험 과정으로 설명하였다. 즉 사고 과정은 과제의 대체적인 이해에 의해 촉발되고(지각·표상), 다음엔 어떠한 결말이 얻어질 것인가가 막연히 지향(志向)된다. 이 과정에서 개략적인 행동 도식이 그려진다. 이러한 탐색과 시행착오를 통해 과제가 쉬울 때에는 직접 상황을 파악(판단)하지만, 어려울 때에는 다양한 고차적인 방법(추리, 논리)들이 강구된다는 것이다(姜永善 외, 1992:472, 「세계철학대사전」).

떠한 사고를 바탕으로 생성되는지에 관심을 두고 논의를 진행하기
로 한다.

　우선 '생각하다'의 인지 내용은 사물, 사태, 사실, 명제 등이 다
가능할 뿐만이 아니라, 짐작·추측의 양태 의미가 내재된 표현 방
식을 취하기도 한다.

　　(29) ㄱ. 그는 {친구, 전쟁, 나이, 방법, 죽음…}을(를) 생각했다.
　　　　 ㄴ. 그는 친구가 아{픈, 프다는} 것을 불현듯 생각하고는 하던
　　　　　　 농담을 그쳤다.
　　　　 ㄷ. 그는 친구가 어디가 아픈지 생각했다.

　　(30) ㄱ. 그는 친구가 감기에 걸{린 것으로, 렸다고} 생각했다.
　　　　 ㄴ. 그는 친구의 불행을 매우 안타깝게 생각했다.
　　　　 ㄷ. 그는 친구가 중병에 걸린 것{처럼, 같이} 생각했다.

　'생각하다'는 (29)처럼 명사구나 명사절로 이룩되는 사물, 사태,
사실을 인지 대상화할 수 있다. 여기에서의 '생각하다'는 두뇌의 활
동을 통해 구현된 정보를 인출하는 기능을 지니고 있다. 이러한
'생각하다'는 문맥에 따라 (29ㄴ)에서 보듯이 판단이나 기억, 회상
의 뜻으로 사용되기도 한다.[34]

　(30)의 '생각하다'는 가능사태나 추상적인 양태적 표현을 인지
내용으로 삼고 있다. 이때의 '생각하다'는 새로운 정보를 내거나 만
들어 내는 의미를 지니고 있는데, 이는 짐작·추측의 의미역인 정
보 획득과 관련이 있을 것이다. 이러한 '생각하다'의 상적 특성은
다른 인지동사와는 달리 인지경험 시상에 제약을 받지 않는다.

―――――――――――――――――――――

34) 張京姬(1985:24~26)에서는 '생각하다'의 핵심 의미를 〔정보(±新)
　　를 내다〕로 파악하였다. 아울러 이러한 정보 인출의 의미는 문맥에
　　따라 '의욕하다', '계획하다'로 의미망을 형성한다고 보았다. 필자는 이
　　러한 의미가 '짐작'과 '추측'에 어떻게 관여하는지에 초점을 두고 논의
　　를 진행하기로 한다.

(31) ㄱ. 아파트가 살기엔 편하다고 언뜻 생각이 났어.
　　 ㄴ. 아파트가 주택보다 편하다고 생각하{고 있, 는 중이, 였}다.
　　 ㄷ. 도대체 집을 언제쯤 다 지을지 생각, 또 생각하는 중이야.

'생각하다'는 순간적으로 일어나는 심리적 현상이나 지속적인 미완료 상태에 잘 사용된다. 이러한 '생각하다'의 포괄적 인지경험은 짐작·추측 명제를 대상으로 취하였을 때에도 특별한 제약이 따르지 않는다. 다만 다음과 같이 판단 근거에 의한 화용론적 제약을 보일 뿐이다.

(32) 나는 국이 끓(을){겠, 것이, 모양이, 것 같, 듯하, 듯싶, 나보, 지 모른}다(라)고 생각했다.
　　 ㄱ. 국이 끓(을){??겠, 것이, *모양이, ?것 같, ?듯하(싶), 지 모른}다(라)고 생각하니?
　　 ㄴ. 김이 나는 것을 보고 국이 끓(을){겠, ?것이, 는것 같, ??는 듯 싶, ?지 싶, 나보, ?지도 모른}다 생각해 얼른 불을 줄였어.
　　 ㄷ. 데운 지가 30분이 넘었으니까 국이 지금쯤 끓(을) {?겠, 것이, *모양이, 것 같, ?듯하, ?듯싶, *나 보, 지 모른}다는 생각이 들더라. 그래서 얼른 뛰어 왔어.

'생각하다'는 (32)에서 보듯이 짐작·추측 명제를 내포문으로 취한 인용문의 모문 술어로 기능한다. 여기에서도 의문문이나 판단 근거에 따라 양태 연산자가 선별되는 제약을 보여 준다. 우선 (32ㄱ)에서 청자의 판단을 의문 정보화할 때에는 {겠}이나 {것 같다} 등이 판단 명제로 전이되어 쓰일 수 있겠지만, {-ㄹ 것이다}만큼 자연스럽지 않다. 이는 가능성·개연성 판단의 {겠}, {것 같다}가 직접 판정 의문문에 사용되는 것으로 미루어 의미 중복에 따른 제약으로 보인다. 한편 (32ㄴ)과 (32ㄷ)처럼 화자의 지각 경험이냐 아니면 논리적 판단이냐에 따라 양태 연산자의 호응 양상도 다르다.
　사고 행위는 지각·표상·판단을 직접적 토대로 생성될 뿐 아니라, 언어와도 긴밀하게 결부되어 있어서 그 인식 영역을 엄밀히 규정하기란 쉽지 않을 것이다. 여기에서는 이러한 사고 가운데 짐작·추측과 긴밀히 관계된 직관력과 추리력에 대해서만 간단히 언급하기로 하자.

(33) ㄱ. 나는 사태의 의미를 단번에 {짐작, *추측}했다.
　　　ㄴ. 한눈에도 일이 심상찮음을 {짐작, *추측}할 수가 있었다.

(33)의 '짐작'은 직관에 의한 사태 파악을 표현하고 있다.35) 이러한 직관력은 엄밀한 분석이나 추리 과정 없이 대상이나 사태 전체를 개략적으로 알아차리거나 깨닫는 것을 말한다.36) 한편 '추측'은 '추리'라는 고도의 논리적 사고에 의거한 판단을 뜻한다.

(34) ㄱ. 어제 소방차가 수 십대 가는 걸 봤대. 아마 불이 났나봐. 불이 났다면 {?짐작, 추측}건대 아주 큰불이 났을 거야. 요즈음엔 비가 안 와서 건조하잖아.
　　　ㄴ. 80년 5월 광주 시민들의 갑작스러운 죽음은 갖가지 의문과 {*짐작, 추측}을 불러 일으켰었다. 왜 그랬는지 지금은 충분히 {짐작, *추측}하고 남음이 있지만.

(34)의 '추측'은 이미 알고 있는 사실에서 다른 하나의 가능한 사실을 관련지어 생각하는 것이다. 이런 추리에서 전제된 가정 명제나 새로운 사실은 어떤 사실에 대한 긍·부정을 하는 판단이 단

---

35) 직관(intuition)은 사유(思惟)와 대립되는 인식작용 요소이다. 이는 단적(端的)으로 대상의 전모를 파악하는 인식작용으로서 오성적 사유보다 우월한 고차원적 인식능력으로 취급하기도 하였다. 일반적으로 직관은 대상이 주어지는 때에만 성립하며, 표상을 받아들이는 감성에 의해 직관이 이루어진다. 이러한 대상의 전모를 파악하는 인식 작용은 '알다'와 더불어 '짐작하다'로 표현된다.
36) 직관에 의한 판단을 추리와 결부시키면 감성적 추리나 심증에 의한 판단이 될 것이다. 이는 짐작·추측의 개념에서 다시 재론될 것이다.

위로 구성되어 있다. 이러한 추리 행위는 마음 속에 떠오르는 생각을 표출하는 것이 아니다. 이는 한 생각과 다른 한 생각의 관계를 한 명제와 다른 한 명제의 논리적인 관계로 파악하여 생각해 내는 것을 말한다.

이상 사고와 짐작·추측의 인식 작용에 대해 살펴본 바를 정리하면 다음과 같다.

첫째, 국어의 사유(思惟) 동사인 '생각하다'는 다양한 구문 유형을 통해 지각·심리 표상·판단에 두루 관여하는 포괄적 인식 영역을 지니고 있다.

둘째, 인간의 사고력 가운데 직관력은 짐작의 인식 기제로, 추리력은 추측의 주된 인식 기제로 기능한다. 특히 이러한 직관과 추리가 실제 '짐작하다', '추측하다' 구문에서 어떻게 작용하는지는 다음 장에서 실제 예문을 통해 상세히 고찰하기로 하자.

이상으로 국어의 인지동사 '느끼다', '알다', '판단하다', '생각하다'와 '짐작하다', '추측하다'와의 인식론적 관련성을 구문 유형을 통해 살펴보았다. 이러한 인지동사에 따른 구문 유형의 제약은 인지내용을 표시하는 성분 형식들의 확실성 정도를 나타내기도 한다. 이를 도식화하면 다음과 같다.

<인지동사의 구문 유형(도식 3)>

	대격(를)의 명사구	대격(를)의 명사절	대격의 {-ㄴ것} 명사절	{-ㄴ가/지} 명사절 의문사 有	{-ㄴ가/지} 명사절 의문사 無	{-다(라)고} 인용절	구격(로)의 명사절
느 끼 다	+	+	+	−	−	+	+
알 다	+	+	+	+	+	−	+
판단하다	−	−	−	+	±	+	+
생각하다	+	−	−	+	−	+	+
짐작하다	+	+	+	+	+	+	+
추측하다	−	−	−	−	−	+	+

위 도표에서 우측으로 갈수록 인지 내용이 사실임을 전제하지 않는다. 이는 확실성 정도가 낮아짐을 뜻하기도 한다. 여기에서 '추측하다'와 '판단하다'는 타동 구성을 취할 수 없지만, {-다고}, {-(으)로} 명사절에는 잘 호응한다. 이는 불확실성을 표상할 수 있는 구문 유형에 밀접히 관계함을 알 수 있다. 아울러 '짐작하다'는 모든 구문 유형에 어울릴 수 있는 인지동사로 기능한다. 이는 '알다', '느끼다', '생각하다' 등과 인식론적 상관성을 지니고 있기 때문일 것이다.

2.2 짐작(斟酌)·추측(推測)의 개념

개념은 다양한 사물이나 현상이 지닌 개별성과 특수성을 하나의 통일된 생각으로 결합시킨 관념이다. 즉 지각, 기억, 상상에 나타나는 개별적 표상에서 공통된 속성을 추상화하여 결합시킨 하나의 심적 통일체이다(김봉주 1988:26). 우리는 개념을 파악하기 위해 주로 사전적 지식을 활용하여 왔다. '짐작'과 '추측'의 사전적인 설명은 다음과 같다.

  ○ 짐작(斟酌) 圐 어림쳐서 헤아림. (눈~, ~도 못하다, ~이 가다)
  ○ 추측(推測) 圐 미루어 생각함. (~기사, ~이 맞다/어긋나다)[37]

이상의 사전 설명에 따르면, 짐작과 추측이 인식 방법(어림 : 미

---

37) 이 글의 사전적인 해석은 金敏洙 외(1991)에서 옮긴 것이다. 한글학회(1992), 이희승(1982)에서의 설명도 이와 유사하지만 '추측'을 '미루어 생각하여 헤아림'으로 설명한 점이 다르다. 아울러 신기철·신용철(1974)에서도 '추측'을 '미루어 생각하며, 헤아리거나 어림잡음'으로 포괄적으로 설명하였다. 이러한 사전적인 해석에서 우리는 '짐작'과 '추측'이 유사한 개념을 지니고 있지만, 점차 독자적인 의 미영역을 구축하는 듯하다.

룸), 인식 영역(지각 : 사유)이 상이함을 알 수 있다. 그럼에도 불구하고 이들은 비교적 동일한 개념으로 인식되어 왔으며, 언어학자들조차 이들을 구별하여 사용하고 있지 않은 듯하다. 이러한 까닭은 이들이 공유하는 의미 영역이 구별될 수 있는 의미 영역보다 훨씬 넓기 때문일 것이다.

짐작·추측이 공유하는 의미 영역은 이들이 사태에 대한 인식 기제라는 점이다. 인식 기제는 인식 방법(태도) 및 인식 결과를 지니는데, 짐작과 추측은 사전 설명과는 다르게 이들 역시 유사하다. 즉 인식 방법이 '어림 : 미룸'으로 대응되지만, 짐작에도 미룸(추리) 행위가 전제되어 있어서 문제가 된다. 아울러 대상에 대한 확실성 여부의 객관적인 양태 문제에 있어서도 이들은 유사한 특징을 지니고 있다. 즉 '미확인 : 불확실성(비확정성)' 역시 가능 세계를 표상하고 있다는 점에서 동일하다. 더욱이 이들의 인식 영역인 '앎(지각) : 사유'도 인식 논리상 구별될 뿐, 실제로는 상호 교호할 정도로 관련이 있음도 이미 밝힌 바 있다.

그러나 부차적 의미가 같다고 해서 엄연히 원개념에서부터 다른 두 용어를 동일하게 취급할 수는 없다. 따라서 여기에서는 주관적 양태 의미인 짐작·추측의 개념 차이를 명확히 밝혀볼까 한다.38) 이에 대한 방법은 '짐작하다'와 '추측하다'의 유형 분석과 이들이 실제 사용된 예문을 통해 그 의미 차이를 구명해 보기로 한다.39)

---

38) 원개념(original concept)은 쉽게 변화하지 않는 특성을 지니지만, 심리적 실체로서의 개념은 어느 정도 가변성이 있게 마련이다. 더욱이 원개념이 변화하여 당시 사회적 통념화된 것을 원개념대로 취하게 마련이다. '짐작·추측' 가운데 '짐작'은 일상 언어에서 '추측'보다 많이 쓰이며, 의미 영역 또한 확대되는 듯하다.

39) '개념'과 '의미'는 서로 관련성이 있으나 동일하지는 않다는 것이 일반적인 견해였다. 즉 철학에서는 "개념은 사물의 본질을 파악하는 사유(思惟)형식으로서 그를 언어로 표현하면 의미로서 존재한다"고 보았다. 그러나 최근 인지문법학자들은 의미를 개념화(인지 과정)으로 동일시하는 등 "개념"에 대한 관심이 높아지고 있다. 이에 대한 자세한

2.2.1 '짐작하다'와 '추측하다'의 구문 유형

'짐작하다', '추측하다'는 인지동사이다. 인지동사는 내면적인 심리상태의 변화나 변화 과정, 또는 어떤 사태에 대한 심리적 태도 표상을 특징으로 한다. 인지 범주는 감각(느끼다 류)이나 지각, 사유로 하위 범주화하여 왔지만, 특정 인지동사가 어느 한 영역에 정확히 대응되지 않는 점이 문제가 된다. 그러므로 특정 인지동사를 의미 영역에 따라 하위 분류하기란 쉽지가 않을 것이다.[40]

일반적으로 동사류의 어휘 의미가 다르면 구문 형식 또한 구별될 것이다(Givon, 1984:64). 이로써 구문 형식의 차이는 의미 차이를 검증하는 단서가 될 수 있을 것이다. 따라서 여기에서는 인식론적 상관성에서 개괄된 '짐작하다', '추측하다'의 구문 유형을 실제 예문을 통해 재검토하기로 한다. 이로써 우리는 짐작·추측의 내용이 되는 대상화 특성과 인식 영역 및 부차적 의미를 파악할 수 있을 것이다.

인지동사가 이루는 타동 구성은 화자 자신의 내적 심리 상태의 변화를 기술하는 것이다. 이때에 '짐작하다'는 '어림'의 의미 특성으로 타동사 구문에 자연스러운 반면, '추측하다'는 타동 구성에 제약이 따른다. 우선 '짐작하다'는 절로 이룩되는 사태(사건, 과정, 상태)·사실을 대격의 {-를}로써 대상화한다. 아울러 명제로 인식할

논의는 김봉주(1988) 참조.

40) 인지동사가 이루는 구문 현상에 대해서는 張京姬(1985)와 金興洙(1988)에서 단편적으로 다루어진 바 있다. 전자에서는 '짐작하다', '추측하다'의 사실성 전제 차이만을, 후자에서는 심리동사 전반에 걸친 포괄적 연구 가운데 '타동사 −자·피동사 류'에서 언급하였다. 김영희(1988)에서는 인지동사 구문의 통사적 현상을 다루고 있지만, '추측하다'를 약한 단언 서술어로 보고 있을 따름이며, 우형식(1991)에서도 '짐작하다', '추측하다'를 사유동사로 하위 분류할 뿐, 구체적인 구문 형식은 논의하지 않았다.

만한 특정 사물(object)을 대상화하기도 한다.

   (1) ㄱ. 나는 {두께, 나이, 범인, 성적, 사태…}를(을) **짐작**했다.
       ㄴ. *나는 {두께, 나이, 범인, 성적, 사태…}를(을) **추측**했다.

   (2) ㄱ. 다급하게 전류를 타고 내 귀를 때리는 아낙의 목소리로 나이
         를 **짐작**해 보면서 나는 이름을 되뇌였으나… ('88:273)
       ㄴ. 나이를 **짐작**할 수 없는 소년의 눈빛은 맑았다. ('80:8)
       ㄷ. 나는 그동안 종잡을 수 없어도, 사내의 나이가 그보다는 위가
         아닐까 **추측**하고 있었다. ('85:60)

'짐작하다'는 사물을 직접 대상화하여 어림으로 헤아릴 때 사용될 수 있지만, 일반적으로 사물의 상태나 속성을 드러내는 사태를 대상화한다. 따라서 (1)은 '나는 N_1이 N_2{임. 함}을 짐작했다'에서 특징적 통보 요소가 대격화된 것이라고 볼 수 있다. (2)는 개략적 나이 파악에 관한 실제 예문들이다. 이 때 두 인지 동사는 대상화 특성에서 차이가 난다. 즉 '짐작하다'는 명사구·절을 타동 구성으로 직접 대상화하지만, '추측하다'는 (2ㄷ)처럼 가능 명제를 사유 대상화하고 있을 따름이다.

'짐작하다'와 '추측하다'의 타동 구성은 바탕 인식 영역이 되는 동사 '알다'와 '생각하다'와 정확히 대응된다. 즉 '알다'류 동사들은 대격 성분이 갖는 대상성(objectvity)에 따라 타동 구성에 자유롭다. 그러나 '생각하다'는 비사실 동사로서 사실 명제를 대상화하지 않는 특성이 있다. 이는 명사절을 대격 성분으로 취하는 다음 예문에서도 확인된다.

   (3) ㄱ. 나는 아내가 아기를 가진 것을 {짐작, *추측}했다.
       ㄴ. 나는 아내가 아기를 가졌음을 {짐작, ??추측}했다
       ㄷ. 나는 아내가 아이를 가졌다는 것을 {짐작, *추측}했다.
       ㄹ. 나는 아내의 임신을 {짐작, *추측}했다.

(3)은 명사절이 대격 성분으로 통합된 구문으로서 '그녀가 아기를 가지다'라는 사태나 사실을 인지 내용으로 하고 있다. 이때 '짐작하다'는 실존하는 대상의 사태를 어림으로 헤아리는 것을 말한다. 그러나 '추측하다'는 일반적으로 실재하는 대상보다는 화자 인식세계 내에 존재하는 가능 명제를 대상화하는 경향이 있다. 이러한 사유 대상은 통사적으로 타동 구성을 잘 취하지 않는다.41) 그러나 명제가 표면 언어에 드러나고 이를 대용하는 명사나 가능 명제에서는 타동구성을 취하기도 한다.

(4) ㄱ. 그 방들 가운데 제실(祭室)과 집무실과 아틀리에, 또는 창고
      같은 식으로 그 용도를 어렵지 않게 추측할 수 있는 것들이
      있었다. ('94:307)

---

41) 張京姬(1985:34~35)에서는 짐작·추측 행위에 다른 대상화 조건은
    實際 정보의 전제 유무로 구별한 바 있다. 그러나 예문 설정 및 설명
    에 다소 문제가 있어 보인다.

   (I) a. 어디에 사는지 {짐작, *추측}이 안 가.
       b. 그가 한 말의 의미를 이제야 {짐작, *추측}할 것 같아.
       c. {짐작, *추측}하건대, 한강의 깊이는 100m가 넘을 것이다.

    (I)에서 목적어의 내용이 실제로 존재한다는 점-사는 곳, 말의 의
    미, 한강-을 들어 '짐작하다'는 實際情報에 대하여 대략적인 정보를
    추리해 내는 행위라는 것이다. 아울러 '추측하다'는 추측행위의 대상
    이 되는 정보에 대해서는 眞인 實在의 정보가 전제되어야 할 필요가
    없다고 보았다. 그러나 (Ia)는 가다'에 이끌려 '추측'이 어울릴 수 없
    는 반면, (Ic)의 '추측하다'는 자연스럽게 느껴진다. 이는 (II)처럼 '추
    측하다'가 實際情報가 존재하는 데에도 사용될 수 있지만, 심리적 실
    재 대상이어야 함을 뜻한다.

   (II) a. 그녀가 어디에 숨었는지 더 이상 추측할 수가 없어.
        b. 그때서야 그는 그녀의 짧은 말속에는 여러 의미들이 숨어 있을 것이
           라고 추측을 할 수가 있었다. ('84:48)
        c. 내가 갑자기 그녀의 목을 누르기 시작한 것은 그녀가 하고 있는 말
           들이 모두 함께 살고 있는 놈팡이의 입에서 나온 것이리라는 추측
           때문이었다. ('83:281)

ㄴ. 에반스는 미궁이 발견된 크노소스가 정치, 경제의 중심지로서 인구가 약 8만에 이를 것임을 추정하고 있다. 그쯤되면 사회를 어지럽히는 흉악범들이나 보안사범들도 상당히 늘어났을 것이라는 추측이 자연스럽다. ('94:320)

(4)의 '추측(추정)하다'는 대상에 직접 서술 기능을 부과하지 못하고 추측 내용을 가능명제로 대상화시키고 있을 뿐이다. 한편 다른 격형의 명사절이나 인용절에서는 실재하는 사실 정보를 요구하지 않으므로 두 서술동사가 자연스럽게 용인된다.

(5) ㄱ. 나는 아내가 아기를 가진 것으로 {짐작, 추측}하였다.
ㄴ. 나는 아내가 아이를 가졌다고 {짐작, 추측}하였다.

(5ㄱ)에서 {-로}와 '추측하다'는 자연스럽게 통합된다. 이는 {-를}의 목적어 성분이 직접적인 본래의 인지내용을 나타내지만, {-로}는 이차적으로 수정된 인지사태를 표현할 수 있는 가능적 사태를 전제하고 있기 때문이다. (5ㄴ)에서 {-다고} 인용절은 하나의 명제를 인지내용으로 하고 있으며, 내포된 진술 내용이 반드시 사실이어야 함을 전제하지 않는다. 이처럼 '짐작하다'는 (4)처럼 사실을 전제로 하는 타동구조나 내포문 명제가 사실이 아닐 수 있는 가능명제를 대상화하는 반면, '추측하다'는 참인 사실을 요구하지 않는다. 이러한 반사실명제의 구문 유형에 두 인지동사가 동일하게 사용되는 현상은 이들의 의미 영역이 공유됨을 입증한다.

'짐작하다'는 {-ㄴ지(-ㄹ지)}, {-ㄴ가(-ㄹ까)} 명사화 보문에 잘 쓰이는 반면, '추측하다'는 그 용례를 찾아보기 어렵다.[42]

---

[42] 任洪彬(1974)에서는 {-ㄴ지} 내포문이 {음/기} 명사화문과는 다른 통사적인 명사화로 보아 보문화 가운데 인용포유로 보았다. 한편 이맹성(1968), Kim, N.(1984), 이익환(1979)등에서는 이런 내포문을 일반 명사화문과 같이 명사화소(nominalizer)에 의해 명사화 보문으로 취급하여, 의문 명사화문, 의문 보문, 의심 명사화보문, 간접

(6) ㄱ. 오빠는 돌아서서 회초리를 만들고 있었기 때문에 성을 내고 있
　　　 는지 장난을 치고 있는지 짐작도 할 수 없었다. ('80:255)
　　 ㄴ. 어떻게 우리 집을 찾아냈는지 전혀 짐작이 안 가는 거예요.
　　 ㄷ. 나는 그가 무슨 말을 들었을지 짐작이 갔다. ('94:129)

(7) ㄱ. 나는 대뜸 무슨 일이 일어났던가를 짐작했다. ('78:150)
　　 ㄴ. 그가 어떤 학교 생활을 하고 있는가를 대충 짐작하고는 있었
　　　 습니다. ('90:401)
　　 ㄷ. 안경을 낀 남자는 오십대 중반쯤 되었을까 육십 가까이 되었을
　　　 까 어림할 수 없는 건강한 체구였다. ('81:205)

　의문 명사화된 보문과 '짐작하다'의 통합은 대상성과도 관련이 있
다. 여기에서 의문 명사화문으로 이룩된 짐작 내용은 사실임을 전
제하고 있다. 이 구문 유형은 주로 의문사를 통한 미확인 명제를
짐작 내용으로 구성하는데, (6ㄱ)이나 (7ㄷ)처럼 복수 명제를 대
상으로 삼기도 한다. 여기에서 짐작 내용인 의문 명사화문이 지시
하는 것은 의문 그 자체가 아니라 의문에 대한 답이므로 의문사를
제거할 수 있다.43) 즉 (6ㄴ)을 "우리집을 찾아낸 방법을 짐작할
수 없었다"로 의문사 삭제 변형이 가능하다. 이러한 짐작 대상의
실제는 의문사에 따라 '시간(언제), 장소(어디서), 내용(무엇), 사
람(누가), 어떻게(방법, 양상), 왜(이유), 정도(얼마나)' 등이 된다.
　'추측하다'는 '짐작하다'처럼 양태 연산자가 내재한 내포문을 취
하는 {-다(라)고} 구문 유형에 흔히 쓰이고 있다.

(8) ㄱ. 소설 속에 청관산도 평관산의 오기이거나 의도적인 변형일

의문문 등으로 각각 달리 부르기도 했다. 이 글에서는 일단 명사화
　보문으로 부르기로 한다.
43) Karttunen(1977:3~44))에서는 의문 명사화문이 의문의 답을 의미
　하되, 그것은 가능한 답(possible answers)이 아닌 '참(眞)}으로서
　의 답(true answer)'이라는 것이다.

거라고 **추측**했다. ('91:232)
ㄴ. 시체의 부패상태로 미루어 죽은 사람은 4.19와는 아무 관
   계가 없을 것이라고 쉽게 **추측**된다. ('95:73)
ㄷ. 연극배우는 아리아드네공주가 테세우스가 아니라 바로 다
   이달로스를 사랑했을지도 모른다고 **추측**한다. ('94:326)

(9) ㄱ. "**짐작**은 간다. 모든게 맘에 차지 않겠지. 서울식과는 많이 다
      를거야. 특히 반장이 하는 일은 거칠기도 하겠지."('87: 47)
ㄴ. 사람들은 내가 티브이 화면을 보고 있으리라고는 **짐작**도 못하
   고 있다. ('93:41)
ㄷ. 그녀는 내 다리가 단단할 것이라고 내심으로 짐작하고 있었고,
   지금 그 사실을 손으로 직접 확인한 것이었다. ('93:58)
ㄹ. 여자가 인근의 산자락에 있는 외지인 소유의 별장에서 머무르
   고 있는 모양이라고만 막연하게 **짐작**할 뿐이었다. ('92:361)

이상 예문은 짐작·추측 표상 명제를 직접인용 내포문으로 구성
하고 있다. 이 유형은 인식주가 화자임을 요구하지 않는다. 우리는
위 예문에서 '짐작하다'가 주로 {겠}, {리} {-(ㄴ/ㄹ) 모양이다}로
써 미확인 명제를 대상화하고 있음을 알 수 있다. 아울러 '추측하다'
는 {-ㄹ 것이다} {-(ㄴ지/ㄹ지) 모른다}로 이룩되는 사유 명제를
인지 내용으로 하고 있음도 확인된다. 물론 (9ㄱ, ㄷ)에서는 {-ㄹ 것
이다}가 '짐작하다'와 호응하고 있지만, 서술자는 내심(심리 행위)
짐작은 추측과 상통하지 않을까 한다. 이처럼 '추측', '추측하다'가
특정 양태 연산자와 호응하는 양상은 다음 예문에서도 찾아볼 수
있다.

(10) ㄱ. "인애가 우혜들과 다른 삶을 살지도 모른다는 추측은 추측만
      으로도 가슴이 떨리도록 싫을 뿐이구나." ('89:182)
ㄴ. 그는 자신의 운명을 생각했을 것이었다. 그리고 병실문을 들
   려나가는 자신의 주검에 대하여 생각했을 것이다. 그리고 어
   머니의 꺼이꺼이 울어대는 울음소리를 생각했을 것이었다.

이 모두가 다 **추측**에 불과한 것이지만. ('89:320)
ㄷ. 집에 돌아온 것이 몇 시였던가. 아무래도 자정은 넘지 않을 것이라는 **추측**만 있을 뿐, 정확히 알 수가 없다. ('92:67)
ㄹ. 절대군주로 하여금 무언가 색다르고 자극적인 놀이를 하게 하였을 것이란 **추측**을 가능하게 한다. ('94:307)

이상 예문에서도 '추측하다'는 {-ㄹ 것이다}, {-ㄹ지도 모른다}와 호응하고 있다. 물론 이러한 호응이 이들 표상 형식의 의미 기능으로 직접 연결지을 수 없는 까닭은 '짐작하다'도 이들과 호응할 수 있기 때문이다. 다만 실제 용례의 빈도상 이들 형식이 '추측하다'와 잘 호응하며, '짐작하다'보다 용인 가능성이 높은 점으로 미루어 이들 양태 연산자의 의미가 '추측'으로 해석된다. 반면 {겠}과 {-(ㄴ/ㄹ) 모양이다}는 역으로 짐작을 표상하는 양태 연산자일 것이라는 개연성을 지닌다. 이 점 앞으로 계속 논의될 사항이다.

이상 '짐작하다', '추측하다'의 구문 유형을 살펴보았는데 이를 요약하면 다음과 같다.

첫째, '짐작하다'는 실재하는 대상의 어떠한 현상을 가능성의 앎으로 대상화한다. 그러나 '추측하다'는 실재하지 않는 사유 명제를 대상화하는 경향이 있다. 이러한 특성은 타동 구성이나, {-ㄴ지/-ㄹ지}, {-ㄴ가}, {-ㄹ까} 구문을 통해 확인할 수 있었다. 이러한 대상화 특성에 따른 통사적 특성은 '알다'와 '생각하다'의 구문 유형과 대응하였다. 이로써 인식론적 상관성에서 살펴본 대로 짐작이 앎에, 추측이 사고의 인식 영역에 각각 함의됨을 입증하였다.

둘째, '짐작하다', '추측하다'는 확신의 정도가 낮은 {-으로} 명사절, {-다(라)고} 인용절의 구문 유형의 술어로 잘 쓰인다. 이는 두 인지동사가 사실이거나 사실일 가능성이 있는 명제를 표상할 수 있기 때문이다. 이러한 구문 형식의 동일함은 결국 이들이 공유하는 의미 영역이 될 것이다.

셋째, '짐작하다'와 '추측하다'가 가능 명제를 인지내용으로 취할 때에는 양태 연산자가 어느 정도 구별되어 사용된다. '짐작하다'는 주로 {겠}, {리} {-(ㄴ/ㄹ) 모양이다}로 이룩되는 미확인 명제를, '추측하다'는 {-ㄹ 것이다}, {-(ㄴ지/ㄹ지)도 모른다}에 의한 불확실한 사유 명제를 취하는 경향이 있다.

2.2.2 짐작 · 추측의 인지 과정

국어에서는 발화 현장에 실재하는 외적 세계를 지각 표상하거나, 실재하지 않는 가능한 세계를 실체화하여 추측 표상하는 방법이 정연한 질서를 가지고 체계화된다. 이를 정보 처리 관점으로 보면 전자는 특정 시간과 공간에 구현된 맥락적 정보를 바탕으로 획득되는 반면, 후자는 일반적인 원리나 규칙에 의한 초맥락적 정보를 바탕으로 획득된다고 볼 수 있다. 이러한 앎(정보 획득)의 구체적 방법인 지각과 사유를 언어적으로 표현한 것이 양태 범주라는 것이다.

> (11) ㄱ. 비가 오{지, 네, 는구나, 더라}.
> ㄴ. 비가 오{겠, ㄹ 것이, ㄹ 모양이, ㄹ 듯하, ㄹ 성싶, ㄹ 법하,
>   ㄹ 것 같, 지 싶, ㄴ가 보, 기 쉽, ㄹ지 모른}다.

기존 연구에서는 (11ㄱ)을 지각 양태, (11ㄴ)을 사유 양태로 이분하여 대응시켜 개별 형식의 양태 의미를 파악하였다.44) 그러나 이 글에서는 '짐작'의 인식 영역을 하위 분류하여 국어의 인식 양태 범주를 설정하고자 한다. 즉 짐작을 다음과 같이 '어림 짐작'과 '미룸 짐작' 등으로 나누고, 이들의 개별 의미 기능으로 양태 범주에 대한 규정을 뒷받침하기로 한다.45)

---

44) 張京姬(1985)에서는 국어의 양태 범주를 인식 방법에 따라 지각 양태와, 추리 및 사유 작용을 통한 사유 양태로 구별하였다. 아울러 앎의 양상이나 인지 시점에 따라 지각 양태를 하위분류하였다.

```
          ┌ 지   각 : 직접 감각 기관을 통해 확인한 외적 세계를  표상
  ┌ 지각양태 ┤    ↑      하며, 맥락적 정보로 구현됨.
  │       └ 어림짐작 : 지각경험을 통해 미확인의 가능 세계를 지각 표상
  │                   하며, 준맥락적 정보로 구현됨.
  │
  │          ↕
  │       ┌ 미룸짐작 : 지각경험 사실로 미루어 미확인된 사실을 개략
  └ 사유양태 ┤    ↓      적으로 파악함(무의식적인 감성적 추론).
          └ 추   측 : 논리적 사고로 불확실한 정보를 새롭게 창출하며,
                      초맥락적 지식을 활용함(의식적인 이성적 추론).
```

이상의 인식 양태의 다원적 체계는 화자 심리에 존재하는 가능 세계 표상을 '앎'의 영역에 두느냐 또는 '사유'의 영역에 두느냐에 핵심이 있다.46) 이처럼 앎과 사유와 관련지어 '짐작'과 '추측'의 개념을 살펴보기로 하자. 우선 한 예문에서 짐작과 추측이 상호 대응하거나 관계하는 예문을 보기로 하자.

(12) ㄱ. 비가 올 것을 알기는커녕 {짐작, 생각, ??추측}도 못했어.
     ㄴ. 비가 오리라고는 꿈에도 {짐작, 생각} 못했어

(13) ㄱ. 비가 올거라고 생각하기는커녕 {짐작, *추측}도 못했어.
     ㄴ. 비가 오리라고 짐작은커녕 {?생각, *추측}도 못했어.

---

45) '어림 짐작'과 '미룸 짐작'은 인식 태도에 따른 짐작의 하위 개념이다. 이 밖에도 인식 시점에 따른 '지레 짐작'이 거론될 수 있겠지만, 동일 기준에 따른 분류가 아니며 짐작(어림 짐작)에 모두 함의됨으로 일단 접어둔다. 여기에서는 짐작의 개념을 한층 분명히 함은 물론, '미룸 짐작'과 '추측'을 구별하기 위해 사용한 용어임을 밝혀 둔다.

46) 張京姬(1985:33~36)에서는 '짐작하다'를 [정보(＋어림치)를 얻다)], '추측하다'를 [정보(＋불확실)을 얻다]로 파악하였다. 이러한 적극적인 정보 획득의 의미는 외부적 증거를 바탕으로 새로운 사실을 알게 되는 미룸(추리) 행위를 전제한 데에서 비롯되었다. 그러나 필자는 이들의 공유 의미인 '미룸'이나 '추리'조차 그 특성이 다르다는 점에 관심을 둔다.

(12)는 '앎'과 '짐작', '생각(思惟)'이 동일한 인식 영역에서 분화됨을 드러내고 있는 예문이다. 짐작이나 사유는 앎의 초기 과정인 정보 획득의 구체적인 방법으로, 사태 추이에 대한 가능성의 앎만을 파악하는 인식 과정을 지니고 있다. 그러나 (13)에서 보듯이 짐작은 대상에 대한 화자의 개입이 사유(추측)에 비해 소극적이며 두뇌활동에도 차이가 난다. 즉 추측은 대상 명제에 대해 적극적으로 관여하여 정보를 상정(想定)하거나 평가한다고 볼 수 있다. 그러나 '짐작'은 대상이 제공하는 가능성 있는 어림 정보를 직관적으로 알아차리는 소극적 관여 양상을 보여 준다. 이러한 '앎'과 관련된 짐작 표현의 실제 예는 다음과 같다.

(14) ㄱ. 이충을 처음 만난 때가 정확히 어느 날이었는지는 확실치 않다. 아마도 작년 초가을께쯤으로 기억된다. 그가 후줄근한 바바리코트를 걸치고 나다닐 무렵이었으니까 어쩌면 시월이나 십일월일의 그 어간일 가능성이 높다. ('85:97)

ㄴ. 나는 왜 내가 지금 폐쇄 병동에 들어있는 것인지 그 이유를 어렴풋이나마 알 수 있게 된다. ('93:17)

(15) ㄱ. 전화를 받으러 갈 때의 잰 동작이나 제법 활달하던 응답 소리가 차츰 잦아든 걸로 미루어 신통한 전갈이 아니라는 기미를 눈치챘으나,…('90:390)

ㄴ. 지나치게 커다랗게 지르는 목소리며 불분명한 발음 때문에 술에 꽤 취해 있음을 알 수 있었다. ('86:139)

이상 예문들은 '가능성이 높다', '어렴풋이 알다', '눈치채다' 등의 표현어구로 짐작 행위를 표상하고 있다고 볼 수 있다. (15ㄱ)에서 화자는 확실하지 않은 과거의 기억 정보에 대하여 이미 알고 있는 경험 사실로 미루어 개연적으로 어림하고 있다. (15ㄴ)은 '나는 왜 내가 지금 병동에 들어있는 것인지 짐작하게 된다'로 대체할 수 있는 예문이다. 아울러 (15ㄷ)의 '기미를 눈치채다'는 짐작과 지각과의 관련성을 잘 보여주고 있다. 이처럼 짐작은 발화 현장에서의 화자의 지각 경험에 의해 이룩되며, 이러한 지각적 경험이 미룸의 기제로써 판단의 근거가 될 것이다. 한편 추측도 미룸(추리)를 통하여 사태를 판단하므로 개념상 공유하는 부분이 있을 것이다. 이러한 문제를 염두에 두고 우선 '짐작'과 '추측'의 의미를 파악하기로 하자.

어림짐작은 우선 인식자의 직관이나 감각기관을 통해 사물·사태의 어림치를 자각하거나 파악하는 것을 말한다.

(16) ㄱ. 짙은 화장과 늘어뜨린 머리는 여가수의 나이조차 **어림할** 수 없게 하였다. ('92:116)

ㄴ. 성규의 친구로 **짐작**되는 전화를 받은 송여사는…('86:3 5)

ㄷ. 치마말기 안으로 손을 넣어 가만히 자신의 허리께를 **어림해** 보았다. 셈속이 서투른 그녀라 할지라도 출산날을 어림으로나마 **짐작**하지 못할까? ('85:265)

(17) ㄱ. 나는 그들의 러시아 말을 알아들을 수 없어도 그들이 무엇을 말하는지는 **짐작**으로 알 수 있었다. ('95:58)

ㄴ. 그녀는 머리맡을 더듬어 선풍기를 미풍으로 틀고 **어림짐작**으로 타이머를 한 시간쯤 뒤로 맞춰놓았다. ('84:79)

ㄷ. 쇠바퀴 소리가 넓은 들판으로 거침없이 달아나는 것을 그는 느낄 수 있었다. 눈을 감고도 그는 통과지역을 **짐작** 할 수 있었다. ('86:81)

(16)에서 서술자는 자신의 감각(시각, 청각, 감각) 작용을 통해 어림치의 정보를 획득하고 있다. 짐작은 이처럼 미확인 사태에 대하여 사실일 가능성을 알거나 믿는 지각적 행위라고 볼 수 있다. 이때의 어림 짐작은 인식자의 느낌이나 직관을 바탕으로 하게 마련이다. 인간의 사고 능력의 하나인 직관력은 본능적인 느낌에 의존하는 경향이 많으며, 이는 (17) 예문에 잘 드러나 있다. 이처럼

'어림 짐작'은 즉각적이고 경험적인 직관(直觀)에 의거한 가능 세계의 인식을 뜻한다.

미룸 짐작의 '미룸'은 추측의 '추리(推理)'와 같은 개념으로 볼 수 있다. 그러나 실제 용법에서는 인지자의 지각 경험 사실은 '미룸'으로, 형식적인 사유 명제는 '추리'로 이루어져 변별된다. 아울러 미룸과 추리 행위는 의식적이냐 그렇지 않느냐의 두뇌 활동의 관여 정도로도 어느 정도 구별될 수 있을 것이다.

미룸 짐작의 근거는 화자의 지각적 경험이나 화자가 알고 있는 사실을 바탕으로 한다. 그러므로 근거와 짐작 내용과 필연적으로 관계되어 있다는 믿음 아래 인과성(因果性)을 충분조건으로 지니게 된다. 이런 인과성은 어림으로나마 새로운 사실을 알게된 것이므로 다른 가능성을 염두에 두지 않는 부차적인 특성을 지니고 있다.

(18) ㄱ. 이곳에서 발전을 일으켜 전깃불을 켰었다 하니, 당시 괴뢰군 총사령부의 규모나 시설이 얼마나 어마어마했던가를 짐작하고도 남음이 있다. ('81:272)

ㄴ. 구두나 농구화가 아닌, 흙투성이의 검정고무신으로 보아 지서에서 나온 순경이나, 면내에서 행세깨나 하는 사람이나 족친의 내방이 아님을 쉬 짐작할 수 있었다. ('84: 264)

ㄷ. 서울 냄새는 풍기지 않았다. 읍 단위 시골의 변두리 동네로 짐작이 갔다. ('94:153)

ㄹ. 옛 선비들에게는 여기(餘技)쯤으로 여겨지는 의학과 산술이 그 정도에 이르렀으니 다른 학문의 경지도 짐작가는 바가 있을 것이다. ('95:403)

(18)은 지각적 경험이나 사실로 미루어 미확인 사실을 알게 되는 '미룸 짐작' 예문들이다. (18ㄱ)에서 화자는 다른 사람의 말을 사실 정보로 내적 정보화하고 있으며 새로운 사실을 도출하는 판단의 근거로 삼고 있다. 이때 근거가 되는 정보와 짐작되는 사실과는

필요·충분 조건의 인과관계를 형성한다. (18)의 ㄴ,ㄷ은 시각이나 후각 경험을 통한 지각 사실이 직접적인 근거로 기능하며, 화자가 알고 있는 초맥락적 지식(전제)를 바탕으로 새로운 사실을 도출해 내고 있다. (18ㄴ)에서는 '지서에서 나온 순경, 면내에서 행세하는 사람, 족친(族親)은 구두나 농구화를 신는다' 라는 이미 알고 있는 사실 정보가 초맥락적 지식으로 기능하고 있다.

'지레 짐작'은 무슨 일이나 때가 되기도 전에 미리 넘겨짚어 하는 짐작을 말한다. 지레 짐작도 어림 짐작과 마찬가지로 화자의 느낌·직관이 중요하게 작용한다.

> (19) ㄱ. 어머니가 소맷부리를 걷으며 단숨에 내달아 왔다. 참외서리
> 나 하고 다니는 피난민 아이한테 이제 곧 본때 있게 손찌검
> 을 하려나 보다고 나는 **지레 짐작**을 했다 ('79:282)
> ㄴ. 손은 컸고 핏기가 없었으며… 손톱 주위로 기름때가 끼어 있
> 음도 볼 수 있었다. 그는 물을 필요도 없이 낙태수술이겠거
> 니, 하고 **지레 짐작**했다. ('81:104)

이상 예문에서 화자는 곧 일어날 사태에 대해 미리 어림으로 헤아리거나, 진찰을 하기 이전에 미리 사태를 직감하여 예측하고 있다. 이러한 지레 짐작은 예측과 유사하면서도 그 감정 가치가 다른 듯하다. 지레 짐작은 발화 현장에서의 지각 경험을 통해 사태를 미리 어림하게 되지만, 예측은 추측과 마찬가지로 사유가 개입되는 듯하다.

추측의 추리(推理) 행위는 복합적인 정황(情況)이나 조건적으로 상정된 가정 명제가 근거로 기능한다. 따라서 근거가 추측 사실에 직접 작용하지 않으므로 결속력이 약하고, 추측 사실도 여러 가지 가능성 가운데 인지자에 의해 상정된 사유 명제이어서 단일하지 않을 수도 있다.

이처럼 가정 명제가 판단의 근거로 작용하는 '추측(하다)'는 다

음 예문과 같이 직접적이고 구체적인 근거가 표면 언어에 잘 드러
나지 않는 경우가 많다.

(20) ㄱ. 본인이 굳이 밝히기를 거부해 확실한 것은 알 수 없지만 달
       평씨에게서 도움을 받은 사람이 20여년 동안 거의 백병에
       까울 것이라는 **추측** 기사 끝에… ('81:363)
    ㄴ. 주민들은 기자가 실컷 촬영을 해갔는데도 방영이 안된 이유
       에 대하여 자기 나름대로 **추측**해 보았다. ('90:278)
    ㄷ. "기특하구나. 그러니까 너만이라도 할아버지에게 화해의 제스
       처를 보이겠다는 거냐 뭐냐. 지금까지 네 행동을 보면 그런
       추측을 가능케 하더라만." ('86:34)

(20ㄱ)은 주인공인 달평씨의 선행(善行) 사실을 우연히 안 기
자의 추측 내용을 서술하고 있다. 이러한 추측이 나오게 된 직접
적인 근거는 위 예문에 외현되어 있지는 않다. 그러나 텍스트를
검토해 보면, 주인공이 선행 사실을 숨기거나 기사화되는 것을 말
리는 등의 경험 사실이 정황 근거로 작용하고 있음을 알 수 있다.
(ㄴ)도 동일하게 자기의 지식이나 정황이 추측의 근거가 된다. 이
로써 뒤에 서술되는 텍스트 내용은 방송이 안된 이유에 대한 다양
한 의견·주장이 제시되기도 한다. (ㄷ)은 청자의 행동을 관찰·
경험한 화자가 이를 바탕으로 정보의 가치를 결정한 것이다. 따라
서 추측 내용은 다양한 정보를 재처리 과정을 통해 도출한 결론이
라고 볼 수 있다.
  이런 추측은 추정된 사실을 전제로 하거나 조건적으로 상정된
가정 명제를 바탕으로 도출되었다. 따라서 논리적 판단 과정을 통
해 이룩되지만 불확실한 가정 명제에서 출발되었기에 사실과의 일
치 여부를 확신할 수는 없다. 이는 판단 과정의 양상에 대한 서술,
혹은 추측 행위에 대한 화자의 내적 감정이 표출된 다음 예문에
잘 드러나 있다.

(21) ㄱ. 쉬지 않고 달린다고 해도 열 시간은 넘게 걸릴 것이다. 아니
　　　다. 열 시간이라는 막연한 **추측**일 뿐이다. ('82:7)
　　ㄴ. 여름이 무성했을 것이라는 **추측**은 충격적이었다. ('89:78)
　　ㄷ. 그쯤되면 사회를 어지럽히는 흉악범들이나 보안사범들도 상
　　　당히 늘어났을 것이라는 **추측**이 자연스럽다. ('94:320)
　　ㄹ. 병이 빌 때쯤 나는 돌연 엉뚱한 **추측**에 빠졌다. ('80:338)

(22) ㄱ. 하지만 그것은 단순한 **추측**일지도 모른다는 불안감에 나는
　　　그 애를 끌고 병원에 가야겠다고 생각했다. ('77:66)
　　ㄴ. 이 노인도 마찬가지일 것이다. 옷차림으로 보아 아주 궁색한
　　　집안의 노인은 아닌 것 같다. 아니 그 **추측**은 틀릴 지도 모
　　　른다. ('78:81)
　　ㄷ. 어떻게 생각하면 덜 배운 자의 괜한 시기심 같기도 하고, 달
　　　리 **추측**하면 팀플레이에 익숙하지 못한 채 홀로서기가 몸에
　　　밴 인생의 억척같기도 했습니다. ('90:376)

　(21)의 '막연한, 충격적인, 엉뚱한' 등의 수식어는 추측 행위가
지니고 있는 논리성에 상반되는 수식어들이다. 이는 추리 행위가
논리적 규칙에 따라야 함에도 불구하고 그렇지 못한 추측 행위에
대해 가치 표명을 하고 있다고 볼 수 있다. 이러한 추측 행위는
고도의 인식 능력이므로 인식자에 따라 추측 행위의 확실성 여부
는 달라질 것이다. (22)는 그러한 불확실한 인식에 대하여 인식자
의 심리가 잘 드러나 있다. 즉 (22ㄱ)의 화자처럼 사실이 아니기
때문에 불안해하거나, (22)의 ㄴ, ㄷ처럼 다른 가능성을 배제할
수 없어서 두 가지 가능성을 다 서술하는 방법으로 자신을 방어하
기도 한다. 이러한 '불확실성'을 지니고 있는 '추측하다'에 비해 '짐
작하다'는 확실성 정도가 더 높다.

(23) ㄱ. 으레 그럴 것이라는 **짐작**이 있던 터라 놀라움은… ('81:152)
　　ㄴ. 40대 중반으로 확실하게 **짐작**이 가는 그 여자는… ('84:10)

ㄷ. 눈치로 **짐작**은 하고 있었지만, 간호원과 그들의 관계는 보통
의 고용관계가 아닌 것이 분명했다. ('85:33)

ㄹ. **짐작**컨대, 그는 내 눈물의 본질을 꿰뚫어 보았음에 틀림이
없다. ('87:58)

(23ㄱ)처럼 짐작과 결과 사실이 일치할 때 화자는 당위적인 태
도를 보인다. 아울러 (23ㄴ)처럼 어림 짐작 표현에서는 화자는 객
관적인 실제 대상이 제공한 정보 특성으로 확신을 표명할 수 있
다. 한편 (23)의 ㄷ,ㄹ도 '분명하다', '틀림 없다' 등으로 확실성을
표상하고 있다. 여기에서 '짐작하다' 대신에 '추측하다'가 자연스럽
지는 않지만 호응할 수 있다. 그러나 양자의 의미 영역이 일대 일
로 완전 대응되지 않음은 이들이 공유하고 있는 미룸(추리)의 특
성에서도 찾아볼 수 있다.

우선 추측은 논리적 판단 과정을 거쳐 이룩됨은 주지의 사실이
다. 이러한 논리 과정에 따른 확실성 문제를 검토하기로 하자.

(24) ㄱ. 에반스는 미궁이 발견된 크노소스가 정치, 경제의 중심지로
서 인구가 약 8만에 이를 것임을 추정하고 있다. 그쯤되면
사회를 어지럽히는 흉악범들이나 보안사범들도 상당히 늘어
났을 것이라는 추측이 자연스럽다. ('94:320)

ㄴ. 다이달로스의 풍부한 예술적 기질과 현실 밖의 세계에 대해
자주 관심을 기울이는 그의 자유 분방한 정신은 정복자고 무
사인 남편과는 사뭇 다른 인상을 주었을 것이고, 만일 그녀가
그전부터 남편에 대해 불만이 많기라도 했었다면, 의외로 쉽
게 다이달로스에게 빠져 들어갔으리라고 **추측**해 볼 수 있지
않을까? ('94:324)

ㄷ. 영우는 순식이 밀대라는 소문이 어디에서 퍼져 가기 시작했는
지를 **짐작**할 수 있을 것 같았다. 누군가가, 영우처럼 순식에
게서 바늘을 훔쳤고, 영우처럼, 바로 그날 밤의 비품 검사에
서 순식이 새로운 바늘을 버젓이 내놓고 있는 것을 목격한 것
이요, 영우처럼, 충격 속에서 의혹에 사로 잡히기에 이르렀

고, 그리하여 어쩌면 그에 대해 설명이 가능한 단 하나의 결
론, 즉 순식이 밀대라는 추측을 한 것이었다. ('95:378)

(24ㄱ)은 추정된 개연적인 사실을 사실로 믿고 이를 전제로 새
로운 추측 행위를 서술하고 있다. 추리 행위는 전제가 경험·실천
에 의해 검증받은 사실이어야 결론이 되는 새로운 사실도 참이될
수 있다. 따라서 검증되지 않은 가능 명제(추정 사실)를 전제로
한 추측은 형식적인 추리 과정을 거쳤지만 불확실할 수밖에 없다.

(24ㄴ)에서는 삼단논법적인 추측 행위가 서술되어 있다. '다이
달로스는 남편과 달리 좋은 인상을 그녀에게 주었다'가 대전제로
기능하며, '만일 그녀가 남편에게 불만이 있다면'이 소전제로써 조
건적으로 상정되어 있다. 이로써 새로운 하나의 결론을 도출하는
추리 과정에 '추측하다'가 쓰이고 있다.

(24ㄷ)은 '짐작하다'와 '추측하다'가 하나의 언술 상황에 쓰인 예
문이다. 여기에서 '짐작하다'는 단계적 추리 과정을 통해 생성된 사
실을 직관적으로 파악하고 있다. 이러한 짐작에도 추리가 내재해
있다면 이를 '감성적 추론'이라고 부를 수 있을 것이다. 이와는 달
리 '추측하다'는 직관에 의해 어림한 짐작 사실을 여러 가지 가설
을 바탕으로 귀납하여 일반적인 결론을 도출하고 있다.

이제까지 논의된 짐작·추측의 개념을 정리하면 다음과 같다.

첫째, 짐작·추측이 구별되지 않음을 전제로 한 공유 의미역은
이들이 앎을 목적으로 한 정보 획득에 목적을 둔다는 것이다. 이
를 위해 미룸(추리)이라는 인식 방법이 동일하게 사용된다는 점도
지적하였다. 또한 이들은 사태의 진위(眞僞)를 분명히 판단할 수
없는, 즉 확실하지 않은 가능 세계를 알거나 믿는다는 점에서도
의미가 공유한다고 볼 수 있다.

둘째, 짐작·추측의 의미 공유역에도 불구하고 이들은 각각의
의미 활성역이 존재한다. 이를 대상성, 인식 방법, 근거 특성, 바
탕 인식 영역, 인식 조건 등으로 나누어 도식하면 다음과 같다.

〈'짐작'과 '추측'의 변별 의미역 (도식 4)〉

	짐　　　　작		추　　　　측
	어림 짐작	미　룸　짐　작	
대 상 성	실　　재	실재한다고 믿는 지각대상	실재하지 않는 사유 대상
인식방법	어　　림	감성적 추롬(무의식적 미룸)	이성적 추론(의식적)
근거특성	내성(內省)	지각경험한 사실 명제	가정, 전제의 반사실 명제
인식영역	느낌, 직관	직관, 앎(지각 경험)	논리적 판단, 추상적 사유
인식조건	미 확 인	미확인, 불확실성	불확실성(不確實性)

3. 짐작·추측 구문의 성립과 특성

　짐작·추측 구문은 '짐작·추측'이라는 심적 세계의 언어적 표상을 말한다. 일반적으로 화자의 주관에 투영된 세계의 표상은 발화 행위 이전에 화자가 언어 외적 사태에 대해서 갖는 화용적 전제에 따라 표현 형식이 양태나 기타 어휘적 표현 형식으로 나타난다. 이 장에서는 이미 밝혀진 짐작·추측의 개념과 인식론적 상관성을 바탕으로 이들이 어떠한 과정을 통해 언어로 표상되는지 살필 것이다. 또한 화용적 전제와 관계된 의미 특성을 검토하여 양태 연산자의 의미를 변별할 수 있는 기준을 제시하고자 한다.

3.1 성립 조건

　인식 논리적으로나 의미 기능 측면에서 짐작·추측 구문이 되기 위해서는 다음과 같은 의미·화용적 조건이 논의될 수 있다. 이는 짐작·추측 구문을 포괄하고 있으므로 기초적인 적정 조건이라 부르기로 하자.

(가) 화자는 사실을 잘 알지 못하거나 믿음의 정도가 약한 인식 상태
  에 있어야 한다.
(나) 미확인, 불확실한 인식상태에 있는 화자는 사실 자체를 언급하
  는 대신, 사태의 유사성·가능성·개연성을 지시적으로 기술하
  거나 짐작·추측으로 언어 표상화하여야 한다.
(다) 화자는 자신이 표상한 인지 내용을 어느 정도 믿어야 한다.30)
(라) 화자는 사실을 확실하게 알고 있지만, 청자와의 관계에 따라 이
  를 공손하게 표현하여 책임지지 않으려는 소극적 언술 태도를
  지니고 있어야 한다.31)

위에 제시한 의미·화용적 조건은 주로 화자와 명제 태도에 관
련된 조건들이다. 이 가운데 (라)는 객관적 양태 의미인 불확실성에
서 생성된 것이므로, 짐작·추측 구문의 포괄적 개념 규정에 따라
성립 조건에 포함시켰다.

주지하다시피 인식의 세 가지 요소는 인식자, 인식 대상, 인식

---

30) Searle(1969)의 화행 이론에서는 발화 행위를 통해 수반되는 효과는 발
  화의 적정 조건에 의해 구성되는 바, 진지성 조건(sincerity condition)
  은 "발화(수반) 행위와 관련하여 명제 내용이 뜻하는 바와 화자의 심중에
  있는 생각과 동일하여야 한다"고 지적하였다. 따라서 단언하면서 발화 내
  용을 믿지 않는다면 이는 진지성 조건을 위배하는 것이다. 이에 추측 발
  화도 약한 단언으로서 화자는 발화 내용을 어느 정도 믿어야 한다는 논지
  가 성립된다. Leech(1983)에서는 이를 공손원칙(politeness principle)
  과 여섯 가지 격률로 상론한 바 있다.
31) 서술(description)이란 관조된 사상(事像)이나 현상을 언어로 표상하거
  나 수용된 정보를 다른 사람에게 전달하는 수단으로, 객관적 기술을 특
  징으로 한다. 이에 서술자는 서술 대상에 충실함으로써 자신에 대해서도
  중립적 태도를 견지하여야 한다. 이와는 달리 진술(statement)이란 서
  술에 의해 갖추어진 서술 내용을 소재로 화자가 주관적 입장을 표명하여
  문을 성립시키는 것을 말한다. 본 고에서는 구어와 문어를 연구 자료로
  삼고 있기 때문에 양자를 구별하여 사용하기로 한다.

방법이라고 볼 수 있다. 물론 이외에도 인식에 필요한 외적 조건
이 구비되어 있어야 한다. 이는 적절한 빛, 인식자와 화자 사이의
적정 거리, 인식에 필요한 최소한의 전제 지식 등이 거론될 수 있
다. 이러한 세 가지 인식 요소를 언어 논리에 적용하면 화자, 명
제, 명제 태도가 될 것이다. 또한 이들 세 요소의 관계에 따른 외
적 요인이 짐작·추측 구문의 화용적 전제 요소가 될 것이다.

이 장에서는 짐작·추측 구문의 성립 조건을 화자(경험주) 조
건, 명제 내용 조건, 명제 태도 조건으로 각각 구분하여 살펴보기
로 한다. 아울러 각 요소들의 상호 관계에 따른 외적 특성들도 검
토해 보기로 하자.

3.1.1 경험주 조건

사태에 대한 인식자는 언어논리에서는 경험주 화자로 기능한다.
경험주는 경험 내용에 대한 수용자로서, 비행동적이고 비의지적임
을 특징으로 한다.[32]

  (1) ㄱ. *나는 비가 온다고 {스스로, 일부러, 억지로…} 추측했다.
      ㄴ. ?나는 비가 오겠는 것을 보았다.

(1ㄱ)이 비문법적인 까닭은 내적 경험주로 기능하여야 할 화자
가 의지 표출의 행동주로 기능하고 있기 때문이다. 이러한 내적
경험사실은 의식적으로 통제할 만한 내적 동작이 뚜렷하지 않다.
그러므로 (1ㄴ)처럼 지각 동사 {보다}의 대상이 될 수 없다. 또한

---

32) Fillmore(1971:376)에서는 경험주를 '행동의 효과를 수용, 경험하
    거나 겪는 실체(entity)'로, Chafe(1970:145)에서는 '심리적 경향
    속에 있거나 심리적 경향이나 심리적 과정을 입는(affected) 사람'으
    로, Cook,W.A(1975:52)에서는 '감각, 정서, 인지, 사고의 심리적
    사건을 겪는 이'로 각각 정의내린 바 있다.

화자는 심리 표상을 수행할 만한 내적 능력과 함께 사태를 인식할 만한 최소한의 외적 요인도 갖추고 있어야 한다.

  (2) ㄱ. ??(깜깜한 방에서) 이 카드는 소나무 5번인 모양이다.
      ㄴ. *(영수가 누구인지도 모르며) 영수는 컴퓨터 잘 하겠다.
      ㄷ. ?(유치원생에게) 한국 경제가 앞으로는 좋아질 거야.

  (2)는 화자가 인식자로서 인식할 만한 외적 요인이나 새로운 사실을 짐작할 만한 최소한의 정보나 지식이 없는 상태에서의 발화이다. 또한 짐작·추측이 단순 서술이 아닌 청자에게 정보를 제공하거나 주장하는 수행력을 발휘할 때에는 청자도 새로운 정보를 받을 만한 능력의 소유자이어야 한다. 이는 약한 단언으로서 짐작·추측 구문이 단언 발화의 조건을 위배했기 때문이다. 즉 화자는 청자가 단언의 내용을 알기 원해야 함에도 불구하고 수용할 만한 능력이 없는 청자에게 원하지도 않는 신정보를 제공하고 있기 때문이다.[33)

3.1.2 명제 내용 조건

  짐작·추측 행위의 대상은 지각 가능한 물체와 개념화된 인식 대상으로서의 현상(사건·과정·상태), 명제 등이 될 수 있다.[34)

---

33) 정보를 제공하기 위한 진술문은 다음과 같은 단언의 적정 조건을 지녀야 적절한 문으로 발화될 수 있다(김태자 1987:49).

  a. 신정보의 제공자는 화자이며, 화자는 청자가 알지 못하는 것에 대해 자신이 알고 있다고 믿는 신정보를 청자에게 단언으로 제공한다.
  b. 화자는 청자가 단언의 내용을 알기를 원한다
  c. 화자 자신이 한 말이 진실이라고 믿는 것을 청자도 믿어야 한다.
  d. 명제가 실제 일의 상태를 나타낸다는 뜻을 짊어지는 것으로 간주한다.
34) Lyons(1977:442ff)에서는 심리적 자극대상의 다양성을 분류한 바 있다. 이에 따르면 일차 실재 (first-order entity)는 물체, 이차 실

이 가운데 짐작 내용은 실재하는 대상이므로 물체, 사태, 사실, 명제가 다 가능하였다. 그러나 추측 내용은 주로 사유를 통한 가능 명제임을 밝힌 바 있다.

우리 주위에서 언어 표현의 대상이 되는 사태, 혹은 현상은 자연 현상, 사회 현상, 인간 현상 등 헤아릴 수 없이 많다. 그러나 언어 외적 사태가 아무리 복잡할지라도 화자는 언술 과정에서 표현하고자 하는 대상을 개별적 사태로 분화하여 인식한다. 아울러 언술 대상으로 구성하는 언어 표상 과정을 통해서 통사적 단위로 표현하게 마련이다. 이러한 인식 양상을 표현하는 통사적 단위는 주제와 술어가 되는 절 또는 문장이다. 그러므로 짐작·추측 구문의 문법적 대상은 단일한 사태를 표상할 수 있는 명제를 조건으로 한다.[35]

명제문의 사태는 이미 일어난 사실 세계이든 아직 일어나지 않은 가능 세계이든 화자의 인식 조건인 미확인·불확실성에 의해 짐작·추측의 대상이 될 수 있다. 한편 짐작·추측은 인식자와 대상 사이에 인식할 만한 시·공간적 거리를 유지하고 있어야 한다. 이러한 조건의 인식적 불투명 세계는 주로 화자가 사태에 대해 직접 관여하지 않아야 하므로 명제 내용은 화자의 외적 세계가 우선 거론될 수 있을 것이다.[36] 그러나 화자 자신에 관한 명제도 적절

재(second- order entity)는 사태, 삼차 실재(third-order entity)는 사실이나 명제를 가리킨다.

35) 사물의 수량이나 정도를 어림하는 '가량(假量), 쯤' 등은 '어림'의 의미를 지니고 있다. 그러나 이는 짐작구문의 대상화 조건에 위배되므로 논의에서 제외한다.

   a. 이사하는 데 사람이 다섯 명쯤 필요합니다.
   b. 잘은 모르지만 그는 쉰 살 가량 먹어 보였다.
   c. 그들은 쌀을 한 섬 템이나 먹는다.
   d. 그 곳까지는 거리가 백리 턱은 된다.
   e. 한 달 남짓 외국에 나가 있었어요.

36) 安明哲(1983)에서는 명제 내용에 대하여 단정과 추정을 인식적 투명세

한 담화 · 화용론적 조건만 주어지면 짐작 · 추측의 대상이 될 수 있다.

> (3) ㄱ. (옛날 일이라 확실하지 않지만) 그때 나 많이 울었{*겠다, 을 거야, 던 것 같아}.
> ㄴ. 아마 깜빡 잠들었던 {모양이야, 가 봐}. 그 때문에 지각했어.

> (4) ㄱ. (지금 생각해 보니) 내가 잘 못한 {듯 싶, 것 같, 모양이}다.
> ㄴ. 선생님! 배 고픈{듯해, 것 같아}요. 점심 드시러 가시지요.

이상 예는 화자 자신의 기연 사태를 인지 내용으로 하고 있다. 그런데 자신의 경험 사실도 시간이 경과됨에 따라 불투명한 기억 정보로 남아 있게 마련이다. (3ㄱ)은 이처럼 시 · 공간적인 한계성으로 사실성을 확인하지 못하는 경우의 발화이다. (3ㄴ)은 화자의 의식세계 밖에 일어난 사태로서 이 또한 사실을 확인할 수 없는 명제로 이루어져 있다. 이처럼 화자 자신의 행동이나 경험 사태를 짐작 · 추측 대상화하기 위한 조건은 소유 정보를 확인할 수 없는 의식 세계 밖에 일어난 사태이어야 한다. 이는 화자와 명제 내용에는 최소한의 시 · 공간적인 인식 거리를 유지하여야 함을 뜻한다.

(4)는 짐작 · 추측으로 해석되기보다는 '불확실성'이나 '개연적 가치 판단'으로 해석될 수 있는 구문이다. (4ㄱ)은 발화현장 밖에 일어난 사태에 대해 확실하지 않은 어조로 자신의 행위를 합리화하는 발화이다. (4ㄴ)도 자신의 내적 상태를 사실과 가깝게 가치판단(평가)하려는 인식 태도에서 비롯된 발화이다. 특히 여기에는 청자에게 단언성을 완화하는 대신에 심리적 호소력을 환기하기 위한 언술 태도도 함께 내재되어 있음은 물론이다.

계와 인식적 불투명세계로 나누어 설명하였다. 아울러 차현실(1986) 에서는 사태와 화자 관여 사이의 적절성 조건으로 화자가 사태를 직접 관여하지 않은 〔-화자〕, 발화 현장 밖의 사태 〔-현재〕, 〔-현장〕을 들었다.

짐작·추측은 아직 일어나지 않은 사태를 대상화할 때 자연스럽다. 이는 가능 세계가 지니고 있는 미지(未知)나 미정(未定)의 인식 상태는 짐작·추측의 명제 태도에 의지하여 표상될 수밖에 없기 때문이다. 물론 이때에도 화자 자신의 행동 사태는 인식 대상화되어야 하는 조건이 따른다. 왜냐하면 인식 대상화되지 않은 행동 사태는 '미래'나 '의도' 등의 다른 의미로 전이되기 때문이다.37)

   (5) ㄱ. 나 곧 가{겠다, ㄹ 거야, ㄹ테야}.
      ㄴ. 나는 이번 시합에 꼭 일등 하{겠다, ㄹ 거야, ㄹ테야}.

미확인·불확실의 인식적 불투명 세계는 가능 세계뿐만이 아니라 특정 명제 내용에서도 찾아볼 수 있다. 타인의 심리 상태는 본질적으로 직접 관찰할 수 없는 미확인의 불투명한 인식 세계를 지니고 있다. 그러므로 이를 지각 표상할 수 없기 때문에 어림으로 헤아리거나 다른 사실로 미루어 확인할 수밖에 없다. 이러한 심리 동사 구문의 인칭 제약 현상을 구체적으로 살펴보기로 하자.

   (6) (나, *너, *그)는 수학이 싫다.

   (7) ㄱ. {??나, 너, 그}는 수학이 싫(은){겠, 가 보, 모양이}다.
      ㄴ. {나, 너, 그}는 수학을 싫어한다.
      ㄷ. 그는 수학이 싫어서 문과 대학을 선택했다.

심리 현상은 주체의 내면에 존재하기 때문에 타인의 경험 발생

---

37) {겠}이 지닌 '의도'의 성립 조건으로 서정수(1977)에서는 서술동사의 〔+Action〕을 들었으며, 任洪彬(1980)에서는 Kuno(1973)의 〔±Self -Controllable:자기통제성〕을 바탕으로 '대상성(對象性)이'의 '의도'와 '짐작'의 구별 기준임을 시사한 바 있다. 이는 의도의 {겠}이 화자 시점의 자기 자신에 대해 시선의 거리를 포기할 수 있는 편재적(偏在的) 특성을 지니고 있다는 것이다. 따라서 화자가 시점(視點)으로 존재하는 것이 아니라, 1인칭 주어인 '나'로 존재하는 것이 '의도'라는 것이다.

시 경험 내용에 대해 잘 알 수 없다. 특히 발화시의 내적 경험에 대한 진술은 주체에 의해서만 인식 가능하기 때문에 화자와 경험주는 동일하여야 할 것이다. 그러나 짐작·추측 표현은 확실한 앎을 전제하지 않기 때문에 화자–경험주 동일 제약에서 벗어나 상용되기도 한다. 아울러 사태가 외적 양상으로 드러나 알 수 있는 {-어 하다} 구문이나, 원인이 될 만한 가능 명제를 상정한 인과 구문 등에서는 이러한 제약이 해소되기도 한다.[38]

끝으로 짐작·추측 구문은 정보 획득을 목적으로 하므로 명제 내용이 이미 알고 있는 확인된 정보나 검증이 끝난 역사적 사실·진리·지식 등 실재하는 확실한 세계는 짐작·추측으로 대상화하기 어렵다. 그러나 이러한 명제 내용 조건은 화자의 인식 정도나 정보량 등에 의해 달라질 수도 있다.

(8) ㄱ. 甲: 집에 오다가 비 맞아서 옷이 다 젖었어.
      乙: (甲을 보면서) 그래, {??비 왔겠다, *옷이 젖었겠다}.
   ㄴ. * (눈을 맞으면서) 눈이 오는 **모양이다**.

(9) ㄱ. 세종대왕이 훈민정음을 만들었을 것이다.
   ㄴ. 하나에 하나를 더하면 둘이 될 **듯하다**.

(8ㄱ)은 甲으로부터 들어서 이미 알고 있는 확인된 정보를 짐작화하고 있기 때문에 부자연스럽다. 이때 확인한 사실이 옷이 다 젖은 甲의 모습이라면 화자는 당연히 지각 양태소 {-지}, {-구나}로 발화하여야 할 것이다. 한편 비가 온 사실을 모르고 있는 화자라면 甲의 언술 정보에도 불구하고 짐작의 {-겠}이 사용될 수도 있겠다. 이는 甲이 거짓 정보를 주었다고 화자가 믿거나, 사태를

---

38) 화자–경험주 동일 제약에 대해서는 양인석(1972), 이정민(1976) 등참조. 이러한 심리 동사 구문 제약 현상은 양태 표현 형식의 주관화 정도에 주요 변수로 작용한다.

직접 목격하지 않은 화자가 실재 사태 속으로 들어가 짐작 발화할 수 있기 때문이다. 그러나 (8ㄴ)은 화자가 직접 경험한 확인된 사실을 짐작 발화하고 있어 용인되기 어렵다.

이처럼 지각을 통해 화자가 직접 확인한 사실까지도 짐작·추측 표현을 사용하는 까닭은 사태에 대한 화자의 믿음의 태도에서 비롯된다. 자신이 직접 체험한 것까지 불확실 세계 속으로 도피하고자 하는 서술자의 비확정적 서술 태도는 (4)예문에도 동일하게 적용된다. (9)의 명제 내용은 이미 검증이 끝난 진리들이다. 그럼에도 불구하고 짐작·추측으로 대상화할 수 있는 이유는 화자의 주관에 의해서이다. 인간의 주관화 기능은 의심하는 자신만 제외하고는 이미 객관화된 세계까지도 대상화할 수 있다. 이로써 화자의 인식 정도에 따라 모든 주관화 대상이 달라지게 된다. 따라서 짐작·추측 구문의 핵심적인 성립 조건은 화자의 주관에 의한 명제 태도 조건이라 볼 수 있다.

3.1.3 명제 태도 조건

짐작은 명제에 대한 미확인의 인식 상태를 바탕으로, 추측은 불확실한 인식 상태를 바탕으로 이룩된다고 이미 밝힌 바 있다. 이러한 사실은 전자가 {앎}에서, 후자가 믿음의 태도에서 분화되었으리라는 전제에 따른 것이다.[39] 이러한 개념 규정과 관련지어 여

---

39) 미확인(未確認)이란 확실히 알지 못하는 상태나, 확인되지 않은 사실이라는 '앎'과 결부된 개념이다. 한편 불확실성(不確實性)은 사태에 대해 의심의 여지가 있어 믿음의 정도가 약할 때의 인식세계를 말하는 '믿음'과 결부된 개념이다. '앎'을 '믿음'의 일종이라고 보는 철학적 입장(Braithwaite 1932-3:28~40)과는 달리, 이 글에서는 '앎'과 '믿음'을 별도 개념으로 보고자 하는 입장(Griffiths 1967:10~11, Price 1934-5)에 따른다. 이러한 '앎'과 '믿음'에 대한 개념 차이는 李基用(197831~47), 張京姬(1985:18) 참조.

기에서는 양태(명제 태도)가 지닌 주·객관적 문제를 논의하겠다. 우선 위에 전제한 조건은 확실성 여부의 사태 인식이 선행하고 이어서 주관적 명제 태도를 적용하는 복잡한 인지 처리과정을 지니고 있다. 그러나 실제 언어 사용자는 논리 이전에 직관적으로 사태를 판단·평가하여 표상하기 때문에 과연 이러한 양태화 과정을 필히 수행하는지 검토할 필요가 있다. 특히 양태의 주·객관적 측면 가운데 무엇이 핵심적 기능을 수행하는지도 함께 논의할 것이다.40)

　'짐작'은 '미확인'이라는 발화 외적 조건을 바탕으로 생성되지만 이미 확인된 사태까지도 짐작 표상화하여 언술하기도 한다. 이는 사태에 대한 믿음의 정도가 약하여 불확실성의 영역으로 도피하고자 하는 화자의 언술 태도에서 기인한다. 이처럼 객관적 사실을 짐작의 어조로 진술함으로써 단언의 강도와 직접성을 약화시키는 화용의 원리는 다음 예에 잘 드러나 있다.

(10) ㄱ. (눈이 오는 장면을 TV로 보고) 설악산에 눈이 오는가 **봐요.**
　　　ㄴ. (철수에게 아프다는 얘기를 듣고) 철수가 아픈 **모양이예요.**

(11) ㄱ. (뚱뚱한 애의 부모에게) 댁의 따님은 참 건강한 **것 같아요.**
　　　ㄴ. (자신에 대한 비판에 화가 났지만) 자네의 충고는 나에겐 약
　　　　　이 되지 않나 싶어.
　　　ㄷ. (이미 알고 있는 사실이지만) 무분별한 외래어 사용으로 민
　　　　　족어 보존 문제가 심각하지 않은가 **싶습니다.**
　　　ㄹ. (산에 갈 계획이면서) 내일 어쩌면 산에 **갈지도 몰라.**

　(10)에서의 짐작의 근거는 간접적인 지각 경험이다. 이러한 간

---

40) Galichet(1971)에서는 양태를 확실성 여부의 객관적 문제로 귀결하였다. 즉 화자가 명제에 대하여 갖게 되는 심리적 태도가 어떤 것이건, 명제를 확실한 것 아니면 개연적인것 가운데 하나를 받아들인다고 주장하였다. 국어에서도 {겠}과 {-ㄹ 것이다}의 연구에서 이러한 측면이 핵심 의미로 수용된 것도 사실이다.

접 경험의 앎은 화자 믿음의 세계로 전이되어 의심의 대상이 되기도 한다. 이러한 불확실성으로 화자는 비확정적인 언술 태도를 취하고 있다. 이러한 발화 의도는 (11)처럼 청자와의 관계에서 구체화된다. 즉 (11ㄱ)처럼 살이 찐 아이를 가진 청자의 입장을 고려하여 완곡하게 표현한다거나, (12ㄷ)처럼 자신의 주장에 대하여 방어적 서술 태도를 취하기도 한다. 이러한 서술 태도는 단언의 정도를 약화시켜 진술에 대해 책임지지 않으려는 화자의 발화 책략에서 비롯되었다고 볼 수 있다.41) 이러한 언어 기능은 인식한 바를 그대로 표명하지 않고 반대의 언술 태도를 보일 수 있다는 점에 표현 가치가 있다. 이러한 확실성과 결부된 표현을 좀더 들어보기로 하자.

(12) ㄱ. 지구는 둥글다.
　　　ㄴ. 지구는 둥글다고 믿는다.

(13) ㄱ. {확실히, 분명히, 틀림없이…} 지구는 둥글다.
　　　ㄴ. 지구는 둥글 것이다.

(12ㄱ)은 하나의 명제이지만, (12ㄴ)은 명제가 화자 마음 속에 믿음의 내용이 되어버린 것을 말한다. (13ㄱ)은 양상부사를 사용하여 명제에 대한 화자의 확신을 표상하고 있으며, (13ㄴ)은 화자의 확실성의 정도에 따라 짐작·추측의 약한 단언이나 확실한 주장으로 볼 수 있을 것이다.

명제에 대한 사실성 판단은 화자 믿음의 정도와 비례하지만 확신을 표명한 (12ㄱ)이 반드시 사실임을 전제하지는 않는다. 이는 (12ㄴ)처럼 명제 내용을 사실로 믿고자 하는 화자의 심리가 강하

---

41) '비확정성(非確定性)'이란 불확실한 세계를 받아들인 인식자의 판단이 확실히 정해지지 않음을 나타낸다. 이는 명제 내용에 대한 확실한 검증이 없는 상태여서 판단하기 어려운 인식 상태를 뜻한다.

게 표출되어 있을 따름이다.42) 따라서 '확실성'은 객관적 사태에 대한 주관적인 화자의 믿음의 정도에 따라 결정된다고 볼 수 있다.

  추측 구문이 불확실성을 바탕으로 이룩된다는 정의는 확실하지 않은 사태를 추리를 통해 적극적으로 정보를 획득하고자 함을 의미한다. 이로써 추리(推理) 행위는 확실성을 추구하고자 하는 인식 태도에서 비롯되었다고 볼 수 있다.43) 그 결과 명제에 대한 확실성을 표상하기도 한다. 이에 대한 실제적인 용례를 보기로 하자.

(14) ㄱ. 두툼한 외투에 가죽장갑까지 끼고 있는 폼으로 보아 궁색한 처지에 있는 사람도 아니었다. ('77:219)
     ㄴ. 작은 푼돈이 왔다 갔다 하는 것으로 미루어 보아 판이 큰 것은 아니었습니다. ('89:24)

(15) ㄱ. 그는 아버지를 전혀 안 닮았어. 그걸 보면 엄마를 닮았어.
     ㄴ. 걔들은 실과 바늘이야. 영희가 도서관에 있는 걸 보아 철수

---

42) 화자의 확신을 나타내는 '틀림없이', '분명히', '확실히'… 등을 사용한 다음 표현들이라고 다 확정적 발화는 물론 아니다.

  a. 나는 그가 돈을 훔쳤다고 {확신한다, 분명히 말할 수 있다, 믿어 의심치 않는다, 100% 아니 200%로 자신한다…}.
  b. {두말할 것도 없이, 왈가왈부 따질 것도 없이…} 우리는 승리합니다.

  이상의 표현(주장)들은 주장하는 사람의 신뢰도를 강화하기 위한 발화 의도에서 표출된 것이라는 심층적 해석이 가능하다. 아울러 이는 오히려 주장을 약화시키기도 한다. 즉 내포된 명제문은 나의 믿음일 따름이어서, 어쩌면 내가 틀릴 수도 있음을 내재하고 있다. 이처럼 확신을 나타내는 표현어구를 사용한다고 화자가 사태를 확실하게 인식·단언하고 있다고는 볼 수 없다.

43) 확실성을 추구하고자 하는 철학적 태도는 크게 세 가지로 나눌 수 있다. 우선 확실성의 대상을 이데아라는 존재에서 찾고자 했던Platon의 존재론적 방법을 들 수 있다. 둘째는 확실성의 근거를 自我에 두고 사유의 통로를 집요하게 추적했던 R. Descartes의 심리론적 방법이다. 끝으로 언어의 명료화라는 분석적 작업에 국한하고 전통적 사상을 거부한 L. Wittgenstein의 언어적 방법이다. 이는 嚴延植(1984:4~5) 참조.

도 거기 있{?어. 는 게 확실해. 을 거야.}

(14)에서 화자는 직접 경험한 사실을 근거로·사태를 미루어 단정하고 있다. 이는 추측 구문에 반드시 불확실성을 표상할 수 있는 언어 형식이 오지 않음을 뜻한다. 물론 그렇다고 (14)를 강한 단언 발화라고 볼 수는 없다. 이는 명제에 대한 부정의 형식을 취함으로써 다른 개연성을 배제하고 있지 않음으로 잘 알 수 있다. 한편 형식적 추리에 가까운 (15ㄱ)은 확실한 사실로 단언하게 하지만 경험적 삼단 논법을 취하고 있는 (15ㄴ)은 개연적 결론을 이끈다. 이처럼 미룸(추리)행위는 확실하거나 개연적 정보를 이끌어 내기도 하는데, 이러한 확실성의 정도는 판단의 근거 특성에 따라 결정되기도 한다.

(16) ㄱ. 사투리로 보아 고향 사람임에 틀림이 없었다. ('77:220)
ㄴ. 확연하게 분간키는 어려웠으나 그들은 등의 윤곽이며 음성으로 미루어 보아 남학생들임에 틀림없었다. ('86:138)
ㄷ. 규모로 보아 마을 사람만을 대상으로 한 유원지는 아니었다. 확실히 이름난 휴양지는 이름난 휴양지였다. ('95:59)

위 예문은 화자의 지각 경험이 판단 근거가 되고 있다. 이러한 지각 경험으로 미루어 판단하는 짐작 행위는 불확실성을 어느 정도 배제하기도 한다. 이는 근거가 확실한 미룸 짐작이나 추측 표현이 약한 단언으로서 단언적 효과를 수행하고 있음을 알 수 있다.44)

이상 짐작·추측 구문의 성립에 관한 구성 요소와 이에 따른 관

---

44) 추측 구문이 추리라는 논리적 판단 과정을 통해 확실성을 추구하였다면, 이를 추정문이라고 할 수 있을 것이다. 아울러 이때 사용된 양태 연산자의 의미도 '추단', '추정'으로 해석할 수 있다. 그러나 본고에서는 '추단', '추정'도 '추리'라는 공유 개념이 내재되어 있어서 이들 용어들을 세분하지 않고 '추측'으로 포괄하여 설명하였다.

계 조건을 간추리면 다음과 같다. 이는 처음에 제시한 기초적 조건을 바탕으로 제시된 것이다.

   (가) 화자는 사태를 인식 대상화하며, 무의지적인 경험주로 기능하여야한다.이를 위배하면 동일한 문법 형식이 행동주의 '의도' 표현으로 전이된다. 또한 사태를 인식할 만한 최소한의 외적 요인이나 정보를 지니고 있어야 한다.

   (나) 사태는 언어 논리에서 명제로 이룩되는데, 이러한 명제적 조건은 단일한 사태이어야 한다. 짐작·추측의 명제 내용 조건은 기연, 미연의 사태에 관계없이 사실일 가능성을 알거나 믿는 화자의 주관적인 명제 태도에 좌우된다. 이러한 사태는 화자와의 관계에서 최소한의 인식 거리를 유지하여야 함을 조건으로 한다.

   (다) 명제 태도는 양태의 주·객관적 문제에 따라 양분된다. 짐작·추측이 미확인·불확실한 사태의 인식을 바탕으로 생성되지만 추측의 결과가 반드시 불확실하지는 않다. 이 점을 고려하여 짐작·추측 표현 형식의 양태성이나 서술 태도도 분화될 것이다.

위에 제시한 조건 외에 짐작·추측의 근거 특성 및 근거와 사실과의 관계 조건이 거론될 수 있을 것이다. 그러나 이러한 관계 특성은 개별 표현 형식을 변별할 수 있는 중요한 변수가 되므로 3.3에서 상세히 다루기로 한다.

3.2 실현 단계

여기에서는 이제까지 밝혀진 사실들을 바탕으로 짐작·추측이 어떠한 언술 상황에서 어떠한 정보 처리과정을 통해 단계적으로 실현되는지 살펴보기로 하자.

3.2.1 언술 상황

짐작·추측 구문은 개체내 소통에 일차적인 기능이 있으므로 단독적 장면에서 흔히 사용된다. 그러나 상관적 장면에서 개체 사이의 의사 소통에도 깊이 관여하는 표현 형식도 있을 것이다. 이 항에서는 이러한 언술 상황에 따른 개별 표현 형식의 용법을 구체적으로 검토하기로 하자.

고영근(1976:17~18)에서는 문체법이 실현되는 언술 상황을 다음과 같이 분류하였다. 짐작·추측 관련 양태 연산자들은 구어·문어 등의 언술 상황에 따라 선별되어 사용하므로 여기에서는 이를 적용하여 살펴보기로 하자.

   (가) 화자가 실제 대화에서 청자와 공통으로 이야기를 주고받는 상황
   (나) 화자가 청자를 직접 의식하지 않고 독백(혼잣말)하는 상황
   (다) 연사가 공식석상에서 청자를 향하여 이야기하는 상황
   (라) 당국이나 기업주가 대중이나 고객에게 매체를 통하여 공개적으로 알리는 상황
   (마) 문장에서 필자가 독자를 상대로 자기의 사상을 표현하는 상황

(가)는 화자가 발화 상황, 청자를 고려하여 사태에 대한 인식을 달리 발화할 수 있는 상관적 장면이다. (마)는 불특정 청자(독자)가 자신의 서술을 읽어 줄 것이라는 전제하고 있으므로 화·청자 간에 일정한 관계가 맺어지기 어려운 단독적 장면이다. 이때에는 언술 상황에 크게 영향 받지 않아 인식 태도와 서술 태도가 거의 일치한다. 이 점에서 (나)도 청자를 의식하지 않으므로 (마)와 가깝다고 볼 수 있다. 아울러 짐작·추측 구문은 단독·상관적 장면이 불투명한 (나)~(라)에도 깊이 관여한다. 특히 (다)와 (라)는 의견·주장의 진술로서 상대를 설득·감화하는 수행적 기능을 지니고 있다. 이런 언술 상황에서는 주관적 양태인 짐작·추측의 기능보다는 정중한

언술 태도나 완곡한 자기 방어적인 기능이 더욱 강화된다. 이러한
언술 상황에 따라 표현 형식이 선별되어 사용되는 양상에 초점을
두고 논의를 진행하기로 하자.

　우선 상관적 장면에서 짐작·추측 구문의 실현은 다시 몇 가지
언술 상황으로 분류될 수가 있을 것이다. 우선 화·청자 사이의
정보 요구 상황을 보면,

　(1) 이 신발 서현이에게 맞을까?
　　ㄱ. 글쎄요?. 좀 작{겠는데, 을거예, *을 모양이예, 을 듯해, 을 성싶
　　　어, 을 것같아, 지 않을까 싶어, 을지도 몰라}요.45)
　　ㄴ. (신발이 잘 안들어가자) 좀 작은 {모양이, 듯싶, 것같, 가보}다.

　(1ㄱ)의 발화는 청자(이전 화자)의 의문 제기에 대한 짐작·추
측 판단들이다. 이러한 가치 판단의 질문에서는 {-ㄹ 모양이다},
{-ㄹ까 보다}만 제외하고는 모든 형식이 가능하다. 이들이 비문법
적인 이유는 화맥에 의문 명제에 대한 명백한 근거가 제시되지 않
았기 때문이다. 그러나 (1ㄴ)처럼 근거가 제시되면 {듯하다}, {것
같다}와 함께 {-ㄹ 모양이다}, {-ㄴ가 보다}가 자연스럽게 쓰인다.
그러나 이러한 미룸 짐작이나 가치 판단의 발화에 {겠}, {-ㄹ 것
이다}, {-ㄹ까 싶다}, {-ㄹ지 모른다} 등은 결과 짐작이나 추측의
화맥이 아니기 때문에 호응하기 어렵다. 이러한 질의 응답 화행을
통해 짐작·추측 형식을 다음의 세 유형으로 분류할 수 있다.

　첫째, 발화 현장에 물리적 근거가 명백히 제시된 경우에 사용되
는 형식이 있다. 이는 이전 화자의 언술 정보나 화자의 지각 정보
에 의해 이룩되는데, 이런 화맥에서는 짐작의 {겠}, {-(ㄴ/ㄹ) 모
양이다}, {-(나/ㄴ가) 보다}가 잘 사용된다.

---

45) 이 예문에서 {겠}에 '사실'에 대한 인식 내용을 진술하는 설명법 어미
　　{-다}는 오기 어렵다. 그 대신에 어떤 사실에 대하여 남의 동의나 의
　　견을 구하는 {-ㄴ데}가 올 수 있다.

둘째, 발화 외적 지식이나 논리적 근거에 의한 화맥에서는 {-ㄹ 것이다}, {-(ㄴ지/ㄹ지) 모른다} 등으로 실현된다. 이때의 근거는 화자 자신의 사유를 통해 이룩되므로 비교적 언술에 잘 외현되지 않는 경향이 있다.

셋째, 근거 유무에 상관 없이 명제를 판단 대상화할 수 있는 형식으로는 {것 같다}, {듯하다}, {듯싶다} 등이 있다. 이는 주로 심증에 의한 경험적 가치 판단의 화맥에 잘 사용된다. 이러한 언술 상황에 따른 양태 연산자가 선별되는 양상을 다음 예로써 살펴보기로 하자.

(2) (새로 산 신발을 신고서 한참 걷다가) 아빠! 발이 아파요.
   ㄱ. 그래? 그럼 더 이상 못 걷{겠, *ㄹ 것이, *ㄹ 모양이, *ㄹ 듯하, *ㄹ 성싶, ??ㄹ것같, *지 않을까 싶, *ㄹ지 모른}다.
   ㄴ. 그래? 발이 아프{*겠, ㄹ 것이, ㄹ 모양이, ㄹ 듯하, ?ㄹ 성싶, ㄹ 것같, ?지 않을까 싶, *ㄹ까 보, *ㄹ지도 모른}다. 살 때 보니까 좀 작{은 것같, 지 싶}더라.
   ㄷ. (아이를 보지 않고) 그래? 신발이 작{*겠, *을 것이, 은 모양이, *은 성싶, ??은 것같, *을까 싶, 은가 보, *ㄹ지 모른}다.
   ㄹ. (신발이 맞는지 확인하면서) 신발이 작{*겠, *을 것이, ?은 모양이, 은 듯하, 은 것같, 지 싶, ?은가 보, *ㄹ지 모른}다.

(2)의 ㄱ,ㄷ은 화자의 언술 정보를 직접적인 근거로 사태를 직관적으로 판단하는 미룸 짐작 발화들이다. 이러한 발화에 {겠}과 {-(나/ㄴ가) 보다}, {-(ㄴ/ㄹ) 모양이다}가 잘 사용된다. (2ㄴ)은 자신이 판단한 가능 명제를 근거로 하여 이전 화자의 언술 정보에 대하여 상정(想定), 평가하고 있다. 이러한 추측 표현에는 {-ㄹ 것이다}가 자연스럽게 사용된다. 한편 (2ㄹ)처럼 평가 화맥에서는 유사 판단의 {것 같다} 류가 자연스럽게 호응한다. 이러한 양상은 다음 발화에서도 잘 나타나 있다.

(3) ㄱ. 甲: 저보다는 철수가 컴퓨터에 대해 잘 알아요.

　　　乙: 그래? 그럼 내 컴퓨터도 고칠 수 있겠네.

　　　甲: 예, 고칠 수 있{*겠어, 을 거예, ?을 것 같아, 지 않을
　　　　　까 싶어, 을지도 몰라}요.

　　ㄴ. 甲: 순이한테 가 보았니. 아까 너 찾던데.

　　　乙: 가 보았는데, 불 꺼져 있어요. 없는{가 봐, 모양이예}요.

　　　甲: 그래, 그럼 없(을){?겠다, 거야, ??것 같다, 지도 몰라}.

　　(3)의 {-ㄹ 것이다}, {-ㄹ지도 모른다} 등은 乙의 언술에서 제기된 가능 정보를 그대로 대상화하여 추정하는 데 사용된다. 물론 이들을 단순히 개연적 판단이나 불확실한 평가로도 해석할 수도 있다. 그러나 이러한 해석은 발화 맥락에 관계 없이 甲의 발화에만 의미를 부여한 결과이다. 물론 (3ㄱ)에서 甲은 乙의 짐작 발화에 대한 평가적 태도를 보여 준다. 그러나 {-ㄹ 것이다}, {-ㄹ지도 모른다}는 '철수가 컴퓨터를 잘 안다'라는 이미 알고 있는 전제적 사실을 근거로 채택하여 추리 과정을 통해 사태의 가능성을 판단한 것이다. 이처럼 추측 표현 형식들은 청자의 언술 정보를 직접적인 근거 사실로 채택하지 않기 때문에 상관적 장면에서는 매우 제한적으로 사용된다.

　　화자(서술자)가 청자(독자)를 직접 의식하지 않고 독백하거나 서술하는 경우에서는 다양한 표현 형식이 사용된다. 이 가운데 특히 생산적인 것은 {-ㄹ 것이다}, {것 같다}, {-(ㄴ/ㄹ) 모양이다}, {-(나/ㄴ가) 보다} 등이다. 반면 {겠}은 순수한 단독적 장면에서는 잘 사용되지 않으며 상관적 장면이라 할 수 있는 소설의 인용문 등에서 간혹 용례가 보일 뿐이다. 물론 이러한 {겠} 대신에 단독적 장면에서는 단순 짐작의 {겠지}가 흔히 사용된다.

　　단독적 장면에서의 용법은 개별 형식의 의미 기능에서 상세히 다룰 것이므로 여기에서는 몇 가지 특징적인 사항만을 개괄하기로 하자. 다음은 표현 형식이 복합적으로 들어 있는 단독적·상관적

장면의 서술문이다.

  (4) ㄱ. 청년의 통화는 한정없이 늘어질 **듯했다**. 상대는 빨리 오라고
        조르는 **모양이었고**, 이쪽에서는 WBC 타이틀매치 위성중계를
        놓칠까봐 지금은 안되겠다는 내용이었다. ('83:12)
     ㄴ. 신대리가 당신은 홀몸이어서 좋겠다. 나는 일찍 장가들어 일찍
        고생길로 들어섰다. 애들이 셋이다. 오늘 저녁도 기다리다 아
        마 지금쯤 잠이 들었을 것이다. 들어가면 세 놈이 한 다리씩
        잡고 매달리는데 그때마다 나는 이것이 그래도 사람 사는 재미
        인 **모양이다** 느껴져서 서글프다. ('84:13)

  (4)에서 {겠}, {-ㄹ까봐}는 직접 인용 형식으로 서술하고 있으
므로 상관적 장면에 밀접한 형식임을 알 수 있다. 또한 {-(ㄴ/ㄹ)
모양이다}는 언술 상황에 관계없이 상황에 대한 해석적 기능으로
두루 사용된다. 단독적 장면에 잘 사용되는 {-ㄹ 것이다}는 단일
한 정보적 사실만을 서술하기도 하지만, 연속되는 가능 표상의 서
술에 다른 표현 형식과 더불어 잘 쓰인다.

  (5) ㄱ. 방의 옛 주인, 아니 옛날 손님이 그 방에 다시 나타났을 때는
        현재의 점유자에 대한 묘한 반감을 품게 되는 모양이다. 할매
        도 그 기분을 이해하는 것 같았다. 그렇다고 사오년 동안 이방
        이 비어 있으리라고 기대한 건 아니다. 많은 손님들이 이방을
        거쳐갔을 것이다. ('79:190)
     ㄴ. 어디로 끌고 가는 것일까. 이대로 소리없이 죽게 되는 건 아닌
        가. 지금이라도 도망칠 수 있는 기회는 남아 있을 것이다. 이
        자의 옆구리를 팔꿈치로 힘껏 쥐어박은 다음,… 사람 살리라고
        고래고래 소리 지른다면 행인들이 듣고 뛰어 오겠지. 그렇지만
        결국은 다시 붙잡히고 말 것이다. 이자들은 신분증을 내보일
        테고, 나는 그 즉시 압송 중에 탈주하려던 흉악범쯤으로 치부
        되어질 게 뻔하다. ('88:47)

　복합적인 서술 상황의 (5ㄱ)에서 개별 형식들은 독립적 인식 과정의 조작으로 고유의 의미 기능을 수행한다. (5ㄴ)의 서술자는 추정 의문법 어미 {-ㄹ까}나 {-ㄹ 것이다}, {겠지}, {-ㄹ 터이다} 등으로 자신의 심리 세계를 가능 표상화하고 있다. 이처럼 단독적 장면에서의 서술자는 자신의 인식 세계를 상세히 표상함으로써 독자의 이해를 구한다. 이처럼 단독적 장면에서는 모든 형식들이 다양한 인식·서술 태도로 구현되고 있다. 이 점에 대해서는 제4장에서 상세히 밝히기로 한다.

　공식석상에서 의견을 진술하거나 매체를 통해 알리는 언술 상황에서는 인식 태도를 바탕으로 한 언술 태도에 초점을 두게 된다. 이러한 공손어법적 기능을 모든 양태 연산자가 다 수행하지 않으며 각각의 감정가치도 다를 것이다.

(6)　ㄱ. 그러나 제 생각으론 그런 몇몇 부러운 천재들을 제외하고 나면 대개는 사정이 매우 다른 게 아닌가 싶어집니다.… 일기 쓰기 좋아하는 사람이란… 그 사회의 풍속이나 질서에 원망이 많은 사람이기 쉽다는 이야기가 되겠습니다.… 천재들은 물론 그런 절차나 과정이 필요 없겠지요. 하지만 천재거나 둔재거나, 그가 끝내 그의 싸움을 단념하지 않고 작가에의 공인 절차나 과정들을 치러 낸 연후에 우리도 이제 비로소 그를 한 사람의 작가로 이름 부를 수가 있을 것입니다. 그렇다면 우리는 한 사람의 공인된 작가에 관해 이야기를 할 때가 온 것 같습니다. 그리고 그 작가의 책임에 관한 이야기를 해도 좋을 것 같습니다. ('77:251～258)

　　　ㄴ. 그러나 모든 언어에 인지시가 있는 것이 아니기 때문에 국어에 있어서 인지시 설정에 타당성이 문제될 수 있겠죠. 아울러 국어에서 역사적으로는 {-더-}가 인지 태도를 나타내 주지 않고 따라서 중세국어 시제의 경우에는 인지 시점을 별도로 논하지 않고 있다는 점도 고려해야 할 것입니다… '-겠네요, 겠더라' 같은 경우에 '-네요', '-더라'가 정말 양태소의 의미로 결

> 합되어 있는지 아니면 다른 기능이나 쓰임을 갖게 되었는지에
> 대해서도 좀더 분석이 있어야 될 것 같습니다… 국어의 양태
> 소는 이같이 감각과 추리가 얽히는 과정에 있는 것 같아요…
> 이런 관점에서 지각과 추리가 아주 배타적인 개념이라고 볼
> 수는 없지는 않은가 합니다… 이때 바로 지각적 판단이 성립
> 되는 것 같습니다. (「언어」20-3, 1995:265~266)

(6ㄱ)은 강연 형식의 소설에서 발췌한 예문이며, (6ㄴ)은 "국어의 시제, 상, 서법"을 주제로 한 토론 가운데 한 주제 발표자의 언술 내용이다. 자신의 의견이나 주장을 표방하는 공식석상에서 화자는 사회적 관례나 청중의 반박을 고려하여 되도록이면 겸손하고 조심스럽게 언술하게 마련이다.

이러한 언술 태도는 화자가 청자 또는 제3자에 대한 자신의 태도를 공손하게 나타내기 위한 화용 원칙에 따른 결과이다. 특히 이러한 공손어법은 Leech(1983)의 6가지 격률 가운데 타인과의 의견차이를 최소화하라는 동의 격률(Agreement maxim)이나 자신과 타인과의 반감을 최소화하라는 공감 격률(Sympathy maxim)을 지키고 있다. 자신의 주관적인 의견이나 견해를 상대방 입장을 고려하여 조심스럽게 밝힘으로써 혹여 발생할지도 모를 상대와의 갈등과 대립을 최소화하기 위한 언술 전략은 자기방어의 심리적 태도를 바탕으로 이루어진다.

이러한 방어적 태도의 공손어법에 {것 같다}를 비롯하여 {-ㄴ가 싶다}, {겠} 등이 생산적으로 사용된다. 한편 화자는 때로 자신의 의견이나 주장을 강조하기 위하여 논리적인 어조로 확실하게 발화하는데, {-ㄹ 것이다}가 그 대표적인 표현 형식이다.

이제까지 짐작·추측 표상 형식들이 어떠한 언술 상황에 어떻게 관여하는지 살펴보았다. 특히 양태 연산자에 따라 인식 태도와 언술 태도에 두루 관여하거나, 어느 하나에 초점을 두는 형식이 제기될 수 있을 것이다. 이는 개별 형식의 의미 기능에서 구체적으

로 검토하기로 하자.

3.2.2 표상화 과정

기능론자들은 사태에 대한 심리적 사상(mental event)을 정보적 사상으로 대체 할 수 있다고 보았다.46) 이 항은 짐작·추측의 심리적 표상화를 정보 처리 과정으로 이해하기 위해 마련하였다. 정보 처리 심리학자들은 심리적 사상이 다음과 같이 세 부문으로 구성되어 있다고 보았다.47)

| 입력정보 | ⇨ | 입력에 대해 수행되는 조작 | ⇨ | 출력정보 |

우선 심적 사상이 처리되기 시작하는 입력 과정부터 살펴 보기로 하자. 우리는 짐작·추측 구문의 개념이나 성립 또는 언술 상황을 통해 이들이 각각 다른 인지 영역·정보를 바탕으로 생성됨을 살펴보았다. 이러한 입력 정보는 주로 화자의 감각 행위를 통해 이룩되며 입력되는 정보의 양상은 매우 다양하다.

우선, 어림 짐작은 청자의 관여 없이 화자가 직접적으로 사태를 지각, 입력하는 경향이 있다.

---

46) 기능주의(functionalism)에서는 행동주의와는 달리 심리 현상의 실재를 인정하여 이들이 물리 현상으로 환원될 수 있음을 부정하였다. 특히 이 가운데 계산적 기능주의자들은 심리 현상에 대한 설명을 컴퓨터 프로그램을 제시하는 것과 유사한 것으로 간주하였다. 이에 따르면 내적 심리 상태란 사고의 언어를 통한 외적 세계의 표상 상태, 즉 정보 소유상태이며 심리 과정이란 표상을 매개로 한 정보 처리 과정이라는 것이다(김영정, 1989:47~49).

47) 정보처리 심리학의 정보처리 패러다임은 Palmer & Kimchi(1985:40)에서 구축되었으며, 이는 趙明翰(1989:120) 재인용.

(7) ㄱ. 언뜻 보니까, 비 오{겠, *ㄹ 것이, ?ㄹ 모양이, ㄹ 것 같, ㄹ 듯싶}더라고. 아니나 다를까 한차례 퍼부었어.

　　ㄴ. (6.25 체험담을 들으면서) 그래요, 경험하진 못했지만 제 생각에도 그때는 참 힘드셨{겠, 을 것 같}군요.

(7)에서 화자(인지자)는 시·청각 기관을 이용하여 직접 정보를 입력하고 있다. 이러한 수동적 경험 과정에 대한 조작 및 출력에는 {겠}, {것 같다} 등이 잘 호응한다. 한편 청자(이전 화자)의 언술 정보가 입력된 상황에서는 미룸의 방향에 대한 처리 과정에 따라 {겠}, {-(ㄴ/ㄹ) 모양이다}, {-(나/ㄴ가) 보다}가 잘 사용됨도 밝힌 바 있다.

이러한 물리적인 자극에서 청각적인 음향, 시각적 형태 등의 외적 정보들은 조작 단계에서 중요한 판단 자료로 사용되므로 자료 주도적(bottom-up) 처리라고 볼 수 있다.48) 그러나 추측은 사유 명제를 능동적으로 처리하게 되므로 입력 과정보다는 조작 과정에 초점을 두는 패러다임을 구축한다. 이는 개념 주도적(top-down) 처리라고 부를 수 있다.

이러한 입력에 다른 조작 처리 과정은 언어자극 전체가 완전히 입력된 후에야 의미 표상이 형성되는 것이 아니라 입력 순간부터 진행되는 특성이 있다. 따라서 처리 수준이 단순 의미의 활성화에서 정교화적, 통합적 처리로 옮아감에 따라 표상이 계속 구체화되고 정밀하게 되어 최종 표상이 형성된다.49) 즉 처리 수순도 자료

---

48) Jerry Fodor(1983)에서는 심성의 구조를 기능적인 구성으로 보아 수평적 능력과 수직의 능력의 양원 체계로 분류하였다. 이 가운데 수직적 능력이 입력 체계로서, 이는 지각과 언어라는 입력 체계들이갖는 공통의 특징은 이들이 單元性(modularity)을 지닌다는 것이다. 이러한 단원성은 조명한(1989:191~214) 참조.

49) 지식 구조 탐색, 인출, 부합 검증 과정 모델 및 추론화 과정은 이정모 (1988) 참조. 여기에서 제시된 추론화 과정은 언어 자극의 이해에 따른 것이다. 추론화 과정으로 구성된 심적 표상은 덩이글 자체의 외현

의존적 단순 처리 과정에서 개념 주도적 처리 과정으로 나아가게
된다. 이로써 자료 의존적 처리의 객관적 양태가 개념 주도적 처
리의 주관적 양태보다 덜 정교화된 처리 과정을 거칠 것이다. 이
러한 처리 과정을 다음 예로써 살펴보기로 하자.

(8) 무릎이 욱신욱신 쑤시는 게 비가 올 것 같더라고. 그래 창을 열고
보니 하늘이 잔뜩 흐려 있었어. 곧 오겠더라고. 그때 아내가 날씨
가 어떻겠냐고 물었어. 그래서 비가 곧 오겠다고, 아니 곧 올 모
양이라고 대답했어. 그래도 아내는 믿지 못하는 눈치야. 그래서
틀림없이 비가 올 거라고 단언했어. 그런데 마침 말이 채 끝내기도
전에 쏟아지더라고.

(8)은 사태와 관련된 심적 표상 과정을 상정해 본 예이다. 여기
에서 동일한 명제에 대한 일련의 표상 행위는 개별적인 정보 처리
과정을 통해 점진적으로 나아가게 되는 것이다. 이러한 정보 처리
과정은 발화 내적 입력 정보나 언어 외적 전제 지식을 어떠한 방
법으로 활성화하느냐에 따라 달라질 것이다.

우선 '어림 짐작'은 입력과 동시에 사태를 개략적으로 알아차리
게 됨으로 별도의 처리 조작이 행해지고 있지는 않은 듯하다. 따
라서 '미룸 짐작'이나 '추측'을 중심으로 정보 처리 과정을 살펴보기
로 하자.50)

심상은 영상으로 도식화될 수 없고 표상된다는 견해와는 달리

적 내용에 대해 일대 일로 부합되는 복사적 표상이 아 니라 해석된 표
상이라는 것이다. 이러한 인지적 기능의 특수 사례로 서의 추론화 과
정은 짐작·추측의 인지 과정과 관련이 깊다 하겠다.

50) 짐작(어림, 미룸, 지레)은 지각적 행위로 다단계적 정보 처리 과정을
거치지 않고 감각 자료에 의존하기에 병렬적인 처리 모형이 상정될
수 있겠다. 추리 행위는 판단 근거라는 자료에도 의존하지만 전반적으
로 추론이라는 개념 주도적 처리 과정으로 생성된다고 볼 수 있다. 이
러한 양면적 특성을 고려하여 이를 도식화하였다.

영상 기술론자들은 심상이 영상적 모습과 기술적 측면을 다 가지
는 것으로 보았다. 따라서 추론화 과정에 대한 정보 처리 과정을
다음과 같이 상정하여 도식화할 수 있을 것이다.

〈짐작·추측의 정보 처리 과정 (도식 5)〉

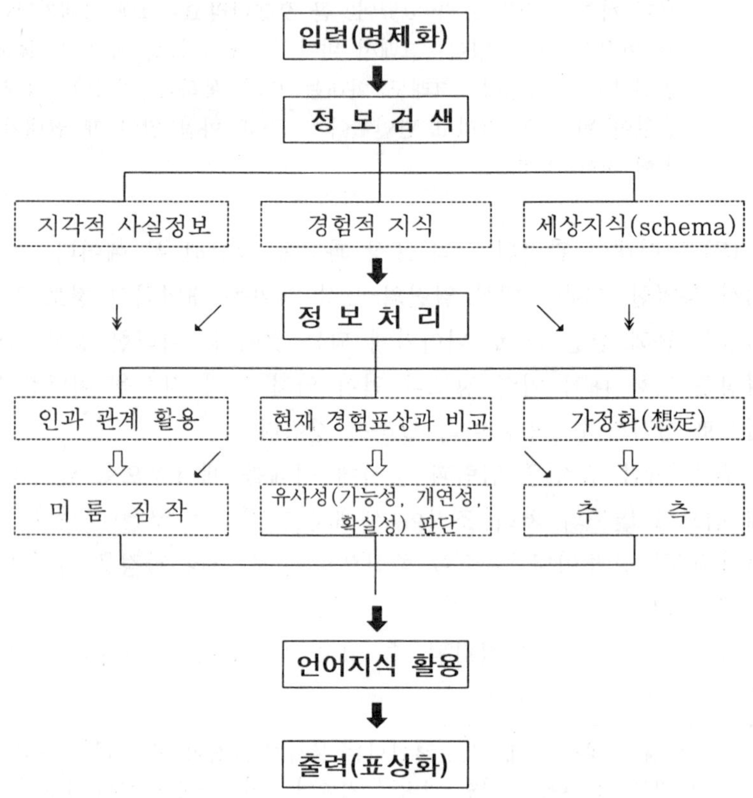

　　첫 정보 처리 과정인 '입력 단계(명제화)'는 심적 사태의 상황이
발생하는 것을 말한다. (8)이 개별적 인식 행위라면 첫 단계는
"무릎이 쑤신다"거나 "창을 열고 하늘을 보"는 등의 감각 행위에 따

른 지각적 명제(짐작)의 발생으로 시작된다. 이러한 입력 과정은 단독 장면에서는 인지자 스스로의 탐색이나 청자의 언술 정보에 의해 발생한다. 이러한 입력과 동시에 '비가 오다'라는 사실이 명제화가 된다.

짐작·추측은 언어나 지각 경험을 통해 주어진 의미 내용 이상의 수반된 의미를 알기 위하여 발생한다. 이는 주어진 정보를 단순히 확인하는 데 그치지 않는다. 짐작·추측 행위는 미확인되거나 불확실한 정보를 입력 정보를 바탕으로 심리적 표상이 갖는 지향성(intentionality)에 의해 상향적 차원으로 인지가 이동하는 것을 뜻한다. 이러한 인지 이동을 위해 발화 내·외적 정보를 검색하는 과정이 요구된다.

두 번째 단계인 '정보 검색'은 매우 복잡한 두뇌 활동을 전제하는 것으로서 저장된 정보의 기억과 각종 지식들을 활용하는 초기적 단계를 말한다. 우선 지각적 지식으로는 발화내에 입력된 정보를 검색하여 가치를 결정하거나, 청자(이전 화자)의 언술 정보를 정확히 이해하기 위한 언어적 지식 등이 필요할 것이다. 세상 일반 지식은 물리적인 사건의 지식, 대상과의 위치 지식, 인간의 행위 지식, 추리 지식 등이 거론될 수 있다. 아울러 자신이 경험했던 사태에 대한 지식이나, 화·청자 간의 관계 지식 등도 정보로서 검색·활용되어야 할 것이다. 이러한 검색 단계는 실제로 자각하기 어렵겠지만 인지자의 의식에 조직적으로 내장되어 있는 세상 지식(schema)를 말한다. 이러한 관련 지식은 전언(message)의 입·출력뿐만이 아니라 새로운 정보의 재생 및 확대에도 영향을 미친다.

세 번째 과정인 '정보 처리'는 각종 관련 지식을 이용하여 명제를 처리하는 단계를 말한다. 정보 처리에 따른 짐작·추측 구문의 인지 해석 절차는 다음과 같다.

(9) 비 오{겠, ㄹ 것이, ㄹ 모양이, 것 같, 듯하, 성 싶, 려나 보, 지
     싶, ㄹ지도 모른, 기 쉽}다.
  ㄱ. {팔다리가 쑤셔. 밤하늘에 별이 없어. 제비가 낮게 날아…} 등의
      현재 지각한 사실 정보는 인과 관계에 따라 원인(근거)이 되고,
      그 사실로 미루어 새로운 사태의 가능성을 헤아리거나 지각한다.
  ㄴ. {비가 오다/오지 않다}라는 명제에 대해, 전제된 가정 명제를 상
      정하여 두 가지 가능성 가운데 하나를 선택 판단한다.
  ㄷ. 현재 지각 사실인 먹구름이 밀려오는 것은 비가 올 사태와 유사
      하다고 보아, 이를 개연적으로 판단한다.

   (9)는 현재 지각 경험을 과거 기억 속에 저장되어 있는 경험과
의 유사성을 비교하여 도출하거나, 기정 사실처럼 지식화된 인과
관계를 이용하여 재처리하는 과정을 보여주고 있다. 이처럼 입력
정보에서 그 이상의 정보를 연역하거나 단순히 사태를 재해석하는
처리과정은 출력 단계로 넘어간다.
   표상화 단계는 처리 단계뿐만이 아니라 조직된 지식 체계에서
제기된 여러 매개 변수에 따라 표상화 형식이 달라지게 된다. 특
히 저장된 기억이 불투명하거나 활성화할 명제에 대한 단서가 미
흡할 때에는 짐작·추측의 심리적 세계를 구축하게 마련이다. 여
기에서 사태에 대한 시·공간적인 거리, 시점(視點) 등의 주·객
관성, 근거와 사실의 인과 관계력, 청자와의 관계 특성 등은 중요
매개 변수로 언어 표상화의 다양한 양상에 관여한다. 또한 일반적
으로 정보 검색·처리 및 표상 형식의 인출이라는 일반적 과정을
거치지만, 때로는 청자와의 관계를 검색하여 새로운 처리 과정망
을 구축하기도 할 것이다. 이상 언술 상황과 표상화 과정에서 밝
혀진 사실을 논의 진행을 위해 간단히 요약하면 다음과 같다.
   첫째, 짐작·추측 구문의 언술 상황은 단독적 장면이나 상관적 장
면이냐에 따라 각각의 형식들이 달리 사용된다. 우선 {겠}, {-(ㄴ/
ㄹ) 모양이다}, {-(나/ㄴ가) 보다}는 청자의 언술 정보에 따른 상관

적 장면의 짐작 발화에 밀접히 쓰이며, {것 같다} 류는 직접 사태를 판단하거나 짐작하여 두루 사용된다. 한편 {-ㄹ 것이다}는 한정된 상관적 장면에서 용례를 보일 뿐이다.

둘째, 단독적 장면에서는 {겠다}를 제외한 형식들이 다 사용되며, {-ㄹ 것이다}, {것 같다} 등은 매우 생산적으로 쓰인다. 아울러 공식석상의 언술 상황에서는 {-(ㄴ/ㄹ) 모양이다, -(나/ㄴ가) 보다}를 제외한 형식들이 각각의 완곡어법적 기능으로 참여한다. 특히 {-(나/ㄴ가/ㄹ까) 싶다}, {것 같다} 류는 인식 태도적 기능보다는 정중하고 공손한 언술 태도적 기능이 강화된 표현 형식들이다. 이러한 언술 상황에 따른 표상 형식들의 기능역은 표상화 과정과 밀접한 관계를 지닌다.

셋째, 짐작 · 추측의 표상화 과정을 입력 → 조작 처리 → 출력 단계의 정보 처리적 범례(paradime)로 도식화하여 보았다. 이에 따르면 이성적 추론(추측)은 감성적 추론(짐작)에 비해 초맥락적 지식이 중요 매개 변수로 작용한다. 또한 자료 의존적이냐 개념 의존적이냐의 구체적인 처리 방법에 따라 사태를 미루어 짐작하거나, 능동적인 문제 해결 과정으로서의 추측이 분화됨을 알 수 있었다. 이러한 정보처리 과정에 다른 여러 매개 변수가 표상 형식을 구별하는 기준이 될 것이다. 이는 이어지는 짐작 · 추측 구문의 관계 특성에서 다루기로 하자.

3.3 관계 특성

여기에서는 구문의 성립 조건에서 제기된 화자와 사태와의 거리 관계 및 근거와 짐작 · 추측 사실과의 논리 관계를 검토하고자 한다. 짐작 · 추측 표상의 양태 연산자들은 주 · 객관적 양태 의미나 담화 · 화용론적 요인에 따라 구별되어 사용된다. 따라서 특정 기준으로 이들을 포괄적으로 구별할 수 없을 것이다. 이에 기존의

{겠}과 {-ㄹ 것이다}의 변별 연구에 적용되었던 다양한 기준을 검토하고 이를 새롭게 제시함으로써 그 적용 가능성을 타진하기로 한다.

3.3.1 주관화 정도

양태가 사태에 대한 화자의 주관적 관여를 표명한다면 짐작·추측 구문도 사태에 대한 화자의 위치, 인식 태도(방법) 등에 따라 관여 정도가 다를 것임은 분명하다. 이러한 주관화 정도를 기존 연구에서는 주·객관으로 대별하여 {겠}과 {-ㄹ 것이다}의 하위 의미로 파악하기도 하였다.51) 그러나 이는 양자의 의미를 동일하게 '짐작' 혹은 '추측'으로 전제한 후에 이를 설명하였다는 데 근본적인 문제가 있겠다. 또한 주·객관성의 문제를 단순히 판단 근거의 유무만으로 구별하려 한 데에도 잘못이 있을 것이다. 더욱이 이들의 상이한 연구 결과는 주·객관성 논거가 {겠}과 {-ㄹ 것이다}의 이질성을 설명하는 데 충족한 기준이 되지 못함을 반증하고 있다. 그 결과 변별 기준에 대한 다양한 방법과 시각이 제시된 것도 이미 밝힌 바 있다.

주·객관화의 특성과 결부지어 최근 김동욱(2000:181~194)에서는 판단 근거의 특성에 따라 '주체 추측'과 '객체 추측'으로 나누었으며, 주체 추측의 {것 같다}, {듯하다}와 객체 추측의 {ㄴ가 보다}, {ㄴ 모양이다}의 의미 차이를 규명하였다. 특히 판단의 근

---

51) 서정수(1978)에서는 '객관성의 강약'을 변별 기준으로 삼아 {-ㄹ 것이다}가 객관적인 근거를 바탕으로 한 확실한 추정이라 보았다. 이와는 달리 李基用(1978)에서는 '주관성의 강약'을 기준으로 {겠}이 화자의 주관적인 확신을 나타내는 강한 짐작이라고 보았다. 그 결과 '확실성' 문제에서는 상이한 연구 결과를 가져왔지만, {겠}이 주관적이며, {-ㄹ 것이다}는 객관적인 근거를 바탕으로 이룩된다는 점은 주목할만하다. 주·객관성에 대한 반론 제기는 李南淳(1981), 張德順(1985)등 참조.

거가 되는 정보의 종류를 감각기관을 통해 화자 스스로 외부세계에서 얻은 '직접적 정보', 물리적 매개체를 통해 외부세계로 얻은 '간접적 정보', 화자 자신의 기억, 감정, 직감 등 화자 인식세계에 내재하는 고유의 '내재적 정보'로 나누었다. 이로써 판단의 근거가 되는 정보 특성에 따라 주관화 정도의 실체가 보다 명확해졌고, 판단의 최종적인 책임이 화자와 어떤 관계가 있느냐의 문제도 한층 진척되었다 할 만하다.[52]

이 장에서는 단순히 근거 자료의 필요성 여부로 주·객관성을 구분한 기존 연구를 검토하고 주·객관에 대한 개념을 새롭게 정립하고자 한다. 즉 본 고에서는 주·객관의 단순 구별에서 벗어나 주관화의 정도 문제라는 상대적 평가 방법을 채택한다. 이로써 대상을 엄밀히 적용한다면 어느 정도 목적을 달성하리라는 전제 아래 논의를 진행하기로 한다.[53]

주관화란 언어 기술에 반드시 화자가 참조되어야 하는 현상으로서 화자와 사태 사이의 상호 영향 정도를 말한다. 즉 인식 대상(사태)의 위치와 이에 따른 시점(視點)이 주관화의 정도를 가름하는 기준이 된다는 것이다. 이러한 주관화 정도를 도식화하면 다음과 같다.[54]

---

52) 김동욱(2000:1988~181)에서는 Kamio(1998)의 정보의 관활권 이론(Territory of information)이나 早津惠美子(1988)의 판단의 개한 바 있다. 그러나 화자의 주관에 따를 수밖에 없는 주관적 인위 행위인 추측을 동일하게 '주체 추측'과 '객체 추측'으로 나눈 점이 문제가 된다. 특히 연구 대상을 비교적 명확히 구분되는 네 형태로만 국한하였다는 점에서 그 한계가 드러난다.

53) 철학에서의 주관(subject)이란 의식·의지를 가진 주체를 가리키며 객관(object)은 외적 대상, 즉 주관의 인식이나 활동의 대상을 가리킨다. 관념론 철학에서는 "주관이 없으면 객관도 없다"고 주장한 반면, 변증법적 유물론에서는 "객관은 주관과 독립적으로 존재하며 물질적 존재가 없으면 의식도 없다"는 상반된 주장을 펴기도 하였다.

54) 주관화 정도에 대한 규정을 보면, Palmer(1986)에서는 "주관적인 표현이란 화자의 의견이나 태도를 보이는 것이며, 객관적 표현이란

〈주관화 정도 (도식 6)〉

	(←더 주관적) 주 관 적	객 관 적 (덜 주관적→)
화자 · 대상 } 위치	• 화자가 경험주로 기능 • 대상이 사태 내부에 위치 • 화자는 자신을 의식하지 않음	• 화자가 외부 관찰자로 기능 • 대상이 외부와 분리됨 • 화자는 자신을 의식함
시점(視點)	화자 자신의 관점 (태도·의견)	외부적 관점 (인용·간접적 정보)

위 도식에서 어림 짐작은 실재하는 대상을 발화 현장에서 대상화하며 화자의 느낌·직관을 바탕으로 생성되기에 더 주관적이라고 볼 수 있다. 아울러 미룸 짐작은 현장에서 화자가 직접 확인한 사실을 근거로 새로운 사실을 개략적으로 알게 되므로 어림 짐작에 비해 덜 주관적일 것이다.

추측은 실재하지 않는 가능 명제를 사유 대상화는 점에서는 주관적이며, 이러한 주관적인 사유 대상을 상정(想定)하기 위한 논리적인 추리 과정은 객관적이라고 볼 수 있다. 이처럼 인식 대상이나 인식 방법에 따라 짐작과 추측의 주·객관적 특성이 상보적으로 나타나므로 주관화의 정도를 평가하기란 그리 쉽지 않다. 이러한 심리적 표상의 주·객관성을 다른 시지각(視知覺)에서의 주·객관의 문제로 접근하여 살펴보기로 하자.

이기동(1989)에서는 Langacker(1985)에서의 시지각에 의한 주관화 개념을 원용하여 국어의 다양한 주관적 표현을 논의하였다. 이에 따르면,

---

화자를 배제한 인용이나 간접정보 같은 것"을 말한다. Langacker (1985)에서는 시지각과 관련지어 주·객관을 설명하였는데, "최대의 주관적(maximally subjective)인 언어 표현은 관찰자가 관찰 상황 내부에 존재하여, 관찰자가 경험주로서 자기 자신을 의식하지 못할 때를 말한다. 반면, 최소의 주관적이란 화자가 언어 배경(사건)이나 경험주로부터 명백하게 구별될 때의 언어 표현"으로 정의하였다.

〈시지각에 의한 주·객관 (도식 7)〉

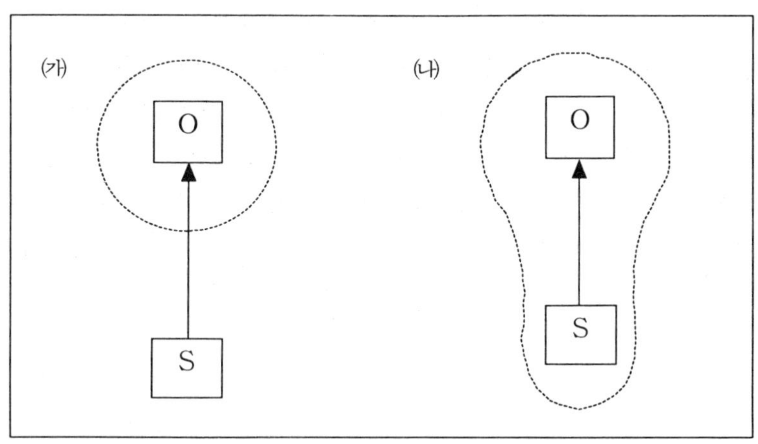

　위 그림 S는 관찰자 자신(self)}을 나타내고, O는 '관찰 대상' 또는 '남(other)'을 나타낸다. 화살표는 지각의 방향을 나타낸다. 〈도식 7〉의 ㈎는 주관적이며 ㈏는 객관적인 관찰 방법이다.

　우선 ㈎의 관찰자(S)는 대상(O)에만 주의를 기울이므로 자신을 의식하지 않는다. 여기서 S가 보는 것은 O자체이지 S가 O를 보는 관계는 아니다. 따라서 관찰자(S)는 주관적이며, 대상(O)은 관찰의 대상이 되어 배경이나 관찰자로부터 뚜렷이 구별되므로 객관적이다. 반면 ㈏의 관찰자는 관찰자이면서 동시에 관찰 대상이 되므로 자신을 의식하는 객관적 개체가 된다. 즉 S와 O가 모두 무대 위에 있어 구분되지 않으므로 관찰자(S)는 객관적이고, 관찰의 대상(O)은 관찰자와 구분되지 않아 주관적이라는 것이다.

　여기에서 이러한 관찰자와 관찰 대상 사이의 관계를 화·청자와 언어 표현의 대상과의 관계로 설명할 수 있다. 우선 짐작 발화의 주체, 즉 화자는 청자를 의식하지 않고 미확인의 대상으로 나아가 어림하게 되므로 주관적이라고 볼 수 있다. 그 결과 대상화된 사태는 앎의 영역에 존재하며 화자나 배경으로부터 구별되므로 객관적이라고 볼 수 있다. 그러나 추측의 화자는 불확실한 사유 대상을 언어 외적 지식(배경)을 바탕으로 논리적으로 판단하기 때문에 자신을 의식하는 객관적 관찰자로 기능한다. 이때의 대상은 화자와 배경까지를 포괄하고 있으므로 주관적이라고 볼 수 있다.

짐작·추측은 화자와 인지 대상에 따른 주·객관적 특성은 이와 관련된 표현 형식의 주관화 정도에도 작용할 것이다. 이에 여기에서는 기존 연구에서 제시된 {겠}과 {-ㄹ 것이다}의 주·객관의 문제를 다시 검토하고, 이로써 다른 양태 연산자의 주관화 정도를 살펴보기로 하자.

   (1) ㄱ. 내일은 태풍의 영향으로 비가 오{겠습, ?ㄹ 것입}니다.
      ㄴ. 일기예보대로라면 비가 오{?겠, ㄹ것이}다.

서정수(1978), 이남순(1981) 등에서는 이상의 예문으로 주·객관의 문제를 논하였다. 그러나 (1)에서의 '태풍의 영향', '일기예보'는 판단의 근거가 될 수 있지만, 이들의 특성만으로 {겠}과 {-ㄹ 것이다}의 주·객관성 검증은 무의미해 보인다. 왜냐하면 실제 발화에서 화자는 이전 화자의 언술이나 화자 지식 등의 기억 정보를 주·객관적 상관물로 달리 수용할 수 있기 때문이다. 즉 실제 발화에서 '태풍의 영향', '일기예보'는 화자의 정보에 대한 믿음이나 정보 특성에 따라 판단의 절대적 근거가 될 수도 있고 그렇지 않을 수도 있다.

   (2) ㄱ. 甲: 내일 비올까? 태풍이 온다고 했는데.
       乙: 그래, 그럼 (그 영향으로) 비 오{겠다, ㄹ거야}.
     ㄴ. 甲: 내일 비올까? 일기예보엔 확률이 50%가 조금 넘던데.
       乙: 그래? 일기예보대로라면 비 오{??겠다, ㄹ거야}. 그러나 내가 보기엔 안 올 것 같애.

(2ㄱ)에서 乙은 甲에 의한 정보, 즉 외부적 관점에 의한 간접 정보를 바탕으로 짐작·추측하고 있다. 〈도식 5〉에 따르면 이는 외부적 관점에 의한 객관적(덜 주관적) 판단이라고 볼 수 있다. 그런데 실제 발화에서는 이러한 표면적인 정보 특성에 따라 주·객관의 구별은 무의미하다. 왜냐하면 청자(이전 화자)가 제공하는 정보를 사태 내부에서 자신의 관점으로 재처리하여 달리 수용할 수 있기 때문이다. 이로써 명백한 객관적 근거가 제시된 (2ㄱ)의 {겠}은 甲의 확인 질문에 대한 가능성 판단으로써 자연스럽게 쓰인다. 이에 비해 {-ㄹ것이다}는 간접 정보(甲의 언술 정보)를 외부적 관점에서 그대로 수용하여 명제를 평가·단정하고 있다.55)

(2ㄴ)에서도 甲의 언술 정보를 그대로 믿어 수용하면 사태를 상정(想定)하는 추측의 {-ㄹ 것이다}가 자연스럽게 용인된다. 특히 이는 화자가 제시한 가능 명제에 대한 의견 진술의 발화로서 이미 청자의 의식 속에 있는 구정보적 가치를 지니고 있다.56) 여기에서 {겠}이 용인되는 까닭은 비가 올 확률에 대한 사태의 추이만을 일

---

55) 李南淳(1981)에서는 '태풍', '일기예보'가 모두 객관적 근거임을 들어 주·객관의 논리를 부정하였다. 대신에 그는 {겠}을 화자 혼자만의 판단인 '배제적 판단'으로, {-ㄹ 것이다}는 청자나 제삼자의 판단을 허용하는 '포괄적 판단'으로 변별하고자 하였다. 이런 논지는 화자가 청자, 대상을 의식하느냐 그렇지 않느냐의 주·객관 논리와 어느 정도 상통한다.

56) 김규철(1988)은 지각 심리학에서의 '바탕(figure)-모습(ground)'의 이론을 적용하여, {겠}과 {-ㄹ 것이다}를 '새정보 : 주어진 정보'로 구별하였다. 이러한 논지는 바탕(figure), 모습(ground)의 시공간적 특성 및, 대상성, 확실성에서 기존의 {겠}과 {-ㄹ것이다}의 비교 논지와 어느 정도 일치한다고 볼 수 있다. 다만 모든 짐작·추측 구문에 적용할 수 없어 이에 소개로만 그친다.

　•바탕(figure)　：①근거리 ②가까운 미래 ③직접성 ④새정보 ⑤선택의 폐쇄성 ⑥ 대상성 ⑦ 현재 ⑧ 확실성 ⑨ 친숙성
　•모습(ground)：①원거리 ②먼 미래 ③간접성 ④주어진 정보 ⑤선택의 개방성 ⑥ 무대상성 ⑦ 비현재 ⑧ 비확실성 ⑨ 비친숙성

차적인 판단 대상으로 삼을 수 있기 때문이다. 즉 청자가 제시한 언술 정보—비 올 확률이 50%가 넘는다—를 자신의 관점으로 재수용하여 이를 근거로 새로운 사실을 알아차리는 발화로 볼 수 있다. 이처럼 동일한 언술 정보를 내적 정보로 선택·수용하는 양상에 따라 {겠}과 {-ㄹ 것이다}가 어느 정도 구별이 된다. 또한 이들은 화자와 사태의 위치·거리(視點), 상황 전제에 따라서도 구별된다.

(3) ㄱ. (아이가 책상에 올라가자) 조심해! 떨어지{겠다, *ㄹ 거야}.
　　ㄴ. (자살 소동을 벌이는 사람을 보고) 곧 떨어지지는 않겠다. 저러다가는 그냥 내려올 거야.
　　ㄷ. 중력은 질량에 비례하므로 무거운 물체가 먼저 떨어질 거야.

(4) ㄱ. (진찰을 끝내고는) 많이 아프겠다. 그렇지만 주사 맞으면 곧 괜찮아 지{*겠다, ㄹ 거야}.
　　ㄴ. (주사 바늘을 보곤) 꽤 아프{겠어, *ㄹ 거야}. 안 맞고 싶어.
　　ㄷ. 간호사가 잘 놓아 주니까 하나도 안 아프{??겠다, ㄹ 거야}.

(3)의 {겠}과 {-ㄹ 것이다}는 화자와 사태와의 시·공간적인 거리에 따른 선별적 용법들이다. 이러한 거리 개념은 물리적 위치뿐만이 아니라 추상적인 심리적 거리가 작용될 것이다. 기존 연구에서는 언어 논리에 의한 시·공간적 특성으로 이들을 구별한 바 있다. 이에 따르면 (3)의 {겠}은 현재 경험 사태에 대한 즉각적인 판단에 쓰여 언술 장면과 인접해 있는 반면, {-ㄹ 것이다}는 논리적 상정·판단하고 있어 언술 장면과 단절되어 있다는 것이다.[57] 이를 주·객관의 논리대로 설명하면 짐작의 {겠}은 화자가 자신을

---

57) {겠}과 {-ㄹ 것이다}의 시·공간적 특성 구별은 가까운 미래 : 먼 미래(이정민 1973), 현재 경험 : 과거 경험(成耆徹 1979), 발화시 상황 판단 : 발화 이전 상황 판단(김차균 1981), 언술 장면과 인접 : 단절(이선경:1986)이 있다. 이는 제1장 註14 참조.

의식치 않는 경험주로서 객관적인 경험 사태 내부에 위치하여 이를 주관화하는 것이다. 한편 추측의 {-ㄹ 것이다}는 외부적인 관찰자로서 사태와 분리된 객관적인 태도를 보이고 있다.

(4)는 화자가 경험주로 기능하느냐 외부적인 관찰자로 기능하느냐가 잘 드러나 있는 발화이다. (4ㄱ)에서 의사는 자신이 진찰한 환자의 입장, 즉 사태 내부에서 심리적 실재 대상을 {겠}으로 짐작 발화하고 있으며, 상정된 구정보적 가능 명제를 외부적 관점에서 객관적으로 {-ㄹ 것이다}로 추측 발화하고 있는 것이다. 또한 (4)의 ㄴ,ㄷ은 경험주인 환자와 외부적 관찰자인 보호자의 발화로써 주관화의 정도 차이를 드러내고 있다. (4ㄴ)은 신정보적 가치를 지닌 지각적 발화이며, (4ㄷ)은 청자를 안심시키기 위한 구정보적 가치를 지닌 논리적인 단정 발화라는 점에서도 대응된다.

이처럼 {겠}과 {ㄹ 것이다}는 짐작과 추측이 주·객관적 특성과 일치한다. 짐작 대상은 발화 현장에 실재하므로 객관적이며 이에 대한 화자만의 가능성 파악은 주관적이라고 볼 수 있다. 아울러 추측은 실재하지 않는 가능 명제를 사유 대상화하므로 대상 자체는 주관적이다. 그러나 추리를 통한 논리적인 판단 과정을 거치므로 객관적이라고 볼 수 있다. 물론 동일한 근거를 주·객관적 상관물로 달리 처리하는 수용 태도에 따라 일단 짐작의 {겠}이 {-ㄹ 것이다}보다 더 주관적이라는 점은 분명하다.

미룸 짐작의 {-(ㄴ/ㄹ) 모양이다}, {-(나/ㄴ가) 보다}의 주관화 정도는 명백한 근거가 제시된 화맥에 사용되므로 객관적이라고 볼 수 있다. 다만 이들이 짐작 표현 형식이라는 데 문제가 제기될 수 있다. 왜냐하면 짐작은 객관적인 대상을 주관화하는 기능을 지니고 있기 때문이다. 이러한 주관화 정도를 좀더 엄밀히 파악하기 위하여 서론에 제시되었던 담화를 다시 재인용하기로 하자.

(5) ㄱ. 甲: 어제 바둑은 내가 졌지만 오늘은 다르{*겠다, ㄹ 거야}.

乙: 그래? 단단히 벼르고 오{았나 보, ㄴ 모양이}군. 자네 실
력으로는 안 될텐데.
ㄴ. (바둑을 조금 두었을 때, 甲이 유리한 형국이 되자)
甲: 내가 이기{겠, ㄹ 것 같, 지 싶, ??을 것이}다. 시작이
좋은 걸 보면…
乙: 끝내기 때문에 이겼다기엔 이르{?겠다, 을 거야, 듯한데}.
ㄷ. (바둑이 끝날 무렵 甲이 거의 이기게 되자)
甲: 내가 확실히 이기(-ㄴ){것 같, 듯하(싶), 았지 싶…}다.
누가 보더라도 돌을 던지는 게 옳다고 하{??겠 다, ㄹ
것이, 지 않을까 싶}다.
乙: 정말 그런{가 보, 모양이, 것 같}군. 내가 졌네.

(5)의 담화를 보면 짐작의 {겠}과 추측의 {-ㄹ 것이다} 등이 화맥에 따라 달리 쓰이고 있음을 알 수 있다. 우선 우선 (5ㄱ)에서 甲의 추측 행위는 대상 자체의 범위를 넘어서 화자와 초맥락적 배경까지를 포함하고 있다. 즉 과거에 바둑에 진 경험을 바탕으로 새로운 각오를 했거나, 이에 기보(棋譜) 연구를 했던 전제적 사실들을 발화 외적 근거로 사태를 사유 대상화하여 추측 발화하고 있다. 한편 乙은 이러한 甲의 발화―직접 경험한 발화 현장 근거―를 통해 원인이 될 만한 사실을 미루어 즉각적으로 짐작 발화하고 있다. 이러한 {-(ㄴ/ㄹ) 모양이다}, {-(나/ㄴ가) 보다}의 주관화 정도는 {겠}이나 {-ㄹ 것이다}보다 덜 주관적이다. 왜냐하면 이들은 인과론적인 전제 지식에 따라 사태를 해석하여 짐작 대상화함은 물론 발화 현장에서 경험한 객관적인 결과 사실을 근거로 미루어 사태를 알아차리므로 최소의 주관적인 표현 형식이라고 결론내릴 수 있다.

(5ㄴ)에서도 현장에 직접 근거가 제시되어 있는 지각적 상황에서는 {겠}이 자연스럽다. 그러나 자신이 상정한 근거 사실을 바탕으로 사태를 객관적으로 사유 대상화하고자 하는 상황에서는 {-ㄹ 것이다}가 자연스럽다. 특히 {-ㄹ 것이다}는 외부적 정보를 전제

근거로 청자를 의식하여 다른 가능성을 배제하지 않은 채, 자신의 의견을 조심스럽게 진술하는 화맥에 어울린다.

(5ㄷ)은 (5ㄴ)보다 사태의 추이가 진척된 발화이다. 이때에는 객관적인 확실한 근거가 발화 현장에 제시되어 있어 {-(ㄴ/ㄹ) 모양이다}와 함께 의사 판단의 {것 같다}, {듯하다} 등이 쓰이고 있다. 이러한 의사 판단의 {듯하다}, {듯싶다}, {것 같다}의 주관화 정도는 다른 형식들에 비해 높은 편이다. 왜냐하면 사태를 직접 판단 대상화하며 심증이나 느낌·직관에 의해 사태를 평가하기 때문이다. 그러나 이러한 판단 특성은 근거의 존재 여부나 근거 특성에 크게 영향을 받지 않으므로 주·객관에 때로 무표적으로 보이기도 하다. 특히 {것 같다}는 위 예문에 다 사용될 수 있을 정도로 포괄적이고 독자적인 의미 기능을 지니고 있다. 이러한 사실은 역으로 대상이나 화맥에 구애받지 않고 주관화 기능을 충실히 수행한다고 볼 수 있다. 이러한 {것 같다}를 객관적인 짐작 표상의 {-(ㄴ/ㄹ) 모양이다}와 비교해 보기로 하자.

(6) 집에 들어갈 때, 아현이 먹을 것 뭐 사 가지고 갈까?
  ㄱ. 아현이가 아이스크림을 먹고 싶은 {??것 같아, *듯해, *듯 싶어, 모양이예. 가 봐}요.
  ㄴ. 아현이가 아이스크림을 먹고 싶어하는 {것 같, 듯해, ?듯 싶어, 모양이예, 가 봐}요.

(7) 아이스크림은 어느 제품이 좋은가?
  ㄱ. 내가 보기에는 K社 제품이 좋은 {것 같, 듯해, 듯싶어, *모양이예, *가 봐}요.
  ㄴ. 전에 먹어 봐서 아는데, K社 제품이 좋았던 {것 같, 듯해, 듯싶어, * 모양이예, *가 봐}요.
  ㄷ. 영희 엄마 얘기로는 K社 제품이 좋은 {??것 같, *듯해, *듯싶어, 모양이예, 가 봐}요.

(6)은 제3자의 내적 상태를 진술하고 있다. 타인의 심리 상태는 주관적 관점에서 알 수 없으므로 외부적 관점에서 판단할 수밖에 없다. 이로써 {-(ㄴ/ㄹ) 모양이다}, {-(나/ㄴ가) 보다}는 화자와 경험주가 동일하지 않은 심리적 사태를 외부적 관점에서 미루어 판단하는 데 잘 사 용된다. 이와는 대조적으로 {것 같다}, {듯하다}, {듯싶다}는 외부적 관점을 취하지 않는 특성으로 비문법적이다. 한편 (6ㄴ)의 {-어 하다}는 사태가 외적 양상으로 드러나 있어 다 호응할 수 있다. 여기에서 {듯싶다}는 외적 양상을 의사 판단하는 {듯하다}에 비해 더욱 주관적이라고 볼 수 있다.

(7)은 가치 판단의 화맥으로써 정보의 출처에 따라 표현 형식이 달리 선택된다. 즉 (7ㄱ)처럼 시각, 청각, 촉각 등 화자의 고유 인지기능을 통해 얻은 직접 정보나, (7ㄴ)처럼 자신의 기억에 있는 내재된 경험 정보가 근거가 될 때에는 {것 같다}, {듯하다}, {듯싶다}가 잘 호응한다. 반면 제3자에 의한 간접 경험에는 {-ㄴ 모양이다}, {-ㄴ가 보다}가 호응하고 있다. 이로써 {것 같다}, {듯하다}, {듯싶다} 류가 가장 주관적임이 분명하다.

이상 밝혀진 것 외에 나머지 형식들의 주관화 정도는 4장의 유형별 의미 기능에서 다루기로 한다. 왜냐하면 이들이 언술 상황에 따라 달리 쓰이고 있어 동일 조건에서의 주관화 정도를 평가하기가 쉽지 않을 뿐더러 주관화 정도의 차이가 미세하기 때문이다.

주관화 정도와 객관적 양태 의미인 확실성의 관계는 일단 반비례한다고 볼 수 있다. 즉 주관화 정도가 높은 어림 짐작의 표현 형식들은 화자의 느낌·직관에 의존하므로 확실성이 약할 것이다. 반면 미룸 짐작의 표현 형식들은 비록 미확인 사태를 짐작하고 있지만 객관적인 근거에 바탕을 두므로 화자의 사태에 대한 믿음의 정도가 어림 짐작보다 높은 편이다. 한편 추측은 불확실한 사유 명제를 논리적으로 판단하고 있으므로 확실성 문제 역시 화자의 주관에 따라 달라질 것이다.

　이상 주·객관의 논거를 통해 몇몇 짐작·추측 표상소들의 주관화 정도를 살펴 보았는데 이를 요약하면 다음과 같다.

　첫째, {겠}은 실제적인 객관적 대상을 발화 내적 근거에 의해 주관적으로 짐작하는 데 사용한다. 이로써 {겠}을 객관적 대상의 주관화 표상 형식이라고 결론 내릴 수 있다. 이와는 달리 {-ㄹ 것이다}는 추리라는 객관적 방법으로 사태를 판단하되, 인식의 근거·인식 대상이 실재하지 않고 주관적 사유 세계에 존재한다. 이로써 {ㄹ 것이다}를 본유적 주관 세계 속의 객관화 표상 형식이라고 볼 수 있다.

　둘째, {겠}과 {-ㄹ 것이다}는 화자와 대상과의 관계에 따라 주·객관이 상보적으로 나타난다. 그러나 근거 특성·시점을 고려해 볼 때 {겠}의 주관화 정도가 {-ㄹ 것이다}보다 높다.

　셋째, {-(ㄴ/ㄹ) 모양이다}, {-(나/ㄴ가) 보다}는 발화 내적 근거를 통해 사태를 미루어 짐작하므로 덜 주관적인(객관적인) 표현 형식이다. 반면 {것 같다}, {듯하(싶)다}, {성 싶다} 류는 화자 내부적 관점을 견지하며 직접 경험에 의한 가치 판단의 화맥에 사용되기 때문에 가장 주관적인 표현 형식이다.

　넷째, 이상 밝혀진 짐작·추측 표현 형식의 주관화 정도를 개괄적으로 나타내면 {것 같다} 〉 {듯 싶다} 〉 {듯하다} 〉 {겠} 〉 {-ㄹ 것이다} 〉 {-(나/ㄴ가) 보다} 〉 {-(ㄴ/ㄹ) 모양이다}의 순서가 된다.

　여섯째, 일반적으로 주관화 정도와 확실성(단언의 정도)은 반비례할 것이다. 이에 따라 미룸 짐작의 {-(ㄴ/ㄹ) 모양이다}, {-(나/ㄴ가) 보다}가 확실성의 정도가 가장 높다. 한편 추측의 {-ㄹ 것이다}는 단언의 효과를 중의적으로 보여 주는 것처럼 확실성도 화자의 주관에 따라 결정된다. 이러한 특성 역시 개별적 의미 기능의 고찰에서 다시 논의하기로 하자.

3.3.2 인과적 특성

짐작·추측 구문은 화자의 내적 근거나 발화 현장의 언술 정보, 또는 의식적으로 상정한 전제 사실 등의 외적 근거를 통해 사태를 판단하게 마련이다. 이로써 근거와 짐작·추측되는 사실 사이에는 논리적 관계가 형성되며 이는 개별 표현 형식의 양태 의미를 변별하는 또 다른 기준이 될 수 있다.

짐작·추측 구문에서 근거와 사실은 인과적 특성을 지니고 있다. 일반적으로 생성의 근거(원인)가 객관적으로 실재하는 사태와의 관계에서 비롯되어 명제 간의 관계로 상정된 것이라면 인식의 근거는 물질적으로 제약되지만 의식의 영역 속에 자리잡고 있는 관계에 해당된다. 이처럼 인식의 근거와 짐작 사실의 논리적 관계는 화자의 주관에 의해 좌우되므로 필요·충분 조건을 따지기 어려운 특성이 있다.58) 우선 다양한 인과 구문의 논리 관계부터 살펴보기로 하자.

(8) ㄱ. 비가 오(았){아서, 으니까, 으므로, 기 때문에,} 땅이 질다.
　　ㄴ. 한 줄기 비가 가뭄에 지친 농부들의 시름을 사라지게 했다.
　　ㄷ. 어머님께서 옷을 사주셨는데, 그 것을 언니가 잃어 버렸어.

인과성(因果性)은 인과 관계의 접속문이나 이유 명시 구문 외에도 (8ㄴ)처럼 통사적·어휘적 사동문에서 찾아볼 수 있다. (8ㄱ)은 하나의 사태가 다른 사태에 직접적인 영향을 미치는 논리적 관

---

58) 근거(reason)란 어떤 의견이나 의론 등의 이유, 또는 바탕(ground)이 되는 것으로 충족 이유율(充足理由律)에 따르면 사물의 존재·진리는 그것이 존재할 충분한 이유가 있어야 한다는 것에 기초를 둔다. 쇼펜하우어(Schopenhauer)는 근거를 ①존재의 근거, ②생성의 근거(원인), ③인식의 근거, ④행동의 근거(동기)로 분류하였다. 이 가운데 인식의 근거는 인식적 판단에는 충분한 이유가 있다는 논리적 이유의 법칙을 말한다.

계를 표상하고 있어서 선행 사태는 후행 사태에 대해 필요 조건을 만들어 준다. (8ㄴ)은 접속의 기저에서 변형된 문으로 사태 간의 관계 해석 절차를 통해 인과성을 띤다. (8ㄷ)은 선행 사태가 후행 사태를 가능하게 한 실행가능화(enablement) 관계이다. 이는 반드시 그렇게 한 것은 아니지만 그렇게 되도록 한 충분 조건을 이루고 있다.59)

근거와 짐작되는 사실의 논리적 관계는 장경희(1985)에서 거론된 바 있다. 이에 따르면 {겠}은 근거와 짐작 사실이 인과 관계에 있으면서 짐작의 근거가 원인이 되고 짐작되는 사실은 결과가 되는 상황에서 쓰인다는 것이다. 아울러 이와 반대적 상황에서는 {겠}이 부자연스럽고 {나/ㄴ가 보다}, {ㄴ/ㄹ 모양이다}가 자연스럽게 호응한다는 것이다.

(9) ㄱ. 甲: 먹구름이 잔뜩 밀려오고 있어.
　　　乙: 그래? 그럼 비 오겠다.

　　ㄴ. 甲: 길이 매우 미끄러워.
　　　乙: 눈이 많이 {왔나 보, 온 모양이}다. 그럼 넘어지는 사람이 많겠다. 너도 조심해야겠다.

---

59) 텍스트 언어학자들의 결속성(coherence)은 인과 관계에 잘 드러나 있는데, 위에 제시한 예 이외에 이유(reason)와 양태(modality)를 설정하고 있다. 이유란 하나의 행위가 어떤 사태에 대해 합리적인 반응으로 따라 나오는 관계를 말하며, 원인의 양태적 의미라고 볼 수 있겠다. 그들은 종속적 접속의 용법으로 양태를 파악하고, 서법(양태)이 텍스트 세계에서 일어날 수 있거나 이미 일어났을지도 모르는 상상적인 사상과 상황들을 표시하는 데 중요한 역할을 수행함을 지적하였다. 이는 Beaugrande. R, A & Dressler.W 1972, 金泰玉·李玄浩 共譯(1991: 82~126) 참조. 졸고(1988)에서는 인과 구문의 기저에 접속이 관계함을 밝히고, 이에 따라 다양한 인과구문의 유형과 통사적 상관성을 논한 바 있다. 반면 심리 동사의 구문의 인과적 특성에 대해서는 김홍수(1988) 참조.

(9)에서 乙은 甲의 발화로 미루어 원인이나 결과가 될 만한 미확인 사실을 짐작 발화하고 있다. 이는 '먹구름이 밀려오면 비가 온다', '눈이 많이 오면 길이 미끄럽다', '길이 미끄러우면 사람들이 많이 넘어진다'라는 인과성을 띤 화용론적 전제 지식을 바탕으로 생성된다. 이때 결과가 될 만한 가능 명제를 짐작하는 데에는 {겠}이, 원인이 될 만한 가능 명제를 유추하여 해석하는 데에는 {-(나/ㄴ가) 보다}, {-(ㄴ/ㄹ) 모양이다}가 쓰인다는 것이다.

　짐작·추측 표현 형식을 하위 구분하는 이런 방법은 한정된 변별 기준임에도 불구하고 매우 설득력이 있다.60) 물론 이러한 관계 특성은 청자의 언술 정보를 직접적인 근거로 채택하여 새로운 사실을 이끌어 내는 상관적 장면의 짐작 발화에 잘 적용된다. 이로써 세 표현 형식이 별도의 양태 기능을 수행하고 있음이 입증된 셈이다. 여기에서는 이들 형식을 중심으로 다른 표현 형식들의 논리적 관계도 살필 것이다. 특히 이들이 지닌 인과 관계의 결속력을 따져 보는 데에 초점을 두기로 한다. 우선 (9)의 예문으로 다른 표현 형식들의 제약 현상을 살펴보기로 하자.

　(10) ㄱ. 甲: 먹구름이 잔뜩 밀려오고 있어.
　　　　　乙: 그래? 비 오{ㄹ 모양이, ㄹ 것이, ㄹ 것 같, 지 싶…}다.

　　　ㄴ. 甲: 길이 매우 미끄러워.
　　　　　乙: 눈이 많이 오(았){??겠, 을 것이, ㄴ 듯하, 지 싶}다.

　(10)의 예문에서도 근거와 짐작 사실의 인과 관계는 그대로 적용된다. 다만 {겠}과 반대적 상황에서도 {-(나/ㄴ가) 보다}, {-(ㄴ/

---

60) 張京姬(1985:46~49)에서는 당위적인 과거 사실을 전제 근거로 한 예문으로 '결과 짐작'의 {겠}과 원인 짐작의 {-(나/ㄴ가) 보다}, {-(ㄴ/ㄹ) 모양이다}의 논리적 관계를 구명하였다. 그러나 {겠}은 '원인 짐작'에 쓰이지 않지만, {겠}의 결과 짐작 화맥에 {-(나/ㄴ가) 보다}, {-(ㄴ/ㄹ) 모양이다}가 사용 가능하다는 점은 간과하였다.

ㄹ) 모양이다}가 쓰일 수 있는 까닭은 짐작 내용의 시상적 특성이나 인과 관계가 달라졌기 때문이다. 즉 '비가 오려면 먹구름이 잔뜩 밀려온다'나 '비가 올 것 같으면 먹구름이 잔뜩 밀려온다'라는 주관적 전제에서 이유가 될 만한 미확인 사실을 미루어 짐작하고 있다. 또한 다른 표현 형식들도 {겠}에 비해 긴밀한 인과 관계력을 보여주지 않아 자연스럽지는 않지만 용인되기도 한다.

{-ㄹ 것이다}는 '먹구름이 밀려오면 비가 온다'라는 전제 사실에서 이미 알고 있는 정보인 '먹구름이 밀려온다'라는 사실을 조건적으로 수용하여 결과 사실에 대한 가능성을 따지는 표현에 자연스럽다. 여기에서 근거는 전제적 사실 자체를 사유 대상화하고 있으므로 청자의 의식 속에도 있다고 가정된 명제이다. 한편 {것 같다}, {듯하다}, {지 싶다} 등은 발화 내적 근거를 직접 근거로 수용하지 않고 자신의 관점에서 사태를 직관적으로 의사 판단하고 있다.

(10ㄴ)에서도 {겠}이 용인될 수 있는 까닭은 전제 사실에 대한 확인의 용법으로 {겠다}가 사용될 수 있기 때문이다. 한편 {-ㄹ 것이다}는 전제된 사실 가운데 하나를 자유로이 사유 명제화할 수 있어서 사태 간의 시상 조건만 성립하면 추측 표현으로 성립한다. 이때에 화자는 인과적 전제 사실로부터 유도된 명제를 확실하게 표현하고 있다. 또한 {듯하다}, {것 같다}, {지 싶다} 등도 직접 사태를 대상화하여 심증에 의한 인과적 상황 판단에 쓰이고 있다. 특히 {듯하다}, {것 같다} 등은 '길이 매우 미끄럽다'라는 언술 정보에서 '매우'를 판단 근거로 초점화할 수 있다. 이때의 판단 대상은 '눈이 오다'보다는 눈의 양(量)인 '많이'에 있게 된다.

이상의 근거와 사실과의 관계에서 우리는 몇 가지 사실을 재확인할 수 있다. 우선 {겠}, {-(나/ㄴ가) 보다}, {-(ㄴ/ㄹ) 모양이다}가 청자(이전 화자)의 언술 정보를 근거로 새로운 사실을 미루어 알아차리는 짐작 표현이라는 것이다. 발화 주체인 화·청자는 발화에서 사태를 직관적으로 파악하여 정보를 주고받게 된다. 이러한 상관적 장면의 발화에서 이들 세 형식은 상대방의 언술 정보를 해석하거나 추론하여 의사 소통을 원활히 하는데 기능하는 표현 형식이다. 특히 자신의 짐작 내용을 상대에게 직접 표명할 수 있는 변별 특성도 지니고 있다.

둘째, 다른 표현 형식들도 인과 관계를 형성할 수 있다. 그러나 새로운 사실을 알아차리는 짐작 표현 형식과는 달리 이들은 청자의 언술 정보를 논리적 판단의 의식적인 전제 명제로 삼거나 판단의 정보·근거 자료로 상정(想定)하고 있을 따름이다. 즉 청자의 객관적 언술정보를 화자가 자신의 주관화로 다시 재해석하여 새로운 인과 관계를 만든 것이다. 이처럼 전제 사실에 대한 수용 양상이 중요하게 기능하기 때문에 근거와 사실과의 관계도 이 점에 유의하여야 할 것이다.

짐작의 근거는 화자의 의식이 중요한 변수로 작용한다. 이에 근거가 되는 발화 내적 맥락 정보(사태·언술정보)와 짐작 사실은 사태와의 관계에서 명제와의 인과 관계로 이룩되어야 한다. 이러한 논리 관계를 {겠}으로써 좀더 구체적으로 살펴보기로 하자.

> (11) 甲: 오늘 배추 사왔어요.
>   乙: ㄱ. 그럼 당신 꽤 피곤하겠다.
>   ㄴ. 그럼 무도 사왔겠다.
>   ㄷ. 그럼 내일은 절여야겠다.
>   ㄹ. 그럼 당신 김장 시장에 갔겠다.

(11)는 甲의 언술 정보로 미루어 나올 수 있는 다양한 짐작 발화들이다. 인간의 행동 사태에서는 근거와 짐작 사실이 발화된 사태와의 인과 관계로 직접 결속되어 있지 않다. (11ㄱ)은 '배추를 사오는 것은(행동을 하면) 꽤 힘이 든다'라는 발화 외적 전제 지식에서 화자의 언술 정보를 통해 새로운 사실을 짐작 발화한 것이

다. (11)의 ㄴ, ㄷ도 화자의 초맥락적인 인과론적 지식에서 가능 명제를 인출한 발화이다. 즉 '김장을 담그려면 재료(배추, 무, 양념…)이 필요하다'는 일반적인 세상 지식이나 '아내는 배추와 무를 같이 사온다'는 경험적 사실이 화자 의식 속에 전제되어 있다. 이때 화자는 현재 경험한 지각 사실과 비교하여 인과적 사실에서 미지 정보를 인출하여 짐작 발화하는 것이다. (11ㄹ)도 언술된 정보를 바탕으로 미확인 명제를 짐작 발화한 것으로 전제에 따라 인과적 양상이 다음과 같이 달라진다.

(12) ㄱ. 아내는 배추를 사려면 김장시장에 간다.
    ㄴ. 아내는 김장시장에 가서 배추를 산다.
    ㄷ. 아내는 물건을 싸게 사려고 한다. 배추는 김장시장이 싸다.

(12)는 언술 정보와 짐작 사실의 논리적 관계를 보여주는 다양한 전제들이다. (12ㄱ)은 행동의 동기가 객관적인 관찰과 분석의 대상이 되어 인식의 근거로 전이된 예이다. 따라서 화맥에 따라 '짐작'이나 '확인'의 중의적인 해석이 가능하다. 특히 (12ㄴ)은 인과성보다는 시간적인 계기성(sequence)만을 보이고 있다. 이로써 습관적인 전제 사실을 바탕으로 생성된 (11ㄹ)은 '확인'을 뜻하기도 한다.61) (12ㄷ)의 전제된 사실이나 언어 외적 지식은 결과적 사실을 미루어 짐작하는 데 필요한 적절한 정보라고 볼 수 있다.

이처럼 {겠}은 화자 의식 속에 자리 잡고 있는 인과론적 전제에 따라 생성되므로 주관적일 수밖에 없다. 한편 {겠}은 미확인 사태에 대한 결과 짐작에 쓰이지만, 때로 이미 알고 있는 결과적 사실

---

61) 高永根(1965)에서는 서법요소 {-것-}, {-렷-}이 화자가 인정된 사태에 대하여 다져서 말하는 의미를 지녀 '확인법(確認法)'으로 파악하였다. 위 예문처럼 과거의 경험이나 이치로 미루어 으레 그러하다는 습관적인 사실을 확인(다짐)할 때의 {겠}은 '짐작'보다는 '확인'의 의미로 해석될 수 있을 것이다.

에 대한 '확인' 발화에도 사용된다.

    (13) ㄱ. 땅이 진 것을 보니 비 왔겠다.
         ㄴ. 손이 험한 것을 보니 너 고생 많이 했겠다.
         ㄷ. 사진을 보니까 너희 어머니 젊었을 때 매우 예뻤겠다.

    지각적 경험 사실을 근거로 과거 사태에 대한 짐작 발화는 화자에 내재된 언어외적 인과적 전제를 바탕으로 이룩된다. (13ㄴ)에서 '고생을 많이 하면(한 사람은) 손이 험하다'라는 전제 사실은 화맥에 따라 원인이 될만한 사실을 유추하거나 확인하는 중의적인 해석이 가능하다. 이처럼 {겠}은 미확인된 사실을 바탕으로 화맥에 따라 짐작하거나 확인하는 발화로 분화된다.

    {겠}이 결과 짐작에 쓰이는 반면, {-(나/ㄴ가) 보다}, {-(ㄴ/ㄹ) 모양이다}는 원인 미룸 짐작에 흔히 쓰인다. 이에 대한 실제 용례를 보기로 하자.

    (14) ㄱ. 밤새 내린 비가 추위를 재촉했나 보다. 새벽 냉기가 제법
           으스스하다. ('84:133)
         ㄴ. 거듭 물었다. 궁금해 못견딜 지경인가 보았다.('92:231)
         ㄷ. 「불빛이 흐리구나. 트랜스를 써야할까 부다.」 ('79:20)

    (15) ㄱ. 재미있는지 웃음을 터뜨리는 얼굴이 있는가 하면, 죄지은 사
           람 **모양** 고개를 떨구고 땅만 내려다 보는… ('86:169)
         ㄴ. 새벽녘에 소변을 보러 갔다가 다시 잠들은 **모양으로** 방안이
           훤히 밝아 있었다. ('95:57)
         ㄷ. 얼굴은 제 아버지를 닮은 **모양이었다**. 머리숱이 적은 데다
           갈색이었고, 광대뼈가 내밀었으며, 눈이 우묵한 듯했고 속눈
           썹이 길었다. ('85:155)

    (14)은 화자가 발화 현장에서 경험한 사태를 사실 근거로 미루

어 원인이 될만한 가능 명제를 짐작 표상하고 있다. (15)의 {모양}은 다양한 용법으로 사용되지만, {-(나/ㄴ가) 보다} 구문과 마찬가지로 사태에 대한 원인적 해석 표현에 쓰인다. 사태에 대한 표상 행위는 상사적(相似的)으로 기술되는데, {모양}이 이를 잘 보여주고 있다. 특히 (15ㄴ)은 인지 내용이 원인의 격조사 {-으로}에 통합되어 있다. 이는 결과적 사실에 대한 작용인(作用因)을 파악하려는 데 따른 것으로써 원인이 될 만한 상사적(analogue)인 어림 정보를 인출하여 해석한 것이다.

  이상 근거와 짐작 사실의 인과 관계 형성에 따라 {겠}은 결과 짐작 상황에, {-(나/ㄴ가) 보다}, {-(ㄴ/ㄹ) 모양이다}는 원인 짐작에 밀접하게 사용됨을 알 수 있었다. 이제 짐작·추측 표현 형식들이 실제 인과 구문에 어떠한 결합 양상을 보이는지 살펴보기로 하자.

  (16) 순이가 시험에 떨어졌대. 왜 그랬을까?
    ㄱ. 공부를 열심히 안 했 {*겠다. 겠지}
    ㄴ. 공부를 열심히 안 했 {을거야. 을지도 몰라}. 확실치 않지만.
    ㄷ. 공부를 열심히 안 {한 모양예, 했는가 봐}요. 들리는 얘기론.
    ㄹ. 공부를 열심히 안 한 {것 같아. 듯 싶어}요. 느낌이지만.
    ㅁ. 공부를 열심히 하지 않았 {나. 지} 싶어요.

  이상은 '왜'로 이룩되는 이유 요구문에 대한 개연적 판단의 응답 발화들이다. 이러한 발화에 결과 짐작의 {겠}만 제외하고는 다 가능하다. 이는 {겠}이 화자 직관에 의한 결과 짐작에 주로 사용되지만 단순 짐작 상황에서도 {겠지}가 자연스럽기 쓰이기 때문이다. 아울러 다른 표상소들도 의문 정보에 대해서 느낌, 직관, 외적 정보에 의한 개연적 판단의 응답 발화에 사용된다. (16ㄴ)의 {-ㄹ 것이다}, {-ㄹ지 모른다}는 주관적인 따짐의 논리로 불확실하나마 사태를 추측하여 발화하고 있으며, (16ㄷ)의 {-(ㄴ/ㄹ) 모양이다}, {-(나/ㄴ가) 보다}는 객관적인 외적 정보를 근거로 원인이 될 만한 가능 명제를 미루어 짐작하고 있다. 아울러 (16ㄹ)의 {것 같다} 류는 직접 명제를 어림하거나 가치 판단하는 데 적합하다.

이처럼 이유에 대한 응답에서는 결과 짐작의 '겠다'만 제외하고는 다 가능하다. 이에 {-아서}, {-니까}의 인과 구문에서 짐작·추측 표상소의 영향권(scope)이 어떠한 양상을 보이는지 살펴보기로 하자.

(17) (유원지에 놀러 가면서) 오늘 유원지에 사람 많을까?
　　ㄱ. 날씨도 좋고 마침 오늘이 공휴일이라서 많{겠는데, 을 거예, 은 모양이에, 을 것 같아, 지 않을까 싶어}요.
　　ㄴ. 날씨도 좋고 마침 오늘이 휴일이니까 많{겠지, 을 거예, *은 모양이에, 을 것 같아, 지 않을까 싶어}요.

(17)은 '많다 / 많지 않다'에 의문 초점이 놓여 있다. 이에 대한 답변은 (17ㄱ)의 {-아서}에서는 다 가능하다. 여기에서 {겠}의 영향권은 {많다}에 있고, {-(ㄴ/ㄹ) 모양이다}는 원인항에 있어야 구문이 성립한다. 이는 (17ㄴ)의 {-니까}에서 {겠}이나 {-(ㄴ/ㄹ) 모양이다}가 부자연스러운 것으로 확인된다.

{-아서}는 이미 알려진 선행절 사실을 전제로 후행절에 대한 '원인 밝힘'의 의미 기능을 지니고 있다. 한편, {-니까}는 객관적이고 구체적 사건에 대해 따짐의 논리로 선행절을 이유로 제시하는 기능을 지니고 있다.62) 이러한 제시적 기능과 따짐의 논리는 짐작의 논리와 상충되어 {겠}이나 {-(ㄴ/ㄹ) 모양이다}가 부자연스럽다. 이러한 관계는 의문 정보를 달리 함으로써 확실히 드러나게 된다.

(18) 오늘 유원지에 사람이 왜 이렇게 많지?

─────────────

62) {-아서}와 {-니까}의 의미 기능에 대한 연구는 김승곤(1978), 성낙수(1978ㄱ.ㄴ), 南基心·Lukoff(1978), 졸고(1988) 등 참조.

ㄱ. 공휴일이라서 많{*겠는데, 을 거예, 은 모양이예, 은 것 같아,
　　지 않은가 싶어}요.
ㄴ. 공휴일이니까 많{겠지, 을 거예, *은 모양이예, ?은 것 같아, 지
　　않은가 싶어}요.

(19) 오늘 유원지에 사람이 많으면 올 때 어떻게 될까?
ㄱ. 그러면 차 많이 막히{??겠는데, 겠지, ㄹ 거예, *ㄹ 모양이예,
　　?ㄹ 듯해, ㄹ 것 같아, 지 않을까 싶어, ㄹ지도 몰라}요.
ㄴ. 휴일이기 때문에 교통이 혼잡하{겠지, ㄹ 거예, *ㄹ 모양이예,
　　ㄹ 것 같아, 성 싶어, 지 않을까 싶어, ㄹ지도 몰라}요.

　(18)은 '왜'라는 의문사를 통해 원인·이유에 의문 초점이 놓여 있기 때문에 이에 대한 답변에서도 짐작·추측의 영향권은 선행절에 놓여 있어야 할 것이다. 우선 (18ㄱ)의 {-아서}는 선행절이 후행절 사이에 상관적인 계기성이 존재하고, 후행 결과절의 원인으로 선행절이 결정적임을 주장하므로 결과 짐작의 {겠}은 호응할 수 없고 나머지는 다 가능하다. 그러나 {-니까}에서는 객관적인 '따짐'의 논리에 부적합한 {-ㄴ 모양이다}, {것 같다}는 부자연스럽다.
　(19)는 조건 전제에 의한 가능 결과 사태에 의문의 초점이 놓여 있다. (19ㄱ)에서는 {-ㄹ 모양이다}, {듯하다}만 제외하고는 다 가능하다. 그러나 명백한 이유가 제시된 (19ㄴ)에서는 (18ㄴ)처럼 미룸 짐작 표상소들은 호응하기 어렵다. 이상의 접속문에서의 짐작·추측의 영향권으로 미룸 짐작의 세 형식이 근거와 새로운 사실의 인과적 상황에 밀접함을 거듭 확인할 수 있었다.
　이상 근거와 사실과의 논리적 관계에 대해 살펴보았는데, 이를 요약하면 다음과 같다.
　첫째, 근거와 사실과의 논리적 관계로 명제 사이의 인과적 상황을 상정할 수 있었다. 이로써 근거가 원인이 되고 짐작되는 사실이 결과가 되는 화맥에서는 {겠}이, 반대적인 화맥에서는 {-(ㄴ/ㄹ) 모양이다}, {-(나/ㄴ가) 보다} 밀접한 결속력을 지니고 사용

되었다.

둘째, 근거와 사실의 인과 관계는 주로 상관적 장면의 짐작 발화에 적용되는 변별 기준이지만, 이러한 논리 관계를 다른 표현 형식에 적용해 보았다. 그 결과 추측의 {-ㄹ 것이다}나 어림 짐작·가치 판단의 {듯하다}, {것 같다} 등은 인과 관계의 결속력에서 차이를 보이지만 원인, 결과적 사실의 판단에 다 가능하였다.

셋째, 추측의 {-ㄹ 것이다}는 논리적 추리 과정에 의해 전제 사실이 이유가 되는 상황이나 가정된 전제로 가능 사태를 제시하는 상황에 잘 쓰였다. 그러나 {것 같다}는 주관적인 특성으로 명백한 근거가 제시된 화맥에서는 어느 정도 제약이 따르기도 한다.

4. 유형별 의미 기능

이 장에서는 서론에서 제시한 양태 연산자의 의미 체계가 유형별, 개별 형식들에 어떻게 적용되는지 검토하고자 한다. 특히 이 장은 짐작·추측의 인지 과정과 성립 및 관계 특성에서 거론된 다양한 인지론적 해석 장치가 개별 표현 형식에 어떻게 나타나는지 살펴보는 실제적인 장이 될 것이다. 이를 위해 다음의 방법들을 적용하기로 하자.

첫째, 짐작·추측 표상의 개별 형식들은 주·객관적 양태 의미 외에도 다양한 문맥 의미를 지니고 있을 것이다. 이들 가운데 핵심 의미를 추출하고 이와 관련된 부차적 의미와의 의미망을 조망하기로 한다.

둘째, 양태 연산자의 인지론적 해석을 위하여 양태(modality)가 지닌 주관적 태도인 '짐작', '추측'에 일차적 관심을 둔다. 아울러 확실성 여부의 객관적인 양태 문제도 함께 고려할 것이다. 특히 특히 개별 표현 형식이 어떤 양태적 기능에 초점을 두는지, 혹은 양면적 속성을 다 지니고 있는지에도 관심을 둘 것이다. 또한 서술 태도나 담화·화용론적 기능도 함께 파악하여 '짐작'과 '추측' 관련 양태 범주의 체계를 확립하기로 한다.

셋째, 제1유형의 양태소 {겠}, {리}를 제외한 나머지 유형들은 모두 재구조화한 통합 구성체로 양태 기능을 수행한다. 따라서 동일 유형 내에 존재하는 개별 형식들의 의미 기능을 변별하기 위해 이 글에서는 형태소 재분석의 방법을 사용한다. 이로써 구성 요소들의 의미를 엄밀히 추출하고 이들이 어떻게 짐작·추측의 의미를 형성하는지에도 관심을 둘 것이다.

4.1 제1유형

제1유형은 양태소(樣態素) {겠}과 {리}에 의한 짐작·추측 구문을 말한다. 이들은 문맥에 따라 시상, 의도, 짐작 등의 다원적인 문법 범주를 형성함은 주지의 사실이다.[63] 이 장에서는 사태를 인식 대상화하는 양태 범주로서의 {겠}과 {리}의 의미 기능을 중심으로 이들의 의미 구조를 밝히는 데 목적을 둔다.

4.1.1 {겠}

4.1.1.1 이 글에서 이제까지 논의된 {겠}의 의미 기능을 요약하면 다음과 같다.

㈎ {겠}은 짐작 표상소로서 짐작이 지니고 있는 개념에 부합된다.

---

63) 국어 문법 연구에서는 한 형태소가 지닌 다양한 문맥 의미를 추상하여 단일 문법 범주로 포괄하여 설명하는 방법과, 개별적인 의미를 중시하여 다원적인 문법 범주로 설명하는 방법이 제기되어 왔다. 이가운데 어느 것이 합리적인지는 더 논의되어야겠지만 이 글에서는 일단 전자의 방법을 견지하기로 한다.

이는 느낌·직관에 의한 지각이나 판단 상황에 잘 쓰이는 점, 상관적 장면의 언술 상황에 적합한 점, 주관화 특성, 근거와 사실과의 관계 등으로 확인할 수 있었다.

㈏ {겠}의 주관화 정도는 {것 같다} 류에 비해 낮은 편이며 {-ㄹ 것이다}보다는 높은 편이다. 그러나 짐작의 {겠}은 추측의 {-ㄹ 것이다}와 대응하여 주·객관적 특성이 대상과 인식자에 따라 분화되어 상보적으로 나타난다.

㈐ {겠}은 근거와 새로운 짐작 사실이 인과적 관계를 형성하며 근거가 원인이 되고 결과가 사실이 되는 결과 짐작 상황에 잘 쓰인다. 아울러 지각적 경험 사실을 근거로 원인이 될 만한 사태의 짐작에도 {겠}이 사용되는데, 이때에는 '미확인'의 의미가 약화되기도 한다.

이상의 사실이 실제 구문이나 발화에 어떻게 적용되는지 살피기 앞서 {겠}에 대한 기존의 연구 흐름을 개괄적으로 정리해 보기로 하자.

우선 최현배(1937:1985〈12판〉)에서는 {겠}을 '미래', '추량', '확인', '가능'의 의미를 지닌 형태소로 파악하였다. 이 후 많은 논의들이 뒤따랐는데, 연구 대상에 따라 {-ㄹ 것이다}와의 대비 연구와 {겠}만을 대상화한 연구들로 구분할 수 있겠다. 또한 {겠}을 '추정'과 '의도'의 두 가지 의미를 동시에 인정하려는 태도와, 추정과 관련된 유사 의미를 개진하고 있는 연구들로 나눌 수 있겠다.64) 최근엔 이러한 양태 의미에서 확장된 화용적 의미에 관심을

---

64) 周時經(1910)에서는 {겠}을 미래 시제인 '올때'로 파악하는 한편, 그 의미를 '거짓 뜻함을 보이는 것'으로 보아 양태 의미도 간파하고 있다. 이러한 견해는 朴勝彬(1935), 최현배(1937)에 와서야 비로소 '미래', '가능', '추량'으로 확립되었다. 이 가운데 '미래'는 {겠}의 핵심 의미가될 수 없음이 거론되기도 하였다.(申昌淳:1972, 南基心:1972). 한편양태 의미라 볼 수 있는 '의도'와 '추측'을 동시에 인정하거나(羅鎭錫 :1972, 서정수:1977, 金錫得:1974), 이와 더불어 몇몇 문맥 의미를 덧붙인 연구

두어 {겠}의 공손어법적 기능이나 언술태도적 기능을 탐색하기도 하였다.65)

이 글에서는 {겠}의 핵심 의미를 '짐작'으로 보고자 한다. 이는 후행하는 어미에 따라 어림 짐작의 {-겠지}와 미룸 짐작의 {겠다}를 포괄하여 설명할 수 있기 때문이다. 한편 짐작의 바탕에는 사태 인식과 관련된 '미확인'이 내재되어 있다고 전제한 바 있는데, 이러한 미확인과 짐작과의 관계도 관심의 대상이 될 것이다. 또한 객관적 양태의 불확실성한 인식태도에서 확장된 {겠}의 공손어법적 기능도 함께 고찰하고자 한다.

4.1.1.2 {겠}의 '짐작' 의미는 전 장에서 이미 상세히 다루었으므로 여기에서는 짐작이 어떻게 생성되는지 실제 예문을 통해 이를 확인하기로 하자. 우선 하나의 발화 속에 미분화된 양태 의미가 들어 있는 예문을 보기로 하자.

(1) ㄱ. "한강에 빠져 죽긴 지금 추워서 안 되겠고, 높은 빌딩에서 내려 뛰자니 간이 작아 안 되겠고, 단식을 하면 넉넉잡고 이,삼주일 안에 결말이 나지 않겠노." ('77:224)

ㄴ. "점심 잡수세요. 국수 다 불겠어요." 몇 번째인 듯… ('86:56)

ㄷ. 언제나 뒤뚱거리는 꼬마 열차의 크기는 보통기차의 반쯤 된다. 안쪽 사람과 마주 보고 앉으면 서로의 숨결이 느껴진다.… "협궤열차 그거 트럭하고 부딪쳐도 넘어지겠군" 누군가가 말한다. 실제로 그런 일도 있었다고 한다. ('90:170)

도 있었다(張京姬:1985). 한편{겠}의 원형적 의미를 상정하여 문맥 의미를 포괄하려는 연구로는 南基心(1972)의 '미확인법', 김차균(1981)에서의 '불확실성', 박선자(1983)의 '미룸' 등을 들 수 있다.

65) 이희자(1984)에서는 {겠}의 다양한 언표내적 효력을 제기했으며, 박옥숙(1987)에서는 {겠}이 '임의적인 불확실성'으로 완곡어법이나 강세 어법에 사용됨을 지적하였다. 또한 張京姬(1985)에서는 {겠}의 관용적 의미를 '가능성을 포함한 내적 상태 발생'로 해석하였다.

(1)의 {겠}은 양태의 주·객관적 접근 태도에 입각하여 '짐작'이나 '가능성'으로 해석할 수 있는 예문이다. (1ㄱ)은 자살하기 위한 여러 가능한 방법들을 타진하는 발화이다. 이러한 가능성은 원인이 될 만한 사실로 미루어 짐작하고 있다. 아울러 단식을 통한 어림(추량) 행위에도 가능성이 내재되어 있다고 볼 수 있다. 이처럼 객관적 양태 문제의 '가능성'은 주관적인 양태 의미인 '짐작'과 맞물려 있기 쉽다. (ㄴ)도 화자의 사태에 대한 가능성 판단으로 해석될 수 있으며, (ㄷ) 역시 사실 정보를 미루어 가능성을 판단하고 있다고 볼 수 있다. 이러한 '가능성' 판단은 사태 일부에 대한 특징 판단(特稱 判斷)에서 비롯되는 것이라고 볼 수 있다.66) 따라서 {겠}이 지닌 '짐작'에는 가능성을 내포한 미확인 사태의 발생이 바탕을 이루고 있다고 볼 수 있다. 따라서 위 예문의 {겠} 대신에 '-게 생겼-'을 대체할 수 있을 것이다. 이러한 가시적인 지각 가능성의 의미는 {겠}이 지닌 짐작의 의미를 입증한다고 볼 수 있다. 이제 {겠}이 지닌 짐작의 의미를 세분하여 구체적으로 살펴보기로 하자. 우선 어림 짐작 표현부터 보기로 하자.

(2) ㄱ. "허허 그놈. 백근은 실히 나가겠다." ('78:254)
　　ㄴ. "어휴 대단한 눈이다. 애, 나와 봐라 쌓인 것만도 이십 센티는 넘겠다." ('80:330)

(3) ㄱ. 서둘면 퇴근 전에 돌아올 수 있겠다고 어림했지만 그렇게는 되지 않았다. ('82:256)
　　ㄴ. 전투경찰이 주민등록증을 제시하도록 줄을 세우고 있었다. 병원에 무슨 사고가 났구나 하는 의문보다 직감적으로 현구 탓

---

66) {겠}이 지닌 '가능성'을 張京姬(1985)에서는 '가능성 내포 상태 발생'으로 보고, '-게 생겼-'로 해석하였다. 아울러 이 역시 '짐작'의 의미에서 온 것이라는 점을 지적하였는데, 필자도 이 견해에 동조하는 바이다. 다만 이 글에서는 양태의 양면적 특성이 실제 발화에서 어떻게 드러나 있는지에 관심을 두고자 한다.

이겠거니 여겨졌다. ('90:72)

  (2)는 사물의 어림치를 헤아리는 짐작 표현으로서 화자의 느낌 · 직관은 가능성 판단의 중요 기제가 된다. 이는 (3)예문에서 보듯이 '어림'이나 '직감'에 의한 사태의 가능성 판단에서도 확인된다. 한편 미룸 짐작의 {겠}은 사실 근거에 의한 주관적 판단으로 가능성의 객관적 양태 의미가 약화되는 듯하다.

  (4) ㄱ. "그 애 많이 달라졌어. 진짜 농사꾼 되겠더라." ('79:97)
      ㄴ. "니는 마 검수골 여게서 살아야겠어. 그렇게 밥을 잘 묵는 거를 보니" ('84:274)
      ㄷ. "어머니도 젤 많이 아버지를 닮았다고 그러시죠." "젤 귀염 받겠네요" ('89:407)
      ㄹ. 1966년생 말띠니까 올해 우리 나이로 스물 여덟이 되겠다.

  어림 짐작이 실제 대상의 가능성을 지각 경험을 통해 직접 판단한다면, (4)의 {겠}은 근거 사실로 미루어 사태를 헤아리므로 가치 판단의 의미가 내재되어 있다. 이는 '-게 생겼-'으로 대체하기 어려울 뿐만이 아니라 사태 일부의 특징적 판단보다는 전칭 판단의 속성을 지닌 것으로도 알 수 있다. 특히 {겠}은 화자의 주관적 가치 판단 상황에 잘 쓰인다.

  (5) ㄱ. 뜨거운 물에다 헹궈낸 묵을 재래식 건건이에다 꾹꾹 말아서 먹는 별미도 보통은 아니겠다고 생각하면서… ('79:387)
      ㄴ. 박영감의 말로는 어두워질 때까지 반야봉에 도착하기가 힘들겠다면서 두 인부들을 자주 쉬게 했으나,… ('81:270)
      ㄷ. 버스에서 죄수들하고 처음 맞닥뜨렸을 때 나는 대뜸 어떤 사정이 있어 정읍 지원하고 전주 교도소 사이를 급히 오가는 죄수들이겠거니 생각했었다. ('83:43)

  (6) ㄱ. 내가 눈을 속이는 걸 보느니 차라리 허락을 내리는 게 낫겠다

는 엄마의 판단은 옳았다. ('80:267)
ㄴ. "글쎄요 하도 '부끄러운 표정'이라고 쓰고들 있어서. 그래도 정
확한 표현은 '부끄러워하는 표정'이라야 되겠네요." ('91:53)
ㄷ. 여섯 살이었을까, 아니면 일곱 살? 막내동생이 막 태어나던
해였으니, 일곱 살이 맞겠습니다. ('92:191)

(5)는 미확인의 가치 판단 명제를 {겠}을 통해 어림으로 헤아리
고 있는 예문이며, (6)의 {겠}은 두 개의 가치 명제에 대한 개연
적 판단에 사용되고 있다. 이러한 개연적인 평가 화행에 사용된
{겠}을 장경희(1985)에서는 '의견'으로 보았는데, 이는 확실성이
적은 앎이라는 점에서 '짐작'과 상통한다고 볼 수 있다.67) 그러나
이는 (5,6)의 ㄴ처럼 {겠}은 청자가 개입된 상관적 장면에서만 의
견 진술의 기능을 수행할 뿐, 단독적 장면에서는 주로 가치 판단
으로 성립할 따름이다. 물론 이러한 개연적 판단은 판단 자체로
성립한 이상 불확실하지는 않다는 점과 새로운 사실의 가능성을
알아차리는 상황에서의 발화라는 점에서 '짐작'이 밑바탕되어 있다
고 볼 수 있다.68) 아울러 {겠}의 의미를 '짐작'으로 볼 수 있는 이
유는 {겠}에 후행하는 지각 양태소 {-지}, {-구나}, {-네}, {-더-}
등을 통해서도 알 수 있다. 이 가운데 매우 생산적으로 결합하는
{-겠지}를 살펴보기로 하자.

(7) ㄱ. 그런데 아버지는 마침내 나타나셨습니다. 그랬으면 너에게 효

---

67) Price(1934~5:45)에서는 '의견'을 확실성이 적은 앎으로 파악하였
다.(장경희 1985:116 재인용).
68) 申昌淳(1972)에서는 {겠}의 핵심의미를 화자의 추단한 견해-결정
지은 마음의 태도-로 보았으며, 아울러 객관적인 가능성의 추량이
아닌 화자의 주관적인 추단임을 지적하였다. 그러나 이는 짐작의 결
과 생성된 부차적 의미에 불과하며, {겠}이 감성적 추리에 밀접히 관
계하며, 논리적인 판단(이성적 추리)과정을 거치지 않으므로 이 글
의 논지와 어긋난다.

도할 기회를 주지 않았느냐고 말씀하시고 싶겠지요. 아닙니
다… 흥, 그러면 또 말씀하시고 싶겠지요… 그러니까 너는 그
와 같은 평판을 유지해 가고자 뿌리를 감추려는 거냐고 또 말
씀하시겠지요. 그 짐작도 맞습니다. ('86:21)
ㄴ. "사람들마다 다 될 거라고들 하니까 되겠지요 뭐." ('89:402)
ㄷ. 당신이 저와 함께 하겠다는 그 결정을 내려 주었을 때, 저는
너무도 환해서 꿈인가?… 꿈이겠지, 어떻게 그런 일이 내게…
꿈일테지, 했어요. ('92:188)

(8) ㄱ. 한 마리의 노예를 사기 위해 얼마나 많은 돈이 필요한가는 거
느려 본 사람은 알 것이다. 물론 선택받은 사람들은 수 십 마
리의 노예들을 거느릴 수 있겠지. ('79:302)
ㄴ. "하지만 이 나무는 매일같이 조금씩 키가 클 것이다. 일년 뒤
엔 네 키만큼 크겠지. 이년 뒤엔 철봉대만큼,… 그리고 오년
뒤엔 하늘만큼 자라겠지" ('82:67)
ㄷ. 장명환씨 역시 거기에 상가가 들어서면 편리하긴 하겠지만 지
저분할 거라든가, 학교가 들어서면 시끄럽긴 하겠지만 온종일
눈이 시끄럽지 않을 거라는 생각을 얼핏얼핏 하는 게 고작이었
다. ('86:52)

　(7)의 {-겠지}를 장경희(1985)에서는 {-지}의 의미에 이끌려
이미 알고 있는 정보로부터의 짐작을 나타낸다고 보았다.[69] 기지
정보로부터의 짐작은 그 정보가 확실하고 타당한 경우가 대부분이
다. 이로써 {-겠지}는 당연히 귀결될 짐작 사실을 표현하는 발화

---

69) 언어 20-3(1995)의 '국어의 시제, 상, 서법' 토론회에서는 양태소 복
　합 문제가 제기된 바 있다. 張京姬는 {겠}을 사유 양태로 보아 지각과
　사유가 배타적인 측면에 있지 않음을 제기하였다. 즉 {겠더라}, {네}
　가 추리의 논리적 과정을 자기 스스로 내성적으로 알 수 있을 때 사용
　될 수 있음을 언급하였다. 이는 본 고의 감성적 추론과 유사한 설명이
　다. 한편 '추측'의 {-ㄹ 것이다}에 지각 양태소 결합이 자유스럽지 못
　한 점으로 미루어 지각과 사유 양태의 양극에 관여하는 양태소들의 결
　합은 회피한다고 볼 수 있다.

에 사용된다. 이러한 논지는 (7)의 ㄴ,ㄷ에도 잘 드러나 있다. 다만 이처럼 이미 알고 있는 정보임에도 불구하고 미확인의 짐작 어조로 발화하는 것은 사실로 확인하지 않은 불확실성 때문이다. 특히 (8)에서는 {-겠지}가 추측의 {-ㄹ 것이다}와 같이 쓰여 그 차이점이 잘 드러나 있다. (8)의 ㄱ,ㄴ에서 화자는 {-ㄹ 것이다}로써 일반적인 사실을 전제하고 이로써 당연히 귀결되는 짐작을 {-겠지}로 나타내고 있다. 한편 (8ㄷ)에서는 역으로 당위적인 사실 전제를 바탕으로 {-ㄹ 것이다}를 통해 다른 가능성을 판단하고 있다. 이러한 {-겠지}와 마찬가지로 다른 지각 양태소들도 {겠}에 생산적으로 결합한다.

(9) ㄱ. 「동네 사람이 다들 그럽디다. "자네 아버지가 어머니가… 돈을 벌어다가 주니께 자식들 가르치기도 한결 수월하고 살림살이도 편하겠네" 이럽디다.」 ('88:134)

　　ㄴ. "할머니 젊었을 때 이뻤어? 이뻤겠네." ('89:62)

　　ㄷ. "자식이 나갔구먼, 동쪽으로 나갔구먼, 언제나 자식 돌아오나. 재수굿 좀 해야겠네." ('90:239)

(10) ㄱ. "시대가 가도 오래도록 사람을 웃기는 건 뭘까?"… "이솝 우화의 얘기들이겠지" "참 그렇겠구나" ('79:134)

　　ㄴ. "눈이 많이 온다구. 거리가 막혔겠구나. ('82:28)

　　ㄷ. "삼십 오년이라니… 얼마나 고생이 많았을까. 고생이 많았으니 많이 늙었겠군." ('88:279)

(9)의 {겠네}는 발화 내적 근거로 미루어 결과적 사실을 어림으로 알아차릴 때 사용된다. 짐작과 지각은 '앎'이라는 인식 영역 내에서 [±확인]에 의해 분화되는데, {겠네}는 사실일 가능성의 앎을 지각 표상한다고 볼 수 있다. (10)의 {-겠구나}도 미룸을 통해 결과가 되는 짐작 사실을 지각할 때 사용된다. (10ㄱ)에서 {-겠지}가 이미 알고 있는 정보적 사실을 인출하는 데 비해, {-겠구

나)는 이전 화자의 언술 정보를 통해 그럴 가능성을 지각하고 있다. 이제까지 필자는 가능성의 {겠}이 지각 양태소와 결합함으로써 사실일 가능성에 대한 앎의 상태를 표상하는 데에도 사용되는 짐작 양태소임을 확인하였다.

4.1.1.3 {겠}에는 앞에서 살펴본 바와 같이 '짐작'이라는 인식 작용 외에 사회 언어적 측면에서 살펴볼 수 있는 완곡어법적 기능도 수행한다. {겠}의 공손어법적 기능 가운데 먼저 거론될 수 있는 사실은 이미 확인된 사실까지도 화자는 {겠}으로써 표현 효과를 꾀한다는 것이다. 이에 대해서는 박옥숙(1987)에서 상세히 논의되었는데, 이에 따르면 {겠}이 지닌 '불확실성'은 어떤 표현을 완화하거나 강화시키기 위해 화자의 주관에 따라 임의로 선택된다는 것이다.70) 여기에서는 {겠}이 지닌 '짐작'의 의미가 발화에서 어떻게 확대되는지에 초점을 두어 논의하기로 하자. 우선 이러한 공손어법적 기능은 단독적 장면이 아니라 상관적 장면에서 청자에게 언술 내용을 환기시키고자 주로 사용하게 된다.

> (11) ㄱ. (값을 물어 보자) 예! 한 벌에 단 돈 만 원 되겠습니다.
>   ㄴ. 신랑 입장에 이어 신부의 입장이 있겠습니다. 신부 입장!
>   ㄷ. 무슨 말인지 잘 알겠습니다. 곧 시정하겠습니다.

(11)은 이미 알고 있는 사실을 청자를 고려하여 완곡하게 발화하고 있는 예들이다. (11ㄱ)에서 상인은 물건값에 대한 확실한 정보를 지니고 있다. 그럼에도 불구하고 짐작의 {겠}을 사용하는 까닭은 사실 그 자체를 단순히 통보하기보다는 발화 현장에서 그 사실 정보를 생생하게 표현함으로써 청자의 주의를 환기한다고 볼 수 있다. 아울러 단언의 효과를 약화시킴으로 가격의 가치에 대한

---

70) 김차균(1981:42)에서는 {겠}이 '불확실성' 이외에, 부차적으로 얹혀 들어오는 상황 판단을 통해 서술보다는 청자에게 관심을 가지게 하기 위하여 사용된다고 보았다.

당위성까지 알려 주게 된다. (11ㄴ)에서도 화자는 지각적 어림 정보를 일깨워 줌으로써 청중들에게 현장감이나 생동감을 더해 주며 공손한 예를 표하고 있다. (11ㄷ)도 단순히 사실 정보를 통보해 주는 것이 아니다. 이는 이전 화자의 언술 정보를 미룸을 통해 확인하였다고 청자에게 일깨워 줌으로써 청자(이전 화자)의 지시를 충실히 수행하려는 태도를 드러내고 있다. 이처럼 미룸을 통한 인식 태도의 통보 효과는 단언을 약화시킴과 동시에 청자의 주의를 환기시켜 주는 동시에 그 확인을 청자에게도 미루는 발화내적 효력을 갖는다. 특히 이러한 기능은 개진(開陣) 발화에서 자기 자신을 적극 방어하는 사회 언어적 기능도 함께 수행하게 된다.

> (12) ㄱ. 제가 뭘 알겠습니까마는 당신 차가 끼어들은 것 같군요.
> ㄴ. "정확히 그때의 심정이 어떠했는지는 말하기 어렵겠습니다만, 적어도… 그 분홍빛 매니큐어는 결코 저를 성적으로 흥분 시키지는 않았습니다." ('93:309)
> ㄷ. 그것이 너의 잘못인지는 잘 모르겠어. 그때는 알았었지만.

(12)은 교통사고를 직접 목격하였거나 자신의 내적 상태에 대해 분명히 알고 있는 화맥에서 쓰일 수 있는 발화들이다. 이러한 확인된 사실임에도 불구하고 화자는 {겠}으로 단언을 피하여 자신을 방어하고 있다. 이러한 언술 태도는 확인한 사실을 단언함으로써 청자와 불편한 관계를 맺을까봐 불확실한 인식 세계로 도피하는 데에서 나온 것이다. 또한 이러한 공손어법적 언어 책략은 자신의 소망이나 바람을 상대에게 정중히 부탁하거나, 상대와의 관계를 고려한 간접 발화행위에 두드러지게 나타난다.

> (13) ㄱ. 나가실 때 문을 닫아 주시면 고맙겠습니다.
> ㄴ. 바람이 찬데, 문좀 닫아 주시{겠, -ㄹ 수 있겠}습니까?
> ㄷ. 우익수 쪽으로 밀어칠 수 있겠지?

(13ㄱ)에서 화자는 청자에게 문을 닫아 달라고 직접 지시하거나 명령할 수 있는 관계에 있지 않다. 이때 화자는 자신의 가상적 사태를 상정하여 명령을 완화하고 있다. 이러한 발화에 {겠} 대신에 {-ㄹ 것이다}를 사용하면 어색하다. 그 이유는 {겠}이 확실하지 않은 {앎}의 의견 진술에 사용되지만, {-ㄹ 것이다}는 믿음과 관련된 '주장' 표현에 사용되기 때문이다. (13ㄴ)에서는 의문 형식을 빌어 청자에게 정중하게 부탁, 명령하는 발화이다. 이때에도 화자는 청자에게 자신의 능력이나 가능성을 판단해 보라는 간접 화행을 통해 청자의 행위를 유도하고 있다. (13ㄷ)도 청자의 능력에 대한 가능성을 인정하는 간접 발화행위이다.71) 이러한 발화의 발화내적 효과는 직접 요구하거나 명령하는 데 따른 부담감을 없애 주고 자신감을 심어 주게 된다. 이러한 공손어법적 기능과는 달리 이미 알고 있는 사실을 의문 형식을 빌어 역으로 표현하는 경우가 있다. 이는 자신의 짐작 행위를 청자에게 일단 역으로 알려 환기시킴으로 다양한 발화내적 행위(illocutionary act)를 수행하게 된다.72)

(14) ㄱ. "애비 노릇도 채 못한 내게 무슨 말이 있겠노. 네 돈으로 네가 결혼한다는데 어떻게 반대를 하겠노. ('77:223)

　　　ㄴ. "사돈댁 네도 난가가 안됐겠느냐마는 그래도 예보다야 편하지 않겠느냐." ('82:216)

---

71) 간접 발화행위(indirect speech act)는 화자의 공손성(politeness)의 표시이며, 추상적인 개념 및 감정을 직접 표현할 수 없을 때 적절히 사용된다. 이러한 간접 발화행위는 화용론자들에 의해 심도 있게 논의되는데, 이는 양인석(1976:121~141), 김태자(74~98), 임지룡(355~359) 등 참조.

72) 박옥숙(1987)에서는 {겠}이 긍정문·부정문에 부정적인 해석의 강세 어법으로 사용됨을 밝히고 있다. 그러나 이는 부사 '잘', '그래'에 이끌린 결과로 보여진다. 아울러 의문 형식에서의 {겠}도 화맥에 따라 강세나 개진 발화로 나뉘어 질 것이다.

ㄷ. "그나저나 빨갱이들이 살려 두기나 했겠니? 벌써 죽였겠지."
"뭘 죽이기야 했겠어요? 물론 겪을 만큼은 겪었겠죠. 흐른
세월만큼 잘못에 대한 응징도 받았을 것이고 그만큼 용서도
받았겠죠." ('89:135)

(14ㄱ)에서 화자는 청자에게 명령·요구할 명분이 없는 형편이
다. 이에 자신의 행위에 대해 이해를 구하기 위해 간접적으로 조
심스럽게 의견을 표명하고 있다. 이로써 청자의 주의를 환기하는
한편 청자의 부담을 완화시키고 있다. 이러한 공손성(politeness)
은 미확인·불확실 세계로 도피하여 발화 책략에 의해 구체화된
다. (14ㄷ)에서도 확실하지 않은 의견을 청자에게 확인 질문함으
로써 자신의 인지 내용을 정당화하고 있다. 이처럼 {겠}은 화맥에
따라 확신을 강조하기 위해 사용되거나, 청자를 고려한 공손한 의
견 진술에 사용되기도 한다.
끝으로 '-아 죽겠다' 등의 관용 표현에 사용된 {겠}의 기능을 살
펴보기로 하자.

(15) ㄱ. 세상 오래 살다 보니 참 별 꼴 다 보겠다.
ㄴ. 나한테 재혼을 하라니! 별 소리 다 듣겠구나.
ㄷ. 그때 기분이 귀신이 곡할 노릇이었겠다.

(16) ㄱ. 속 썩이는 자식놈 때문에 {돌아버리, 미치}겠다.
ㄴ. {보고 싶어, 속상해, 배고파, 아파, 피곤해…} 죽겠다.
ㄷ. 얼었던 몸을 녹이니 이제 좀 살겠다.

(15)의 '보다', '듣다' 등은 실질적인 지각의 의미가 아닌 내적
경험에 의미로 사용되었다. 이는 '내적 상태의 가능성 판단'을 뜻하
며 발화시에 청자에게 극적 효과를 거두기 위한 표현이라고 볼 수
있다.73) 특히 '-아 죽겠다' 관용표현은 발화 상황에 매우 밀접한
화자 자신의 느낌·기분을 표현할 때에 적절히 쓰인다. (16)의

ㄱ, ㄴ에서는 화자가 기대하지 않은 극한 서술동사 '죽다', '미치다'에 결합하여 현재 상황을 절박하게 표현하고 있는 예이다. (ㄷ)은 역으로 죽을 지경에까지 이르렀다고 느꼈던 화자가 상황이 변함에 따라 다시 살 것 같은 느낌을 받았을 때의 표현 예이다. 이러한 관용 표현도 위 예문처럼 원인이 제시되어 있으며, 이로써 극한적인 상태의 결과에까지 이르렀음을 표현하고 있다. 이는 {겠}이 지닌 미룸 짐작의 기능에서 비롯된 것이라고 볼 수 있다.

4.1.1.4 이상 {겠}이 지닌 '짐작'의 의미를 다양한 용법을 통해 확인하였는데, 이를 요약하면 다음과 같다.

첫째, {겠}은 발화 현장과 밀접한 가능성 내포의 내·외적 사태의 발생이 '짐작'의 바탕을 이룬다. 이러한 {겠}은 상태 발생과 동시에 이룩되므로 화자의 느낌·직관의 감성적 인식 수단에 의존하게 된다.

둘째, '미룸 짐작'의 {겠}은 상관적 장면에서 잘 쓰이며 단독적 장면에서도 주관적 가치 판단의 상황에 잘 쓰이게 된다. 특히 청자의 언술 정보가 근거가 되지 않는 상황에서는 의견 진술보다는 개연적 가치 판단의 부차적 의미를 지니고 있다.

셋째, {겠}이 지닌 '짐작'의 의미는 지각 양태소들과의 결합에서도 확인된다. 우선 {-겠지}는 이미 알고 있는 인과적 사실에서 당위적인 결과 정보를 인출하는 상관적 장면에 잘 사용되며 청자의 언술 정보를 근거로 한 미룸 짐작 상황에서는 잘 호응하지 않는다. 한편 {-겠구나}, {-겠네}도 발화내적 근거로 결과적 사실을 어림으로나마 알아차리는 미룸 짐작 상황에 잘 사용된다.

넷째, {겠}의 공손어법적 기능은 문맥 의미만큼 다양하게 발달되어 있다. 이는 주로 청자의 주의를 환기시키거나 자신을 방어하

---

73) 이러한 {겠}을 張京姬(1985)에서는 '가능성을 포함한 내적 상태 발생'으로, 오제운(1995)에서는 자신의 상태에 대한 가치를 판단하되 발화시에 상황을 좀더 효과적으로 표현하기 위한 관용적 용법으로설명하였다.

기 위하여 단언 효과를 약화시키는 등 다양한 방법으로 실현된다. 이러한 화용적 의미에는 {겠}이 지닌 짐작의 기능이 밑바탕되어 있다.

4.1.2 {리}

4.1.2.1 중세국어에 나타나는 '추측'의 {-(으)리-}는 문법적 지위가 약화되어 현대국어에서는 제한된 환경에서만 그 용법이 확인될 뿐이다. 이러한 {리}는 일찍이 '추측법(presumptive)' 어미로 최현배(1929), 고영근(1965) 등에서 제기된 바 있다. 그 후 {겠}과 관련지어 통시적으로 접근한 것 외에는 이렇다 할 만한 연구 성과를 거두지 못하고 있다.74) 이러한 한정된 용법의 {리}의 의미 기능을 파악하는 한 방법으로서 여기에서는 {겠}, {-ㄹ 것이다}와 비교하는 방법을 채택하기로 한다. 아울러 {리}의 동요 양상도 함께 살펴서 화석화된 의미를 추적해 보기로 한다.

4.1.2.2 현대 국어에서 {리}는 종결어미 {-다}에 선행할 때에는 '의도'만을 뜻하며 {-라}가 뒤따르면 의지를 나타내거나 이외에 화자의 추측을 표상하기도 한다.

(1) ㄱ. 내 솔직하게 말하리다.
    ㄴ. 내일이면 그가 오리다.

(2) ㄱ. 55년이던가. 아우가 사변둥이니 다섯 살이었으리라. ('90:27)
    ㄴ. 청평사 부근에서 머물리라 했으니 강을 건너가면 만날 수도

---

74) 최현배(1929:1985 〈열 두번째 펴냄〉)에서는 {리}를 단순한 '올적 때 도움줄기(미래 시간 보조어간)'으로 파악하였다. 아울러 {리}와 {겠}은 유의지 미래인 의지(意志)와 무의지 미래인 미리봄(豫見), 추량(推量)의 두 가지 뜻이 있음을 간파하였다. 高永根(1965)에서는 {리}의 중심적 의미를 '추측'으로 보고, 화자가 말하는 그때나 그 전후에 있었던 사태를 추측하여 말하는 서법소로 파악하였다.

있으리라. ('94:286)

(3) ㄱ. 철수가 그 애를 사랑하리라고는 꿈에도 생각 못했어.
    ㄴ. 아무래도 사람들은 납득하지 못하리라 생각되었다. ('95:62)

(1ㄱ)의 {-으리다}는 화자 자신의 그렇게 할 뜻(의지)을 나타내고 있어서 청자에게는 일종의 약속 발화로 볼 수 있다. 그런데 (1ㄴ)의 추측 표현은 연로(年老)하신 분들에게나 그 용법이 확인될 뿐 현대 국어에서는 거의 쓰이지 않고 있다. 이는 (2)처럼 구어에서의 {-으리라}나 (3)처럼 내포문 구성의 발화에 주로 쓰일 따름이다. {리}와 관련된 또 다른 추측 표현은 {-(으)려니}에서 찾아볼 수 있다. 물론 이 역시 단문에서의 용법은 사전에 등재되어 있을 뿐이며, 다음 예문처럼 내포문 구성 방식에 흔히 보인다.75)

(4) ㄱ. 난 진희가 집에 있으려니 생각하고 찾아갔어.
    ㄴ. 교문을 빠져나가는 담임선생의 허둥대는 걸음을 반애들이 보았
       으므로 세 시간째는 으레 자습이려니 했으나,… ('83:233)

{-(으)려니}는 어떤 사실을 혼자 속으로만 추측하여 인정할 때 쓰인다. 이는 형태론적 구성 방식에서 {-겠거니}처럼 {-어(거)니}가 결합하고 있을 뿐, 그 의미기능이 {겠}과 {-ㄹ 것이다} 가운데 어느 것과 유사한지 따져볼 필요가 있다.
  4.1.2.3 현대 국어 {리}의 의미 기능은 {겠}과 {-ㄹ 것이다}와 밀접한 관련이 있을 것이다. 왜냐하면 통시적으로 {겠}이 {으리}의 기능이 약화된 자리를 보완하였거나, {-ㄹ 것이다}와의 형태적

---

75) {(으)려니}는 '(으)리＋어 ＋니'로 재분석되며, {(으)려니와}, {(으)런마는}처럼 추정 방임형이나 그 외에 다양한 어미 결합체로 실현된다. 특히 {-려}에 각각의 어미들이 통합되면 '의도·추측'의 의미가 희석되지만, 그 의미는 여전히 살아 있다고 볼 수 있다. 이에 대한 고구는 高永根(1965, 1978) 참조.

인 관련성 때문이다.76) 우선 '짐작'의 {겠}으로 쓰인 {리}의 용법을 추적해보기로 하자.

19세기초에는 {리}가 짐작의 {겠}이 쓰일 상황에 사용되었던 듯하다. 高永根(1965:76~77)에서의 예를 재인용하기로 하자.

(5) ㄱ. "말좀 나직나직하게. 길순이 들으리." (李人稙, 「鬼의聲」)

　　ㄴ. "이렇게 전신이 흙투성이야요. 고운 옷에 흙 묻으리다." (李光洙, 「無情」)

　　ㄷ. "병구원하다가 먼저 돌아가리다." (廉想涉, 「三代」)

(5)의 ㄱ, ㄴ은 현재 사태에 대한 추측으로 상대방에게 경계하라는 뜻도 내포되어 있다.77) 이는 방언형의 {-ㄹ라}, 현대 국어의 {겠}으로 대체할 수 있다. 현대 국어의 {리}는 다음 예문처럼 짐작 표상에 사용되어 {겠}과 유사한 의미 기능을 수행한다.

(6) ㄱ. 두꺼운 커튼이 드리워져 있어서 잘 알 수 없으나 어느덧 저녁이 가까워져 가고 있으리라 어림쳐 헤아려졌다. ('92:232)

　　ㄴ. "둘 다 죽었으리라는 것밖에 짐작할 수 있는 게 없구려. 순간적인 죽음이 아니라 긴 죽음일테니 그 과정을 어떻게 상상할 수 있겠소?" ('92:315)

　　ㄷ. 다리 건너 횟집에서 오는 길이리라 짐작되었다. ('94:364)

(6)의 내포된 {리라}의 문맥 의미는 모문 술어를 통해 '짐작'임

―――――――――――――

76) 李承旭(1973)에서는 {겠}이 {리}의 의미변질을 보완하기 위해 등장하였으며, 허웅(1982)에서도 18세기의 {리}의 형태 손상으로 '미정'의 {겠}이 출현하였다고 보았다. 이에 대한 반론으로 이기갑(1987)에서는 {겠}이 {리}의 기능 약화에 대한 보완책으로 출현한 것이 아니라, '-게 ᄒ엿-'과의 기능 충돌 때문에 그 지위가 약화된 것으로 보았다.

77) 종결어미로 쓰인 {리}는 '警戒'의 뜻을 지니며, 느낌의 뜻을 나타내기도 한다. 사태에 대한 염려나 경계법(警戒法)의 {-(으)ㄹ라}는 高永根 (1976) 참조.

을 유추할 수 있다. 이러한 짐작은 화자의 느낌이나 직관에 의해 사태를 헤아리게 된다. 다음 예들은 이러한 인식 기제의 특성을 잘 보여준다.

   (7) ㄱ. 아마도 누군가가 나타난 것이 몹시 반가운 나머지 웃는 것이 **리라**. 하는 느낌을 받은 인애는 자신의… ('89:201)
      ㄴ. 저는 그들을 묶고있는 어떤 힘으로부터 벗어나지 않으면 참사가 일어나리라는 것을 순간적으로 깨달았습니다. ('93:266)
      ㄷ. 시선이 갔던 것은 아마 그녀가 쓴 모자 때문이었을 터였다. 그것을 봄으로 해서 비로소 나는 금영이 삭발했으리라는 것을 깨닫고 있었던 것이다. ('94:279)

   (7)은 발화시 경험에 따르는 순간적인 느낌이나 자각(自覺) 경험을 통한 사태 파악을 서술하고 있다. 이런 개괄적인 사태 파악은 '짐작'의 의미 기능과 동일하며 {겠}으로 약화된 {리}의 기능이 현대 국어 문어에 아직 살아 있음을 입증하는 예이기도 하다. 또한 {겠}이 지니고 있는 '결과 짐작'의 의미 기능을 {리}가 지니고 있지만, 문어가 지니고 있는 특성만으로는 다음 예와 같이 {겠}, {-ㄹ 것이다}와의 유사성을 비교·검증하기 어렵다.

   (8) ㄱ. 벽의 한 면에 둔중하게 자리잡은 피아노의 건반이 희끄무레하게 눈에 들어 왔다. 서둘러 나갔다는 표시리라. ('80:210)
      ㄴ. 그녀가 끼고 있는 붉은 고무장갑이 문둥이의 곯아 문드러진 손처럼 흉칙하게 보인다. 아내는 아마 그때까지 어머니의 오줌 걸레를 빨고 있었던 참이리라. ('88:35)
      ㄷ. 노력의 부족보다는 재능이 미치지 못한 때문이리라. 영혜의 바이올린 솜씨는 보기에도 시원찮아 보였다. ('92:264)

   (8)은 화자의 지각 경험 사실로 미루어 사태를 파악하고 있어 {겠}의 '미룸 짐작'의 기능과 유사하다. 그런데 {-리라}가 사태를

직접 심리 표상화하지 않고 '표시', '참', '때문' 등의 보문명사로 이룩된 명사문을 대상 명제로 취하고 있다. 이는 {리}의 동요에 따른 결과로 보여지며 현대 국어의 {-리라}는 {-ㄹ 것이다}처럼 '추측'을 핵심 의미로 지니고 있음을 반증한다.

4.1.2.4 {리}의 '추측'의 의미는 내포문 술어로 '생각하다' 류의 동사들이 주로 사용되는 점으로 미루어 알 수 있다. 특히 다음 예처럼 {리라}가 '추측하다'를 상위문 술어로 취하는 예가 많다.

(9) ㄱ. 내가 갑자기 그녀의 목을 누르기 시작한 것은 그녀가 하고 있는 말들이 모두 함께 살고 있는 놈팡이의 입에서 나온 것이리라는 추측 때문이었다. ('83:281)

ㄴ. 그가 다시는 오지 않으리라고 생각되자 나는 알 수 없는 허전함을 맛보았다. 그러나 그가 다시는 오지 않으리라는 추측은 빗나갔다. ('95:88)

(10) ㄱ. 젖가슴이 커서 먹고사는 데 도움되는 여자의 삶이란 그리 순탄치만은 않으리라는 것을 유추해볼 수 있다. ('94:97)

ㄴ. 어머니가 나를 낳음으로써 우리가 만났던 것이라면, 나는 그에 버금가는 것으로써만 헤어짐을 공고히 할 수 있으리라는 논리가 가능했다. ('95:78)

서술자는 {-리라} 내포문 명제를 추측이나 유추, 혹은 추리 과정에 따른 논리 명제로 보고 있다. 이로써 {리}의 의미 기능이 추측의 {-ㄹ 것이다}와 유사함을 알 수 있다.[78] 아울러 {-리라} 내

---

78) {(으)리}는 종결어미로도 쓰이지만 {다/라}에 선행하는 선어말어미로서의 기능도 아울러 수행하는 양면적 특성이 있다. 이러한 {(으)리}를 정원수(1992)에서는 중세국어의 동명사형 어미 {을}과 관련하여 '{을}+이(의존명사)+이(계사)+다'로 재분석하기도 하였다. 이러한 결과는 {-ㄹ 것이다}와의 형태론적 관련은 물론 의미 관 련성으로 이어질 것이다.

포문은 {-ㄹ 것이다}처럼 모문 술어로 주로 '믿다', '생각하다', '판단하다' 등의 다양한 인지동사를 취할 수 있다.

(11) ㄱ. "그게 주술거요. 거기 가면 틀림없이 그년을 만날 수 있으리라고 믿는데." ('79:194)
　　　ㄴ. 문득 내가 그 여자에게 결혼신청을 해 볼 수도 있다는 아주 간단한 사실을 깨달았다. 그러자 그 여자가 승낙하리라는 확신이 들었다. ('77:23)
　　　ㄷ. 세상 온갖 망나니를 동원하여 치도곤을 쳐서 죽여도 그런 여자는 할 말이 없으리라는 걸 믿어 의심치 않는다 ('94:82)

(12) ㄱ. 그는 옥조를 데려옴으로 해서, 문자를 영원히 자기 곁에 붙잡아 둘 수 있으리라고 계산했다. ('83:14)
　　　ㄴ. 저는 대답하지 않았습니다. 그것을 말하는 것보다 하지 않는 쪽이 좋으리라는 생각이 들었습니다. ('89:39)
　　　ㄷ. 물론 그때는 그 중년의 여인이 신부이리라고는 꿈에도 생각 못했다. 신부쪽 손님인가보다 하며… ('89:114)

(13) ㄱ. 대문이 잠겨 있으리라는 예상은 이미 한 것이었다. ('95: 81)
　　　ㄴ. 그는 한 다발의 마분지 박스들을 펼쳐 자리를 골랐다. 다소나마 냉기를 차단해 주리라고 기대하면서. ('86:80)
　　　ㄷ. 솔직히 말하자면, 그 정도는 그다지 위험한 일은 아니리라는 나름대로의 판단이 있었다. ('88:71)
　　　ㄹ. 수술로써 그가 회복되리라는 가능성에 한 가닥 기대마저 무너짐을 어쩔 수가 없었다. ('90:63)

　(11)은 {-리라} 내포문이 불확실한 사태에 대한 화자의 믿음을 표상하고 있다. 이러한 확실성 여부에 대한 표상이나 (12)처럼 사고 행위로써 사태의 가능성을 판단하는 예들은 {-리라}의 핵심 의미가 '추측'임을 나타내고 있다. 아울러 {-리라}가 상위 서술어로 '예상', '기대', '판단', '가능성' 등을 취하는 점도 {-ㄹ 것이다}와 유

사하여 서로 대체하여도 문맥상 뜻이 크게 달라지지 않는다. 이러한 사실은 단문에서의 {-리라}에서도 확인할 수 있다.

(14) ㄱ. 내가 처음 보는 송도는 아름다웠다. 아마 서울은 더 아름다우리라. ('80:235)
ㄴ. 차에는 분명 낯익은 얼굴들이 몇 있었지만 그쪽에서는 나를 알아보지 못했다. 20년이 넘는 세월 탓이리라. ('83: 282)
ㄷ. 지금쯤 차바퀴가 길을 벗어났을지도 모른다. 이제 그는 물의 힘에 밀려 차 문을 열 수조차 없으리라. ('95:180)

(15) ㄱ. 장준구의 말은 무엇이었을까? 부모가 나타나지 않으면 우리가 맡는 것이 어떻겠느냐는 내용이었으리라. ('90:118)
ㄴ. 아마도 그녀는, 조국, 또는 혈육과 사랑 사이에서 망설임 없이 사랑을 택한 최초의 여자였으리라. ('94:314)

(16) ㄱ. 앞으로 서너 시간 수은주는 계속 곤두박질하리라. ('86: 80)
ㄴ. 강촌을 지났으니 남춘천역에서 내리리라. ('94:286)
ㄷ. 그런 기약 없는, 확신 없는 말을 전하기 위해 전화를 걸리라. 모든 것이 아주 쉽게 이루어지리라. ('94:39)

이상은 발화 내·외적 사태에 관한 추측 표현들로써 단언의 효과를 지니고 있다. (14)는 발화 현장에 밀접히 관련 있는 사태를, (15)은 과거 사태를, (16)는 미연의 사태를 각각 추측 표현하고 있다. 이처럼 {-리라}에 의한 추측 표현은 지속적인 미완료의 상적 특성으로 가능 사태에 대한 확신을 표명하고 있다.

{-리라}는 화자의 논리적 설득력을 강화하기 위해 전제 사실을 근거로 채택하기도 한다. (14ㄱ)에서는 평가적 경험 명제인 '송도가 아름다웠다'와 '서울은 송도보다 크다(아름답다)'라는 발화 외적 지식을 전제로 비교를 통한 논리 과정이 내재되어 있다. 이러한 논리의 수행자는 화자이며 전제 또한 경험에 근거를 둔 인과론적

인 사실이 아닌 상정된 필연적인 가정 명제로써 심리에 의존하고 있다. 이러한 형식적 추리는 확실한 지식에 이르게 하지만 확실성 또한 논리에 바탕을 둔 화자 혼자만의 것이다. 특히 (14ㄷ)에서의 {-리라}는 선행 추측 사실을 전제하고 있으며 가상 전제에 바탕을 둔 일련의 사유는 연상·상상의 세계로 이어진다. 이런 {-리라}의 사유 세계에 대한 표상은 유사 표현 형식인 {-ㄹ 것이다}, {-ㄹ지도 모른다} 등과 어울려 서술되기도 한다.

> (17) ㄱ. 평생을 기차의 실내에 살아서 안 될 것도 없으리라. 적당히 풍족한 목이와 알맞은 온도가 유지될 테고, 어쩌다 비슷한 운명을 지닌 이성 파리를 만나면 한번쯤 생식을 시도할 수도 있을 것이다. ('91:219)
>
> ㄴ. 한 사람의 생애에 사십오 년이란 무엇일까… 아프리카에 가서 사랑의 의술을 펼칠 수도 있었으리라. 무인도의 로빈슨크루소도, 광야의 선지자도 될 수 있었으리라. 피는 꽃과 지는 잎의 섭리를 노래하는 근사한 한 권의 책을 쓸 수도 있었을 테고 맨발로 춤추는 풀밭의 무희도 될 수 있었으리라… 환생과 윤회에 대한 책을 쓸 수도 있었을 것이다. 납과 쇠를 금으로 만드는 연금술사도 될 수 있었고 밤하늘에 별을 보고 나의 가야 할 바를 알았을는지도 모른다. ('94:361)

이상 서술자는 자유롭게 허구의 가능 세계를 표상하며, 이러한 연상·상상력은 추리력과 밀접한 관련이 있다. 물론 이러한 자유 연상(free association)은 아무런 제약이 없기 때문에 옳고 그름을 가름할 수 있는 기준이나 규칙이 없다는 점에서 추리와 구별되기도 한다.[79]

---

79) 추리에는 보편성·객관성이나 논리적인 필연성이 개입되지만, 연상력이나 상상력에는 일정한 규칙체계가 없어 시·공간의 제약을 받지 않는다. 또한 추리가 진위 판단이라는 생각의 단위를 통해 이룩되는데 비해 연상은 아무런 제약을 받지 않는다. 상상은 어떤 문제 해결을

4.1.2.5 이상으로 {리}와 현대 국어에 사용되는 {-리라}의 의미 기능을 {겠}과 {-ㄹ 것이다}와 비교하여 살펴보았다. 이를 요약하면 다음과 같다.

첫째, {리}는 제한된 일부 환경에서 추측 양태소로 기능하는데, 연로하신 분들의 발화나 문어에서 그 용법이 확인될 뿐이다. 특히 {리}는 다른 어미들과의 구성체인 {-려니}, {-련마는}, {-려니와}, {-렷} 등으로 명맥을 유지할 정도로 동요가 심한 편이다.

둘째, {리}는 짐작 표현에도 사용되어 {겠}과 대체할 수 있다. 그러나 이는 매우 한정된 용법일 뿐 핵심 의미는 '추측'이라고 볼 수 있다. 이는 {리}가 '짐작'과 '추측'의 두 의미 기능을 수행하였지만, {겠}이 {리}의 의미 영역을 대신하여 '추측'으로 자연스럽게 전이된 것으로 보인다.

셋째, {리}는 {-리라} 단문이나 내포문 구성에서 사태에 대한 확실성 여부를 표상하는 사유 양태의 '추측'으로 해석되었다. 특히 {-리라}는 {-고}와 통합하여 내포문을 형성하는데, 모문 술어로 주로 '생각하다'와 '믿다' 계열이 생산적으로 사용되었다. 이는 {-ㄹ 것이다}로 대체하여도 문맥 의미가 크게 변화하지 않았다. 이러한 의미 관련성은 추리 행위에 바탕을 둔 자유로운 연상이나 상상 표현에서도 더불어 쓰임으로써 확인할 수 있었다.

4.2 제2유형

제2유형은 '관형형 어미＋(의존)명사＋서술격 조사'가 통합된 방식으로 양태어미적 기능을 수행하는 형식을 말한다. 여기에는 언급한 대로 {-ㄹ 것이다}, {-ㄹ 터이다}, {-(ㄴ/ㄹ) 모양이다}가

위한 새로운 생각을 찾아내는 목적 의식에서 출발하며 추리와 연상 작용이 관여하게 된다. 인간의 사고 능력(기억력, 추리력, 연상력, 상상력, 직관력)에 대해서는 소홍렬(1979:33~50) 참조.

있다.80) 이들 세 형식 가운데 {것}, {터}는 역사적으로 의존 명사에서 어미로의 문법화 과정을 겪은 것이라고 볼 수 있다.81) 이는 {것}의 변이형인 {거}라든가 문어에만 잔존해 있는 {-ㄹ 터이다} 구문에서 동요되거나 변화한 모습을 살펴볼 수 있다. 이와는 달리 {모양}은 실질적인 어휘 의미를 어느 정도 유지한 채 '짐작'의 의미를 지닌 특이한 형식이라고 볼 수 있다.

이들 세 형식을 한 유형으로 보고자 한 까닭은 이들이 'A는 B이다'라는 언급 대상성(aboutness)이 강한 정언문(定言文)에서 재구조화되어 양태 기능을 수행하는 동일한 구문 구조를 취하고 있기 때문이다. 즉 이들은 'A는 B이다'에서 A 대신에 '상황', '사정', '형편' 등의 주어나 주제 성분이 공범주화되어 외현되지 않으며, B 대신에 {것} 등에 의해 실체화되는 명제 대상이 이입된 통사 구조를 지니고 있다.82)

이 절에서는 이 유형이 지닌 공유 의미 기능을 바탕으로 세 형식의 변별적 양태 의미를 파악하고자 한다. 이를 위해서는 세 구성 요소가 재구조화되어 하나의 어미처럼 양태 의미를 구축하지만, 이들을 재분석하여 개별 구성요소의 특성을 검토하는 방법을 채택하기로 한다. 이러한 접근 태도는 개별 형식의 의미 차이가 구성 요소인 {것}, {터}, {모양}에 의해 분화되리라는 믿음 때문이다.

---

80) 본고에서는 {-(으)ㄹ 것이-}를 {-ㄹ 것이다}로, {-(으)ㄹ 터이-}, {-ㄹ 터이다}로, {-(으)ㄴ/-ㄹ 모양이-}를 {-(ㄴ/ㄹ) 모양이다}로 편의상 약칭하여 쓰기로 한다.
81) 高永根(1970)에서는 {것}, {터} 등이 주로 후행 형식과, 드물게는 선·후행 형식과 융합되어 의존 명사로서의 의미는 완전히 상실하고 어간에 접미되어서 어미와 같은 직능을 발휘한다고 보았다.
82) {-ㄹ 것(모양, 터)이다} 등을 명사문으로 본 연구는 南基心(1991) 참조. 통사적 공범주 문제는 任洪彬(1985), 차현실(1983, 1986), 신선경(1993) 등 참조.

4.2.1 {-ㄹ 것이다}

4.2.1.1 현대 국어의 대표적인 추측 표상소인 {-ㄹ 것이다}는 文語뿐만 아니라, 口語에서도 축약형으로써 매우 생산적으로 사용된다.[83] 구체적인 논의에 앞서 본 고의 2,3장에서 밝혀진 {-ㄹ 것이다}의 의미 기능을 개괄하기로 하자.

> (가) {-ㄹ 것이다}는 추측 표상소로서, 추측이 지니고 있는 개념에 부합된다. 이는 이성적 추론을 통한 논리적 판단이나 불확실한 믿음의 양상에 관여하는 점, 단독적 장면의 언술 상황에 적절히 쓰이는 점, 근거 특성 등에서 확인할 수 있었다.
> (나) {-ㄹ 것이다}의 주관화 특성은 불확실한 가능 명제를 사유 대상화하므로 일단 주관적이다. 반면 논리적 판단 과정인 추리를 통해 확실성을 추구하므로 인식 방법은 객관적이라고 볼 수 있다.
> (다) {-ㄹ 것이다}는 확실성과 관련된 단언의 효과를 지닐 수 있다. 이로써 주장의 발화내적 행위를 수행하기도 한다.

기존 연구에서는 {-ㄹ 것이다}를 주로 {겠}과의 비교하여 '추측'의 하위 의미를 탐색하는 데에만 논의가 집중되었다. 이로써 독자적인 기능이 잘 파악되지 않았음은 물론, 동일 유형에 속해 있는 개별 형식들과의 비교에도 소홀히 한 듯하다.

서정수(1978)에서는 {-ㄹ 것이다}를 '미연', '추정'. '의도', '지령' 등의 의미를 나타내는 것으로 설명한 바 있으며 대부분의 논의에서도 이와 유사한 의미 기능을 부여한 바 있다. 최근엔 {-ㄹ 것이다}를 {겠}과의 대비되는 기능을 조망하는 데만 그치지 않고 의존 명사 {것}이나 {것이다} 구문의 특성을 통해 {-ㄹ 것이다}의

---

83) {-ㄹ 것이-}의 축약형으로 {-ㄹ거-} 의도 표현에서는 다소의 차이가 있겠지만, 추측으로 쓰일 때에는 동일하다고 보아 이 글에서는 일단 같은 형으로 다루고자 한다.

정체를 구명하고자 하였다. 이러한 접근 태도는 비록 {-ㄹ 것이다}가 하나의 통합 어미체로 기능하지만, 재구조화되기 이전의 구성 요소들의 어휘 의미가 이와 상관 있을 것이라는 전제 아래 시도된 것이다. 따라서 이 논의에서도 {-ㄹ 것이다}가 어떠한 인지 과정(개념화)로 '추측'의 의미를 획득하는지에 일차적 관심을 둔다. 아울러 {-ㄹ 것이다}의 양태 기능과 담화·화용적 의미를 파악하는 순으로 논의를 진행할까 한다.

4.2.1.2 {-ㄹ 것이다}가 지닌 '추측'의 의미는 {-ㄹ}에서 비롯되었다고 볼 수 있다. 이는 동일한 구성 방식을 취하고 있지만 {-ㄴ}으로 대체된 {-ㄴ 것이다}와의 기능 차이에도 쉽게 드러난다.

(1) ㄱ. 이 사과는 경희가 깎{은. 을} 것이다.
    ㄴ. 어린이는 내일의 주인공{인. 일} 것이다.

(1ㄱ)은 {것}의 기능에 따라 중의적으로 해석할 수 있다. 우선 {것}이 앞의 명사인 '사과'를 대용하게 되면 이는 'A는 B이다'의 구조를 지닌 동일화 구문이다. 그러나 {것}이 문장 내의 사물을 지시하지 않을 때에는 다양한 해석이 나올 수 있다. 우선 정언문(定言文)에서의 {-ㄴ}과 {-ㄹ}은 사건에서의 기연 : 미연, 인식 양상에서의 기정상 : 미정상으로 대응된다.84) 그러나 (1ㄱ)의 {것}은 화맥에 따라 문장 내의 한 요소를 지칭하지 않고 관형절 성분의 문장 전체를 사실화하기도 한다.85) 이러한 해석 절차에 따라

---

84) 沈在箕(1982)에서는 관형사형 어미의 체계를 {-ㄴ}과 {-ㄹ}의 대립으로 파악, 그 의미를 인식 양상의 관점에서 논의한 바 있다. 이에 따르면, {-ㄴ}은 인식 양상의 決定相([＋決定性])과 時相의 〔＋完了性]으로, {-ㄹ}은 未定相([－決定性])과 時相의 〔－完了性]으로 보았다. 아울러 徐泰龍(1980)의 〔±確實性], 安明哲(1983)의 〔±確信]도 같은 논지로 이해된다.

85) 任洪彬(1970)에서는 {것}이 '일'이나 '물건', '사실'의 의미를 지닌다고 보았다. 이 가운데 전자적인 해석의 {것}은 '事', '物'로, 후자에

{-ㄹ 것이다}는 실제하지는 않지만 심리적인 실체성을 인정하는 '추측'으로 전이된다. 물론 하나의 구문이 중의적으로 해석되는 데에는 기저 구조가 다를 개연성이 높다 하겠다.[86] (1ㄴ)의 {것이다} 구문도 {것}과 {-이다}가 하나의 성분으로 결합하여 양태성을 나타내고 있다.

이러한 {것이다}가 지닌 양태 의미를 고영근(1986:395)에서는 '강조', 즉 '주장의 확실성'을 표시하는 것으로 보았다. 이러한 주장의 확실성은 주로 규범적인 사실이나 마땅히 지켜야 할 일을 서술하는 데 흔히 사용된다.

(2) ㄱ. '작문(作文)'은 글자 그대로 글을 짓는 것이다.
ㄴ. 중요한 것은 우리가 지금 서로 사랑한다는 것이다.
ㄷ. 운전하는데 무리하게 끼어들기를 하면 안되는 것입니다.

{-ㄴ 것이다}가 개념 규정이나 사실 자체를 말할 때에는 체언화 과정을 통해 실체화하여야 한다. 이때 선행 서술어가 {이다}, {있다}가 아닌 일반 동사가 나오면, 꼴바꿈했을 때에도 {것이다}가 필수적 요소로 기능한다. (2ㄷ)의 마땅히 지켜야 할 일에 대한 서술은 '무리하게 끼어들면 안 된다'로 꼴바꿈할 수 있다. 이때에도 {것이다}는 단순 사실을 객관적으로 기술하는 데 그치지 않고 명제화 과정을 통해 객관적인 사실을 주관 세계로 투영화하는 기능

___

서는 '사실'과 일치한다. 강범모(1983)에서는 〔사실성〕, 〔명제성〕, 〔실현성〕 등에 있어서 중립적인 특징을 드러내는 의존 명사로 보았다.
86) 기존 연구에서의 {것이다} 구문이 지닌 중의성은 두 가지 관점에서 논의되었다고 볼 수 있다. 하나는 {것이다}가 명사문으로서 의존 명사 {것}의 어휘성을 인정하는 입장이며(南基心:1992)이며, 또 하나는 {것이다} 구문의 구조적 차이-공범주 주어-에 따라 {것}을 하나의 문법적 형식소로 취급하는 입장이다(이맹성:1968, 이홍배:1970). 최근 임동훈(1991)의 범주 의존적 연계(Categorial Dependency Link) 개념에 따른 조건, 신선경(1993)의 '외현적 주제 조건'은 후자적 입장에서 {것이다} 구문의 구조적 차이를 설명한 것이다.

을 수행한다. 이러한 {것이다}의 특성은 {-ㄹ} 뒤에도 동일하게 기능하겠지만 선행 관형화소에 따라 의미가 분화될 것이다.[87]

　이 유형의 공통적인 요소인 {이다}의 전형적인 구문 유형은 'A(N_1)이 B(N_2)이다'이다. 이는 의미적으로 두 개의 명사구를 동일성(identy)으로 확정해 주거나 속성(attributive) 관계를 나타내 준다.[88] 여기에서는 이러한 두 개의 명사구 연관 관계가 이 유형에서는 어떠한 관계 의미로 확대되는지를 살펴보기로 하자.

　　(3) ㄱ. 은하수가 미리내이다.
　　　　ㄴ. 영수가 {대학생. 사장. 심판. 동생. 총각…}이다.

　　(4) ㄱ. 친구가 {여럿. 문제. 엄살. 생명. 밥…}이다.
　　　　ㄴ. 컴퓨터가 {플라스틱. 신형. 고장. 최고. 엉망. 깡통…}이다.

　(3)은 N_1과 N_2가 의미적 동일성을 띠고 있어 공지표적인 관계를 지니거나, N_1이 N_2의 한 성분이 되는 속성 관계를 나타내고 있다. 그러나 이러한 구체적 사물을 지시하는 명사들만이 {이다} 구문의 명사구로 실현되는 것이 아니라, (4)처럼 사물의 형태나 방식·속성·은유 등의 추상적 개념의 명사들도 실현될 수 있다. 이는 N_2명사구는 N_1명사구에 대하여 설명적 관계를 갖는다. 즉 (4ㄱ)은 '친구가 여러 명이 있다, 문제가 된다, 엄살을 부린다. 친구를 생명처럼 여긴다, 밥처럼 여기거나 이용한다' 등으로 해석할 수 있다.[89] (4ㄴ)도 재료, 종류, 속성, 평가 등의 선택적 특성들

---

87) 김차균(1980:376)에서는 {-ㄹ}을 미정으로 파악하고, 어휘적인 의미에 중립적인 {것}과 {이-}가 다른 의미가 없혀 들어오는 것을 막는 기능을 한다고 보았다. 필자는 {것이다}의 기능을 양태적 서술 태도를 견지하는 기능까지 수행하는 것으로 보고자 한다.
88) {이다} 구문에 대한 두 명사구의 선택적 제약에 따른 동일·외연 관계는 南基心(1969, 1986), 신선경(1993) 참조.
89) 南基心(1986:380)에서는 {-이다} 구문을 분류문이라 칭하고, 다른

은 다른 문장으로 전이(translation)된다. 이는 {이다}가 이들 명사들이 지닌 의미 특성을 서술해주는 의존적 속성을 지닌다고 볼수가 있다. 이러한 사물과의 관계에서의 {이다}의 전이적 특성은 사태에 대해서는 그 사태의 속성을 아우르는 의존 명사들의 도움을 받는다. 이 가운데 선·후행 요소로 {-ㄹ 것이다}처럼 {-ㄹ}과 {이다}와 결합하는 의존 명사만을 보면,

(5) ㄱ. 그 시간은 집에서 막 저녁을 먹을 {즈음, 무렵, 참…}이었다.
　　ㄴ. 나는 어머님을 편히 모시려고 노력할 {뿐, 따름}이다.
　　ㄷ. 부자가 되는 것도 그 사람 할 나름이다.
　　ㄹ. 기뻐서 가슴이 터질 지경이다.
　　ㅁ. 밤엔 일하고 낮엔 종일 자야 하니 이 짓도 못할 노릇이다.

　(5)의 의존 명사는 선행하는 사태의 '상황, 형편, 처지'를 나타내거나, 이에 대한 전이된 의미를 나타낸다. (5ㄱ)은 시간적인 상황·처지를, (ㄴ)은 유일성을 강조하지만 선행 사태의 형편·처지를 한정하는 기능도 수행한다. (ㄷ)의 '나름'은 '됨됨이나 하기에 달림'으로 '어찌할 행위의 정도 차이'를 나타낸다. (ㄹ)의 '지경'은 '극단적인 상황이나 처지', (ㅁ)의 '노릇'은 좋지 않은 상황이나 처지를 강조하는 화맥에 쓰인다. 이상의 의존 명사들은 구체적인 상황·처지를 나타내어 사태를 확정 지시하고 있다. 이러한 특성이 {-ㄹ 것이다}처럼 '추측'의 의미로 전이하는 방해 요소가 된다. 그러나 {것}은 지시적 불투명성과 함께 대상에 대한 불확실한 인식을 비확정 지시체로 실체성을 부여할 수 있어 매우 효과적이다.
　이상 {-ㄹ 것이다}의 구성 요소가 지닌 의미 기능을 살펴보았는데, 이를 요약하면 다음과 같다.
　첫째, {-ㄹ}은 사태 인식 양상에서의 '미정상[-결정성]'이나 '불

구문으로 변형되면 비분류 {-이다} 문장으로, 은유적 표현의 {-이다}를 유사 분류문(類似分類文)으로 구별한 바 있다.

확실성'을 표상하는 요소로 기능한다. 이는 '추측'이 지닌 인식의 바탕이 된다.

둘째, {것이다}의 {것}은 '지시적 불투명성'을 지니고 있으며, {이다}와 밀접히 통합되어 어미로서 선행절 사태를 비확정 지시체로 실체화한다. 아울러 {것이다} 구문은 사태에 대한 사실임을 강조하거나 '확실성'을 나타내는 양태성을 갖는다.

셋째, {-ㄹ 것이다}는 'A(N₁)가 B(N₂)이다'의 구조에서 {것이다}의 주어가 공범주화한 구조를 지니고 있다. 이상의 특성으로 '추측'의 양태 의미를 지닌 {-ㄹ 것이다}의 실제 용법을 구체적으로 살펴보기로 하자.

4.2.1.3 우리는 제2장(도식 4 참조)에서 '추측'이 실재하지 않는 사유 명제를 상정(想定)하여 논리적으로 판단하는 것이라고 규정한 바 있다.[90] 이에 따라 '추측'의 추리 과정에는 의식적인 전제 명제가 근거로 기능함도 아울러 입증하였다. 이러한 '추측'의 특성은 {-ㄹ 것이다} 구문에 그대로 적용될 것이다. 우선 근거가 되는 조건적 가정·전제 사실은 다양한 접속어미들에 의해 실현된다. 이 가운데 {-면}으로 이룩되는 반사실적 가정이 논리적 근거로 기능하는 경우가 많다. 이에 대한 실제 예문을 보면 다음과 같다.[91]

   (6) ㄱ. 죽은 사람만이 땅 밑에서 살아야 하는 법인 것이다. 사자가 땅
        위 를 걸어다닌다면 다들 놀라 자빠질 것이다. ('77:48)
      ㄴ. "이곳에서 꼼짝하지 못하면 우린 죽을 거야. 새벽이 오면 기온
        이 내려갈 거야. 시동이 걸리지 않으면 히터도 나오지 않아.

---

90) 상정(想定)이란 "어떤 정황을 가정적으로 생각하여 판정하는 일"을 말한다. 이는 "의안을 회의에 내놓는" 상정(上程)과 구별하여 사용한 개념임을 밝혀 둔다.

91) 金敏洙(1971)에서는 '가정(假定)'을 어떤 현상의 추정에 대한 잠정적인 가설이 되는 조건으로, 전제(前提)를 어떤 현상의 귀결에 대한 근거가 되는 조건으로 개념을 규정하고 있다. 따라서 추측에는 잠정 가설인 가정이 중요하게 작용하게 된다.

우린 얼어죽을 거야…" ('82:58)

ㄷ. 나는 새삼 김종구의 외양을 관찰하기 시작한다. 기억이 정확하
다면 이 남자는 지금 마흔이 훨씬 넘었을 것이다. ('92:45)

ㄹ. 실제로 그 머리가 바닷속에 들어갔다면 눈알이고 뭐고 해삼이
나 문어가 붙어 말끔히 빨아먹었을 것이다. 그리고 빈 해골 바
가지 속에는 새끼 문어가 웅크리고 단잠을 자고 있을지도 모른
다. 그럴 것이다. ('95:74)

이상의 예는 반사실적 가정을 전제로 사태가 사실이 될 수 있는
가능성을 알거나 믿는 추측 표현들이다. 이러한 추측 표현에는 논
리적인 추리 과정이 뒤따르게 마련이다. 이는 가언적(假言的) 판
단 형식인 '만약 A가 B라면 C가 D이다'라는 논리에서 도출된 것
으로 볼 수 있다. 이러한 {-면}으로 구문은 (6ㄴ)처럼 후행절 사
태의 실현 가능성에 대하여 확실한 믿음을 가질 수도 있고 그렇지
않은 추측 표상도 가능하다. 여기에서 화자는 가정을 전제로 사태
의 개연성을 판단하기도 하고 미지의 세계에 대해 사고나 지식의
영역을 확장하게 한다. 한편 이러한 {-면}은 발화 내적 사태만을
가정하지만, 발화 외적 사태까지 가정하는 가정법 어미로는 {-아
도}가 있다.92) {-ㄹ 것이다}는 이러한 가정 명제를 조건으로 가
능 사태를 표상하게 된다.

(7) ㄱ. 니가 놀지만 않았어도 난 별 걱정을 안 했을 거다. ('77:117)

ㄴ. 쉬지 않고 달린다고 해도 열 시간은 넘게 걸릴 것이다. 아니
다. 열 시간이라는 것은 막연한 추측일 뿐이다. ('82:7)

ㄷ. "구청에서 당집 허가를 내주었는지는 몰라도 안면방해를 하라
고는 허락하지 않았을 것이오." ('90:224)

---

92) 사건의 한정에 따라 가정의 유형을 {-면}, {-거든}, {-어야}의 '지정
가정'과, {-어도}, {-더라도}, {-ㄴ들}의 '개방 가정'으로 구분한 것은
윤평현(1991:321) 참조.

  이상 예들의 선행절은 반대 사실에 대한 가능성을 전제하고 있
다. 즉 '네가 놀고 있다', '쉬지 않고 달리기가 어렵다', '구청에서
허가를 내주지 않았을 것이다' 등의 사실을 전제로 가능 사태를 상
정(想定)하고 있다. 이러한 잠정적인 가정은 추정을 위한 전제로
기능하는데, {-면}, {-어도} 이외에 다른 언어 형식으로도 가능하
다.93) 한편 전제는 일반적으로 귀결의 근거가 되기 때문에 이유
(원인)의 접속어미가 전제적 사실로 선행절에 잘 사용되기도 한
다. 그 가운데 '따짐'의 논리를 지닌 {-니까}가 매우 활발하게 쓰이
며 다른 인과 관계의 접속 기제들도 사용될 수 있다.

(8) ㄱ. 어머니의 필적은 보통 것이 아니었다. 소학교 선생님이었다니,
       그런 좋은 글씨를 가질 수도 있었을 것이다. ('82:229)
    ㄴ. 어머니가 목욕탕으로 돌진해 들어간 것처럼 숙모도 목욕탕으로
       머리부터 들이밀며 들어갔을 것이다. 외출을 하려면 머리부터
       감는 건 우리 집 풍속만은 아닐 테니까. ('89:112)
    ㄷ. "식사나 하러 갑시다. 그래도 병원 밥이라고 전방보다는 좀 나
       을 거요. 매끼마다 계란에다 우유까지 나오니까요" ('92:137)
    ㄹ. "번역 한 번 해 봐라. 출판사가 튼튼하니까 원고료 넉넉히 나올
       게다." ('93:241)

---

93) 전제가 가정법 어미로 이루어지지는 않았지만 이에 준하는 표현 용례
   들도 흔히 보인다.

    a. 그는 이미 우리들의 이 나들이가 실패할 경우 책임이 자기에게 돌아갈
       것이라는 사실을 조금씩 두려워하고 있었다. ('77:193)
    b. 한 마리의 노예를 사기 위해 얼마나 많은 돈이 필요한가는 노예를 거느
       려 본 사람은 알 것이다 물론 선택 받은 사람들은 수십 마리의 노예들
       을 거느릴 수 있겠지. ('79:302)
    c. 나는 근심스럽게 물었다. "아니지. 만복씨가 약혼식에 나가지 않을 때
       일이 더 복잡해질 게요" 장현삼씨의 대답이었다. ('80:23)
    d. 머지 않아 곧 어둠이 덮칠 것이었다. 자칫 잘못하다가는 돌아가는 길에
       어둠을 만날 것이고, 그렇게 되면 나는 이 섬뜩한 기운이 감도는 산 속
       에서 길을 잃어 버리고 말게 될 것이 뻔했다. ('91:239)

(9) ㄱ. 고등학교 졸업반인 아들은… 과외를 받느라 밤이 늦어서야 올
        것이고, 딸은 오늘밤 돌아오지 않을 것이다. ('80:201)
    ㄴ. "그 사람은 비번이라서 관리실에 있을 것입니다." ('83:37)
    ㄷ. 술에 취했을 것이 분명했으므로 아마도 날이 밝을 무렵에야
        지쳐서 쓰러진 채 잠이 들었을 것이다. ('82:9)
    ㄹ. "처음엔 아주 예쁜 색깔이었을 거라고 생각되어졌습니다. 제법
        취해 있었기 때문에 무척 감상적이었을 겁니다." ('93:307)

(8)은 {-니까}에 의한 전제 사실을 근거로 가능성을 판단하고
있는 추측 표현이며, (9)는 다양한 이유의 접속 형식에 의한 추측
표현이다. 이러한 전제는 화자가 이미 알고 있는 경험 사실이나
발화 외적 지식들이다. 이를 정황 근거로 화자는 새로운 사실을
추리를 통해 개연적인 정보를 이끌어내고 있는 것이다. 이러한 근
거와 사실의 논리 관계가 미룸 짐작의 {겠}과 다른 점은 사실을
새로이 알아차리는데 있지 않고, 의식하고 있는 정보적 사실을 주
관적으로 인출하는 데에 초점을 둔다. 한편 이러한 의식적인 판단
과정에는 삼단 논법의 전제 사실이 내재되어 있다. 그 한 예를 보
면 (8ㄱ)에서 화자는 '어머니는 필적은 보통이 아니다', '어머니는
소학교 선생님이었다'라는 사실 정보를 바탕으로 어머니가 좋은 필
적을 가질 수 있었던 원인을 유추하고 있다. 이러한 유추적 사실
은 '소학교 선생님은 글씨를 잘 쓴다'라는 또 하나의 전제적 사실
을 바탕으로 하고 있다. 이러한 연역적인 간접 추리의 대표적 방
법인 삼단 논법(syllogism)에 의한 서술 방식은 다음의 실제 예에
서도 찾아볼 수 있다.

(10) ㄱ. "박씨 관리 지역에서 올해 잣이 스무 가마쯤 날 거요. 작년에
        맡았던 초소장이 열 여섯 가마 닷 말을 냈으니까 박씨처럼 철
        저한 양반이야 아마 모르긴 해도 스무 가마가 문제 아닐 거
        요. 그리고 인건비를 줄이기 위해서는 되도록 아녀자들을 쓰
        는 게 좋을 게요." ('79:43)

ㄴ. "진태엄마만한 효부도 드물거야. 어찌나 서럽게 우는지, 그러
   고 여지껏 곡기를 끊고 저렇게 누워 있으니." ('85:69)
ㄷ. "누군가로부터 얻어 입은 건지도 모른다고 생각한 파카 주머
   니 쪽에서 그 여자의 손톱에 낀 때와 거의 유사한 까만 얼룩
   을 발견 할 수 있었습니다. 그런 얼룩은 청바지의 곳곳에도
   묻어 있었습니다. 저는 곧 어떤 결론 하나를 내렸습니다. 이
   여자는 공단의 근로자일 것이다." ('93:311)

  (10ㄱ)에서 과거 사실 정보(작년 초소장의 실적)와 '박씨는 철저
하다'라는 화자의 전제적 판단은 결론적 사실을 이끌어내기 위한 전
제들로 기능하고 있다. 그런데 일반적으로 발화 외적 지식 전제는
구정보적 가치를 지녀 발화에 외현되지 않는 특성이 있다. (10ㄴ)
에서의 '효부는 상을 당하면 진실로 슬퍼한다'라든가, (10ㄷ)처럼
'공단 근로자가 지닌 일반적인 모습' 등은 결론 도출의 전제적 사
실로 내재되어 있다. 이러한 전제된 사실은 확인된 사실이 아닐
뿐더러 결론적 사실의 한 가능 징표에 불과하다. 따라서 화자는
참이 될 가능성을 믿고 발화하고 있는 것이다. 이러한 {-ㄹ 것이
다}의 판단 근거는 때로 확실하지 않은 가능 명제가 작용하기도
한다.

(11) ㄱ. "아버지가 왜 집에 안 오셔요?" 내 기억에는 누나가 그렇게
      물었던 것 같다. 어머니가 대답했을 것이다. "아버진 바쁘단
      다." "일본 순사가 무서워서 그런 거지?" 어리지만 영리한 누
      나가 어머니한테 그렇게 물었을 것이다. ('82:221)
   ㄴ. 지금 추선생의 나이가 서른 여닐곱쯤 될 것이라고 그는 생각
      했다. 장가는 갔을 것이고… ('83:133)
   ㄷ. "아마 연고자를 따로 찾을 순 없을 겝니다. 왕래하는 일가
      친척들이 있는 거 같지는 않았거든요." ('85:95)
   ㄹ. 여자도 조금 전에 나를 본 걸 기억하는 모양이었다. 하기야
      이런 시골에서는 낯선 사람을 구별하는 일이 그리 어려운 것

도 아닐 것이다. ('92:55)

위 예문들처럼 확실하지 않은 화자의 판단을 전제 근거로 하였을 때에는 결론 역시 불확실한 개연적 판단일 것은 당연하다. 이러한 불확실한 전제적 사실을 근거로 새로운 사실이 도출되는 추리 과정은 다음처럼 일련의 연상, 상상 작용을 일으키기도 한다.

(12) ㄱ. 어쨌거나 그건 소설이었으니까. 그렇지만, 그 별장은? 그리고 그 노인은? 왜 그런지 그것까지 꾸며냈으리라고는 생각되지 않았다. 모르긴 해도 그는 이곳을 잘 알고 있는 사람일 것이다. 어쩌면 이곳에서 태어나 오랫동안 살아왔는지도 모른다. 그리고 그는 최근에 이곳에 들러 평관산에 올랐을 것이고, 그 등산에서 특별한 경험을 했던 것이리라. 엉뚱하게도 깊은 산 속에 별장이 한 채 세워져 있었을 것이다…. 나는 이렇게 생각했다. ('91:235)

ㄴ. 낙원으로 들어가는 문의 열쇠를 우리에겐 주지 않을 것이다. 그들은 우리를 낙원 밖, 썩어가는 쓰레기더미 옆에 내동댕이쳐 둘 것이다. 그들은 냉·온방기를 단 승용차에 가족을 태우고 나가다 교외로 이어진 도로 옆에서 우리를 발견할 것이다. 「더럽기도 해라!」 그들의 부인이 말할 것이다. 「게으른 낙오자들!」 그들이 말할 것이다. 그들은 우리에게 일한 만큼 주지 않는 돈에 대해서는 생각하지 않을 것이다. ('78:297)

(12)는 화자의 추상적 사유 세계를 서술하고 있다. 이러한 일련의 사고는 연속되는 추리의 결과로 볼 수 있다. 추리 행위는 하나의 사실이거나 다른 하나의 사실을 관련시켜 생각하는 것을 말한다. 위 예문의 상상력에 의한 가능 세계의 표상 및 서술은 진위 판단으로서 선행 가정 명제와 필연적인 논리 관계를 지니고 있다. 이로써 단순히 심리적 필연성이 내재한 연상이라고 보기 어렵다.

이상 {-ㄹ 것이다}가 지닌 논리적 추리 과정을 근거 특성과 이에 대한 사실과의 관계를 통해 자세히 살펴보았다. 이제 {-ㄹ 것이다}가 '추측' 외에 다른 양태 기능을 지니고 있는지 살펴보기로 하자.

4.2.1.4 우리는 일상의 발화에서 추리 과정을 표면 언어에 다 드러내지 않고 결론적 사실만을 확실하지 않은 어조로 언술하는 경우가 많다. 이는 의식적 추리 과정을 상세히 서술하는 문어와는 달리 구어의 화자는 추리 행위 과정을 밝힐 만한 노력을 할 필요나 여유가 없기 때문이다. 이로써 {-ㄹ 것이다}의 양태 의미를 '불확실성', '개연적 판단'으로 보기도 했지만, 이러한 객관적 양태 의미에서도 추리 행위는 내재되어 있을 것이다. 여기에서는 이러한 양태가 지닌 양면적 특성을 살펴보기로 하자. 우선 추리 과정이 외현되어 있지 않고 단순히 사실일 가능성을 믿고 발화하는 예는 다음과 같다.

(13) ㄱ. 내가 사는 동과는 방향이 다소 어긋난 곳이긴 했지만, 그러나 도보로도 고작 이삼분 내의 거리일 것이다. ('78:227)

　　ㄴ. "마흔 셋입니다" "아버님이 우리 가르치실 때도 아마 지금의 송부장 비슷한 연세였을 거예요." ('89:407)

　　ㄷ. "여기가 몇 층이죠" "17이나 18층쯤 될 겁니다." ('90:319)

(14) ㄱ. 어느날 억세게 퍼먹어 대는 나를 물끄러미 바라보고 있던 장현삼씨가 혼자말처럼 중얼거렸다. "내게도 저렇게 식욕이 왕성한 때가 있었을 거야" ('80:19)

　　ㄴ. 누군가가 다투는 소리 같기도 했고, 비명 소리 같기도 했다. 창문을 보니 아직도 어둠이 짙게 깔려 있었다. 잘못들은 것인가 그럴 것이다. ('94:221)

　　ㄷ. 사람들은 그 괴물이…상어나 고래일 것이라는 둥, 그것보다 더 크고 육중한 바다구렁이일 것이라는 둥, 일제 때 폭격을 맞고 가라앉은 군함인지도 모른다는 둥 자기의 지식이나 경험을 들먹거려가면서 그 괴물의 정체에 대하여 말들을 하였다. ('83:122)

(13)는 확실하지 않은 사유 명제를 비교적 짧은 인지 시간에 개연적으로 판단하는 발화들이다. 이는 사태를 직관적으로 판단하는 짐작·추량(推量)과 유사한 발화 상황이라고 볼 수 있다. 물론 {-ㄹ 것이다}는 단순히 사태를 직감적으로 알아내는 짐작과는 다르다. 이는 사태에 대한 믿음이 내재된 개연 정보를 주관적으로 인출한다고 해석할 수 있다. 다만 이러한 정보 인출 과정이 순간적 발화 상황으로 외현되지 않을 뿐, 여기에도 무의식적인 추리가 내재해 있을 것이다. 아울러 (14)에서도 확실하지 않은 사태에 대한 개연적 판단이 다양하게 제시되어 있다. 이처럼 {-ㄹ 것이다}는 사태의 진위를 분명히 판단할 수 없는 '불확실성'을 지니고 있지만, 무의식적으로 사실일 가능성이 높은 정보를 인출할 때에도 사용된다. 이러한 사태에 대한 믿음의 태도는 다음 예에 잘 드러나 있다.

(15) ㄱ. 결혼을 안 한 여자이니까 처녀일 것은 당연했다. ('77:24)
　　 ㄴ. 틀림없이 마개가 천장의 반자를 뚫고 지붕위로 날아갈 거라고 장담하는 질 좋은 포도주도 여러 병 준비했다. ('80:202)
　　 ㄷ. 마침내 그가 운동장에 선 국기게양대까지 뛰어넘을 수 있을 것이라는 것을 믿어 의심치 않는다. ('82:64)
　　 ㄹ. 어두웠지만, 그래서… 확인할 순 없었지만, 나는 망설임 없이 그가 뭉크 김일 거라고 단정해 버렸다. ('88:369)
　　 ㅁ. 재섭은 어디로 가야할지 몰라 잠시 얼떨떨하게 서 있다가 그 목조건물이 본관이 틀림없을거라는 확신을 하고는 그쪽을 향해 걸어갔다. ('94:194)

(15)은 사태에 대한 확신을 표현한 예문으로서 믿음의 정도가 약한 불확실한 표현의 (13), (14)와 구별된다. 이러한 사실은 추측의 {-ㄹ 것이다}는 단언의 정도, 즉 확실성에 관한한 중립적이라고 볼 수 있다. 물론 이러한 확신에는 진위를 판단할 수 없는 '불확실성'을 기저에 두고서 이를 역설적으로 배제하기 위한 서술태도

에서 비롯된 것이다. 이러한 화자의 주관적인 믿음은 사태를 자의
적으로 해석하여 주장하기도 한다.

(16) ㄱ. "다 죽어도 그 아이는 안 죽었을 것이다. 영특하고 지혜로운
　　　　새끼라 죽을 자리에는 절대로 뛰어들지 않았을 것이다. 드러
　　　　내놓고 할 말은 아니다만은 시방 저쪽에 있을 것이다. 있어도
　　　　높은 자리 하나를 차지하고 있을 것이다. 통일되는 날을 우리
　　　　가 보고 죽을지 모르겠다만은, 우리들 흙밥된 뒤에라도 두고
　　　　보아라. 내 말이 틀림없을 것이다." ('88:130)
　　　ㄴ. "곧 문이 열릴 겁니다, 이제 곧." 경현은 자신도 믿을 수 없는
　　　　말을 했다. 이대로 밤을 지새거나, 아니면 승강기와 더불어
　　　　저 밑바닥으로 추락해 버릴지 모른다. ('90:320)

　(16)에서 화자는 자신이 기대하는 사태에 대한 믿음을 언술하
고 있다. 이는 대립되는 사태를 배제할 수 없음에도 불구하고 이
를 배제하고 싶은 화자의 심리적 태도에서 비롯된 것이라고 볼 수
있다. 이처럼 어떤 사건에 대한 진위 가운데 하나를 선택하여 확
신을 표방할 수 있는 서술 태도는 {-ㄹ 것이다}의 사회 언어적 기
능으로 이어지게 된다.

　4.2.1.5 {-ㄹ 것이다}의 사회적 기능은 확실성 여부의 객관적 양
태 의미에 바탕을 두고 있다. 이는 확실성과 관련된 믿음의 양태
로서 단언적 효과를 수행하게 된다. 이로써 화자는 자신의 신념을
표명하는 주장(assertion)의 발화 내적 행위를 수행하기도 한다.

(17) ㄱ. "너무 심려 마세요, 곧 나아지실 겁니다." ('81:56)
　　　ㄴ. "가능한 한 이곳의 일과시간을 지켜 주시는 게 서로 편할 거
　　　　예요. 강제적인 것은 조금도 없지만" ('94:198)

(18) ㄱ. "엄마도 보라색 좋아하잖아." "그래 엄마는 보라색을 좋아하
　　　　지. 그런데 저 버스 색깔은 좀 안 좋다는 것뿐야. 아니 색이

아니라 페인트의 질이 문제일 거야. 너무 안 좋은 것인가
봐. 저 색깔이라도 더 두텁게 칠했으면 좀 다르게 보일지도
모르지, 저건 색깔이 좋다기보다 페인트를 아끼려고 너무 얇
게 펴바른 때문일 거야." ('90:333)

ㄴ. 말대로 심사료가 삼십만원이면 후한 편이었다. 광고가 본문
의 반이나 되는 여성지의 경우 예선도 안 거친 수기의 심사
료가 통상적으로 십만원이었다. 거기 비하면 예선을 거쳐 읽
을 만하게 간추려진 글을 심사 위원 둘이서 서너 편씩 나누
어 읽고 그만큼 받았으니 후하다기보다는 과하다 해야 옳을
것이다. ('89:389)

ㄷ. 아버지. 80년, 빛고을에서의 일을 사태라고 불러서는 안 될
것입니다. ('89:176)

(17ㄱ)은 의사가 환자에게 병의 상태를 전망하고 있다. 이처럼
청자를 안심시키고 희망을 주기 위해서는 다른 가능성은 배제한 판
단을 언술해야 할 것이다. 이러한 상황에서 {-ㄹ 것 같다}, {-ㄹ
지도 모른다}가 어색한 이유도 여기에 있다. 아울러 (17ㄴ)은 청
자에게 어떻게 해달라고 요청하여야 하는 상황에서 단정을 피하고
확실하지 않은 어조로 의견을 제시하고 있다. 이러한 공손어법적
기능은 자신이 이미 알고 있는 구정보적 사실을 확신의 태도로 가
치 표명함으로써 청자의 이해를 구하는 것이다. (18)에서는 이러
한 확신의 태도인 주장이 잘 드러나 있다. 이러한 주장은 명제에
대한 가치 부여의 평가적 속성을 지니고 있음은 물론이다.

4.2.1.6 이상에서 살펴본 추측의 {-ㄹ 것이다}의 용법을 요약하
면 다음과 같다.

첫째, {-ㄹ 것이다}는 '추리'라는 논리적 판단이 미치는 언술에
잘 쓰인다. 이는 불확실한 사유 명제를 다양한 전제를 통해 개연
적으로 판단하는 것을 말한다.

둘째, {-ㄹ 것이다}의 근거는 가정, 이유를 표현하는 구문이 선
행절로 나오거나 의식적으로 상정된 가능 명제 등이다. 아울러 화

자의 발화 내적 정황이나 발화 외적 전제 지식이 삼단 논법 등의 논리적 판단에 필요한 근거로 기능한다.

셋째, {-ㄹ 것이다}의 핵심 의미는 '추측'이지만 실제 발화에서 화자는 추리 행위를 의식하지 못하는 경우가 많다. 왜냐하면 이는 자신의 지식이나 경험 등이 어울어진 초맥락적 정보를 다 언술할 수 없기 때문이다. 이로써 {-ㄹ 것이다}는 단순히 '불확실성'을 표상하는 듯하지만 여기에도 추리 과정은 내재해 있다.

넷째, {-ㄹ 것이다}가 지닌 확실성 문제는 화자의 주관에 따라 그 정도가 달라질 수 있는 가변적 조건이다. 확실하지 않은 사태에 대한 개연적 판단은 주관적인 확신 표현이나 주장의 발화내적 효력을 발휘하기도 한다.

4.2.2 {-ㄹ 터이다}

4.2.2.1 여기에서는 현대 국어의 문어(文語)에만 주로 쓰이는 {-ㄹ 터이다}와, 이와 관계된 어미 {-ㄹ테니}, {-ㄹ텐데} 등의 양태 의미를 고찰하고자 한다. 이는 {-ㄹ 터이다}가 실제 서술문에 어떻게 쓰이며 발화에는 어떠한 모습으로 동요되어 쓰이는지를 탐색하는 순으로 논의를 진행할 것이다.

4.2.2.2 {-ㄹ 터이다}는 {-ㄹ}의 추상적 표상 기능과 {터이다}의 {터}가 지닌 '상황·처지'와 통합되어 '추측(추정)'의 의미를 지닌다.94) 그러나 현대 국어에서 추측의 {-ㄹ 터이다}는 문어에서만 용법이 확인될 뿐, 발화에서는 '의도'의 {-ㄹ 터이다} 이외의 용법

---

94) 의존 명사 연구자들은 {터}를 '처지', '상황', '형편' 등으로 보았다. 우선 이주행(1986:132)에서는 자립 명사 {터(基)}가 전성되어 '처지', '상황', '경우'로, 왕문용(1990:178), 홍양추(1987:116)에서는 '의향', '예정'을 뜻한다고 보았다. 이병모 (1995:298)에서는 '일의 밑바탕', '근거가 되는 형편', '처지', '상황'으로 각각 의미를 달리 부여하였다.

으로는 잘 쓰이지 않고 있다. 특히 구어에서 {-ㄹ 터이다}는 어미
와 융합된 {-ㄹ테니(까)}, {-ㄹ테면}, {-ㄹ텐데}이나, 지각 양태소
{-지}와 결합된 {-ㄹ 테지}로 변화되어 사용될 정도로 동요가 심한
편이다.95) 우선 구성 요소인 {터}가 쓰이는 형식을 개괄하면 다음
과 같다.

  (1) a. -{(으)ㄴ. 는. ㄹ} 터이다.
      b. -ㄹ 터이{ㄴ데. 니까. 면}
      c. -{(으)ㄴ. 는} 터에
      d. -{(으)ㄴ. 는} 터이라.

  사전적인 설명에 따르면 서술성 의존 명사 {터}는 {-ㄴ}에 후행
하면 '형편', '처지'를 뜻하고, {-ㄹ}에 후행하면 '예정', '추측'의 뜻
을 나타낸다.96)

  (2) ㄱ. 세끼를 굶은 터에 찬 밥 더운 밥 가리겠느냐?
     ㄴ. 등산 가려고 아침부터 배낭이니 뭐니 다 준비한 터이다.
     ㄷ. 몇 번 그 곳에 가 본 터이라 쉽게 찾았어요.

  (2)에서의 {터}는 '상황', '형편', '처지' 등을 나타내며, 이때 보
문의 내용은 화자가 직접 경험한 사실명제이다. 이러한 {터}가 추
상적 표상 기능의 {-ㄹ}에 후행하면 '의도'나 '양태'로 분화되어 나
타난다. 여기에서는 '추측'의 의미 기능이 {-ㄹ 터이다}와 {-ㄹ 터
이+어미}에 어떻게 융합되어 있는지 살펴보기로 한다.

  4.2.2.3 {-ㄹ 터이다}는 그렇게 될 상황이나 처지를 핵심 의미로

---

95) 高永根(1970:50~51)에서는 {-ㄹ텐데}, {-ㄹ테니} 등이 형식명사로
    서의 의미는 완전히 상실하고 어간에 접미되어서 어미와 같은 직능을
    발휘하므로 준어미(準語尾)로 취급하였다.
96) {-ㄹ 터이다}를 金敏洙 外(1991)에서는 '예정'이나 '짐작'으로, 한글학
    회(1992)에서는 '예정'이나 '추측'으로 달리 뜻풀이하고 있다.

하여 개연성이 높은 추측 표현에 잘 쓰인다. 이런 특성은 {-ㄹ 것이다}와 마찬가지로 가정 명제를 조건으로 하여 정황을 판단하고 있는 데에서도 알 수 있다.

(3) ㄱ. 엄마는 화롯불을 끼고 앉아 온종일 삯바느질을 했다. 오빠의 말이 정말이라면 그건 기생들의 옷일 터였다. ('80: 257)
　　ㄴ. 시부모 모시기도 꺼리는 세상에 한 세대를 건너 뛰어 조손이 한 지붕 밑에 사는 게 쉬운 일은 아닐 터였다. ('81:34)
　　ㄷ. 한 어부의 말을 따르면, 해변 가까이의 바닷 속에는 해초가 많이 자라고 있고 그것들이 강한 햇살에 녹아 물 속에 떠있어 그토록 물색이 진하다는 것이다. 물 속에 해초가 많이 녹아 있다면 잔 물고기들 또한 많을 것이고, 그렇다면 아마도 앞바다는 풍요로운 어장일 터였다. ('91:386)

이상은 조건적인 전제를 근거로 정황을 개연적으로 판단하고 있다. 이러한 추측은 {-이다}로 이룩된 진위 판단을 명제 내용으로 하고 있다. (3ㄱ)에서는 오빠의 언술 정보−엄마가 기생의 바느질 품팔이를 한다−와 발화 현장에서의 경험 사실을 전제로 개연적 상황을 추리하고 있다. (3ㄴ)도 일반적인 사실을 전제로 이와 관계 있는 명제를 유추하여 개연적으로 평가한 것이다. (3ㄷ)은 전제적 사실을 근거로 새로운 사실이 도출되는 연속적 추리 과정을 서술하고 있다. 이런 논리적 추리 행위에 {-ㄹ 터이다}는 {-ㄹ 것이다}와 함께 쓰이지만, 사실일 개연성은 {-ㄹ 터이다}가 더욱 높다고 볼 수 있다. 왜냐하면 {-ㄹ 것이다}의 전제가 외적 전제 지식에서 인출한 정보인데 비해, {-ㄹ 터이다}는 {-ㄹ 것이다}에 이룩된 정보를 거의 그대로 재해석하고 있기 때문이다. 이는 다음 예문들에서도 확인된다.

(4) ㄱ. 종하가 다녀가는 소리를 들었다. 그애는 내가 있는가를 물었을테고 동생은 아직 자고 있다고 말했을 것이다. 들어가 보

세요, 하고 동생은 뒷방을 가리켰을지도 모른다. ('79:76)
ㄴ. 여선생은 집으로 돌려보내 줄는지 모르지만, 그러나 다른 선생이 돌려보내지 않을 것이다. 위문편지를 쓰고 가게 할 테지. 아니면 폭격으로 부서진 다리를 고치는 데 노력봉사를 시킬 것이다. ('84:241)
ㄷ. 아버지만 아니었더라면 우리 집안이 이 꼴로 몰락하지도 않았을 터이고,… 어머니가 노망한 늙은이는 되지 않았을 테고, 허구한 날 똥오줌 빨래에 진력이 났다고 투덜대는 아내의 원망도 듣지 않았을 것이다. 또 나도 지금쯤은 남들처럼 대학을 나와, 누구 못지 않게 그럴 듯한 직장을 붙들어서 남보란 듯이 살아 갈 수 있을 것이고, 아아, 한수 그 불쌍한 내 아들 한수도 그렇게 처참하고 가련하게 죽지 않았을지도 모른다. ('88:38)

(4ㄱ)에서 {-ㄹ 터이다}는 {-ㄹ 것이다}에 비해 사실일 개연성이 높다고 볼 수 있다. 왜냐하면 화자는 후배가 자신을 찾아온 사실을 알고 있으며 이로써 당위적 상황을 {-ㄹ 터이다}로써 유추하고 있기 때문이다. 그러나 {-ㄹ 것이다}에 의한 사촌 동생의 답변은 가능 명제 가운데 하나를 선택한 것이라 볼 수 있다. 이러한 개연성은 (4ㄴ)의 일상적인 사실을 유추하는 화맥에서는 {-ㄹ 테지}가 쓰이고, 나머지 가능성에 대한 탐색 과정에 {-ㄹ 것이다}가 사용된 것으로도 입증된다. 이처럼 당위적이고 필연적인 상황을 추측할 때 사용되는 {-ㄹ 터이다}는 (4ㄷ)처럼 연속되는 추리 과정에도 사용된다. 이때에도 {-ㄹ 터이다}는 이미 일어난 일에 대한 반(反)사실적 가정으로 형식적 추리 과정을 보이고 있다. 이러한 연속되는 추리 행위는 사실일 가능성이 높은 명제부터 시작되어 점점 개연성이 낮은 명제의 인식 행위로 진행한다. 그러므로 사실일 개연성은 {-ㄹ 터이다} > {-ㄹ 것이다} > {-ㄹ지도 모른다}의 순서가 될 것이다.

이처럼 {-ㄹ 터이다}는 사태의 실현 가능성에 대한 믿음이 당위적인 상황을 바탕으로 매우 강하다고 볼 수 있다. 이러한 개연적 상황(형편, 처지)에 대한 추측은 다음 예문에서도 잘 나타나 있다.

> (5) ㄱ. 아내는 단 것을 결코 허술하게 간수했을 리가 없었다. 그러나
>   케익이든 찹쌀떡이든 약식이든 단 것이 어디 있긴 있을 **터였
>   다**. 아내는 그런 것들을 좋아했고… ('82:312)
>   ㄴ. 주민등록증은 그대로 있었으나 지퍼 갈피는 비어 있었다. 거긴
>   삼백만원 짜리 어음이 들어 있을 **터였다**. ('82:335)
>   ㄷ. 한쪽 다리를 절며 걷고 있는 노인의 허리는 그러나 곧게 세워
>   져 있었다. 한발을 절룩이면서도 허리를 바로 세우기 위해서
>   는 노인은 분명 내심 안간힘을 쓰고 있을 **터였다**. ('84:119)
>   ㄹ. 네시 십분. 입구에서 검문하던 군인의 말대로라면 이십 분 동
>   안은 길이 열려 있을 **터였다**. ('95:176)

위 예문들은 사물이나 사태의 존재 가능성, 즉 정황(형편, 처지)에 대한 추측 표현들이다. 이러한 {-ㄹ 터이다}는 사태의 실현 여부에 대한 진위 판단으로서의 {-ㄹ 것이다}와 잘 구별된다. (5ㄱ)에서의 {터} 대신에 {것}을 대체하면 사태가 사실이 될 수 있는 가능성을 믿는 것이지만 {터}는 상황이 사실이 될 가능성을 믿는 것이다. 한편 (5ㄴ)처럼 화자가 알고 있는 확실한 정황 근거가 제시되거나, (5ㄹ)처럼 외부적 정보를 그대로 수용한 당위적 상황 판단에서는 확실성 문제에 무표적이다. 왜냐하면 {-ㄹ 것이다}는 확실성을 추구하기 위한 방법으로 추리를 사용하여 인식의 상향 이동을 지향하지만, {-ㄹ 터이다}는 단순히 '개연적 상황 판단'으로 '추측'의 의미를 구축하기 때문이다. 한편 {-ㄹ 터이다}는 명제 술어로 {이다}, {있다} 외에 일반 동사가 올 때에는 당위적인 상황 명제를 필요로 한다.

> (6) ㄱ. 그런 얘기가 당당한 제 목소리를 낼 수 있는 새로운 세상이었
>   다. 그러니까 함시인이 말한 예전은 불과 몇 달 전인 6.29 전
>   을 의미할 **터였다**. ('89:394)

ㄴ. 하기야 다른 나라에 물건을 팔자면 그 나라 말을 아는 게 필수
   가 될 터였다. ('84:353)
ㄷ. 여관은 이런 곳에 있을 법하지가 않았다. 이대로 가다가는 이
   첩첩한 안개 속에서 길을 잃고 말 터였다. ('94:296)
ㄹ. 당시 정황으로 보자면 내가 시인이 돼 있는 게 보다 자연스러
   울 터였다. ('95:230)

(6ㄱ)은 서술 맥락 상황을 근거로 당위적 상황에 대한 개연적 해석을 표현하고 있다. (6ㄴ)은 당위적인 사실에 대한 가치 판단을 뜻하며, (6ㄷ)은 {법하다}로 이룩된 상황 판단을 근거로 사실일 가능성이 높은 명제를 유추하고 있다. 특히 (6ㄷ)은 {터} 대신에 '형편', '처지'를 자연스럽게 대체할 수 있다. (6ㄹ)도 초맥락적 정보인 정황에 의거하여 개연적인 가치를 판단하고 있으며, 이 역시 정황을 나타내는 어휘의 대체가 가능하다.

이상 {-ㄹ 터이다}의 의미 기능 실제 용법을 통해 살펴보았다. {-ㄹ 터이다}의 핵심 의미는 {터}가 지닌 '형편', '처지', '상황'이나, 'A는 B이다'의 정언 구조가 지닌 지시적 서술 기능에 이끌려 '당위적 상황 가능성'을 띠게 된다. 더욱이 {-ㄹ 터이다}의 개연성은 매우 높아 당위적 상황의 서술이나 개연적 가치 판단의 화맥에 적절히 쓰인다. 이제 이러한 {-ㄹ 터이다}의 의미 특성이 동요된 통합 어미에 어떻게 전이되어 응축되어 있는지 살펴보기로 하자.

4.2.2.4 {-ㄹ텐데}, {-ㄹ테니까}, {-ㄹ테면}은 재분석한 어미 {-ㄴ데}, {-니까}, {-면} 때문에 의미 기능이 약화되어 있을 뿐, {-ㄹ 터이다} 지닌 '당위적 상황 가능성'의 의미는 그대로 잠재해 있다. 우선 {-ㄹ텐데}는 반사실적 가정 표현의 후행절에 개연적인 상황 판단에 흔히 사용된다.

(7) ㄱ. 머리도 뛰어났었구요. 이 사진을 보세요. 그럼 제 말이 옳다는
      걸 아실 거예요. 그 애가 그렇게 가지 않았더라면 아주 뛰어난

경제학자가 되었을텐데… ('95:113)
ㄴ. 진작에 그걸 눈치챘으면 세상이 많이 달라졌을텐데. ('93:69)
ㄷ. 내가 만일 신이라면 이 세상을 확 바꿀텐데.

(8) ㄱ. "이제 다 왔나 보구먼, 그만 돌아가 봐요. 혼자 돌아가려면 먼
　　　길이 될 터인데." ('84:127)
ㄴ. "거기까지 굿소리가 들립니까? 거긴 괜찮을 텐데." ('90:218)
ㄷ. 아주버님은 노독도 안 풀리고 회사일도 바쁘실텐데 이렇게 와
　　　주시니 자꾸 빚만 지는 것 같군요. ('90:44)

　　(7)의 {-ㄹ텐데}는 반사실적이거나 비현실적인 가정 아래에서
그렇게 되었을 상황을 유추하여 표현할 때 사용된다. (8)의 ㄱ, ㄴ
의 개연적 상황 판단은 사실일 가능성이 높은 사태에 대한 추측과
맞물려 있다. 즉 (8ㄱ)의 화자는 청자와 동행하여 왔기 때문에 이
미 정보를 지니고 있다. 다만 전제된 가정 아래 그럴 형편이나 처
지를 표현할 따름이다. 이에 반해 (8ㄴ)은 추리 행위가 더욱 관여
된 예문으로서 가청(可聽) 거리에 대한 따짐의 논리가 내재해 있
다. 이로써 사실일 가능성을 믿는 추측으로 해석된다. 한편 (8ㄷ)
의 {-ㄹ 텐데}는 청자의 형편·처지를 헤아리는 의례적인 발화에
흔히 사용된다. 이러한 완곡어법적 기능은 새로운 정보를 획득하
거나 문제 해결 등의 인지 절차를 요구하지 않는 특성이 있다.
　　{-ㄹ 테니(까)}는 '이유'의 {-니까}에 융합되어 원인 상황의 개연
적 판단을 나타낸다. 일반적으로 원인 명제는 타당하다고 믿는 사
태를 보편적이고 객관적인 태도로 진술할 때 성립된다. 따라서 결
과적 사실에 대한 원인을 서술할 때에는 불확실성을 지닌 관형형
어미 {-ㄹ}에는 제약이 따르게 마련이다. 이러한 특성으로 이유를
명시하는 {-ㄹ 테니까}, {-ㄹ 거니까}의 후행 결과항은 가능 사태
이거나 명령·청유문을 주로 요구하게 된다.
　　접속문에서의 {-니까}, {-ㄹ 테니까}, {-ㄹ 거니까}도 의미가 구

별된다. 화자가 확실한 원인 명제로 인식할 때에는 {-니까}를, 확신하지는 정황에 의거하여 개연성이 높을 때에는 {-ㄹ 테니까}가 사용된다. 반면 {-ㄹ 것이다}는 두 가능 명제의 선택에 따른 불확실성으로 후행절 내용과 어울리지 않아 제약이 따른다.

(9) ㄱ. 걔 예쁘{니까, ㄹ 테니까, ??ㄹ 거니까} 기대해도 좋을 거야.
ㄴ. 신경통에 좋으{니까, ㄹ 테니까, ?ㄹ 거니까} 한번 써보세요.
ㄷ. 서랍에 두었으{니까, ㄹ 테니까, *ㄹ 거니까} 잘 찾아봐라.

(9)는 화자의 요구나 명령 등을 인과적 형식을 빌어 발화하고 있다. 이 때에 화자는 그 일이 수행되도록 청자에게 객관적인 확실한 근거를 제시하는 것이 효과적이다.[97] (9ㄱ)처럼 접속의 형식에서 동일한 양태 형식이 반복하여 나오는 것은 인식 논리상 어려움이 따르게 마련이다. 이는 "오늘 선 보는 여자 예쁠 거야. 그러니까 너 기대해도 되겠다"가 오히려 자연스럽다. 이러한 {-ㄹ테니까} 역시 당위적인 인과적 상황에서 쓰이고 있음은 다음 실제 예문에서도 잘 드러나 있다.

(10) ㄱ. 그런 꼬락서니를 하고 있는 것이 다행인 것으로 보여졌다. 왜냐하면 특출나게 예쁘거나 남다르게 강한 개성을 지니고 있었다면 남의 물건을 훔치는 데는 곤란할 테니까. ('77:50)
ㄴ. 전람회장엔 6시쯤 도착하면 될 터이었다. 그 시간쯤에야 간단한 오프닝 파티가 시작될 테니까. ('80:165)
ㄷ. "그땐 이 곳이 모두 산이었을 텐데 치과가 있었을까요?" "있을 법도 하지. 그때에도 대학은 있었을 테니까." ('84:67)

(10)은 불확실한 결과 사실에 대한 당위적 이유가 서술되어 있다. 이러한 필연적인 상황의 당위성은 인과적 조건 형식을 빌어

---

97) 요구·명령의 발화 조건은 Searle(1975) 참조.

다른 상황의 가능성을 배제하고 있어 확실성이 높다. 위 예문에서 {터} 대신에 {것}이 대체되었을 때에 주관적 관여도가 높아지게 되는 것도 이로써 설명된다.

{-ㄹ 테지}는 양태적 기능을 수행하는 {-지}에 이끌려 당위적 상황에 대한 짐작 표현에 쓰인다. 이는 {-겠지}가 사태의 가능성을 짐작하는 데 쓰이듯이 {-ㄹ 테지}도 개연적인 상황의 짐작에 사용된다. 이런 당위적인 짐작은 경험으로 축적된 기억된 인과론적 전제 지식에서 인출된다. 이는 다음의 질의 응답 화행에서 잘 드러난다.

> (11) ㄱ. 甲: (같이 보면서) 소금 더 넣으면 짜겠지?
>   乙: 예. 짜{겠지. ㄹ테지. ㄹ거예}요.
>   ㄴ. 甲: (같이 보면서) 소금 더 넣으면 짤 테지?
>   乙: 예. 짜{겠지. ??ㄹ짤테지. ㄹ거예}요.

(11ㄱ)에서 짐작 사실에 대한 확인 질문에 乙은 다양한 개연적 판단을 내리고 있다. 이때에 {-ㄹ 테지}는 당위적인 사실 가능성을 뜻하며 다른 형식은 그럴 가능성이 있음을 시사하게 된다. 이런 태도는 (11ㄴ)에서도 적용된다. 청자도 이미 확실히 알고 있는 당위적 사실을 의문 정보로 취할 때에는 확실한 주장을 표현할 수 있는 {-ㄹ 것이다}가 더욱 자연스럽다. 이러한 {-ㄹ 테지}의 실제 예를 보기로 하자.

> (12) ㄱ. 당신이 저와 함께 하겠다는 결정을 내려 주었을 때. 저는 너무나 환해서 꿈인가? 꿈이겠지, 어떻게 그런 일이… 다름 아닌 내게 찾아와 주려고, 꿈일테지, 했어요. ('92:188)
>   ㄴ. 그 새끼 까치들이 날갯짓을 할 무렵이면 이곳도, 여기 이 고장에도 초여름, 여름…이겠지요. 저 순한 연두색들이 짙어져서는 초록이, 진초록이 될 테지요. 그때쯤엔, 은선이라는 당신 아이 이름도 가슴에 아련해 질는지 ('92:219)

이상 예문에서 {-겠지}에 비해 {-ㄹ 테지}는 사태가 사실일 가능성이 더욱 높을 때 사용되고 있다. 이는 {-ㄹ 터이-}가 지닌 당위적 사실 가능성에 이끌려서이다.

4.2.2.5 {-ㄹ 터이다}의 의미 기능에 대해 살펴 본 바를 요약하면 다음과 같다.

첫째, {-ㄹ 터이다}는 {터}의 '상황(형편, 처지',에 이끌려 '당위적 상황의 가능성'의 양태 의미를 지닌다. 이로써 개연적 상황 판단이나 필연적인 추측에 잘 사용된다.

둘째, {-ㄹ 터이다}가 지닌 추측 표상은 사실일 가능성이 높아서 동일 유형의 {-ㄹ 것이다}에 비해 주관화 정도가 낮은 편이다.

셋째, {-ㄹ 터이다}는 현대 국어에서는 문어에만 그 용례가 보일 뿐, 다양한 어미와의 통합으로 그 명맥이 유지되고 있다. 이러한 어미 {-ㄹ 텐데}, {-ㄹ 테니까}, {ㄹ 테면}에도 {-ㄹ 터이-}의 의미가 살아 있음을 확인할 수 있었다.

4.2.3 {-(ㄴ/ㄹ) 모양이다}

4.2.3.1 {-(ㄴ/ㄹ) 모양이다}의 의미 기능은 의존 명사 연구에서 부분적으로 언급된 바 있다. 그러나 선·후행 환경 제약 및 '짐작의' 의미를 추출하는 데 그쳤을 뿐, 이에 대한 세밀한 연구는 일천한 형편이다. 우선 본 고에서 이미 거론된 {-(ㄴ/ㄹ) 모양이다}의 주요 의미 기능을 요약하면 다음과 같다.

   (개) {-(ㄴ/ㄹ) 모양이다}는 재구조화된 통합체로서 양태 표상의 기능을 수행한다.

   (내) {-(ㄴ/ㄹ) 모양이다}는 사태에 대한 원인적 해석으로 '원인 미룸 짐작'의 양태 의미를 지닌다.

   (대) 객관적인 경험 사실을 근거로 하므로 주관화 정도가 매우 낮다.

   (래) 주관화 정도나 근거 특성으로 말미암아 확실한 짐작 표현에 사

용되는 {-(ㄴ/ㄹ) 모양이다}는 공손어법 등의 사회적 기능은 잘 수행하지 않는다.

이상 밝혀진 사실을 중심으로 {-(ㄴ/ㄹ) 모양이다}의 주·객관적 양태 의미와 화용 의미를 담화론적 제약을 통해 구체적으로 검토하기로 한다.

4.2.3.2 {-(ㄴ/ㄹ) 모양이다}는 구체적·실질적 의미의 {모양}을 구성 요소로 취하고 있다. 이는 같은 유형의 다른 형식과의 의미 차이를 변별하는 데 중요한 변수가 될 것이다. {모양}의 사전적인 해석은 다음과 같다.

ㅇ 모양 冏 ① 겉으로 본 생김새나 형상 (~이 좋다/예쁘다/ 흉하다.)
   ㄱ. [차림새나 단장 따위를] 곱게 꾸민 꾸밈새 (~을 부리다. ~을 내다.)
   ㄴ. 어떤 형편이나 상태, 또는 되어 가는 꼴 (사는 ~이 말이 아니다.)
   ㄷ. '체면'의 뜻 (여러 사람 앞에 ~이 말이 아니다.)
  ② 비교되는 대상 다음에 쓰이어 '~처럼'의 뜻 (봄빛은 어머님 품속~ 따스하였다.)
  ③ 주로 '모양으로' 쓰이어, '어떤 식이나 방법으로'의 뜻 (그 ~으로 일을 해서는 안 된다.)
  ④ '이다' 앞에 쓰이어, 짐작이나 추측의 뜻.

{모양}은 공간 속에 지각 대상으로 드러난 사물, 사태의 구체적인 생김새나 형상을 핵심 의미로 지니고 있다. 이러한 ①의 핵심 의미는 은유적 확장을 통해 범주화된다. 즉 사물의 겉꼴이 형성되는 과정을 서술한 ㉠, 사태의 형상인 ㉡, 신체의 겉모양(體面)에서 전의된 ㉢으로 각각 서술 대상이나 관계 서술에 따라 핵심 의미와 서로 관련된 의미망을 형성한다. ③은 선·후행요소인 지시어와

{로}에 이끌려 대상에 대한 부정적 인식을 표상하고 있다.[98]

②는 비유적 용법의 {모양}이다. '비유'는 '추측'과 인식론적 상관성이 내재해 있으며, 제3유형의 {듯하다}, {것 같다}에서도 찾아 볼 수 있다. 이들은 심리 표상의 상사(相似) 형식으로서 지시적인 공유 기능을 수행한다고 볼 수 있다. 이러한 {모양}의 실제 용례부터 보기로 하자.[99]

(1) ㄱ. 뭐가 그리 재미있는지 더러는 깔깔깔 웃음을 터트리는 얼굴이
        있는가 하면 죄지은 사람 **모양** 고개를 떨구고 땅만 내려다 보
        는 심각한 표정도 있고,… ('86:169)
   ㄴ. 도끼로 패대는 것 **모양** 골이 지끈지끈 쑤시고 당겨… ('88:30)
   ㄷ. 아들의 말을 들으니, 그 둘째는 총을 들고 나댄 **모양**이었다.
        황두표씨는 마치 역적질을 한 아들을 둔 아비 **모양**으로 주눅이

---

98) {모양}은 지시어와 통합하여 앞선 내용을 전제할 수 있다. 이런 통합
    제약을 보면, {이, 그, 저}가 가능하여 '확정 지시 가능성'이 있고,
    {이런, 그런, 저런}이 가능하여 '한정 가능성'도 있다. {이럴, 저절}은
    가능하지 않으나 {그럴}은 가능하며, {어느, 어떤, 무슨, 무엇} 등은
    불가능하다(이병모, 1995:284~285). 특히 {이, 그, 저} + 모양은
    주로 대상에 대한 긍정적 인식을 표현하는 상황에는 잘 쓰이지 않는
    경향이 있다.

    a. 어떻게 이{렇게, *모양으로} 훤칠하게 잘 생겼냐?
    b. 우리는 그{렇게, *모양으로} 열심히 일해서 돈을 저축했습니다.
    c. 저{렇게, ??모양으로} 시집가면 아주 잘 살 거야.

99) {모양}과 유사한 의미를 지닌 의존 명사 {양(樣)}은 '가장(假裝)'이나
    '모양, 형편, 처지' 등의 의미를 지니고 있다. 이러한 {양}은 {모양}처
    럼 명사문을 만들지는 못하지만, {싶다}와 연결하여 '짐작'의 의미를
    지니기도 한다. 이에 소개로만 그친다.

    (ⅰ) a. 나는 투명인간이라도 된 양 자유스럽게 걸어다녔다. ('95:100)
          b. 아는 것도 모르는 양 했다.
    (ⅱ) a. 우리들이 하는 양을 살피느라 잠깐 잊고 있었던… ('87:78)
          b. 피와 뼈와 살을 조상에게서 물려받았을 뿐, 문화라고 일컬을 수 있
             는 거의 모든 것이 서양에서 받아들인 것들인 양싶다.(이기백, "민
             족문화의 전통과 계승", 「고등국어」 2, 1985)

들어, 망월동 묘지에다가 시신을 묻었다. ('88:157)

　비유적인 용법의 {모양}은 체언이나 관형형 어미 뒤에서 '처럼', '같이'의 뜻으로 사용된다. 이러한 {모양}은 {모양이다}와 통사적인 관련이 있을 것이다. 이를 살펴보기 위해 기저 구조를 상정하고 그 변환 과정을 나타내면 다음과 같다.

(2) ㄱ. 그 소나무는 삼각형이다.
　　ㄴ. (i) 그 소나무의 **모양**은 삼각형이다.
　　　 (ii) 그 소나무는 삼각형 **모양이다**.
　　ㄷ. 그 소나무는 삼각형 **모양으로** 생겼다.
　　ㄹ. 삼각형 **모양으로** 그 소나무가 생겼다.
　　ㅁ. 삼각형 **모양** 그 소나무가 생겼다.

　(2ㄱ)은 두 표상물이 완전히 동일하다고 인식한 'A는 B이다'의 구조이다. 그러나 실제 사물과 개념 표상의 동일성은 (2ㄴ)처럼 속성이 전제될 때 현저해진다. 이는 다시 (2)의 ㄷ,ㄹ처럼 통사적 변환을 통해 유사성을 표현한 구문으로 만들 수 있다. 끝으로 (2ㅁ)은 (2ㄹ)에서 격조사가 생략된 것이다. 이러한 사물에 대한 은유화 과정은 대상을 달리하여 사태에도 적용할 수 있다.[100] 다만 사태는 지각 표상과는 달리 인식 대상으로서 비교되는 속성이 불투명하여 가능성, 개연성을 지닌 짐작 표상으로 전이될 따름이다.

(3) ㄱ. 눈이 부어 있는 것은 많이 운 것이다.
　　ㄴ. (i) 눈이 부어 있는 **모양**은 많이 운 것(때문. 까닭)이다.
　　　 (ii) 눈이 부어 있는 것은 많이 운 **모양이다**.
　　ㄷ. 눈이 부어 있는 것은 많이 운 **모양으로** {*생겼다, 보인다}.

---

100) 은유(metaphor)란 동일시되기 어려운 대상이나 현상을 공유하는 속성에 초점을 맞추어 주의를 기울여 이해하는 과정을 말한다. 이런 비유와 추측이 지닌 인식론적 상관성은 강정희(1992) 참조.

ㄹ. 많이 운 **모양으로** 눈이 부어 있다.
ㅁ. 많이 운 **모양**, 눈이 부어 있다.

(4) 甲: 철수가 눈이 퉁퉁 부어 있어.
乙: 그래, 시험에 떨어져 많이 운 모양이다.

화자가 직접 경험한 사태와 동일한 모양을 지닌 비교 대상은 (3ㄴ) 처럼 해석적 원인을 표상하거나 결과 사태의 생성 원인을 지시적 으로 나타냄으로써 동일화될 수 있다. 이 때 비교 대상은 (3ㄷ)처 럼 양태화되고 이는 통사적 변환 과정을 거쳐 유사 짐작의 (3ㄹ) 이 된다.

(3ㄹ)의 '모양으로'는 결과적 사태에 대한 해석적 원인으로 '짐 작'의 양태 의미를 지닌다. 이런 짐작 내용과 객관적인 사실 근거 가 '모양으로'를 통해 결합되는 양상은 격표지에 의한 인과 구문의 기저 구조 도출 방식과 동일하다.101) 다만 인과 구문의 원인항은 가능 명제를 객관적으로 상정하고 있어 원인의 {-으로}가 필수적 인 요소이지만, 주관적인 짐작의 {모양}에는 {-으로}가 (3ㅁ)처럼 생략할 수 있다.

실제 발화에서 {-(ㄴ/ㄹ) 모양이다}는 (4)처럼 청자(이전 화자) 의 언술정보가 직접적인 근거가 결과가 되고 이에 대한 원인적 해 석에 사용됨을 밝힌 바 있다. 이런 {모양이다}의 인지 과정을 문 어(文語)를 대상으로 좀더 자세히 살펴보기로 하자. 문어에서의 서술자는 근거가 되는 사태를 직접 경험하고 이를 짐작 표상화하 기 때문에 {모양}의 다양한 통사적 실현 예를 찾아볼 수 있다.

(5) ㄱ. 벌써 공단쪽 길로 튕겨가는 **모양으로** 발자욱 소리만 어지럽고

---

101) 졸고(1988)에서는 격표지 {-에}, {-로}에 의한 인과구문이 표현 효
과를 높이기 위해 명시적인 요소가 생략된 형식으로써, 접속의 기저
구조에서 도출된 것임을 밝힌 바 있다.

녀석들은 어둠 속에 파묻힌 뒤였다. ('86:203)
  ㄴ. 다음 방은 정신병자를 치료하는 광인굿을 하는 **모양**으로 방문
     앞에는 허수아비 네 개가 세워져 있었다. ('90:244)
  ㄷ. 물려받은 재산은 웬만큼 있었던 **모양**으로 책이나 실컷 읽자고
     서점을 차렸으나 말년에는 전적으로 책방에서… ('94:276)

(6) ㄱ. 내가 제2초소에 다녀오는 사이 시에서 사람이 나왔다간 **모양**,
       초소 주변에는 담배꽁초가 서너 개 떨어져 있었다. ('79:70)
   ㄴ. 장사가 꽤 재미있는 **모양**, 요샌 얼굴 보기 힘든… ('92:116)

이상은 화자의 직접적인 지각 경험이나 이미 알고 있는 사실 정
보에 대하여 원인(이유)이 될 만한 사실을 미루어 짐작하는 표현
들이다. 이때 '모양으로'는 발화 현장에 주어지는 짐작의 근거가 결
과적 사실이 되며 짐작 내용은 원인이 되는 서술 상황에서 두 명제
를 인과 관계로 결속하는 기능을 지니고 있다. (6)은 화자가 직접
개입하는 명시적인 두 사태를 접속하지 않는 방법으로 짐작과 경험
사실을 서술하고 있다. 이는 {-(ㄴ/ㄹ) 모양이다}의 '짐작' 기능이
{모양}에 있음을 입증하지만, 일반적인 용법이 아니므로 {-(ㄴ/ㄹ)
모양이다} 짐작 표상소로 설정하기로 한다.

4.2.3.3 {-(ㄴ/ㄹ) 모양이다}는 화자의 지각 경험을 통해 얻은
발화 내적 사실 정보를 근거로 사태를 알아차리는 상황에 사용된
다면 이러한 지각 경험의 구체적 양상은 다음 예와 같다.

(7) ㄱ. 비눗갑을 보니 세수를 하고 오는 길인 **모양**이었다. ('94:200)
   ㄴ. 마당에 피어오르는 연기, 불꽃 위에 얹혀진 슬레이트 조각으
      로 미루어 인부들은 고기를 구워먹을 **모양**이었다. ('92:51)
   ㄷ. 마당에 시멘트 포대와 모래를 쌓는 것으로 보아 횟집을 할 거
      라는 소문은 사실인 **모양**이었다. ('95:391)
(8) ㄱ. 무전기를 통해 들어오는 소리로 보아 그는 아직 잡히지 않은
      모양이었다. ('90:106)

ㄴ. 한낮의 정적 속으로 개구리들이 울고 있었다. 밤에는 비가 올
모양이었다. ('81:147)
ㄷ. 원조는 아버지와 뜻이 어긋나서 사모님이 속상하신 모양이야.
원조 아버지께서는 법대 아니면 안 된다는 것이고 원조는 음
악 대학엘 가고 싶어한다니까. ('89:185)

(9) ㄱ. 짙은 꽃향내가 날아왔다. 근처 어디에 아카시아 숲이 있는 모
양이었다. ('85:211)
ㄴ. 등짝이 섬뜩한 걸로 봐 땀까지 흘렸던 모양이다. ('86:88)
ㄷ. 발바닥이 푹신하다. 잔디밭인 모양이다. ('88:57)

(7)은 시지각에 의한 사실 정보를 근거로 미확인된 사태·사실을 짐작 표상하고 있다. 인간의 정보 획득 기제는 시지각과 언어가 가장 보편적일 것이다. 이로써 {-(ㄴ/ㄹ) 모양이다}의 짐작 표현에 근거가 되는 사실도 시지각 경험에서 흔히 보인다.

(8)은 다양한 청각 정보에 의한 짐작 표현들이다. 직접적인 청각 경험사태나 사실, 혹은 간접적인 경험 사실 등은 화자의 발화 외적 지식을 바탕으로 새로운 사실을 미루어 짐작하는 절대적 근거가 되고 있다. 특히 (8ㄴ)은 '개구리가 울면 비가 온다'라는 인과 관계가 화자의 믿음에 의해 '비가 오려면 개구리가 운다'로 치환된 사실 전제를 바탕으로 이룩된 예문이다. 이는 {-(ㄴ/ㄹ) 모양이다}의 객관적 특성과 확실성을 입증한다. (9)는 후각이나 촉각을 통한 사실 정보를 근거로 사태를 파악하고 있다. 이러한 통각적인 판단 근거의 특성에서 비롯된 {-(ㄴ/ㄹ) 모양이다} 객관적 특성은 담화론적 제약에 주요 변수가 될 것이다.[102]

---

102) 철학·심리학 등에서는 '지각'을 보편적인 용어로 사용하며, 이에 따라 양태론자들도 '지각'을 중요하게 인식해 왔다. 그러나 텍스트 문법가들은 사전 지식을 우리의 지각 경험에 적용·조작하는 보편적 경우를 강조하기 위하여 통각(統覺:apperception)이란 용어를 흔히 사용하였다. 이 글에서도 이런 개념으로 사용하였음을 밝혀 둔다.

4.2.3.4 {-(ㄴ/ㄹ) 모양이다}에서 먼저 거론될 수 있는 사항은 근거 특성에 따른 제약 현상이다. 이는 일반적으로 화자가 발화 내에서 직접·경험한 명백한 사실 정보를 근거로 채택한다. 따라서 화자의 느낌·직관에 의한 어림 짐작과는 다르다. 이러한 간접적 경로를 통해 정보를 획득하는 {-(ㄴ/ㄹ) 모양이다}는 외부적 시점을 유지하고 있다. 그러므로 다음과 같은 단순 어림짐작 상황에는 잘 쓰이지 않는 경향이 있다.

(10) ㄱ. (눈을 가리고) 글쎄, 둥근 것이 사과인 {듯 싶, *모양이}다.
   ㄴ. 언뜻 보기에도, 그 사람 성실한 {것 같, *모양이}다.
   ㄷ. 따져보진 않았지만, 오늘 수입은 괜찮은 {듯하, ?모양이}다.

(10)은 근거 사실을 필요로 하지 않은 어림 짐작 표현들로서 {-ㄴ 모양이다}는 판단 근거 조건에 위배되어 부자연스럽다. 이러한 조건은 짐작 내용에도 제약이 따르게 마련이다. 즉 화자는 외부적인 관찰자 시점으로 사태와의 거리를 유지하고 있어야 하므로 자신의 사태보다는 타인의 사태를 대상화하기 쉽다. 특히 심리 상태를 짐작 대상화할 때에는 {것 같다}와 {-(ㄴ/ㄹ) 모양이다}는 주·객관적 특성으로 대조적인 제약을 보이게 된다.

(11) ㄱ. (영화를 보고서) 이 영화 너무 슬픈{것 같아, *모양이예}요.
   ㄴ. 저는 지금 배가 고픈 {것 같아, ?? 모양이예}요.

(12) ㄱ. 너 맥주가 좋은 {*것 같, 모양이}다. 늘 맥주만 마시니.
   ㄴ. (맥주만 찾는 것을 보고) 너 맥주를 너무 좋아하는 {것 같,
   ??모양이}다.

내적 경험 사태를 짐작 대상화하면 화자와 경험주가 일치해야 하는 제약 조건이 해소되기 마련이다. 왜냐하면 미확인 명제를 대상화하는 짐작에는 '앎'이 전제되지 않기 때문이다. 그러나 {-(ㄴ/

ㄹ) 모양이다}의 객관적 특성은 화자 자신의 경험 사태에 대해서
는 (11)처럼 객관적 거리를 유지할 수 없어 부자연스럽다. 반면
주관화 정도가 높은 {것 같다}는 자신의 심리 상태를 평가하는 데
적합하다. 한편 (12)에서는 동일한 명제 내용임에도 불구하고 근
거 특성에 따라 양태 연산자에 제약이 따른다. (12ㄱ)은 결과적인
경험 사실을 근거로 원인이 될 만한 사실을 미루어 짐작하는 발화
이다. {-(ㄴ/ㄹ) 모양이다}는 이러한 짐작 표현에 자연스럽게 쓰
이지만, (12ㄴ)처럼 화자의 직관이 개입된 내부적 관점의 경험 사
태를 대상화하는 데는 제약이 따른다. 즉 발화 현장 내에 지각적
근거가 명백하게 드러나 있는 화맥에서는 어림 짐작이나 가치 판
단의 표현 형식이 선택된다. 이러한 대상화 조건은 근거와 사실과
의 관계에 따라 결과적 사실이 상정되기 어려운 몇몇 미연의 사태
에서도 나타난다.

> (13) ㄱ. 아현이는 이 다음에 크면 예쁘{겠, ㄹ 것 같, *ㄹ 모양이}다.
>   ㄴ. 통장에 돈이 좀 남아 있을 {것이, 것 같, *모양이}다.
>   ㄷ. 나 이번 주말에 낚시하러 갈 {것 같아, ??모양이야}.

(13)의 ㄱ,ㄴ은 미연의 가능 사태에 대한 지레 짐작(예측) 발화
이다. 미연의 사태에 대한 짐작은 주로 명백한 근거 사실이 존재
하는 결과 미룸 짐작이나 주관적인 단순 짐작이 가능하다. 즉 인
과 관계는 시·공간적인 계기성에 의해 도출되는 경우가 많기 때
문에 미연의 경험 사태는 결과 명제로 기능하게 마련이다. 이로써
{-ㄹ 모양이다}는 제약을 받으며 대신에 {겠}, {것 같다} 등이 자
연스럽게 쓰인다. 또한 (13ㄷ)은 화자 자신의 의지로 계획된 확실
한 사태를 인지 내용으로 삼고 있어서 이를 {-(ㄴ/ㄹ) 모양이다}
로써 객관화하기 어렵다. 이러한 의도 표현과 관련된 {-(ㄴ/ㄹ)
모양이다}의 동사 제약을 살펴보기로 하자.

(14) ㄱ. 영수가 계단에서 미끌어질 {것 같, ??ㄹ모양이}다.
　　 ㄴ. 영희가 미끄럼을 탈 {것 같아, 모양이예}요. 놀이터에 가자고
　　　　 저렇게 조르는 걸 보면.

(15) ㄱ. 영희가 저 노란 옷을 입을 모양이예요. 자꾸 그리로만 시선
　　　　 이 가잖아요.
　　 ㄴ. 숙모가 영희에게 저 옷을 입힐 {??모양이, 모양인가 보}다.

　(14)의 '미끄러지다', '넘어지다' 등은 행위자가 스스로 통제할 수
없는 동사들이다. 이러한 뜻하지 않은 미연 사태는 인과 관계를 형
성하기 어려울 뿐만 아니라 원인 명제로 기능할 수 없어 {-ㄹ 모양
이다}와 잘 호응하지 않는 경향이 있다. 또한 피동 표현에서도 같
은 논리로 {-ㄹ 모양이다}보다는 이를 다시 짐작 표상하고 있는 {-ㄹ
모양인가 보다}가 더욱 자연스럽다.103)
　{-(ㄴ/ㄹ) 모양이다}의 객관화 특성은 의문법 어미에도 제약이
따른다. 이는 이미 알고 있는 사실을 확인하는 의문법 어미 {-지}
만 취한다거나, 발화 현장에서 청자의 내적 경험 사태를 의문 대
상화할 수 없는 점을 들 수 있다.

(16) ㄱ. (차를 새로 샀다고 하자) 너 돈 많이 번 모양이{*니?, 지?}
　　 ㄴ. 모기 물린 데가 가려운 모양이지? 자꾸 긁는 걸 보면.

(17) ㄱ. 너 전에 이 책을 읽은 모양이{*니?, 지?}
　　 ㄴ. 네가 보기에 이 옷이 저 옷보다 부드러운 모양이{*니?, 지?}

　{-(ㄴ/ㄹ) 모양이다}는 화자가 이미 알고 있는 객관적인 확실한
사실이어서 응답을 요구할 필요가 없는 의문법 어미 {-지}만 취한
다. 물론 이때에 {-지}는 의문의 형식을 취하고 있을 뿐 자신의

---

103) 동작 동사를 자기 통제력이 있는 〔+self -controllable〕 동사와 〔-self
　　 -controllable〕 동사로 나눈 것은 Kuno(1973) 참조.

지각 정보를 확인하기 위한 것이다. 아울러 청자에 관한 의문 정
보는 화자가 객관화하여 의문 정보화할 수 없다. 왜냐하면 자신의
현재 사태에 관해 가장 확실한 정보 소유자인 청자에게 확실한 표
상 명제로 질문할 수 없기 때문이다. 물론 (17)의 문장 주어인
{너}가 인식 대상일 때에는 '모양이지'가 짐작 사실에 대한 지각
표현으로서 자연스럽게 용인된다.

   4.2.3.5 {-(ㄴ/ㄹ) 모양이다}는 객관적 근거를 바탕으로 사태를
짐작하므로 사태에 대한 인식은 다른 짐작 표상소보다 확실한 편
이다. 이러한 단언의 효과는 청자를 고려한 공손어법 등의 발화내
적 행위를 수행하지 않는다. 따라서 특정 화맥에서는 다음과 같이
무관심하고 무례한 표현 효과를 나타내기도 한다.

> (18) ㄱ. 甲: 신이 존재한다는 제 생각이 맞습니까?
>   乙: 글쎄, 맞지 않은 {∅, 것 같은, ??모양인}데.
>   ㄴ. 甲: 경비절감을 위해 사원을 감축해야겠습니다.
>   乙: 사장님! 그 결정은 옳지 않은 {것 같습, *모양입}니다.
>   ㄷ. 甲: 날씨도 화창한데, 내일쯤 계룡산으로 등산이나 갈까?
>   乙: 내일요? 조금 바쁘{??아, 지 싶, 지 않을까 싶, ㄹ것 같
>   아, *ㄹ 모양이예}요.

   (18)의 乙은 甲의 요구·제안을 거절하거나 부정하는 발화들이
다. 이때 화자는 청자의 기대를 깨뜨리지 않기 위해서는 정중하고
공손한 태도를 취하는 것이 보통이다. 이 점에서 (18ㄱ)의 {것 같
다}는 동의하지 않는 사실이 화자 자신의 주관적 판단일 따름이며
틀릴 수도 있다는 전제 아래 공손하게 표현하는 데 적합한 표현
형식이다. 그러나 {모양이다}는 사태를 확실하게 객관화하는 특성
으로 청자의 발화 의도에 무관심하고 무례한 발화 내적 효과를 나
타낸다. 즉 사태에 대해 분명한 태도를 표명하지만 이로써 화자와의
관계 격률을 위반하여 적절치 않은 발화가 된다. 이 점은 (18ㄴ)의

조심스러운 평가 화행이나 (18ㄷ)처럼 정중한 거절 화행에서도 그대로 적용된다.

4.2.3.6 이상 {-(ㄴ/ㄹ) 모양이다}의 의미 기능을 개념화를 중심으로 부차적 특성과 담화론적 제약 등을 살펴보았다. 이를 요약하면 다음과 같다.

첫째, {-(ㄴ/ㄹ) 모양이다}는 'A는 B이다'라는 동일성 표상구조에서 B를 짐작 대상화한 것이다. 아울러 {모양이다}는 {모양}이 지니고 있는 핵심 의미에서 은유화 과정을 통해 짐작 사태를 객관적으로 지시·기술할 때 사용된다.

둘째, {-(ㄴ/ㄹ) 모양이다}는 인과론적인 지식을 전제로 결과적 사태에 대한 원인적 해석으로 짐작 표상에 기능한다. 이러한 결과 사실은 화자의 객관적인 지각 사실이나 발화에서의 언술 정보 등이며, 이는 새로운 사실을 짐작하는 객관적인 근거가 된다.

셋째, {-(ㄴ/ㄹ) 모양이다}의 객관화 특성은 판단 근거, 짐작 내용 등에 제약을 수반한다. 화자의 사태에 대한 직접적인 판단 기제인 느낌·직관은 외부적 관점의 {모양이다}와 호응할 수 없으며, 이미 사실로 드러나 있는 객관적인 사실 명제는 객관화할 수 없으므로 제약이 따른다.

넷째, {-(ㄴ/ㄹ) 모양이다} 확실성이 높은 짐작 표현에 쓰여 공손어법적 기능은 수행하기 어렵다. 따라서 청자나 청자 관련 사태에 대해 무례하고 무관심한 발화내적 행위를 수행한다.

4.3 제3유형

제3유형은 '의존명사＋양태술어'의 형태론적 구성을 취하는 양태 관용표현 형식인 {듯하다}, {듯싶다}, {성싶다}, {법하다}, {것 같다}를 말한다.

이들을 동일한 양태 연산자 유형으로 다루는 이유는 첫째, 표면

구조상 이들은 관형형 어미가 이끄는 관형절과 의존 명사인 내포
문 명사+상위 술어의 동일한 구성 방식으로 양태 구문을 형성하
고, 둘째는 의존 명사와 내포문 사이에 특수조사 결합이 가능하며,
셋째는 기저에 상황주어가 설정되어서 내포문에 존경 대상이 올
때 상위 술어에 {-시-}가 실현될 수 없기 때문이다.

　지금까지 이들에 대한 연구는 크게 두 가지 측면에서 이루어졌
다고 볼 수 있다. 우선 보조 용언이나 의존 명사 연구자들은 각각
의 문법 범주 논의에서 개괄적인 의미를 산출하거나 선·후행 환
경을 기술하는 데 역점을 두었다.104) 또 다른 접근 태도는 양태
연구자들에 의해 이룩되었다. 이들은 양태 의미를 부여함은 물론
다른 양태소와의 의미 관련성을 논의하였다. 安明哲(1983)에서는
{겠}, {-ㄹ 것이다}와 함께 {듯하다}를 양태 범주에 포함시켜 거론
한 바 있다.105) 한편 이들 양태 의미의 이질성에 대한 본격적인
연구는 차현실(1984, 1986)에서였다. 우선 차현실(1984)에서
{싶다}를 연구 대상으로 {듯하다}, {듯싶다}, {성싶다}의 의미를 거
론하였지만 이들의 의미 차이는 세밀히 다루지 않고 있다. 물론
차현실(1986)에서는 {보다}, {같다}, {싶다}를 성분 분석 방법으

---

104) 최현배(1937)에서 {듯하다}, {듯싶다}, {법하다}를 추측 보조 형용
　　사로 취급한 이래, 이들에 대한 범주 처리가 논의의 대상이 되어왔
　　다. 물론 최근 문법서에서는 이들을 보조용언으로 보지 않는 대신
　　'의존명사+상위문 동사'로 분리해 보는 관점이 지배적이다. 범주 처
　　리 문제는 이 글과 직접적인 관계가 없어 각설하고, 이 글에서는 이
　　들 개별적인 요소의 결합이 어떻게 새로운 양태 의미를 구축하는지에
　　관심을 둔다.
105) 安明哲(1983)에서는 {듯하다}를 추정적 표현로 보아 양태소 {겠}과
　　의 의미를 구별하였다. 이들은 현재 상태나 상황을 기술할 때 사용되
　　는 점은 동일하지만, {듯하다}는 단순히 외적 사태를 서술하고 있어
　　화자의 심적 상태를 나타낼 수 없다고 보았다. 그러나 이는 양태 문제
　　의 양면적 접근 태도를 인정하는 이 글의 논지와 어긋난다. 즉 {듯하
　　다}는 사태 가능성 표현인 동시에 화자의 심적 태도에도 관여하여 그
　　비중을 주·객관적 양태 가운데 어디에 두느냐에관심을 두고자 한다.

로써 의미 차이를 밝히고 있지만, 이 역시 개별 형식이 지닌 의미 구조를 명시적으로는 기술하지 못한 감이 있다.106)

이 장에서는 형태론적 통합체의 구성 요소들의 재분석을 통해 양태의미 부여의 과정을 살피고, 이로써 개별 형식의 의미 차이를 입증하고자 한다. 아울러 이들 관용 표현의 양태 의미 특성과 담화·화용론적 의미를 용법을 통해 구체적으로 밝히는 순으로 논의를 진행하겠다.

4.3.1 {듯하다}

이 글의 2,3장에서 밝혀진 {듯하다}의 의미 기능을 개괄적으로 요약하면 다음과 같다.

㈎ {듯하다}는 {듯+하다}의 통합 구성체로써 양태 표현에 참여한다.
㈏ {듯하다}는 사실에 가깝도록 사태를 심리적으로 표상하는데 사용된다. 이로써 지시적 기능이 강조된 표상 형식이다.
㈐ {듯하다}의 주관화 정도는 {것같다} 〉 {듯싶다} 〉 {듯하다} 〉 {겠}의 순으로, 동일 유형의 다른 형식들에 비해 덜 주관적이다.

4.3.1.1 {듯하다}를 {듯}과 {하다}의 통합 구성체로 파악할 때, 의존 명사 {듯}의 사전적인 설명은 다음과 같다.

---

106) 차현실(1984)에서는 {듯}, {성}이 선행 관형형 어미 환경에 '가능성(미연세계)'. '개연성(기정사태)'을 나타내며, {싶다}가 지닌 〔화자의 불확실한 믿음〕과 어울려 추정의 뜻을 나타낸다는 것이다. 그러나 {듯하다}를 {듯싶다}의 관용적 의미로 대치하여 아예 거론하지도 않았거니와, 다른 문법범주의 {싶다}와 포괄하여 설명하고 있는 점은 문제가 된다. 아울러 차현실(1986)에서는 {싶다}가 〔화자의 내적 직관에 의한 불확실한 믿음〕으로 의미를 강화하였으며, 전자의 '추정' 표현 대신에 〔+자발적〕 판단으로서의 '짐작'을 제기하기도 하였다.

ㅇ 듯¹ 뗑(의명) 용언의 관형형 ('-ㄴ, -은, -는/ -ㄹ, -을') 아래 쓰여,
　　① '비슷하거나 같은 정도'의 뜻을 나타냄. (부러운 ~ 본다)
　　② '추측'의 뜻을 나타냄. (바람이 부는 ~ 전선이 울고 있다.
　　　비가 올(오는. 온) ~하다. 그러는 게 좋을 ~싶다)
　　③ '거짓으로 꾸며져 있음'을 나타냄. (잘 아는 ~ 이야기하다)

　듯² 뗕 각 어간에 붙어, '비슷하거나 같은 정도'의 뜻을 나타내는 연
　　결어미. 비유적으로 잘 쓰인다. (비 오~ 흐르는 땀. 불을
　　보~ 분명한 일)107)

　사전에서는 선행 요소에 따라 의존 명사와 어미로 구분하였으
며, 그 의미 차이를 세밀히 설명하지 못하고 있다. 즉 {듯}은 '추
측', '비유', '가식'으로 의미가 분화되지만 사실과는 다른 가능 세계
를 표상하고 있다는 점에서 상호 관련성을 지닌다. 이러한 자주
쓰이는 표현들이 구축하는 의미망을 검토해 보기로 하자.
　의존 명사는 자립성이 없어서 다른 형태소 아래에서만 비로소
자립성을 지니는 특성을 지니고 있다. 때문에 {듯}만의 의미를 추
출하기란 쉽지가 않다. 다만 기존의 의존 명사 연구자들의 의견을
종합해볼 때, {듯}의 핵심 의미는 모든 용례에 치환될 수 있는
{처럼}, {듯이}로 미루어 '유사성'으로 파악할 수 있겠다.108) 이런

---

107) 의존 명사 {듯}은 사적 근거를 바탕으로 {듯이}에서 변형 도출된 형
　　태이며, 부사어적 기능을 위한 강조형으로 취급하기도 하였다 (成光
　　秀 1976). 물론 {듯하다}와 {듯이 한다}는 '추측'과 '가식(假飾)'으로
　　구별되어, 앞뒤 환경에 따라 모습을 달리 하는 의존 명사 {듯}의 본
　　래 기능이 엿보이기도 한다.
108) {듯}에 대한 의존 명사 연구자들의 의미 부여는 매우 다양하다. 이
　　가운데 통시적 연구를 보면, 이주행(1988:107)에서는 중세국어
　　{둧}이 한자어 '若, 似, 如' 등의 뜻을 지니고 있으며 {둧ᄒ-}의 형태
　　로 '추측'을 나타낸다고 보았다. 또한 Ramstedt(1939)에서는 {듯}
　　이 '외양(外樣)'이란 뜻을 나타내는 쟈가타이어(Čagatai)와 위이구
　　르어(Uigur) {tüs}과 대응한다고 보았다.

{듯}이 인접 형태의 영향으로 은유적 추이(metaphorical shift)를 일으켜 '짐작'. '추측'이라는 문맥 의미로 전의된 것이다.

{하다}는 쓰임이 다양한 만큼 의미 기능 또한 다각적으로 검토되어 왔다. 여기에서는 구성 성분의 하나로 다른 성분과 합쳐져서 '짐작'·'추측' 이라는 관계 표현을 형성하는 과정에 대해서만 살펴보기로 하자.109)

{듯하다}에서 {듯}과 {하다}를 분리한다면 {하다}는 대동사적 기능을 수행할 것이다. 이때에는 {하다}에 초점이 놓이며 통합구조의 모습 결정소가 되어 사태의 '유사성 판단'이나 '가식(假飾)'으로 해석된다.

(1) ㄱ. 잠을 못 잔 듯 하(ㄴ)다.
　　ㄴ. 잠을 못 잔 듯 {행동한다(하품한다⋯), 말한다⋯}.
　　ㄷ. (하품하는 것을 보고) 너 잠을 못 잔 {??듯하다, 모양이다}.

(2) ㄱ. 약속 시간에 늦은 듯 하(ㄴ)다.
　　ㄴ. 약속시간에 늦은 듯 {뛰어갔다, 서둘렀다, 제촉했다⋯⋯}.
　　ㄷ. (서두르자) 너 약속시간에 늦{??은 듯하다, 은 모양이다}.

　　현대 국어 {듯}의 핵심 의미를 '유사성'(김용석 1982:57), '어떤 동등성'(이주행 988:107), '유사 양태'(왕문용 1990:161)등 다양하게 개진된 바 있다. 이들 연구 결과를 종합하면 {듯}의 핵심 의미를 일단 '유사성'으로 볼 수 있다.
109) {하다}는 동사, 조동사, 대동사, 사역동사, 파생접미사 등의 다양한 품사적 직능을 수행하고, 그 의미의 유·무 또한 상반된 정도로 다양한 주장이 제기된 바 있다. 그러나 {하다}의 유의미론자들 또한 의미 내용을 추상적인 의미 자질로 대체시켜 놓고 있을 따름이다. 서정수(1975)에서는 {하다} 자체의 의미 기능뿐만 아니라, 이와 통합되는 선행요소의 특성에 대해 논의하였다. 아울러 여기에서는 {하다}의 의미를 〔+과정성〕, 〔+상태성〕의 자질을 부여하였다. 이런 {하다}의 인지론적인 해석은 이기동 (1991) 참조.

이상 (1ㄴ),(2ㄴ)의 {하(ㄴ)다}는 구체적인 행위를 대체 가능한 가식 표현들이다. 이 때의 {듯 하다}는 {듯}과 {하다} 사이에 휴지(pause)가 주어지며, 시상제약을 받지 않으며 실제 발화에서는 {한다}가 흔히 쓰인다. 이러한 {듯하다}는 발화 현장에서 확인된 사태를 해석하는 과정에서 도출된 가식 행위 표현이다. 물론 이러한 가식 표현의 {듯하다}는 비록 발화 현장 사태를 지시적으로 해석 표상할 따름이어서 '짐작'이나 '가능성'을 표상하는 (ㄷ)의 {듯하다}와는 구별된다.

가식 표현의 {듯하다}는 발화 현장 사태를 직접 {한다}로 대체하여 지시적으로 표상한다. 즉 (1ㄴ)에서 화자는 하품하는 청자를 보고서 그 행위를 대체할 만한 가정 사태를 상정하여 '잠을 못 잔 듯이(것처럼) 행동한다'고 표현하고 있다. 이는 현장 경험 사태를 직접적인 원인적 사실로 지시 표상한다는 점에서 가능한 원인 명제를 짐작 주관화하는 (ㄷ)의 {-(ㄴ/ㄹ) 모양이다}와 차이가 있다. 이 점에서 '짐작, 추측'의 {듯하다}는 '가식'의 {듯하다}와는 달리 {듯}과 {하다}의 분리 가능성이 희박해 짐작·추측의 모습 결정소가 미분화되어 있음을 반증한다.

의존 명사 연구자들은 {듯}과 {하다} 사이의 조사가 개입될 수 있다는 사실을 근거로 {듯하다}를 하나의 문법 범주로 처리할 수 없다고 보았다. 이러한 논지는 언뜻 보면 타당성 있게 보인다. 그러나 이는 다른 판단의 가능성을 배제하지 않는 조사 {도}만 짐작·추측과 인식론적 상관성으로 가능할 뿐이며, 다른 격조사가 개입하면 인식 양태 의미가 약화되거나 없어지게 된다.

(3) ㄱ. 눈이 올 듯은 하다. 많이 내리지는 않겠지만.
　　 ㄴ. 돈이 없는 {*듯, 모양}으로 지갑만 자꾸 열어보고 있었다.
　　 ㄷ. 그녀가 돈이 없는 {??모양, 듯}을 했다.
　　 ㄹ. 그녀가 아이를 때릴 듯만 하지, 때리지는 않아.

(3ㄱ)은 {는}의 개입으로 객관적 양태(유사성, 가능성) 기능을 수행할 뿐, 주관적 양태인 '짐작', '추측'의 의미는 엿보이지 않는다. 특히 (3ㄱ)의 미연 사태에 대한 가능성 판단은 {은}에 이끌려 후행 짐작 사실의 대조적인 전제로 기능한다. (3ㄴ)에서의 {-으로 }는 원인이 될 만한 명제 내용을 선택적으로 채택하는 기능을 지닌다. 이때에도 {듯}은 사태에 대한 소극적 관여로 {모양}처럼 쓰이지 않는다. 그러나 (3)의 ㄷ,ㄹ에서처럼 가식적 행동의 전제로는 {듯}이 조사와 잘 통합된다. 이로써 '짐작'의 {듯하다}는 분리될 수 없을 정도로 하나의 양태 술어로 융합되지만, 양태 기능은 {듯}이 지닌 '유사성'이 주관화 기능소 {하다}와 결합하여 '가능성'이나 '개연성'의 인식 양태로 전이되는 것이다. 그러면 이처럼 하나의 통합된 양태 연산자로 기능하는 {듯하다}의 용법을 살펴보기로 하자.

4.3.1.2 {듯하다}에서 먼저 제기할 수 있는 문제는 {하다}의 기능이다. 비교적 동일한 용법의 {듯싶다}, {듯 보이다}에 비해서 {듯하다}의 {하다}는 화자의 주관적 개입이 적극적이지 않음을 알 수 있다. 이는 다음과 같은 사태에 대한 지시적 표상 기능에서 찾아볼 수 있다.

(4) ㄱ. 젊은이는 거의 사내를 놀리고 있는 듯한 어조였다. ('78:35)
    ㄴ. 아이들은 선생님만 없으면 그대로 내게 덮칠 듯한 기세로 퍼부어댔다. ('87:75)
    ㄷ. 신어머니와 신딸들로 보이는 무녀들이 네댓 명 탕으로 들어 왔다. 신어머니는 어디서 많이 본 듯한 얼굴이다. ('90:285)
    ㄹ. 그 개는 낯설기 그지없는 분위기를 어떻게든 이해해 보려고 애쓰고 있는 듯한 표정이었다. ('92:237)

이상의 {듯하다}는 {것 같다}와 자연스럽게 치환이 가능하지만 화자의 주관이 개입된 {듯싶다}는 문맥에 따라 자연스럽기도 하고 교체가 부자연스럽기도 하다. 이러한 사실은 역으로 {듯하다}가 발화현장에 밀접한 사태를 지시적으로 서술할 따름이어서 화자의 주관이 적극 개입되지 않음을 보여 준다. 즉 {듯하다}는 화자의 경험에 내재된 사실 정보와 현재 사태와의 유사성을 비교한 후에 이를 확실하지 않은 믿음으로 표상하는 인지 과정을 지니고 있다.

(4ㄷ)에서 화자는 자신의 두뇌에 기억되어 있는 사실 정보(알고 있는 얼굴)와 발화 현장에서의 경험(현재 보는 얼굴)과의 유사성을 비교하고 확실하지는 않지만 사실에 가깝도록 {듯하다}로써 표상하고 있다. 이러한 가능·개연 사태에 대한 화자의 판단에도 화자의 주관이 개입되지만 {듯하다}는 사태를 객관적으로 직접 판단 대상화하는 특성 때문에 {듯싶다}보다 주관화 정도가 낮다. 이런 {듯하다}의 주관화 특성은 '느낌'을 보문명사로 취하는 데에서도 알 수 있다.

(5) ㄱ. "이상해요. 지금 제가 아주 나이 많은 여자가 된 듯한 느낌이 들어요. 하룻밤 새 늙은 여자가 되어버렸나 봐요." ('85:130)
　　ㄴ. 저는 비로소 여자가 된 듯한 기분을 맛보았습니다. ('89:18)

(6) ㄱ. 가구와 집기 따위가 주로 형수의 취향과 안목에 따라 골라진 것들이기 때문에 나는 마치 새로운 여자와 함께 살게 된 듯한 느낌을 받았다. ('77:8)
　　ㄴ. 흡사 어느 먼 나라의 기속(奇俗)에나 접한 듯한 느낌이어서 혼자 끼들끼들 웃었던 것이다. ('90:197)
　　ㄷ. 하루 열네 시간씩 엿새를 꼬박 일했던 피곤함이 한꺼번에 밀려오는지 걸음을 옮기는 것이 쇳덩이를 부리는 듯한 느낌이기만 했던 것이다. ('89:149)

이상 예는 {듯하다}로 이룩되는 유사 사태에 관한 화자의 느낌을 서술하고 있다. (5)는 자신의 심리 상태를 {듯하다}를 통해 추상적으로 표현한 예이며, (6)에서도 자신의 심리 상태를 유사한 상황에 대비하여 은유적으로 표현하고 있다.

{듯하다}가 느낌의 내용절이 될 수 있다는 사실은 짐작의 기저에 느낌(직관)이 작용한다는 이 글의 논지를 입증하기도 한다. 그러나 {듯싶다}는 {싶다}가 지닌 '느낌', '직관'의 의미 기능으로 말미암아 위 예문의 보문명사 '느낌'과 중복된다. 이에 {듯하다} 자리에 {듯싶다}가 오기는 어렵다. 한편 {듯하다}는 의사 판단의 {듯이 보이다}처럼 평가 화행에 흔히 사용된다.

(7) ㄱ. 그는 황병일에 대해서는 관심이 없는 듯 보였다. ('88:303)
   ㄴ. 영락없이 맨몸으로 바다에 누워있는 듯이 보였다. ('92:45)
   ㄷ. 운전사는 현 여사 앞에서 고개를 수그린 채 머뭇거렸다. 뭔가 곤란한 일이 있는 듯해 보였다. ('92:260)
   ㄹ. 분명 만지면 미끌거리고 탄력이 있을 듯해 보이는 그 눈알들은 작은 물고기처럼 주변 풍경을 전혀 이해하지… ('93:76)

(7)의 {듯 보이다}의 {보이다} 대신에 {하다}를 자연스럽게 치환할 수 있다. 특히 (7ㄷ,ㄹ)의 {듯해 보이다}는 {듯하다}와 경험적 판단의 {보이다}가 결합한 형식으로 사태를 사실에 가깝도록 판단할 때 사용된다. 이러한 {듯해 보이다}는 화자의 주관적 관여도를 높이는 {보이다}로 말미암아 {듯하다}가 단순히 사태의 '유사성'만을 지시적으로 표상함을 나타낸다.

이제까지 논의된 바에 따르면 {듯하다}는 객관적 양태와 관련된 '유사성'을 핵심 의미로 지니고 있다. 그러면 이러한 '유사성'이 구문에 따라 어떻게 '가능성', '개연성'을 표상하는 '짐작' '추측'으로 전이되는지, 그 주관화 과정을 실제 예문으로 살펴보기로 하자.

4.3.1.3 {듯하다}는 대상의 어림치를 헤아리는 짐작 표현에 잘 쓰인다. 이는 어림 정보가 지니고 있는 사실 정보와의 유사성에서 비롯된 결과이다.

(8) ㄱ. 비행기는 스무 대가 넘는 듯하였다. ('84:259)

ㄴ. 플라스틱 고리짝에 담아 온 반지락을 들어냈다. 다섯 짝이었
다. 두 가마니는 실히 될 듯했다. ('85:155)
ㄷ. "몇 경이나 되었나." "얼추 삼경은 넘긴 듯합니다." ('85:270)
ㄹ. 뒤에서 밀어주어야 할 리어카나 지게짐 이외 아무 차도 올라갈
수 없게 비탈이 30도는 될 듯하였다. ('90:39)
ㅁ. 진서를 마지막 본 지가 삼 년이 넘을 듯하였다. ('90:48)

(8)은 대상의 수량이나 정도 등을 {듯하다}를 사용하여 어림으
로 헤아리는 표현들이다. 느낌이나 직관을 통한 어림 짐작 행위는
주로 화자의 지각 표상을 통해 이루어지지만 그 바탕에는 화자의
지식 정보가 내재되어 있다. 즉 화자는 자신의 경험하여 기억 저
장하고 있는 수량, 정도에 지식 정보로써 발화 현장 대상의 수량,
정도를 개괄적으로나마 파악하는 것이다. 이러한 '어림 짐작'은 주
로 사물을 대상화하는 데에 뚜렷이 나타나지만 다음 예처럼 사태
를 대상화하는 데에서도 쉽게 그 용례를 찾아볼 수가 있다.

(9) ㄱ. 그는 벽에 걸린 텔레비전을 보았다. 연속극인 듯했다. 짐작건
대 결혼한 아들 삼형제의 부인들이 시부모와… 시집살이를 하
며 벌이는 사건들이 그 내용인 듯했다. ('84:70)
ㄴ. 두헌이가 순종이라며 가져온 것이었는데, 순종은 아닌 듯했고,
이삼대 잡종인 듯했다. ('88:128)
ㄷ. 현구 주위 사람들이 다 그렇듯 외양을 보니 산동네 비산동 주
민인 듯하였다. ('90:64)

(9)에서 화자는 발화 현장의 직접적인 지각 경험을 통해 사태를
짐작 표현하고 있다. 물론 이러한 짐작 행위의 바탕에는 화자의
발화 외적 지식이 전제되어 있으며, 이를 현재 사태와의 유사성을
비교하여 가능성이 높다고 믿게 될 때 {듯하다}로써 짐작 발화하
는 것이다. 이처럼 근거가 되는 화자 내적 정보와 짐작 사실과의
직접적인 관계는 화자가 사태 내부에 들어가 자신을 의식하지 않

는 주관적인 시점(視點)을 말한다. 특히 {듯}이 지닌 '유사성'은 사태를 확실하게 속속들이 알지 못하고 겉가량으로나마 개략적으로 파악한 '미확인'의 앎의 상태를 뜻한다.

{듯하다}는 이러한 심증에 의한 어림 짐작 이외에도 미룸 짐작에도 그 용례를 찾아볼 수 있다.

(10) ㄱ. 감독관들이 별다른 이상없이 답안지를 회수해 오는 걸로 보아서는 우려했던 것과는 달리 첫 시간의 시험은 그런대로 무사하게 치루어진 **듯했다**. ('86:154)
　　　ㄴ. 일행은 서너 사람, 그들은 북쪽의 산을, 어쩌면 설악쯤을 목표로 하는 **듯했다**. 선반 위의 팽팽한 배낭과 진흙 한점 묻지 않은 등산화가 그런 짐작을 하게 해 준다. ('92:82)

(10)은 화자가 직접 지각 경험하여 사태를 헤아리는 '어림 짐작'과는 다르다. 이는 발화 현장에서 직접 경험한 사실을 근거로 새로운 사실을 미루어 짐작하는 표현들이다. 그러나 {듯하다}는 근거와 사실이 명제들 사이의 인과 관계로 규칙화되어 결속되어 있지는 않다. 이는 (10ㄱ)의 원인 짐작 상황이나 (10ㄴ)의 결과 짐작 상황에 {듯하다}가 자연스럽게 사용됨으로 알 수 있다. 또한 (10)의 {듯하다}는 미룸 짐작 이외에도 '의사 가치 판단'으로도 해석할 수 있다. 이는 자료 의존적인 객관적 양태와 결부된 해석이다. 이처럼 {듯하다}는 특정한 미룸 짐작 상황에 쓰이고 있을 뿐, 화자의 태도는 대상과 직접 대결하여 그것이 어떠한 상태에 있는가를 밝히는 판단의 속성을 지니고 있다. 이는 청자의 언술 정보로 미루어 사태를 미루어 짐작하는 {겠}, {-(ㄴ/ㄹ)모양이다}, {-(나/ㄴ가) 보다}의 언술 상황에 {듯하다}가 부자연스럽게 쓰이는 점으로도 확인된다.

(11) ㄱ. 甲: 오늘 아침에도 늦게 일어났어.

乙: 그럼 또 지각했{겠, ??을 듯하, ??듯 싶 ?을것 같}다.
ㄴ. 甲: 몸이 으쓱으쓱 춥고 머리가 무거워요.
乙: 그래? 감기 걸린 {모양이, ?듯하, ??듯 싶, 것 같}다.

(11)의 {듯하다}가 {겠}, {-(ㄴ/ㄹ)모양이다}에 비해 자연스럽지 않은 까닭은 화맥에 인과 관계로 결속되는 사실 근거가 명백히 드러나 있기 때문이다. 특히 {듯하다}는 (11ㄱ)처럼 {겠}이 사용되는 결과적 짐작 상황에 부자연스러운데, 그 까닭은 원인 명제에 비해 결과 명제는 근거 사실과의 유사성이 다소 적기 때문이다. 또한 원인 해석은 (11ㄴ)처럼 화자의 언술 정보를 근거로 하여 주로 {모양이다}로 이루어지기 마련이지만, {듯하다}는 주로 발화 현장에서 화자가 직접 경험하여 판단할 수 있는 내부적 관점을 유지하기 때문에 자연스럽지 않다.

이상을 통해 {듯하다}는 특정한 미룸 짐작 상황에 잘 쓰이고 있을 뿐, 화자의 인식 태도는 대상(사물, 사태, 사실)과 직접 대결하여 그것이 어떠한 상태에 있는가를 밝히는 자료 주도적 처리과정을 거쳐 이루어지는 객관적 양태술어임을 알 수 있다. 물론 (11) 예문에서 {듯하다} 자리에 {것 같다}가 자연스럽게 쓰일 수 있다. 이는 {것 같다}가 내·외적 근거에 관계없이 내부적 관점에서 사태를 직접 의사 판단하는 기능으로 두루 쓰일 수 있기 때문이다.

객관적 양태 기능을 지닌 {듯하다}는 주관화 정도가 낮아서 화자의 주관이 깊이 개입할 필요가 없는 인과적 상황에서는 {듯싶다}보다 자연스럽다. 이러한 {듯하다} 주관화 정도를 실제 예문으로 살펴보기로 하자.

(12) ㄱ. 갈색 스웨터에 검정 몸빼를 입은 노파는 여자의 어머니인 듯했다. 노파는 여자의 뒤를 따라다니면서 살피지 않고도 딸이 하는 일들을 꿰듯이 알고 있는 듯싶었다. ('83:130)
ㄴ. 유치장 안엔 나까지 모두 다섯 명이 갇혀 있다. …… 나머지

> 셋은 모두 스물이 넘은 듯한 또래인데, 미루어 보건대 절도
> 혐의로 붙잡혀 온 듯싶다. ('88:41)
> ㄷ. 그림들은 너무 낯이 익어 한국의 어떤 화집에선가 본 **듯 싶**
> 었고, 자신을 위해 그려 주었다는 말이 믿기지 않게 서울의
> 어느 책에서 오려다 놓은 **듯했다**. ('93:348)

(12)에서 {듯하다}와 {듯싶다}는 한 예문에서 인식의 추이에 따라 선별적으로 쓰여 양자의 주관화 정도를 비교하기가 용이하다. 물론 두 양태 술어는 서로 대체하여도 문맥 의미에 변화를 주지 않을 정도로 유사한 기능을 수행한다. 여기에서의 서술자는 서술 태도상 동일 어휘의 반복적인 사용을 회피했겠지만 두 형식에 대한 주관적 관여도는 대상 명제의 차이에서 엿볼 수 있다.

(12ㄱ)에서는 서술 대상의 신분(身分)보다는 심리 상태가 더욱 주관적 짐작 대상이며, (12ㄴ)에서도 유치장에 들어온 이유에 대한 미룸 짐작보다는 나이에 대한 어림 짐작이 더욱 주관적일 것은 자명한 사실이다. 아울러 (12ㄷ)에서는 화자 기억 속에 내재되어 있는 불확실한 경험 명제가 발화 현장에 밀접한 지각 명제에 비해 주관적일 것이다. 이러한 주·객관적 인지 대상의 차이에 따라 덜 주관적인 {듯하다}와 상대적으로 더 주관적인 {듯싶다}가 선택된 것이다.

{듯하다}의 주관화 기능에 따른 담화론적 제약은 짐작 대상과 화자와의 심리적 거리 문제로도 설명할 수 있다. 이미 밝혔듯이 {듯하다}는 사태 내부적 시점을 견지하므로 화자는 자신을 의식하지 않는 경험주로 기능하게 된다. 따라서 다음과 같이 화자 인식 밖의 사태를 대상화하는 데에는 제약이 따른다.

(13) ㄱ. 부산이 이렇게 추우면 서울은 아마 더 춥{겠, 을 것이, ? 을
　　　　듯하, 을 듯싶, 을 것 같, 지 않을까 싶, 을지도 모른}다.
　　ㄴ. 그 사람 {곧, *언젠가는} 죽을 듯하다.

ㄷ. 우린 5년 후에나 결혼할 {?듯합, ??듯싶습, 것 같습}니다.

(13)의 짐작 대상은 화자의 인식 영역에서 시·공간적으로 멀리 떨어져 있는 미연의 예상이나 예정 사태들이다. (13ㄱ)에서 화자는 현재 경험 사실과 발화 외적 지식을 직·간접 근거로 언술 장면에 멀리 떨어져 있는 인지 대상을 논리적으로 비교 판단하고 있다. 이 경우에 {듯하다}만이 인식 대상과의 대상화 조건으로 부자연스럽다.

(13)의 ㄴ,ㄷ도 막연한 예측 발화로써 {듯하다}의 주관화 특성이 잘 드러나 있다. (13ㄴ)에서의 시점 제약은 {듯하다}가 짐작의 {겠}과 마찬가지로 내부적 관점에서 자신을 의식하지 않은 관찰자로 기능함을 알 수 있다. 이는 외부적 관점에서 자신을 의식하는 {-ㄹ 것이다}와 정확히 대응된다. 특히 (13)에서 {듯싶다}와 {것 같다}와의 용인성 차이는 주관화 정도와 밀접한 관계가 있다.

{듯하다}는 화자 자신의 사태를 가치 판단하거나 청자의 평가적 판단을 요구하는 의문문에도 큰 제약이 없이 사용된다.

(14) ㄱ. 왠지 배고픈 {?듯한, ??듯싶은, 것 같은}데, 뭘좀 먹을까?
　　　ㄴ. 아무래도 취한 {?듯해, ??듯싶어, 것 같아}. 그만 하겠어.

(15) ㄱ. 네가 보기에 비 {온, ?오는, 올} 듯하니?
　　　ㄴ. 이 번에 만나기로 한 여자 예{*쁜, 쁠} 듯하니?

(14)에서 {듯하다}는 주관적인 주체 중심적 판단 명제를 객관화하여 가치 판단하고 있다. 이때에도 {것 같다}, {듯하다}, {듯싶다} 순으로 용인 개연성이 높다. (15)에서 보듯 내적 경험 사태를 의문 정보화할 때에는 가능 명제만을 요구하기 때문에 {듯하다}는 발화 현장과 밀접한 명제를 의문 대상화할 수 있다. 그러나 {것 같다}는 이 경우에도 시상 제약을 받지 않는데, 이는 역으로 {듯

하다}가 지닌 객관적 특성을 반증하는 것이다.

 4.3.1.4 사태를 지시적으로 표상하는 객관적 양태 술어 {듯하다}는 {것 같다}, {듯싶다}에 비해 공손어법에는 잘 쓰이지 않는 경향이 있다. 물론 불확실한 인식 태도에서 비롯된 비확정 서술에는 잘 쓰이지만 청자를 고려한 사회 언어적 기능은 매우 미약한 편이다.

> (16) ㄱ. "계모는 오육 년 전인가 들어왔는데, 조금 아이큐가 모자란
>   듯합니다." ('77:226)
>   ㄴ. 고인은 전 날 영 시에서 네 시 사이에 운명했고, 사인은 아
>   마도 심장마비인 **듯하다**고 숙모는 말했다. ('82:339)
>   ㄷ. 우리 눈엔 그 사람 입고다니는 옷거리가 조금씩 지난 **듯해**
>   뵈더구먼. 형편이 그리 윤택해 뵈진 않아. ('85:270)

> (17) ㄱ. 댁의 따님은 참 성실한 {*듯합, ?듯싶습, 것 같습}니다.
>   ㄴ. 값이 좀 비싼 {*듯합, ?듯싶습, 것 같습}니다. 깎아주세요.
>   ㄷ. 예. 아버님 말씀이 옳은 {??듯합, 듯싶습, 것 같습}니다.

 (16)은 확실하지 않은 사태를 비확정적으로 언술하는 예이다. 이러한 단언 회피의 기능은 인식 태도와 일치할 수도 있고 그렇지 않을 수도 있지만 청자와의 관계를 고려하여 자신의 진술을 책임지지 않으려는 서술 태도에서 비롯된다. 여기에서 {듯하다}는 적극적인 사회적 기능의 공손어법적 기능을 잘 수행하지 못한다. 왜냐하면 {듯하다}는 사실에 가깝도록 사태를 객관적으로 표상할 따름이어서 청자를 고려하여 스스로 책임지려는 적극적 자세가 다른 형식에 비해 매우 미약하기 때문이다. (14ㄴ)은 윗사람인 청자에게 조심스럽게 의견을 내야 하는 언술 상황에서 이루어진 발화이다. 이때에 화자는 자신의 의견이 확실치 않음을, 단순히 자신의 주관에 의존하여 소극적으로 판단하였음을 표명해야 한다. 이 점에서 {듯하다}가 적합한 형식이 못되는 것이다.

4.3.1.5 이제까지 파악한 {듯하다}의 의미 기능을 요약하면 다음과 같다.

첫째, {듯하다}는 {듯}의 '유사성'과 화자의 주관을 관계해 주는 기능소 {하다}가 통합되어 양태적 의미를 수행한다. 이러한 {듯하다}의 {유사성}은 사태에 대한 '가능성', '개연성'으로 전이되어 짐작 표현에 잘 쓰인다.

둘째, {듯하다}는 주로 화자의 느낌·직관에 의존하여 발화 현장에 밀접한 사태를 직접 관여하는 특징이 있다. 이러한 주관적 관도는 {하다}의 형식적 기능에 이끌려 {듯싶다}보다 낮은 편이다.

셋째, {듯하다}는 명백한 근거가 드러난 화맥에서는 잘 사용되지 않는 등 대상과의 거리가 인접한 사태를 객관적으로 직접 표상한다. 이로써 완곡어법적 기능은 잘 수행하지 않는다. 이상 밝혀진 사실들은 동일 유형의 유사 표현 형식인 {듯싶다}와 비교함으로써 더욱 구체화될 것이다.

4.3.2 {듯싶다}

4.3.2.1 이 항에서는 {듯싶다}의 의미 기능을 실제 용법을 통해 확인하고 이에 따른 부차적 의미 특성을 밝히는 것을 목적으로 한다.

논의를 위해 전 장에서 밝혀진 {듯싶다}의 양태적 의미 특성을 요약하면 다음과 같다.

첫째, {듯싶다}는 '듯＋싶다'의 통합 구성체로써 양태 표현에 관여한다.

둘째, {듯싶다}사태에 대한 주관적인 유사성 판단으로 '짐작'의 의미를 획득한다.

셋째, {듯싶다}의 주관화 정도는 {듯하다}보다는 높고, {것같다}보다는 상대적으로 낮은 편이다.

{듯싶다}는 {싶다}의 주관화 기능으로 화자의 심리적 근거를 바탕으로 한 짐작 행위에 잘 쓰인다. 이 점에서 {듯하다}와 구별된다. 이를 파악하기 위해서는 {듯하다}와의 이질적 요소인 {싶다}의 개념을 면밀히 파악할 필요가 있다.

{싶다}는 {하다}와는 달리 구문의 독립 요소로 기능하지 않아서 선·후행 요소와 재구조화된 통합체에서 그 의미를 간접적으로 산출할 수밖에 없다. 물론 {듯싶다}는 {듯하다}와 거의 유사한 의미 기능을 지니고 있다. 그러나 담화, 화용적 변별 의미역도 지니고 있으므로 이에 관심을 둘 것이다.

{싶다}에 대한 연구로는 金興洙(1983, 1988), 차현실(1984, 1986), 嚴正浩(1990) 등에서 특징적인 문법적 사실이 논의되었다. 논의를 위해 이글과 관련 있는 핵심적인 내용만 요약하면 다음과 같다.

⑺ 金興洙(1983)에서는 {싶다} 구문의 '추측' 의미는 {싶다}에 직접 대응하는 것이 아니며, {싶다}는 완형보문 구조에서 생성된 상위 서술어로써 그 의미를 '느끼-PASSIVE-다'로 보았다. 아울러 김홍수(1989)에서는 {싶다}를 심리동사로 보아 심리동사 구문 전반에 관한 연구에서 이를 재론한 바 있다.

⑼ 차현실(1984)에서는 {싶다}의 공통적인 의미를 '명제내용에 대해 갖는 불확실한 믿음'으로 파악하였다. 특히 차현실(1986)에서는 {싶다}가 직접 경험하지 않은 명제에 대한 내적 직관에 근거한 〔+자발적〕 자질로써 주관적 판단에 사용된다고 보았다.

⑽ 嚴正浩(1990)에서는 완형보문(SEA구문)을 중심으로 {싶다} 의 의미를 '주제의 명제에 대한 확정적이지 않은 판단'으로 파악하였다.

이상의 연구 성과를 검토해 보면 ⑺는 {싶다}만의 의미를 추출하려 했다는 데 의의가 있겠다. 다만 추출된 추상적 의미가 통합 구성체로서의 모든 {싶다} 구문에 적용할 수 있는지에 의문이 제기된다. 더욱이 주관화 구문을 만드는 {싶다}는 '느낌', '생각', '판단' 등을 기저에 상정할 수 있어 반박의 여지를 남기고 있다. (나), (다)는 {싶다} 구문의 문맥 의미로 볼 수 있다. 불확실, 비확정적 판단 등은 {싶다} 자체 보다는 선행 요소에 의해 의미가 구체적으로 드러나기 때문이다.

이 글에서는 {싶다}를 '느낌'이나 '직관'에 의한 주관화 기능소로 보고자 한다. 이러한 {싶다}의 기능이 '짐작'이라는 주관적 양태 의미를 이룩하는 바탕이 될 것이다.

4.3.2.2 사전에서는 {듯싶다}를 '추측'을 나타낸다고만 설명하고 있지만, 실제 용례에서는 한층 포괄적으로 쓰이고 있음을 알 수 있다. 우선 비유적인 표현의 {듯싶다}를 보기로 하자.

(1) ㄱ. 징소리는 하늘에서 햇살을 타고 내려오고 있는 듯싶기도 하였다. ('80:166)

ㄴ. 조금 후에 천은사, 연곡사에서도 동시에 종소리가 울려 퍼져, 깊이 잠든 지리산을 흔들어 깨우는 듯싶었다. ('81:267)

ㄷ. 못 보던 털모자를 뒤짚어쓰고 있는 남편의 얼굴은 가죽과 뼈만 남은 듯싶다. ('84:191)

ㄹ. 장마끝이었다. 싸리비로 쓸어낸 듯싶은 하늘은 눈이 부시도록 투명하였다. ('90:195)

비유적 용법으로 쓰인 {듯싶다}는 심리 세계를 반영하고 있는 {싶다}에 이끌려 화자의 심상(心象)을 표상한다. (1)에서 {듯싶다} 대신에 {듯하다}가 대체될 수 있지만 그 감정가치는 달라진다. 즉 대상을 객관적으로 투영하고 있는 {듯하다}에 비해 {듯싶다}는 대상을 자기 주관으로 받아들여 투영화한다. 이로써 일반적이고 상투적인 비유 표현에 {듯싶다}가 어울리지 않는 이유도 미세한 주관화 특성에 기인한다.

{듯싶다}는 화자의 느낌이나 직관에 의존하여 사태를 즉각적으로 파악하되 {듯}에 이끌려 어림으로 헤아리거나 판단하게 된다. 이런 어림 짐작 표현을 보기로 하자.

(2) ㄱ. 술청 안엔 낚시꾼인 **듯싶은** 남자들이 술을 마시고… ('80:193)
   ㄴ. 무당이 공수를 주는지 가족인 **듯싶은** 사람들이… 대성통곡을 하였다. ('90:222)
   ㄷ. 한눈에 신혼부부인 **듯싶은** 남녀가 서로의 허리에 팔을 감고 해변에 발자국을 찍으며 걷고 있었다. ('94:343)

(2)는 화자의 직관에 의거하여 인지 대상의 신분에 대한 개연적 판단을 서술하고 있다. 특히 여기에서 {듯싶다}는 통사적으로 {-다}로 끝나는 서술형보다는 위 예처럼 보문형식의 재구성 방식을 잘 취하고 있다. 왜냐하면 이러한 구문 유형은 화자의 직관을 수용하기 적합하기 때문이다. 이런 느낌·직관은 화자 자신과 사태가 밀접한 다음 발화에서도 잘 나타나 있다.

(3) ㄱ. 주사바늘이 들어가는 순간 아픈 {듯싶, ?듯하, 것 같}었어.
   ㄴ. 절벽 밑으로 추락하면서도 이대로 떨어지면 안 될 **듯싶었어.**
   ㄷ. 먹다가 매울 {듯싶으, ?듯하}면 얼른 물 마셔라.

(4) ㄱ. 갑자기 뭔가 타고 있는 듯한 기분 나쁜 냄새가 난 **듯싶더니** 차체에서 연기가 뭉게뭉게 솟아오르기 시작했다. ('82:55)
   ㄴ. 그는 성냥곽을 엎질렀다. 엔간히 추운 밤이 될 **듯싶었다.** 성냥개비를 집는 손가락이 벌써 둔해져 있었다. ('85:81)
   ㄷ. 여기가 어디쯤인가. 놀이방이 있는 동네에서 두 정거장 또는 세 정거장쯤인 **듯싶지만** 잘 알 수 없는 일이었다. ('90:116)

(3)에서 화자는 자신의 느낌이나 직관으로 사태를 즉각적으로 가치 판단하여 표현하고 있다. 이처럼 {듯싶다}는 화자의 순간적인

느낌이나 내적 경험을 표현하는 데 잘 쓰이며, 이 점에서 {듯하다}와 변별된다. 이런 {듯싶다}의 의미 특성은 (4ㄱ)의 후각 기관을 통한 느낌이나 (4ㄴ)처럼 행위와 행위 사이의 순간적 판단, 또는 (4ㄷ)처럼 자문(自問)에 뒤따르는 직감적 판단 등에서도 잘 드러나 있다. (4) 예문의 {듯싶다} 대신에 {듯하다}를 치환할 수 있지만 {하다}의 주관화 특성으로 {듯싶다}만큼 자연스럽지 못하다.

이처럼 {듯싶다}는 화자의 느낌이나 직관 등의 심리적 근거를 바탕으로 '어림 짐작' 상황에 잘 사용되지만 '미룸 짐작' 상황에도 그 용례를 쉽게 발견된다.

(5) ㄱ. 광고자막이 불쑥 튀어나오는 걸 보니 아마 만화영화는 끝난 듯싶었다. ('85:107)
　　ㄴ. 피비린내가 진동하는 것으로 보아 소를 잡은 지 하루도 채 안 되는 듯싶었다. ('90:277)
　　ㄷ. 어린아이가 잠들어 있고, 접은 군용담요 위에 화투짝들이 흐트러져 있는 것을 보아 그들은 복잡한 계곡으로 들어가느니 아예 이곳에 자리잡고 놀기로 작정했던 듯싶었다. ('94:394)

(5)의 {듯싶다}는 객관적인 지각 경험을 근거로 사태를 헤아리는 '미룸 짐작' 표현들이다. 이는 지각한 경험 사실이 결과가 되고 새로운 사실이 원인이 되는 상황으로서 {듯싶다} 대신에 원인 짐작의 {-(ㄴ/ㄹ) 모양이다}, {-(나/ㄴ가) 보다}가 대체될 수 있다. 이러한 결과적 사실에 따른 원인 탐색에 {듯싶다}를 사용하는 까닭은 화자가 근거에 의한 단언성을 약화시키는 대신에 심리적 호소력을 환기하고자 하기 때문이다. 그러나 원인적 해석의 {듯싶다}는 지각한 사태의 해석에서 드러난 논리적 관계일 뿐, {듯하다}와 마찬가지로 경험 사실과 짐작 내용의 논리적 관계가 일관되게 도출되지는 않는다.

(6) ㄱ. 사내들 틈에 하나씩 끼어앉은 여자들이 깔깔대거나 술과 안주
      를 먹여주거나 돈셈들을 거들고 있었는데, 그들은 아마 그 재
      미로 여자를 부른 **듯싶었다**. ('85:16)
   ㄴ. 옆방에서 비명소리가 들려온다. 그쪽은 또 시작인 모양이다.
      으윽. 아이구우, 사람살리시요오. 서정민이다. 어지간히 시끄
      럽고 골치 아픈 녀석인 **듯싶다**. ('88:62)
   ㄷ. 그의 표정으로 봐서 그런 일이 한두 번 있는 게 아닌 **듯싶었**
      다. ('91:141)

(7) ㄱ. 어머니가 어렴풋이 들은 것은 그 유리창이 깨지는 소리였던
      듯싶다. ('83:229)
   ㄴ. 도톰하니 봉분을 만들고 뗏장까지 입혀놓고 보니 엉성한 대로
      형상은 갖춘 **듯싶었다**. ('84:124)
   ㄷ. 이런 식으로 신문이 마르기를 기다리다가는 습기찬 날씨를 감
      안할 때 한나절은 족히 걸릴 **듯싶었다**. ('91:26)

이상 예문에서 화자는 발화 현장에서 직접 경험하고 있는 사실에
대한 해석을 {듯싶다}를 통해 개연적으로 판단하거나 직감적으로
헤아리고 있다. (6)의 {듯싶다} 자리에는 원인 짐작의 {-(ㄴ/ㄹ)
모양이다}, {-(나/ㄴ가) 보다}가 대체될 수 있지만, (7)의 {듯싶다}
자리에는 미룸 짐작 표현이 아니기 때문에 대체가 쉽지 않다. 이로
써 {듯싶다}는 주로 '주관적 유사 판단'을 핵심 의미로 지니고 있음
을 알 수 있다.

이상 {듯싶다}의 '비유'와 '짐작'의 의미 기능을 살펴보았는데, 이
를 {듯하다}와의 비교를 통해 구체적으로 살펴보기로 하자.

4.3.2.3 {듯하다}와 {듯싶다}는 느낌·직관에 의해 사태를 주관
적으로 평정하는 유사한 공유 기능을 지니고 있다. 이로써 실제
용법에서 혼용되어 쓰이는 듯하지만 주관적 관여도에서 이질적 구
성 요소 {하다}, {싶다}로 말미암아 구별됨을 밝힌 바 있다. 이를
판단 기제나 근거 특성으로 다시 살펴보기로 하자.

(8) 오늘 경기 어디가 이길까?
　ㄱ. 해봐야 알겠지만, 어쩐지 느낌으로 K팀이 이길 듯{싶어, ??해}.
　ㄴ. (전반전이 끝나고) 야 이대로 가면 K팀이 이길 듯{싶, 하}다.
　　　(끝날 무렵 역전되자) K팀이 진 듯{??싶, 하}다. 그만 가자.
　ㄷ. (경기가 다 끝나자) 어휴! 이길 듯{*싶, 하}다가 질게 뭐람.
　ㄹ. 너희들 얼굴을 보니 K팀이 진 듯{??싶, 하}군.

　(8ㄱ)은 실질적인 정보가 없이 화자의 느낌·직관으로 막연히 지레 짐작하는 발화이다. 이때에는 {듯싶다}가 {듯하다}에 비해 자연스럽다. 특히 화자의 바람(期待)에 {것 같다} 보다 자연스럽게 호응할 수 있는 까닭도 {싶다}의 주관적 관여도에 따른 것이라 볼 수 있다.110) (8ㄴ)은 화자가 직접 경험하고 있는 사실을 근거로 하고 있으므로 {듯하다}가 더욱 자연스럽다. 물론 사태의 추이(推移)를 배제할 수 없기 때문에 {듯싶다}도 가능하기는 하다. 그러나 변화 가능성이 희박해졌을 때에는 주관이 개입될 여지가 적어 {듯싶다}가 부자연스럽게 된다. 이는 (8ㄷ)의 {듯하다}의 빈 주어가 {듯싶다}와는 달리 상황이나 사태에 더욱 비중을 둠을 암시한다. 즉 {이길 뻔하다가 진} 경험 사실은 화자의 주관(느낌·판단·생각)이 아니고 객관적인 사태이기 때문에 {듯싶다}가 호응하기 어렵다. 한편 (8ㄹ)은 K팀을 응원하러 경기장에 다녀온 사실을 알고 있는 화자가 청자의 표정으로 미루어 짐작하는 발화이다. 이러한 객관적인 지각 근거에 의한 판단에 {듯하다}가 {듯하다}에 비해 한결 자연스럽게 느껴진다. 이러한 {듯싶다}의 주관적

---

110) 일반적으로 짐작, 추측이 화자의 바람(기대)에 깊이 관여하지는 않는다. 다만 예상이나 기대하지 않을 사태에 대한 우려의 표현에서는 사태를 객관적으로 표현하는 것이 더욱 효과적인 듯하다. 이 점에서 {듯하다}보다 {듯싶다}, {것 같다}가 자연스럽게 느껴진다.
　　a. 물론 우리가 이기길 바라지. 그런데 내가 보기엔 아무래도 질 {것 같애, ?듯해, ??듯싶어}.
　　b. 통일되면 좋지, 헌데 그게 쉽지 않을 {것 같, ?듯하, ??듯싶}다.

인 특성은 가치 판단이나 화자의 의견 진술에 적절히 잘 쓰이며 비확정적인 서술을 통해 단언의 정도를 약화시키기도 한다.

> (9) ㄱ. "아마 난 상관하고 나설 일이 아닐는지 모르지만 사리는 결국 옳게 판가름이 나야 할 **듯싶어** 하는 얘기요." ('78:39)
> ㄴ. "사진이나마 무사히 간직하여 되돌려주는 것이 그분의 절망과 분노에 대한 저의 마지막 도리인 듯싶었습니다." ('82:198)

> (10) ㄱ. 그의 솜씨는 돈 모으는 유태인의 솜씨와, 마누라를 건사하는 중국인의 솜씨와, 남의 것 다 받아들이는 일본인의 솜씨에 결코 뒤떨어지지 않을 **듯싶었다.** ('85:54)
> ㄴ. 채광이 되지 않은 그 방에서의 생활은, 뜻이 같을 것임에도 불구하고 동거라 하기보다는 동서(同棲)생활이라고 하는 편이 적확한 편일 **듯싶다.** ('95:67)
> ㄷ. 심리학자들의 말에 따르면 누구나 어린 시절에 모래 장난, 흙장난에 몰두하는 시기를 갖는다고 하는데, 아마 그런 시기였던 **듯싶다.** ('95:99)

(9ㄱ)은 화자가 개입하지 않아야 할 상황에 나서 사태를 가치 판단(평가)하는 변론적 발화이다. 이 때 화자는 일반적인 사실을 {듯싶다}를 통해 개진(開陳)함으로써 자신의 개입을 정당화하는 한편 상대방에게 정중하게 양해를 구하게 된다. (9ㄴ)도 편지글로서 화자는 자신의 행위에 대한 가치 부여를 {듯싶다}로써 공손히 개진하고 있다. 한편 (10)의 ㄱ,ㄴ은 화자의 주관적인 가치 판단을 비확정적으로 서술하고 있다. 이런 구문이 '짐작'으로 해석되기 어려운 까닭은 '가치 판단'을 통한 의견 진술에 주안점을 두고 있기 때문일 것이다. 아울러 (10ㄷ)도 다른 사람의 판단을 통해 자신의 사태를 평가하고 있다. 다만 이러한 평가적 화행에 {듯싶다}는 제4유형의 {-(나/ㄴ가/ㄹ까) 싶다}와 마찬가지로 확실치 않은 어조로 공손하게 의견을 진술할 때에 적절히 사용되고 있다.

4.3.2.4 이상 {듯싶다}의 양태적 의미 기능을 다른 표현 형식과의 비교를 통하여 구체적으로 살펴보았다. 여기에서 밝혀진 사실을 요약하면 다음과 같다.

첫째, {듯싶다}는 주관화 기능소 {싶다}에 '주관적 유사 판단'을 핵심 의미로 가치 판단(평가)이나 짐작 화행에 잘 사용된다.

둘째, {듯싶다}의 {듯}이 지닌 '유사성'으로 비유 표현에도 잘 사용된다. 이러한 비유적 용법의 {듯싶다}는 {듯하다}만큼 생산적이지는 않지만 화자의 사태에 대한 주관적 심상(心象)을 표현하는 데 적합하다.

셋째, {듯싶다}는 어림 짐작의 언술 상황에 잘 쓰이며 미룸 짐작의 언술 상황에도 용례를 쉽게 찾아볼 수 있다. 특히 미룸 짐작은 화자가 직접 경험한 사실에 대한 원인 해석의 인지 과정에서 도출되는 경우가 많았다.

넷째, {듯싶다}의 주관화 정도는 {듯하다}와 비교하여 높은 편이다. 따라서 발화 현장의 경험 사태를 직접 대상화하는 화맥에서는 {듯하다}만큼 자연스럽지 않다. 이러한 주관화 기능으로 {듯싶다}는 공손어법에도 적절히 사용된다.

4.3.3 {성싶다}

4.3.3.1 {성싶다}는 {듯하다}, {듯싶다}와 의미 기능이 유사하여 이제까지 별도로 연구된 적이 없는 듯하다.111) 이는 변별적 구성 요소인 {성(상)}의 정체가 불투명할 뿐만 아니라 다른 양태 술어보다 사용빈도가 적은 데에서도 그 원인을 찾을 수 있다. 따라서 이 장에서는 {듯하다}, {듯싶다}와의 비교를 통하여 {성싶다}만의

---

111) {성싶다}의 의미 기능에 대한 자세한 언급은 최현배(1937) 이래 찾기 어렵다. 다만 구성소 {성}이나 {싶다}에 대한 개별적 연구에서 단편적으로 거론하였을 따름이다.

독자적인 의미 활성역을 탐색하는 데 주력할 것이다.

4.3.3.2 {성싶다}의 {성}은 {상}에서 최근에 와서야 {성}으로 표기가 정착되었다.112) 또한 사전에 실려 있지만 잘 사용하지 않는 {성하다}로 미루어 동요가 심한 형식임을 알 수 있다. 이러한 {성}의 사전적인 설명은 다음과 같다.

> ○성¹ 몡 (의존) 〈어미 {-ㄴ, -은, -는/ -ㄹ, -을}) 아래에 쓰이어〉
> '-ㄴ(-ㄹ) 것 같다'의 뜻으로 막연한 추측을 나타내는 말. 주로 접미사 {-싶다}, {-하다}와 함께 쓰임
> 「구름이 많이 긴 것을 보니 비가 올 ~싶다.」「일이 이제야 끝난 ~하다.113)

사전적인 설명에 의하면 {성}은 '가능성'이나 '개연성'의 {성(性)}으로 해석될 수 있겠다. 특히 {듯}의 핵심 의미인 '유사성'에 비교하면, {성}의 이러한 '가능성', '개연성'은 이미 화자의 주관 세계로 이입한 의미 요소로 받아들여진다. 더욱이 이러한 주관성은 주관화 기능소 {싶다}와 공존하고 있기 때문에 주관적 관여도가 더욱

---

112) 의존 명사 연구자들은 {성싶다}의 {성}과 {상싶다}의 {상}을 구별하여 다루었다. 우선 {성}을 이주행(1987:117)에서는 '어떤 사실', 임동훈(1991:55)에서는 '요량', 손춘섭(1992:88)에서는 '추측', 이병모(1995:252)에서는 '성질상 모호하게 추측됨'으로 각각 파악 하였다. 한편 {상}을 이병모(1995:250)에서는 {상(上)}으로 유추하여 '화제로 모호하게 추측됨'이라는 추상적인 설명을 하였다. 그러나 필자는 짐작·추측과 관련지어 {성}이 '모양·형상'의 {상(像, 狀)}이 '가능성'의 {성(性)}으로 전이된 것으로 보고자 한다.

113) 사전적인 뜻풀이는 金敏洙 外(1991)에서 옮긴 것이다. 한글학회(1992)에서는 {싶다} 따위와 함께 쓰이며, '-ㄹ, -을' 아래에서는 '가능성'의 뜻을 띤다고 풀이되어 있다. 특히 몇몇 연구서에는 {성하다}가 소개되어 있으나, 실제 발화에서는 그 용례를 찾기 어려울 만큼 동요되어 쓰이지 않고 있는 형편이다. 아울러 '성부르다'의 '부르다'는 {싶다}에 대응할 수 있는 구성 요소이지만, 그 원의는 확인하기 어렵다.

강화될 것이다.

차현실(1984)에서는 {성싶다}의 {성}을 〔±가능성〕으로 파악하고 {싶다}를 그 가능성에 대한 판단으로 보았다. 이러한 가능성 판단이 화자의 믿음으로 전이되어 추정적 인식 양상을 표명할 때 쓰이게 된다는 것이다. 그러나 필자는 {성싶다}의 {성}이 '속성(屬性)'이나 '성질(性質)'에서 온 것이며, {상싶다}의 {상}이 '상태(狀態)'나 '형상(形狀)'의 상(狀)에서 온 것으로 보아 이러한 {성(상)}의 의미가 선·후행 요소와 결합하여 '가능성', '개연성'으로 은유적 추이를 일으켜 양태 기능을 수행한다고 보고자 한다.

특히 {성싶다}가 {듯(하)싶다}와는 달리 우선 비유 표현에 잘 쓰이지 않는 점으로 미루어 {성싶다}의 {성}은 {듯}의 '유사성'과는 다른 핵심 의미가 내재해 있거나 가능성으로 완전히 전이된 것으로 보인다. 이러한 {성싶다}에서의 {성}의 정체를 뒷받침하는 예문을 현대 국어에서 찾아보기로 하자.

(1) ㄱ. 병든 탯줄을 통해 모진 목숨을 가늘게 잇고 있는 사지조차 없을 성싶은 자신의 태아를 생각하자, 그녀는 정말 죽고 싶은 마음뿐이었다. ('81:107)

　　ㄴ. 도시 하룻밤의 비로 사라져버릴 성싶지 않게 작은 섬의 면모를 의젓하게 갖추고 있었다. ('81:151)

　　ㄷ. 칠이 벗겨진 객차는 원래 초록색이었을 성싶었지만 지금은 검게 보였다. ('95:162)

(1)은 {-ㄹ(을)}을 선행 요소로 취하고 있는 {성싶다}로서 {성}의 핵심 의미인 '속성'이나 '형상'을 유추할 수 있는 예문이다. 즉 (1ㄱ)은 '없을 형상으로 느껴지는(판단되는, 생각되는)'으로 기저 의미를 해석할 수 있으며, (1ㄴ)은 뒷 문장으로 미루어 동일한 '형상'이나 '모양'을 {성} 대신에 상정할 수 있다. 한편 (1ㄷ)은 어떤 대상이 지녔던 속성에 대한 판단으로 {성싶다}를 유추할 수 있다.

4.3.3.3 전제된 실질적 의미의 {성(상)}은 통합 구성체 {성싶다}의 의미 결정소로 작용해 {듯싶다}와의 변별 기능소로 작용한다.

    (2) ㄱ. 땀이 비오는 {듯하, ??듯싶, *성싶}였다.
        ㄴ. 우리는 마치 구름 속을 거니는 {듯하, 듯싶, *성싶}였다.

    (3) ㄱ. 그를 본 순간 마치 전기가 오는 {듯하, 듯싶, *성싶}였어.
        ㄴ. (소리가 나자마자) 이크! 뭔가 깨진 {듯하, 듯싶, ?성싶}다.
        ㄷ. 어렴풋이 봤어. 그 차에 선생님이 탄 {듯하, 듯싶, ?성싶}어.

    (2)는 비유 표현에 쓰인 {성싶다}의 제약 양상을 보여주고 있다. 비유 표현은 하나의 사태를 유사한 속성을 지닌 다른 사태로 투영할 때 발생하게 마련이다. 이때에는 두 사물 · 관념을 연계시켜 주는 언어 장치가 필요하며, {듯하(싶)다}, {것 같다}는 이러한 비유 기능을 충분히 수행한다. 그러나 {성싶다}는 대상을 비교 연계하는 '유사성'을 지니고 있지 않아서 비유적 표현에 사용되지 않는다. 또한 {성싶다}는 대상과의 심리적 거리가 {듯하다}, {듯싶다}만큼 긴밀하지 못하다. 이는 유사성을 판단하는 지시적 기능보다는 가능성 파악의 주관 개입에 따른 영향으로 볼 수 있다.

    '가능성 판단'의 의미는 {듯하다}, {듯싶다}에도 들어 있다. 그러나 이들이 지닌 가능성은 '화자가 생각하는 가능 사태와 유사하면'을 기저에 두고, 사태의 유사성이 가능성으로 전이된 것에 불과하다. 반면 {성싶다}는 성(형상 · 모양)에 이끌려 직접 상황에 대한 가능성을 판단하는 인지 과정을 지니고 있다.

    (4) ㄱ. 나는 역겨움을 느끼고 있었다. 그래서 그런 자리가 나올 **성싶**
           으면 미리 어떤 구실을 달아서라도 빠져나올… ('83:103)
        ㄴ. 순간, 어떤 생각이 구원처럼 스친다. 난 집으로 뛰어간다. 필시
           어디에고 남편은 내게 주는 말을 남겼을 성싶다. ('84 :197)
        ㄷ. 한밤중이라지만 여름날 대학로 거리는 그냥 대낮이라 해도 될
           성싶었다. ('91:38)

(4ㄱ)의 {듯싶다} 자리에 {듯하다}를 치환하면 단순히 "그런 자리가 나올 듯이 보이면"으로 해석할 수 있다. 반면 {성싶다}는 "그런 자리가 나올 상황(형상)으로 보이면"으로 기저 의미를 화용적으로 해석할 수 있다. 이는 사태의 구체적인 형상에 대한 주관적인 가능성 파악을 뜻한다. 이런 해석 절차는 (4)의 ㄴ,ㄷ에도 그대로 적용된다. 이러한 {성싶다}의 주관적 특성은 담화·화용론적 제약으로 이어진다.

(5) (아기를 재우려다가)
 ㄱ. 애가 잠을 잘 {??듯하, ?듯싶, 성싶, 것 같}지가 않아요.
 ㄴ. 애가 잠을 자지 않을 {듯해, 듯싶어, ??성싶어, 것 같아}요.

(6) ㄱ. "어디 저 혼자 그런다고 이 썩은 놈의 세상이 뭐, 금방 어떻게 될 성이나 싶은가? 내, 원." ('86:149)
 ㄴ. 나는 제자리걸음을 하고 있는 느낌이었다. 아무래도 사내가 서 있는 길 저쪽으로 갈 수 있을 성싶지 않았다. ('95:178)

(5)의 부정 진술은 {성싶다}가 지닌 '가능성 판단'의 대상화 특성을 잘 보여 준다. 즉 {듯싶다}는 명제와 명제 태도가 긴밀히 연계되어 있어서 판단 자체를 부정하는 것은 자연스럽지만, 부정 명제를 판단 대상화하지 않으려는 경향이 있다. 이런 특성은 객관적 짐작 표현 형식인 {-(ㄴ/ㄹ) 모양이다}와 대응되며 주관적인 {것 같다}와 매우 유사하다. 이런 주관적 특성은 (6ㄱ)처럼 {성}과 {싶다}에 {이다}의 개입이 자연스러운 반면, 다른 가능성을 나타낼 수 있는 특수조사 {-도}의 개입을 허용하지 않는 데에서도 확인된다. 특히 주관화의 정도가 높을수록 화자는 사태의 다른 가능성을 의식하는 법이다. 따라서 {-도}의 개입 여부에 따라 확인된 주관화 정도는 {듯하다}, {듯싶다}, {성싶다}의 순서가 된다. 이런 {성싶다}는 '짐작'이나 '가능성 판단'의 언술 상황에 잘 사용된다.

(7) ㄱ. 짐작으로는 그의 왕국에 안주한 신민(臣民)으로 자발적으로
     바친 조세나 부역에 가까운 것인 성싶다. ('87:60)
   ㄴ. 그의 머리카락은 좋이 4센티미터는 될 성싶었다. ('95:219)

(8) ㄱ. 사내답지 않게 목이 길고 얼굴이 갸름했기 때문에 나비넥타이
     는 나비리본으로 고쳐 부르는 편이 나을 성싶었다. ('84:25)
   ㄴ. 아주 오래 전부터 들어온 듯한 특징없음을 특징으로 여기는 성
     싶은 여자 아나운서의 목소리가 들려오고 있었다. ('89:146)
   ㄷ. 남자들은 대개 그런 식으로 단정해 버리고 말지만, 여자들은
     보다 미묘한 감정의 측면들을 가지고 있는 성싶다. ('95:248)

(7)의 짐작 표현은 '가능성'이나 '개연성'에 바탕을 두고 있다. 이
러한 가능성은 (8ㄱ)처럼 두 가지 가치 가운데 하나를 선택하는 평
가적 화행에 잘 나타나 있다. 아울러 (8)의 ㄴ,ㄷ도 성질이나 속성
의 {성(性)}을 기저 의미로 '가능성 판단'을 핵심 의미로 지니고 있
다. 한편 {성싶다}는 발화 현장의 가능 사태를 짐작하는 경우에도
흔히 사용한다.

(9) ㄱ. 우두커니 건너다보는 폼이 암만해도 상대가 말귀를 못 알아듣
     는 성싶어서 달채 씨는 구체적으로 나타냈다. ('84:25)
   ㄴ. 오줌 한번 누러 19층을 오르내려야 한다니. 더구나 아파트 주
     변에 공중변소가 있을 성싶지도 않았다. ('92:251)
   ㄷ. 간판도 없이 영업행위를 하는데, 외모로 봐서 피부병이 전문인
     듯했고, 효험이 매우 의심스러운 자가조제의 연고만 팔아 가지
     고는 생활이 어려울 성싶었다. ('77:324)

(9)에서 {성싶다}는 판단의 근거가 (9ㄱ)처럼 존재하기도 하고,
(9ㄴ)처럼 구체적으로 발화 내에 존재하지 않을 수도 있다. (9ㄱ)
에서 {성싶다}는 발화현장에서 사태에 대한 즉각적인 판단이 아니
라, 가정 속에서 상황에 대한 개연적 가치 판단에 쓰인 것이다. 이

는 (9ㄷ)에서 화자가 직접 지각 경험을 통해 가능 사태를 어림하는 {듯하다}와 비교해 볼 때, 가능성을 따져 판단하는 {성싶다}는 {듯하다}보다 주관적 관여도가 더욱 높다.

4.3.3.4 이상에서 우리는 {성싶다}의 양태 기능을 동일 유형의 {듯하다}, {듯싶다}와 비교하여 살펴보았다. 이제까지 논의된 바를 정리해 보자.

첫째, {성싶다}는 {성}의 불투명성으로 의미 해석에 난점이 있으나 이 글에서는 {성}을 '속성'의 {성(性)}으로 보고 논지를 전개하였다. 이를 위해 '성(性)', '상(狀, 像)'의 뜻으로 사용된 실제 예문을 찾아 이를 입증하였다.

둘째, {성싶다}는 {듯하다}, {듯싶다}와는 달리 비유 표현에 사용되지 않을 뿐만 아니라, 그 핵심 의미도 '상황에 대한 가능성 판단'으로 볼 수 있다.

셋째, {성싶다}의 주관적 관여도는 {듯하다}, {듯싶다}에 비해 높은 편이어서 변별적인 담화·화용론적 제약을 보여 주었다.

넷째, {성싶다}의 짐작 표현은 핵심 의미인 '상황(형상·속성)의 가능성 판단'에서 비롯된 것이다.

4.3.4 {법하다}

4.3.4.1 {법하다}는 「우리말본」에 추측 보조 형용사로 소개된 이후, 범주 문제에 대한 논란이 있었을 뿐 양태 의미에 대한 구체적인 논의는 아직 이루어지지 않고 있다. 이 장에서는 이러한 {법하다}의 양태 의미 기능에 대해 고찰한 것이다. 특히 다른 양태 관용 표현과 어떤 변별 의미역이 있는지에 관심을 두고자 한다.

4.3.4.2 {법하다}는 다른 양태 조동사와는 다르게 선행 요소로 {-ㄹ}만 취한다. 이러한 {법하다}를 최근엔 {법(의존명사)＋하다}로 구별하지만, {법}은 사전마다 다르게 설명하고 있듯이 범주 처

리에 관한 의견 또한 분분한 형편이다.114) 특히 사전에도 실질적 의미를 지닌 명사 {법}에 {법하다}를 다의어 처리하거나(한글학회:1992), 같은 방식이되 의존 명사로 설명(김민수 외:1991)하기도 하였다. 두 사전에서 본 논의와 관계된 {법이다}와 {법하다} 형식만 간추리면 다음과 같다.

> ○법¹ 명 (의존) ① 〈용언의 {-ㄴ/ -는} 관형형 아래에 쓰이어〉
>   '이치나 도리의 뜻'을 나타냄. (산에서는 일찍 해가 떨어지는
>   ~이다. 겨울은 춥고 여름은 더운 ~이다.)
>   ② 〈동사의 {-ㄴ/ -는} 관형형 아래에 쓰이어〉
>   '필연적 사실임'을 나타냄. (죄를 지으면 벌을 받는 ~이지
>   요. 여성에겐 특유의 모성애가 있는 ~이다.)
>   ③ 〈용언의 {-ㄹ/-을} 관형형 다음에 {하다}와 함께 쓰이어〉
>   '추측'이나 '가능성'을 나타냄. (듣고 보니 그럴 ~하다. 있을
>   ~한 일이다.)115)

이상의 사전적인 설명에 따르면 {법이다}, {법하다}는 {법}이 지니고 있는 실질적 의미에서 의미적 유연성(motivation)을 찾을 수 있는 파생 관계를 보인다.116) 특히 {법이다}와 {법하다}는 선

---

114) 高永根(1970)에서는 {법}을 자립 명사와 의존 명사 중간으로 자리
    매김하고 {법하다}의{법}을 일단 의존 명사로 보았다. 그 이유로 ①
    {법하다}의 특정 통합관계와 의미 차이, ②{-ㄹ} 아래에서의 경음화
    현상을 들고 있다. 한편 다른 의존 명사 연구자들은 {법}을 목록에조
    차 넣지 않았다.(홍양추:1987, 이주행:1988). 이와는 달리 임동훈
    (1991: 55)에서는 {법}을 '추측'으로 보았는가 하면, 이병모(1995:
    288)에서는 추측의 의미는 {-ㄹ}에 있고, {법하다}는 '기정사실로
    된 것이나 다름없는 당연한 경우, 이치'로 파악하였다.
115) 한글학회(1992)에는 동사의 {-ㄴ/ -은} 관형형 다음에 쓰여 '그렇게
    한 것 같음'의 뜻을 지닌 {법하다}도 언급하고 있다(언젠가 그말을
    들은 법(도) 하다). 이는 의식하지 못했던 상황을 새롭게 인식할 경
    우에 그럴 가능성에 대한 확실하지 않은 믿음의 표현이지만 현대에
    와서는 흔한 용례로 보기 어렵다.

행 요소인 {-ㄴ}과 {-ㄹ}에 의해 필연적인 사실과 당위적인 사실의 가능성을 믿는 추측 표현으로 대응된다.

{-ㄴ 법이다} 형식은 {-ㄹ 것이다}, {-(ㄴ/ㄹ) 모양이다}와 동일한 구성 방식을 취하고 있으면서도 선행 요소에서 차이가 난다. 특히 동일한 {-ㄴ/-는} 뒤에서도 의존 명사로 말미암아 의미가 분화된다.

   (1) ㄱ. 비가 올 {것, 터, 모양, *법}이다.
      ㄴ. 기회란 언젠가 한번은 오는 {것, 모양, 법}이다.

   (2) ㄱ. 어른한테 말대꾸를 하는 {것, 법}이 아니다.
      ㄴ. 어른한테 말대꾸를 하면 안 되는 {것, ??법}이다.

{-ㄹ 법이다} 형식이 쓰일 수 없는 까닭은 {법}이 지니고 있는 의미 특성에서 기인한다. 실질적 의미의 {법(法)}은 {이다}와 통합되어서도 '이치'나 '도리' 등의 '당위성'을 지니고 있으며, 이미 정해져 있는 사실을 확실하게 주장하는 발화내적 효력을 지닌다. 그렇기 때문에 (1ㄱ)처럼 실재하지 않는 가능 세계를 규정할 때에는 추상적인 {것}, {모양} 등과 통합하여 추측의 세계를 구현하며 실질적 의미를 지닌 {법}은 {이다}와의 통합에 제약이 따른다.117)

(1ㄴ)에서 {법}은 {것}과 유사한 의미 기능을 지니고 있다.

---

116) {법(法)}의 법률적 용법인 '규범', '법률' 등의 실질적 의미는 의존 명사로 쓰이면 '방식(방법)', '이치', '행동 습성(~이 없다)' 등으로 전의된다. 이런 {법}의 의미적 유연성은 '추측'의 {법하다}까지 적용의 전이(shifts in application)를 일으킬 것이다.
117) 실질적 의미를 지닌 {법(法)}이 지시적 용법에 사용될 때에만 선행 관형형 어미 제약을 받지 않을 뿐, '방법'의 뜻으로 사용될 때에도 같은 논리가 적용된다.

  a. 이 법은 우리가 길이 후손에게 물려줄 법입니다.
  b. 제사 지내{는, *ㄹ} 법을 몰라서 못 지내니?

{것}도 대동사적 기능으로 규범적 사실이나 마땅히 지켜야 할 일을 청자에게 언술할 때 사용된다. 그러나 위 사전 뜻풀이 ①, ②에 {것}이 부자연스러운 점으로 미루어 {법}과 {것}의 의미 차이를 엿볼 수 있다. 특히 (2)처럼 규범적 사실을 부정적으로 표현할 때, {법}은 (2ㄱ)처럼 내포된 사실 명제를 부정하는 방식을 취한다. 이는 미룸 짐작의 {모양이다}와 대응되지만 {성싶다}와는 유사한 특성으로, {법이다}의 주관화 기능을 엿볼 수 있다.

4.3.4.3 {법하다}는 {-ㄹ}이 지닌 불확실성과 {법}의 의미 기능이 융합되어 '가능성'이나 '추측'을 나타낸다.

> (3) ㄱ. 인제 정신을 차릴 **법하다**.
>   ㄴ. 그 신이 내 발에 약간 작을 **법하다**.
>   ㄷ. 저 두 아이가 형제일 **법하다**.

이상은 「우리말본」에 나와 있는 {법하다}의 예이다. 이에 따르면 "{법하다}는 동사의 유형에 관계없이 그것을 미루는(推測하는) 뜻을 나타낸다"는 것이다.118) 그러나 최근에는 {법하다}가 '추측'으로 해석되기보다는 '당위적인 사실의 가능성'으로 전화(轉化)된 듯하다. 이는 추측의 의미론적 조건인 불확실성과 당위적인 사실 표현의 {법하다}가 서로 어긋나 있기 때문일 것이다.

> (4) ㄱ. 세탁기를 그렇게 오래 썼으니, 고장날 **법도 합니다**.
>   ㄴ. 그렇게 사정했으면 들어줄 **법하건만**…
>   ㄷ. 세상이 아무리 변했다지만, 배꼽을 다 드러내놓고 다닌다는 것이 어디 될 **법이나 한** 소릴까?

(4ㄱ)은 이미 알고 있는 사태에 대한 당위적인 사실의 가능성을

---

118) 최현배(1985: 열두번째 펴냄)에서의 예문이 필자의 직관상 어색하게 느껴질 정도로 {법하다}는 용법이나 의미가 달라지는 듯하다.

표현하고 있다. 이러한 의미는 (4ㄴ)처럼 반사실적 가정에 따른 당위성을 호소하거나 (4ㄷ)처럼 의문 형식을 취해 자신의 진술을 강화하는 표현에서도 엿볼 수 있다. 특히 최근엔 {법}과 {하다} 사이에 다른 가능성이 전제된 {도}가 주로 삽입되어 쓰인다.[119]

> (5) ㄱ. "그땐 이곳이 모두 산이었을텐데 치과가 있었을까요?" "있을
>   법도 하지. 그때에도 대학이 있었을 테니까." ('84:67)
>   ㄴ. 하긴 나처럼 지지리도 재수가 없는 인간을 남편으로 두고 있
>   는 여자라면 그런 생각을 할 법도 한 일이지요. ('91:337)

(5)는 {법}과 {하다}에 {-도}가 개입된 예문이다. 이러한 {-도}의 개입은 '당위적인 사실의 가능성'의 의미를 {-도}가 약화시켜 줌으로써 '추측'의 명맥을 유지한다고 볼 수 있다. 이러한 '추측'의 의미는 근거 특성에서도 드러난다. 즉 (5ㄱ)에서는 가능 명제를 근거로 따져 판단하고 있고, (5ㄴ)에서는 상정한 가정 명제를 근거로 채택하고 있다. 이러한 근거 특성은 {-ㄹ 것이다}에서 논의된 대로 '추측'의 추리 과정이라고 볼 수 있다.

4.3.4.4 이제까지 논의된 {법하다}의 의미 기능을 정리하면 다음과 같다.

첫째, {법하다}는 {법}이 지닌 실질적 의미 법(法)을 바탕으로 '당위적 사실의 가능성 판단'을 핵심적인 양태 의미로 지니고 있다.

둘째, {법하다}는 사실일 가능성이 높은 당위적 화맥에서의 '추측'의 의미를 구현한다. 특히 실제 용례에서는 {법}과 {하다} 사이에 다른 가능성이 내재한 조사 {-도}가 삽입되는 예가 많다. 이러한 조사의 개입은 당위성을 약화시켜 '추측'의 의미를 회복시키는 기능을 한다.

셋째, {법하다}는 사실일 가능성이 높은 표현에 사용되어 공손

---

119) 「이상문학상 수상작품집」 전 19집에서 {법하다}의 용례는 6개밖에 찾을 수 없었으며, 그나마 대부분 '법도 하다' 형식을 취하고 있었다.

어법이나 비확정적 서술 태도 등의 언술 태도적 기능은 잘 수행하지 않는다.

4.3.5 {것 같다}

4.3.5.1 현대 국어에서 매우 생산적으로 사용하는 {것 같다}는 양태 조동사 {듯하다}, {성싶다}, {법하다}와 기저 구조부터 다르다. 따라서 전통 문법에서는 이에 대한 언급조차 찾기 어렵다. 다만 최근에 와서 몇몇 문법가들에 의해 {것 같다}가 지닌 통사·의미론적 문제들이 제기되었다.

박승윤(1983)에서는 {것 같다}의 통사 구조를 중심으로 개괄적인 의미 특성이 제기되었고,[120], 차현실(1986)에서는 양태 술어(modal predicate)로서의 {같다}의 의미가 탐색되었다. 특히 후자에서는 {같다}의 의미를 화자의 내적 직관이나 외적 상황이 다 작용하는 [±자발적]인 근거 특성을 들어 '명제 내용에 대한 화자의 주관적 판단'으로 파악하였다. 이러한 논지는 {같다}가 주·객관에 관해 무표적임을 입증한다. 이로써 엄정호(1991)에서는 {것 같다}의 의미를 '가정적 동일성'으로 파악하기도 하였다.

강정희(1992)에서는 {같다} 구문의 다양한 용법을 통해 인식론적 상관성을 밝히고 있다. 즉 {같다} 구문이 지닌 다양한 의미─가정·추측·비유─에는 '유사성'을 바탕으로 한 '비교'가 인식론적으로 내재되어 있다는 것이다. 필자도 이러한 인식론적 상관성을 중시하여 {것 같다}가 어떻게 '짐작'의 의미를 획득하는지에 일차적 관심을 둔다. 아울러 {것 같다}가 문장, 나아가서는 발화에 어

---

120) 박승윤(1983)에서는 {것 같다}의 빈 주어 문제 등의 통사·의미론적 문제를 다루었다. 특히 {것 같다}는 '유사성(likely)'에 근거하여 '가능성(possible)', '개연성(probability)'으로 명제를 외부적 관점에서 표현한다고 보았다. 그러나 여기에서의 시점 문제는 이 글의 논지와는 자못 다르다.

떻게 쓰이고 있는지를 분석하여 그 특성을 파악하는 순으로 논의를 진행할까 한다.

4.3.5.2 전 장에서 살펴본 {것 같다}의 양태 의미 기능을 개괄하면 다음과 같다.

> (개) {것 같다}는 대상이 어떠한 상태에 있는가를 밝히는 판단의 언어 기제로 잘 사용된다. 따라서 느낌·직관·사고 등 포괄적인 바탕 인식 영역을 지니고 있다.
>
> (내) {것 같다}는 사실은 아니지만 사실에 가까운 인식 상태를 표상하는 '의사 판단'을 핵심 의미로 지닌다. 이러한 의사 판단으로 짐작·추측 표현의 언술에 사용된다.
>
> (대) {것 같다}는 주·객관에 무표적이다. 그러나 3.2에서 살펴 본 대로 화자·대상의 위치에 따른 시점, 근거 특성 등으로 가장 주관적인 표현 형식이다. 이로써 {것 같다}는 모든 언술 상황에 두루 쓰이며, 공손어법에도 매우 생산적으로 사용된다.

이상 밝혀진 사실들을 중심으로 우선 양태 기능을 수행하는 {것 같다}의 구성 요소인 {것}과 {같다}의 특성부터 살펴보기로 하자.

{것 같다}의 {것}은 {-ㄹ 것이다}의 {것}과 동일한 형태이지만 후행 요소에 따라 양태 기능의 수행 양상에서 차이가 나는 듯하다. 즉 {-ㄹ 것이다}의 {것}은 {이다}와 긴밀히 연계하여 양태적 기능을 수행 하지만 {-ㄹ 것 같다}의 {것}은 일단 선행절을 명사화하는 기능으로 양태화에 참여한다고 볼 수 있다. 문법화된 구문에서의 {것}은 다른 실질 명사로 대체할 수도 있지만 {것 같다}는 다음과 같이 화맥에 따라 다양하게 추론되거나 비명시적인 특성을 지니고 있다.

> (1) ㄱ. 비가 올 것(모양, 정황, 날씨, 형세…) 같다.
>
>   ㄴ. 이 영화가 참 재미있는 것(??모양, *상황, 영화…) 같다.

ㄷ. 영수가 돈이 없는 것(?자세, *모양, 상황, *사실, 사람) 같다.

　(1)은 {것} 대신에 화맥에서 추론되는 지시 대상을 상정한 예이다. 그 결과 {것}은 (1ㄱ)처럼 특정 상황을 지시하기도 하지만 (1ㄷ)처럼 지시체가 명확하지 않고 비명시적인 경우가 많다. 이러한 {것}의 기능을 김흥수(1993:93~108)에서는 "화맥에서 주어지는 대상에 대해 인지가 안 되어 있거나 불명확한 경우에 화자의 인지 과정이나 통보상의 필여에 따라 {것}으로 실체성을 부여한다"고 보았다. 이는 '짐작·추측'이 지니고 있는 불확실성과 맥을 같이 한다. {것}은 양태 대상인 사태를 명제화하는 기능을 수행한다. 이런 형식적 기능은 {것 같다}의 객관적 양태 의미인 '가능성', '개연성'의 의미 결정소가 {같다}에 있음을 암시하기도 한다. 이런 특성은 {것} 이외에 일부 사물에 {같다}가 직접 연결됨으로도 확인된다.

　{같다}는 비교하는 두 대상의 모양, 성질의 '동일성'을 나타내는 술어로서 두 개의 명사구를 논항으로 요구하게 된다. 이러한 {같다}가 통사 전이에 따라 '유사성'으로 의미가 변화하게 된다.

(2) ㄱ. 너희 아버지와 저기 오는 사람이 같다. (A와 B가 같다)
　　 ㄴ. 저기 오는 사람이 너희 아버지와 같다. (B가 A와 같다)
　　 ㄷ. 저기 오는 사람이 너희 아버지 같다. (B가 A 같다)

　(2ㄱ)은 동등 비교 구문이며 (2ㄴ)은 한 대상을 다른 비교 대상에 맞추어 견주는 유사 비교 구문이다. 이러한 유사 비교 구문에 {와}가 생략되면 의사(擬似) 판단이나 개연성을 지닌 짐작으로 의미가 변화한다.121) 이러한 {-와}의 부정격 실현으로 생성되는 의미 기능의 전이 현상을 구체적으로 살펴보기로 하자.

---

121) 'A가 B 같다'의 통사적 구성을 金完鎭(1970)에서는 '의사 판단'으로, 李南淳(1988)에서는 '사(擬似) 비교구문'으로 보았다. 특히 비유적 표현에서의 격표지 '와'의 생략 현상은 이남순(1988) 참조.

(3) ㄱ. 너희 아버지의 용모와 저기 오는 사람의 용모가 같다.
    ㄴ. 저기 오는 사람이 너희 아버지와 용모가 같다.

(4) ㄱ. 저기 오는 사람이 너희 아버지 같이 {생겼다, 걷는다}.
    ㄴ. {용모, 걸음걸이}를 보면 저기 오는 사람이 너희 아버지 같다.
    ㄷ. 내가 {보기, 짐작하기}에 저기 오는 사람이 너희 아버지 같다.
    ㄹ. 저기 오는 사람이 너희 아버지와 유사하다고 {본, 짐작한}다.

   (3)은 비교말의 내포 의미인 비교 기준을 구체화한 비교 구문이
다. 이와는 달리 (4)는 화자가 지각하는 대상의 외연을 화제로 삼
아 유사성을 판단하는 구문이다. 이는 (4ㄴ)처럼 판단 기준이 문
두에 위치하게 되면 {와}가 수의적 요소로 바뀐다. 이러한 의사
판단 구문의 판단 주체나 주어는 짐작·추측 구문의 상황 주어처
럼 공범주화하는 특성을 지닌다.122)

   이상 의사 판단의 'N+같다' 구문이 두 명사구의 유사성 비교를
기저에 두고 한 대상의 외연을 판단 대상화할 때 도출되는 양상을
살펴보았다. 그러나 {것 같다}에서는 비교말이 표면에 드러나지
않을 뿐만 아니라, 판단 대상 또한 사태로 이룩되어 복잡한 도출
과정을 거치게 된다.123)

---

122) 金完鎭(1970), 유동석(1984)에서는 중세 국어의 'N₁이 N₂이 곹
     다'가 현대 국어의 'N φ 같다'가 굳어진 형태라는 점을 시사한 있
     다. 아울러 이남순(1988)에서는 비교의 기준이 주격성분으로 문장
     에 실현될 수 있다는 점과, 'N₁이 N₂이 되다'에서 N₂ 주어가 부정
     격으로 실현될 수 있는 점을 들어 'N φ 같다'에서 N이 주격의 부
     정격으로 실현된다고 보았다.
     현대 국어 {것 같다}구문에서는 의미론적으로 빈 주어는 표면구조에
     실현될 필요가 없다는 주장은 박승윤(1983)에서 제기된 바 있으며,
     강정희(1992)에서는 이를 "발화되지 않은 화자의 경험 세계를 기술
     한 명사구나 문장"으로 보고 의미론적 제약에 의해 비교 짝이 되는
     명사가 실현되지 않음을 지적하였다.
123) {것 같다} 구문의 기저 구조 도출은 졸고(1992) 참조.

(5) 비가 올 것 같다.
> ㄱ. 나는 비가 올 것을 내 경험 사실과 현재 지각 사태가 같음을 통해 사태를 판단한다.
> ㄴ. 나는 머리 속에 자극을 느낌과 동시에 이 자극이 내 경험과의 비교를 통해 비가 올 것을 어렴풋이나마 알아차린다.

(5)는 '의사 판단'과 '짐작'의 기저 해석 구조를 상정해 본 것이다. 이러한 {것 같다}는 현재 지각 대상을 자신의 객관적 지식이나 주관적 경험에 비교하는 데 초점이 놓여 특정 인식 방법이나 인식 조건에 크게 구애받지 않는다. 이 점이 다른 짐작·추측 표상 형식들과 변별되는 중요한 요소가 된다. 따라서 화자의 발화 내적 정보나 발화 외적 지식 등 모든 주관적 경험 사실이 정보화되어 의사 판단에 중요한 매개체로 기능한다.

4.3.5.3 이제까지 {것 같다}의 핵심 의미를 추적해 보았다. 여기에서는 '의사 판단'이 어떻게 '짐작', '비유', '평가' 등의 문맥 의미를 형성하는지 살펴보기로 하자. 우선 {것 같다}는 {같다}의 '유사성'으로 비유 표현에 매우 생산적으로 사용된다.

(6) ㄱ. 장현삼씨가 식사하는 모습은 고양이 같다. ('80:12)
> ㄴ. 어제 당신과 저는 꼭 한 집에 살고 있는 개와 고양이 **같았습니다**. ('92:196)
> ㄷ. 술을 내놓는 수자 씨는 형수 같다. ('94:102)

(7) ㄱ. 건조실집 갑분이였다. 활짝 핀 달맞이꽃 더미가 멱을 감으려고 방죽에서 내려오는 것 **같았다**. ('85:223)
> ㄴ. 믿을 수 없는 일이 현실로 나타나자 그는 하늘이 무너지는 것 **같았다**. ('86:47)
> ㄷ. 피곤함이 한꺼번에 밀려오는지 걸음을 옮기는 것이 쇳덩이를 부리는 듯한 느낌이기만 했다. 몸 전체가 땅 속으로 끌려드는 것도 **같았다**. ('89:149)
> ㄹ. 후덥지근한 더위와 병실 안의 무거운 침묵에 나는 숨이 막힐 것 **같았다**. ('90:75)

이상 (6), (7)의 비유 표현은 두 사물의 유사성을 직접 비교하여 생성되는 직유적 용법들이다. (6)는 명사 뒤에 {같다}가 연결된 비유 표현으로서 두 비교항의 외연 의미를 문제 삼고 있다. 즉 (6ㄴ)에서의 '한 집에 사는 개와 고양이'는 발화 외적 지식을 통해 '원수처럼 지내다' 라는 일반적인 외연 의미를 지니고 있다. (7)은 화자가 대상·사태에 대한 느낌이나 심리를 비유적으로 표현해내고 있다.[124]

{것 같다}에서 두 번째로 제기될 수 있는 문맥 의미는 '평가'이다. 이러한 평가는 화자가 대상의 가치를 실제와 가깝다고 판단하는 상황에서 적용된다. 따라서 의사 가치 판단(평가)의 {것 같이(처럼) 보이다}로 해석할 수 있다.[125]

(8) ㄱ. 새엄마는 지극하였다. 엄마라고 하기에는 너무 나이가 많았다. 할머니라고 부르는 것이 맞을 것 같았다. ('84:57)
　　ㄴ. 녀석은 이미 몇 잔을 끝낸 참인 듯 얼굴이 붉어 보였으나 취한 것 같지는 않았다.('86:121)
　　ㄷ. "느직 출발한 것도 좋은 것 같애. 오늘밤 별잔치 대단할 거야." 그는 나와 보냈던 그 밤을 기억하는가 보다.('91:222)
　　ㄹ. 하나도 사위 보는 것 같지 않아, 딸 시집 보내는 것 같지도 않고, 꼭 아들 하나 더 생긴 것 같다니까. ('94:340)
　　ㅁ. 나는 어머니를 보며 어머니 며느리 될 분이 작은형과 별로 어

---

124) 비유는 유한의 언어를 극대화시켜 무한한 언어 사용을 가능하게 하는 기능을 지니고 있다. 즉 언어로 표현할 수 없는 다양한 인간 생활양식 및 정신 세계를 다른 대상으로 투영화하여 표현하기 위해 비유가 생성되는 것이다.

125) {-아 보이다} 구문의 일차적 기능은 '가치 판단(평가)'에 있다. 이는 '짐작', '추측'의 양태 의미와는 다소 거리가 있다. 따라서 본고에서는 이를 유사 짐작 구문으로 처리하여 4.6에서 다루기로 한다. 한편 {것 같다}의 기저 의미를 {것처럼 보이다}로 해석할 수 있겠지만 이는 단편적인 해석 의미에 불과하다.

울리지 않는 것 같다는 말을 하고야 말았다. ('95:15)

　이상의 예에서 {것 같다}에 선행하는 '맞다', '취하다', '좋다', '어울리다' 등은 그 자체로 평가적 속성을 띠고 있는 주관 동사들이다. 여기에서 화자는 자신이 내리는 평가가 사실이라고 확신할 수는 없지만 사실과 유사하다고 믿으며, 이를 {것 같다}로 표상하고 있는 것이다. 특히 (8)의 ㄱ,ㄹ처럼 두 개 이상의 평가 명제 가운데 하나를 선택하는 상황에서는 사실에 가깝다고 느끼는 명제를 선택 판단하게 된다. 한편 (8ㄴ)은 {것 같다}와 {-어 보이다}와의 차이를 잘 보여주고 있다. {-어 보이다}가 경험적 평가인 반면 {것 같다}는 경험이 내재한 심리적 평가라고 볼 수 있다. 이에 화자의 느낌, 직관적 사고가 의사 판단의 주된 기제로 작용한다.
　사전에서는 {것 같다}를 추측이나 불확실한 단정을 나타낸다고 설명하고 있다.126) 그러나 {것 같다}의 핵심 의미는 의사 판단에 있을 것이며 부차적으로 불확실성이 내재된 짐작・추측 표현에 관계한다고 규정하였다. 이를 확인하기 위해 우선 미룸 짐작이나 추측 표현에 쓰이는 {것 같다}의 예를 보기로 하자.

(9) ㄱ. 지금 입에 술 댄다면 정신을 잃도록 마셔버릴 것이고, 그러면 이 글을 더 쓸 수 없을 것 같기에 참습니다. ('89:44)
　　ㄴ. 추측컨대 이 책의 저자는… 나와 같은 부류의 몽상가고, 그는 그러니까 머리 속에 우글거리는 허구의 생각들을 자유롭게 소설에 펼쳐 보이고자 했던 것 같다. ('94:309)
　　ㄷ. 아내는 내가 변명하길 바라고 있었는지도 모른다. 아니, 아내의 태도로 보아 틀림없이 그랬던 것 같다. ('95:261)

(10) ㄱ. 아무래도 스산한 봄바람이 불어오고 날씨가 흐린 것으로 보

---

126) 한글학회(1992)에서는 '추측'만을, 金敏洙 外(1991)에서는 '추측'이나 '불확실한 단정'을 나타낸다고 달리 풀이하고 있다.

아 곧 봄비가 뿌릴 것만 같았다. ('78:156)
ㄴ. "우리가 한지붕 밑에 이렇게 살게 된 걸 보면, 두 사람은 전
생에 무슨 인연을 맺었던 것 같소" ('80:18)
ㄷ. 미 제국주의 용병으로 군무중이던 내가 집에 있었던 걸로 봐
서 그날은 토요일이었던 것 같다. ('89:95)

(9)은 화자의 경험 사실을 전제 조건으로 하여 새로운 사실을
이끌어내는 추측 표현들이다. 특히 (9)의 {것 같다}는 추측 표현
형식인 {-ㄹ 것이다}, {-(ㄴ/ㄹ)지 모른다}와 한 예문에 자연스럽
게 쓰이고 있다. 이로써 {것 같다}가 추측의 양태 의미를 지니고
있다고 볼 수 있다. 그러나 이러한 예는 판단 근거가 조건절 형식
으로 외현하여 {추측}이라고 규정지을 뿐, 화자가 직접 경험한 사
실을 근거로 판단하여 오히려 미룸 짐작 표현에 가깝다.
(10)의 {것 같다}는 원인 미룸 짐작의 {-(ㄴ/ㄹ) 모양이다},
{-(나/ㄴ가) 보다}로 대체할 수 있다. 이러한 사실은 {것 같다}가
짐작에 가까울 것임을 입증하는 또 다른 예이다. 이러한 짐작 표
현에 쓰인 {것 같다}의 예를 더 들어보기로 하자.

(11) ㄱ. "관상을 보아하니 우리 류과장께서는 오늘도 틀림없이 조퇴를
신청할 것 같은 예감이 드는구먼." ('83:52)
ㄴ. 어둠 속으로 숨가쁜 목소리로 고맙다는 말을 하였다. 목소리
로 보아 젊은 여자 같지 않았다. ('83:91)
ㄷ. 벌써 전작이 있었던 것 같았다. 그의 눈매는 불그죽죽하게
풀어진 상태였다. ('87:105)
ㄹ. 트럭에 이삿짐이 실려 있는 걸 보아 이사중이었던 것 같은데
남자가 중상이라 아직 신원이 밝혀지질 않고… 사고 시간은
오후 6시로 추정되고 발견된 시간은 … 늦게 발견 된 것이
여자를 죽음으로 몰아간 것 같습니다. ('94:270)

(11)의 ㄱ,ㄴ에서 {것 같다}는 화자의 예감에 의한 판단이나 지

각을 통한 어림 행위에 쓰여 짐작의 개념과 일치한다. 그러나 (11)의 ㄷ,ㄹ은 사태의 원인 규명에 사용된 {것 같다}이다. 이처럼 결과적 사실에 대한 원인 짐작 상황에 {것 같다}가 쓰이는 이유는 '의사 판단'으로서 확실한 단정을 회피하기 위한 언술 태도 때문이다. 특히 (11ㄴ)처럼 의사 판단 명제 자체를 부정하는 문법적 특성은 주관적인 {싶다} 구문과 동일하다.

(11ㄹ)의 {것 같다}는 짐작·추측 표현에 두루 관여한다. 처음의 {것 같다}는 {-(ㄴ/ㄹ)지 모양이다}처럼 원인 미룸 짐작의 상황이며, 뒤의 {것 같다}는 정황 근거를 바탕으로 한 추측 상황이다. 이러한 {것 같다}의 포괄적 용법은 주관적 의사 판단에 바탕을 두고 있으며 이는 화자 자신의 내적 경험 표현에도 유용하다.

(12) ㄱ. 이튿날 장현삼씨는 닭고기가 먹고 싶은 것 같다면서 닭 한마리를 사다가 푹 고아 놓으라고 일렀다. ('80:19)

ㄴ. 기침의 뿌리가 몹시 깊은데 있는 듯한 느낌이 들었다. 아무래도 이 안에 무언가 들어있는 것 같다고 기침 끝에 그는 헐떡이면서 투덜대곤 했다. ('82:247)

ㄷ. 아침부터 누가 찾아올 것만 같았다. 누가 나타날 것만 같은 조짐을 보여주는 징조는 결코 없었다. ('85:263)

ㄹ. 어지럽고 토할 것 같은 정원은 심호흡을 했다. 어깨며 팔다리가 맞은 것처럼 아팠다. ('90:113)

화자 자신의 심리 상태는 자신이 알 수 있는 세계로서 미확인이나 불확실한 인식 세계는 아니다. (12)의 {것 같다}는 '추측'으로 해석되기 어렵다. 이는 심리 명제가 지닌 의식적 불투명성은 '느낌'이라는 신뢰도가 낮은 판단 기제로 그 상태를 평가할 수밖에 없기 때문이다. 또한 명제에 대한 확신의 정도가 낮기에 {것 같다}를 사용하여 사실에 근접하도록 노력하게 된다. 이러한 {것 같다}의 발화 책략은 완곡어법에 매우 적합하다.

(13) ㄱ. 그러나 직접적인 언사는 피하고 "너무 늦게 온 것 같군요. 진
　　　찰을 더 해봐야 알겠지만 산모의 몸도 건강한 것 같지가 않
　　　구…" 하고는 뒷말을 아꼈다. ('81:104)
　　ㄴ. "사장님은 보아하니 돈독이 오른 분 같진 않으십니다. 그렇담
　　　이 대사상 전집이 어떻겠는지요? 제가 보기엔 재벌 시리즈보
　　　다는 이 사상전집이 사장님한테 훨씬 잘 어울릴 것 같은데요.
　　　제가 잘못 봤나요?" ('82:317)
　　ㄷ. "이건 그냥 하는 말이지만, 일전에 아드님이 의절 선언을 한
　　　건 제가 보기에도 아무래도 지나친 것 같더군요." ('93:45)

(13ㄱ)에서 의사(話者)는 자신의 경험을 통해 환자가 너무 늦
게 왔으며 몸도 건강하지 않음을 알 고 있다. 그러나 환자(聽者)를
안심시키고 자신의 진단에도 책임지지 않기 위해서 인식한 진찰 결
과를 완곡하게 언술하고 있다. 이러한 공손어법적 기능은 청자를
위로하고 안심시키기 위해서만이 아니라, (13ㄴ)처럼 청자의 환심
을 사기 위한 주관적 평가 화행이나 (13ㄷ)처럼 윗사람에게 자신
의 의견을 공손하게 진술하는 데에도 적절히 쓰인다.

4.3.5.4 이상에서 우리는 {것 같다}의 다양한 용례를 통해 문맥
의미를 추출하고 짐작·추측의 의미 획득 과정을 논의하였다. 이
를 정리하면 다음과 같다.

첫째, {것 같다}의 {것}은 확실하지 않은 인식 사태를 명제화하
며, {같다}는 유사성으로 객관적 양태 의미를 생성하는 술어로 양
태 기능을 수행한다.

둘째, {것 같다}는 사태를 가능 대상과의 유사성 비교를 통해
직접 판단하는 데 사용된다. 따라서 {것 같다}는 '의사(擬似) 판
단'이라는 핵심 의미를 지닌다.

셋째, {것 같다}는 문맥 의미로 '은유', '가치 판단' '짐작' 등의
의미망을 형성한다. 이러한 문맥 의미 역시 '의사 판단'의 은유적
추이로 생성된 것이다. 이 가운데 짐작·추측 표현의 {것 같다}는

다양한 발화 내·외적 경험이나 지식 등을 판단의 근거로 채택하여 사태를 가능 표상하게 된다.

다섯째, {것 같다}의 주관적 의사 판단의 기능은 사실과 가까운 판단일 뿐, 사실이 아닐 수도 있다는 유보적 서술 태도를 취한다. 이로써 {것 같다}는 비확정적 언술 태도와 함께 완곡어법에 매우 생산적으로 사용된다.

4.4 제4유형

제4유형은 {-(나/ㄴ가/ㄹ까/지) 싶다}, {-(나/ㄴ가/ㄹ까) 보다}, {-(나/ㄴ가/ㄹ까) 한다}로써 여기에서는 이들이 지닌 객관적 양태 의미기능을 중심으로 살펴보고자 한다.

이제까지 이 유형에 대한 연구는 주로 전통 문법학자들이 이룩해 놓은 업적을 바탕으로 진척되어 왔다. 최현배(1937)에서는 의문형에 붙는 {싶다}, {보다}를 보조 형용사로 처리하여 '미룸(추측)'의 의미를 부여한 바 있다. 그러나 이러한 보조동사의 시각에서 벗어나 차현실(1983, 1984, 1986), 嚴正浩(1990)에서는 {싶다}, {보다}, {한다}가 지닌 양태적 의미 기능을 천착하고 있다.

특히 차현실의 일련의 연구에서는 {싶다}, {보다}를 미확인 양태술어로 취급하여 성분 분석 방법으로 양태 의미를 부여하였다. 한편 嚴正浩(1990)에서는 이들 형식을 종결어미와 보조동사의 복합구문(SEA:sentence ending auxiliary 구문)이란 용어를 사용하여 통사적 특성을 중심으로 의미를 파악하였다.

이러한 연구 결과 이들 형식에 대한 개괄적인 문법 사실들은 거의 밝혀진 셈이다. 다만 양태 범주 안에서 이들 형식이 다른 유형들과 어떻게 구별되며, 이 유형의 개별 형식인 {싶다}, {보다}, {한다}의 의미 차이는 면밀히 파악되지 않은 듯하다. 특히 선행 내포문 어미들에 따라 개별 형식이 어떻게 쓰이는지에 대해서는 언급조차 하지 않고 있다. 이를 위해 우선 이들의 구성 요소가 어떻게 양태 의미를 획득하고 있는지에 관심을 둘 것이다. 아울러 각각의 형식들이 문장, 나아가서는 발화에 어떻게 쓰이고 있는 지를 분석하여 그 개별 특성을 파악하는 순으로 논의를 진행할까 한다. 이를 위해 기존 연구에서 제기된 문제와 본 고의 2,3장에서 밝혀진 사실을 중심으로 앞으로 논의할 바를 정리해 보기로 하자

첫째, 이들은 선행 내포문 어미와 양태 술어 {싶다}, {보다}, {한다}로 구성되어 있지만 통합하여 하나의 양태 연산자로 기능한다는 점이다. 이로써 구성 요소 사이에 는 다른 요소의 개입을 잘 허용하지 않는다.

  (1) ㄱ. *비가 오지 않을까 {확실히, 곰곰히, 천천히, 정말로} 싶다.
      ㄴ. *비가 오려나 하고 {싶, 보, 한}다.
      ㄷ. *소현이가 피아노를 치는가{가, 를} 싶다.

(1)은 내포문 어미와 양태 술어 사이에 부사어나 격조사 등의 삽입을 허용하지 않음을 나타낸다. 이러한 제약 현상은 {싶다}, {보다}, {한다}가 '생각하다', '말하다' 등의 완형 보문을 취하는 동사와 다르며, 실질적인 의미를 지닌 {보다}, {한다} 구문과도 다른 기저 구조를 지니고 있음을 암시한다.

둘째, 이 유형은 의문문 형식을 취하고 있는 내포문 자체에 이미 미확인 사실에 대한 의심이나 사실성에 대한 진위 판단 등을 표현하고 있다. 특히 내포문 어미를 공통요소로 취하고 있지만 양태 술어의 의미 기능에 이끌려 주·객관성의 양태 문제가 달라질 수 있다는 사실을 염두에 두고자 한다. 즉 {싶다}, {한다}는 사태에 대한 확실성 문제의 객관적인 양태에, {보다}는 사태에 대한 화자의 관여가 적극적인 주관적 양태에 초점이 놓인다. 이러한 사실은 다른 짐작·추측 표상 형식들의 개입을 허용하거나 동일 형식들끼리 중첩되어 사용되는 현상으로도 설명이 가능하다.

(2) ㄱ. 비가 오지 않겠나 {싶다, *보다, *한다}.
　　ㄴ. 할아버지께서는 비가 오지 않을까 {싶으, *보, 하}시겠다.

(3) ㄱ. 선생님께서는 내가 논문을 쓰지 싶으셨나 {보다, *한다}.
　　ㄴ. 선생님께서는 내가 논문을 쓰나 보다 {싶으, *하}셨다.127)

　(2ㄱ)에서 화자는 자신의 짐작 사실을 {-나 싶다}를 통해 비확정으로 서술하고 있으며 (2ㄴ)에서는 주제의 확정적이지 않은 명제를 짐작 대상화하여 언술하고 있다. 이러한 예문에서 {보다}가 비문법적인 이유는 주·객관적 양태 표상의 {겠}과 {보다}가 중첩되었기 때문이다. (3)은 {싶다}, {보다}가 중첩되어 사용된 예로서 이들은 서로 다른 양태적 기능으로 용인된다. 여기에서 {보다}의 판단 주체는 화자인 반면 {싶다}는 화자만이 아닌 주제가 될 수 있음을 보여 주고 있다. 이는 {보다}, {한다}의 통사·의미 변별의 요인이 되기도 한다.128)

　셋째, 이 유형도 주·객관 및 근거-사실의 논리관계에 적용을 받는다. 이는 {싶다} 구문의 주관적 특성과 {보다} 구문의 객관적 특성으로 대별되며, 개별 형식마다 주관화의 정도 차이가 드러날 것이다.

　넷째, 이미 언급한 바 있지만 이들 형식 가운데 {싶다}, {한다}는 주로 객관적 양태 문제에 따른 서술 태도에 초점이 놓이며,

---

127) 이 예문에서의 {하다}는 대동사적 기능으로 '말하다'의 뜻으로 사용되어 비문으로 처리하였다.

128) 嚴正浩(1990)에서는 이러한 통사적인 공범주 현상으로 {싶다}, {보다}, {한다} 구문의 의미 차이를 규명하였다. 이에 따르면 {싶다}는 '주제의 명제에 대한 확정적이지 않은 판단'으로, {보다}는 '상황에 의존하여 명제 내용에 대해 내리는 판단'으로, {한다}는 '화자의 명제 내용에 대한 주관적인 판단'으로 각각 구별하였다. 이는 본고의 논지와 겹치는 부분이 없지 않으나 판단 주체나 의미 규정이 직관상 멀게 느껴질 정도로 추상적인 듯하다.

{보다}는 미룸 짐작의 주관적 양태 문제에 귀결된다. 이러한 특성은 공손어법적 기능에서도 차이가 날 것이다. 이상 제기된 몇 가지 문제들을 염두에 두고 논의를 진행하기로 한다.

4.4.1 {-(나/ㄴ가/ㄹ까/지) 싶다}

4.4.1.1 {싶다}는 {듯싶다}에서 논의된 대로 '느낌'이나 '직관'에 의해 사태를 주관화하는 기능소이다. 이러한 {싶다}에 선행하는 요소는 위에 제시한 것 외에도 다양하게 분포되어 있다. 이를 살펴 보면 {-다}, {-구나} 등의 어미 이외에도 어미가 생략되어 있거나 종결하는 기능의 특정 형식에 {싶다}가 자연스럽게 결합하기도 한다. 그 예를 보면 다음과 같다.

(4) ㄱ. 재수생도 아닌 주제에 싶어 바람을 쐬러 나간 것이 그 계기가 되었으나, … 그것을 깨달았을 때는 이미… ('85:25)
　　ㄴ. 민노인은 어느새 성규의 설득에 기울어지고 있는 자신을 발견하곤 이게 아닌데 싶었다. ('86:28)
　　ㄷ. 발을 헛디디는 순간 '아차' 싶었다.

(5) ㄱ. 그쯤 단념했으려니 싶었는데… 또 벨이 울렸다. ('85:24)
　　ㄴ. 그 아들만 버젓한 직장엘 다니고 있으면 아비가 무직이라도 딸의 결혼이 한결 덜 초라한 것을 싶은 건 … ('86:60)
　　ㄷ. "설마 그걸 지 손으루 부쳐먹으랴 싶었겠지유 뭐" ('88:192)

(4)는 화자의 사태에 대한 주관 개입이 {싶다}로 이룩되어 있다. {싶다}는 (4ㄷ)처럼 사태가 발생하는 순간 주관이 개입하므로 잉여적 표현—큰일났구나, 떨어지는구나—등을 생략할 정도로 즉각적이다. 아울러 (5)처럼 짐작, 가정 명제에 직접 연결되기도 한다. 그러나 이러한 특정 형식도 화자의 확정적이지 않은 가능 명

제를 취하고 있다는 점에서 일반적인 {싶다}의 선행 요소와 일치한다.

의문법 어미는 아니지만 {싶다}에 생산성 있게 선행하는 어미로는 {-다}, {-구나}가 있다. 우선 어미 {-다}는 서법적인 기능보다는 화자가 인식한 사실을 진술하는 기능으로 참여하며 {싶다}가 이를 자연스럽게 뒷받침해 준다.129)

(6) ㄱ. 이빨을 칫솔질해 대기 위한 곳이 집이라면 나는 집에서 도망쳐 나온 것이 잘했다 싶다 믿는다. ('77:43)
    ㄴ. 선생님은 좀 어렵다 싶은 문제만 나오면… 풀게 했다. ('87:68)
    ㄷ. 나는 바람이 웬만큼 멎었다 싶기가 바쁘게 바깥으로 달려 나갔다. ('95:68)

(7) ㄱ. "그러다 이번 겨울에 또 쓰러졌죠. 이번엔 해를 못 넘기겠다 싶어 빠져나왔어요." ('85:37)
    ㄴ. 나와 가까이 있는데도 칠흑의 어둠 때문에 서로 모르고 있는지도 모른다 싶어 '국장님!'하고 고함쳐 보았다. ('93:152)

{-다 싶다}는 주로 사태에 대한 즉각적인 가치 판단(평가)에 쓰인다. 여기에서 판단 대상은 확인된 사실은 아니지만 주체(주제)의 느낌·직관에 의해 사실로 믿는 명제이다. 그러므로 주관화 대상은 사실에 가깝거나 (7)처럼 가능한 세계가 적합할 것이다. 이에 비해 {-구나 싶다}는 {-구나}의 의미 특성에 이끌려 사태에 대한 지각적 표현에 잘 쓰인다.

---

129) {-다}는 특정한 심리적 태도를 드러내지 않는 단순 서술 종결어미로 알려져 왔다. 그러나 高永根(1976)에서는 {-다}가 상관적 장면이나 단독적 장면에서 사실에 대한 인식을 상대방에게 전달하는 기능을 지니고 있다고 보았으며, 이정민(1975)에서는 발화자가 내재적 서술문을 말할 때에는 마음속에 확증을 가지고 있는 반면, 사유 동사나 양상 조동사(modal)를 사용할 때에는 마음속에 확증을 가지고 있지 않음을 지적한 바 있다.

(8) ㄱ. 술이 오른 그녀들이 신나게 유행가… 깔깔거리고 있는 걸 보면
      나도 모르게 즐거운 인생도 있**구나** 싶었다. ('80:307)
   ㄴ. 체격은 미끈미끈한 팔등신인데, 그런 여자들을 보니까, 정말
      여자가 아름답다는 게 저런 거**구나** 싶더래요. ('84:163)
   ㄷ. "이거 무슨 일이 터지겠**구나** 싶었는데, 아니나 다를까, 박선생
      이 철거반원에게 달려들어 쇠지레를 **빼앗**더니… ('90:69)

(8)에서 화자는 자신이 지각 경험한 사실로 미루어 사태를 평가
하고 있다. 아울러 이러한 평가는 가치, 가능성 발견의 지각적 의
미를 지니고 있다. 이런 {-구나 싶다}는 화자의 주관 세계에서 이
루어지는 지각 표상이므로 화자만이 인식 주체로 기능하게 된다.
이 점에서 {-다 싶다}와 구별된다. 여기에서 {싶다}는 단순히 화
자의 주관 세계를 서술하기 위한 문법적 기능소로 보이지만, {싶
다}가 개입함으로써 지각 사실과는 다른 가능 세계를 표상할 수
있다.

(9) ㄱ. 비 왔{*구나, 구나 싶었어}. 그런데 비가 안 왔더라고..
   ㄴ. 차에 올라탔구나 {?해서, ?느껴서, ?판단해서, 싶어서} 출발
      했는데, 한참 가다 보니까 아이가 안 보이는 거예요.

(9)에서 {싶다}는 사실과 다를 수 있는 가능 명제에 대한 판단
을 나타내고 있다. 이는 (9ㄴ)에서 {싶다} 대신에 다른 인지동사
를 대체하기 어려울 정도로 즉각적인 판단 상황에 잘 호응하고 있
음을 보여준다.
  한편 의문법 어미로 알려진 {-ㄴ가}, {-나}, {-ㄹ까}, {-지}가
내포문의 보문자로 쓰이게 되면, 이들은 응답을 요구하지 않고 단
지 사태에 대한 의심·추측 등의 다양한 의미로 분화된다. 특히
이러한 특성은 각 어미에 따라 달라지는데 이를 개별적으로 살펴
보기로 하자.
  4.4.1.2 {-나 싶다}의 {-나}는 {-ㄴ가}의 응축형으로 운위되어

왔을 정도로 {-ㄴ가}와 유사한 기능을 지니고 있다.130) 의문법 어미로서 {-나}는 주로 단독적 장면에서는 화자가 자신에게 의문과 의구를 제기해 보는 데 사용한다. 또한 상관적 장면에서는 사실적인 정보를 확인하고자 의문을 제기해 보는 데 쓰인다. 이러한 {-나}의 기능에 이끌린 내포문이 주관화 술어 {싶다}와 어울림으로써 다양한 문맥 의미를 획득한다.

(10) ㄱ. 전화를 안 받네요. 애들이 어디 가지 않았나 싶어요.
     ㄴ. 담배를 피는 것을 보면 개가 술도 꽤 하지 않나 싶어.

(11) ㄱ. "여러 가지 이유가 있겠지만 우선 두 가지로 말할 수 있지 않나 싶습니다. 그 하나는 얄팍한 자존심이고 다른 하나는 영악한 계산일 겁니다. ('82:276)
     ㄴ. 사람이 시대와 홀로 맞설 때 교육은 들러리 노릇밖에는 못하지 않나 싶다. ('95:267)

{-나 싶다}는 장형 부정 의문 형식을 내포문으로 취하는 경우가 많다. 이러한 장형 부정 의문문 형식은 일반적으로 어떤 문제에 대해 자신이 없을 때 사용되지만 긍·부정의 전제에 따라 중의적으로 해석된다.131) 이러한 해석 절차는 (10)에도 적용될 수 있

---

130) 高永根(1974), 이현희(1984)에서는 의문법 어미 {-나}를 {-ㄴ가}의 응축형으로 보았다. 그러나 서정목(1987)에서는 이러한 논지에 대해 이의를 제기한 바 있다. 아울러 형태소 재분석을 통해 {-나}, {-ㄴ가}는 {-ㄹ까}와 현실법 : 미정법(허웅:1983), 직설법 : 추측법 (高永根: 1974)으로 대응된다. 한편 허웅(1983)에서는 {-나/-ㄴ가}가 눈 앞에 일어나고 있는 일을 서술하거나, 또 일어나는 것으로 생각하고 서술하는 데 사용된다고 보았다. 이 글에서는 {-나}와 {-ㄴ가}를 일단 동일한 의미의 어미로 취급하되, 양태 구문에서의 의미 변별은 {보다} 구문에서 상세히 다루기로 한다.
131) Katz(1972)에서는 의문사 없는 의문문의 긍정형과 부정형은 동일한 내용을 묻는 것인데, 쓰이는 상황이 다르다는 견해를 피력하였

다. 우선 (10ㄱ)은 청자에게 정보를 제공하는 통보적 발화라면 화자의 정보 획득은 짐작이나 추측에 의해 생성되었을 것이다. 아울러 미확인 정보를 자신의 내적 직관에 의해 획득하였으므로 이는 주관적인 양태 의미로 해석된다. 한편 긍정적인 사실 판단을 전제로 부정 의문 형식을 빌어 발화했다면 이는 앎이나 믿음이 불확실하여 의심을 지니고 있는 회의(doubt) 표현으로 해석될 수 있다. (10ㄴ)은 경험 사실을 전제로 새로운 사실을 추측하는 발화이다. 추측에는 마땅히 불확실성이 내재되어 있어 의심 표현과 의미가 상호 공유하지만 양자는 정보 특성에 따라 구별된다. 즉 화맥에 이미 존재하는 내용의 정보에 대해 의문을 제기하면 의심 표현이 되고, 존재하지 않는 정보를 새롭게 획득하게 되면 추측이 된다.

{-나 싶다}는 (11)처럼 비확정 서술태도를 견지하여 자신의 견해를 공손하게 표현하는 데에도 흔히 사용한다. 이상 세 가지 의미 기능 가운데 {-나 싶다}는 주로 자신의 경험한 사태에 대하여 의심하는 발화 상황에 잘 사용된다.

(12) ㄱ. 잠을 깨고 일어났을 때 사내는 그 간밤의 일이 꿈이 아니었나 싶어졌다. 하지만 그건 분명 꿈이 아니었다. ('78:46)

ㄴ. 나는 베드로가 내 말을 잘못 듣지나 않았나 싶어 다시 한번 큰 소리로 스타카토가 분명하게 말했다. ('87:319)

ㄷ. 처음에 나는 학교 교정에서 듣고 또 들은 그 소리를 환청으로 듣고 있나 싶었다. ('90:243)

다. Lyons(1977)에서는 부정형 의문문은 화자가 원래 가지고 있었던 가정(prior belief)과 현존하는 증거(present evidence) 사이에 모순이 생길 때 사용된다고 보았다. 아울러 Givon(1979)에서는 의문사 없는 의문문은 화자의 가정이 긍정 또는 부정으로 취우친 상태에서 사용된다고 보았다. 국어의 장형 부정 의문문도 긍·부정의 전제에 따라 중의적인 해석이 가능하다. 이를 서실적 상황과 서상적 상황에서 명제에 대한 확인을 요청하는 의문문으로 본 것은 張京姬(1982) 참조.

회의나 의심 표현은 사태의 가능성이 적은 사태의 인식을 전제하고 있어 (12)처럼 제기된 정보가 사실로 드러나는 상황에 잘 쓰인다. 특히 이러한 {-나 싶다}는 내포된 명제 내용이 화자가 바라는 명제냐 그렇지 않느냐에 따라서 긍정적 가능성은 화자의 기대 표현으로, 부정적 의심은 걱정·불안의 발화내적 행위를 수행한다.

(13) ㄱ. 혹시 빈 자리가 있{나, 지 않나} 싶어 두리번 거렸다.
     ㄴ. 혹시 시험에 떨어지{나, 지지 않나} 싶어 가슴 졸였었어.

4.4.1.3 {-ㄴ가 싶다}는 {-나 싶다}처럼 명제에 대한 확실하지 않은 믿음의 양태, 즉 의심 표현에 사용되지만 그 외에도 다른 뜻을 지니고 있다. 우선 의심 표현에 사용된 예를 보기로 하자.

(14) ㄱ. 처음엔 착각이 아닌가 싶었다. 그가 사내를 잘못 보았거나, 뒤쪽에 다른 사람이 서 있지나 않은가 싶었다. ('80:46)
     ㄴ. 현 여사는 속이 찔끔했다. 영혜가 뭘 알고 지껄이는 게 아닌가 싶었다. ('92:245)
     ㄷ. 버스 운전사도 사막 끝에 서있는 헛것을 보며 달리는 것은 아닌가 싶어 나는 갈수록 목이 타 들어왔다. ('95:252)

의심 표현에서의 {-나 싶다}와 {-ㄴ가 싶다}는 동일하다. 다만 {-나}는 명제에 대한 부정 표현 {아니다}와 결합할 수 없으며 시상이 {-ㄴ가}에 비해 불투명하다. 특히 {-ㄴ가}는 긍정 명제를 내포문으로 취하기도 하는데 이때에는 심증에 의한 의사(擬似) 판단의 의미를 지니고 있다.

(15) ㄱ. 그때 멀지 않은 노송의 둥치 뒤에서 웬 그림자가 어른대는가 싶었다. ('78:282)
     ㄴ. 가을 해는 짧아 저무는가 싶으면 이내 어둠이 온다. ('79:12)
     ㄷ. "오랜만에 닭고기 한번 먹은가 싶게 먹은 것 같다" ('80:20)

ㄹ. 무심코 한 모금 들이마셨는가 싶었는데 벌써 목이 꽉 막
히고 눈이 떠지질 않았다. ('86:186)

이처럼 사실에 가까운 판단은 접속문에서 흔히 보이며 {것 같
다}와 대체하여도 문맥의미가 크게 달라지지 않는다. 특히 (14)의
ㄴ,ㄷ처럼 부사절에 쓰인 {-ㄴ가 싶다} 대신에 {-나 싶다}는 제약
을 받는다.
{-ㄴ가 싶다}는 이외에도 불확실한 앎의 상태를 나타내는 의견
진술 화행에 잘 사용된다. 아울러 불확실성을 바탕으로 한 완곡어
법의 기능도 함께 수행하고 있다.

(16) ㄱ. 노인은 첫눈에도 병중이 아닌가 싶은 안색이었다. ('83:112)
ㄴ. 요즘은 여자를 봐도 별 뜻이 없다. 아마 갱년기 현상이 조금
일찍 밀려들어 온 게 아닌가 싶지만 별 걱정은… ('85:102)

(17) ㄱ. 고가구도 통 거래가 되지 않았다. 수장가(收藏家)들의 안목
이 높아진 탁도 있지만 고가구를 선호하는 계층이 아주 얇다
는 증거가 아닌가 싶다. 하옇든 이장사도 막판에 접어든 게
아닌가 싶어 여간 불안하지 않았다. ('85:120)
ㄴ. 여성은 자기 몸을 교묘하게 드러내 보이는 기술을 익히게 될
때가 사춘기가 아닌가 싶다. ('95:295)

{-ㄴ가 싶다}는 {-ㄴ가}의 시상에 이끌려 발화 현장 사태와 밀
접히 관련된 상황에서 잘 쓰인다. (16ㄱ)은 이러한 사태를 직관적
으로 판단·짐작하고 있지만 확정적이지 않은 서술 태도에 초점이
놓여 있다고 볼 수 있다. (17)은 부정진술을 통해 자기의 견해를
공손하게 표현하고 있다.
이상으로 우리는 {-(나/ㄴ가) 싶다}가 사태에 대한 불확실한 앎
이나 믿음으로 양태 표현에 관여함을 살펴보았다. 이러한 양태적
기능으로 {-(나/ㄴ가) 싶다}는 화자의 느낌·직관에 의존하여 의

심 표현이나 비확정적 서술태도에 의한 공손 표현에 적합하게 사용된다.

4.4.1.4 {-ㄹ까 싶다}를 살펴보기 앞서 의문법 어미로 사용되는 {-ㄹ까}를 살펴보기로 하자. {-ㄹ까}는 {-나/ㄴ가}와는 달리 추측 의문문으로 기능하여 이에 대한 응답 역시 가능 명제를 요구하게 된다. 또한 {-ㄹ까}는 청자에게 '의향(意向)'을 타진해 보는 기능도 지니고 있다. 이러한 기능은 {-ㄹ까 싶다}에도 그대로 적용된다.

{-ㄹ까 싶다}와 대표적인 추측 표상소 {-ㄹ 것이다}와 다른 점은 명제 태도에 달려 있다. {-ㄹ 것이다}가 가능 명제에 대하여 논리적 방법(추리)으로 정보를 평정(評定)하는 적극적인 관여 양상을 보이는 반면, {-ㄹ까 싶다}는 사태에 대한 확실하지 않은 인식 태도에 초점이 놓여진다. 이는 사태에 대한 앎이나 믿음이 불확실한 상태에서 가능 명제를 조심스럽게 내어놓고 있을 뿐, {-ㄹ 것이다}처럼 적극적으로 주관이 개입하여 확실성을 추구하는 단언 효과를 보여주지 않는다.[132]

한편 {-ㄹ까 싶다}의 불확실한 앎이나 믿음의 인식 태도는 당연히 문맥에 따라 '의심', '짐작', '추측' 표현으로 분화된다. 우선 '의심' 표현부터 보기로 하자.

(18) ㄱ. 행여 누가 그 부끄러운 장면을 보지 않았을까 싶어 걱정이 태산 같다. ('86:169)

ㄴ. 그녀는 자신이 있었다. 머리에 임도 안 이고 걷는 걸음이라면 그까짓 거 하루 백리는 못 걸을까 싶었다. ('85:89)

ㄷ. 사장에게 직접으로도 안 통하는 얘기가 뒤쪽이라고 통할까

---

132) 기존 연구에서도 '주제의 확정적이지 않은 판단'(嚴正浩:1990), '명제 내용에 대해 갖는 화자의 불확실한 믿음'(차현실:1984)의 의미가 부여되기도 하였다. 이 연구에서도 이러한 견해와 어느 정도 맥을 같이 한다고 볼 수 있다. 다만 여기에서는 이러한 {싶다} 구문에 주관적 양태 의미인 '짐작', '추측'이 내재되어 있을 것이며, 이를 바탕으로 서술 태도에 주안점을 둔다는 점에 초점을 두고자 한다.

싶기도 했으나, 어렴풋이 가는 느낌 같은 것이 있어서 나는
박교수 애기를 했다. ('86:309)
ㄹ. 저러다가 쓰러지는 건 아닐까 싶을 만큼 보스는 평정을 잃고
있었다. ('89:369)

이상의 의심 표현들은 사실과는 다른 비실재의 세계를 가상으로
형상화하고 있다. 이러한 가정화를 통한 의심 표현은 사실 판단을
하기에는 앎이나 믿음이 부족하여 심증에 의해 사태를 판단할 때
이룩된다. 한편 사실성 판단의 추측 표현 예를 들어보기로 하자.

(19) ㄱ. 엄마가 없고부터 내 얼굴은 늘 좀 허술하고 삐뚤어져 보였
다. 나는 거울에 얼굴을 비춰 보면서 그게 엄마 없는 티가
아닐까 싶어 문득 심난해질 적도 있었지만… ('80:233)
ㄴ. 내 생각에 유골이 묻힌 곳을 찾아낸다고 해도, 산사태에 떠
밀려 가버렸거나 아니면 산짐승들에게 해를 당하지나 않았을
까 싶었다. ('81:261)
ㄷ. 소대장이 표시해 준 그곳은 그다지 넓지는 않았으나, 주위에
비해 반반한 평지를 이루고 있는 걸로 보아 해묵은 밭자리가
아닐까 싶었다. ('84:113)

(19)의 {-ㄹ까 싶다}로 이룩되는 부정 명제 대신에 {-ㄹ 것이
다}를 대체하면 단언의 정도가 확연히 드러난다. {-ㄹ까 싶다}는
비록 추측 행위를 통해 사태를 판단하고 있지만, 자신의 견해·주
장을 부정 의문 형식으로 표상하여 이를 책임지지 않으려는 서술
태도를 견지하고 있다고 볼 수 있다. 이러한 언어 사회적 기능이
돋보이는 공손한 표현 예를 보기로 하자.

(20) ㄱ. 내 생각으론 금년 우리 화단에 최대의 수확이 되지 않을까
싶어요. (''81:181)
ㄴ. 제 생각으로는… 너무 떠들썩하게 하느니보다 그냥 조용하게

사면이나 해주셨으면 더 낫지 않을까 싶습니다. ('89:376)
ㄷ. "누구 말마따나 평상심(平常心)을 길들이는 일이 중요하지 않을까 싶어." ('94:286)

끝으로 {-ㄹ까 싶다}는 이러한 '의심', '추측', '공손어법' 외에도 '의향(意向)'을 나타내기도 한다. 물론 이 역시 {겠}, {-ㄹ 것이다}가 지닌 {의도}와는 차이가 난다. 즉 {겠}, {-ㄹ 것이다}가 청자를 고려하지 않고 자신의 적극적 의지를 표명하는 반면, {-ㄹ까 싶다}는 비확정적인 사태 인식에서 비롯된 소극적인 의견을 조심스럽게 밝히고 있을 뿐이다.

이상에서 {-ㄹ까 싶다}는 {-나/ㄴ가 싶다}와 동일한 양태 특성을 보여주지만 내포문 어미의 기능으로 추측 표상에 더 적극적으로 관여함을 살펴보았다. 이러한 사태에 대한 불확실한 앎이나 믿음에 의한 양태 표현은 서술 태도로 이어져서 공손어법적 기능을 충실히 수행한다. 특히 화자 느낌·직관에 의한 주관화 기능의 {싶다}는 이를 뒷받침해 주는 언어 요소로 기능한다.

4.4.1.5 {-지 싶다}의 {-지}는 문체법에 중립적일 정도로 다양하게 쓰여서 문법적 기능이나 의미 또한 다각적 방법으로 모색해 온 것도 사실이다.

{-지}에 대한 기존 연구를 검토해 보면 {지}의 인식 기저를 어디에 두느냐에 따라 논의가 이분되었다고 볼 수 있다. 즉 '앎'을 인식의 바탕에 두면 {-지}는 지각 양태소로서 기능할 것이며, '믿음'에 두게 되면 화자의 주관적인 확신이나 추측으로도 볼 수 있을 것이다.[133] 이러한 지각에서부터 추측에 이르기까지 두루 관여하

---

133) 高永根(1976)에서는 {-지}를 敍想法(thought-mood)으로 분류하여 '화자의 주관적 상념을 표시하는 것'으로 파악하였다. 張京姬(1985)에서는 {-지}를 지각 양태소로 분류하여 '이미 앎'으로 의미를 파악하였다. 아울러 문맥에 따라 '짐작', '의견'의 뜻을 지닐 수도 있음을 지적한 바 있다. 이기동(1987)에서는 화자가 어떤 명제를

는 {-지}는 특히 단독적 장면에서 주관적 믿음을 사태에 반영시킬 수 있다.

(21) (어제 비 왔느냐는 질문에)
 ㄱ. 그럼 어제 비 왔지. 밖에 나갔다가 비 맞았는 걸.
 ㄴ. 어제 비가 왔지 아마. 자는데 무슨 소린인가 들은 것 같아.
 ㄷ. 땅이 진 것을 보니 아무래도 비가 왔지 싶어.

이상에서 보듯 {-지}는 확인한 사실에서부터 미확인 사실에 이르기까지 지각이나 짐작 표현에 두루 관여할 수 있다. 특히 이 점에서 객관적인 사실을 진술하는 어말어미 {-어}와 대응되기도 한다. 이런 '앎'과 관계된 {-지}는 '믿음'의 문제로 전이되기도 한다. 즉 알고 있는 사태를 대상화하여 확실성 문제에 개입하기도 한다.

(22) ㄱ. 영수가 책을 제대로 읽{었. 었는}지 싶다.
 ㄴ. {∅. ??영수가} 책을 읽는지 싶다.
 ㄷ. 영수가 책을 읽{지. 을지} 싶다.

(23) ㄱ. 너 옛날에 아주 예뻤지 싶다. 지금도 예쁜 걸 보면.
 ㄴ. 영희가 제 엄마 닮았으면 예쁘지 싶다.
 ㄷ. 오늘 선보기로 한 여자 예쁠지 싶다.

(22)는 {-지}의 시상·선행 서술어 제약을 보여주고 있다. 우선

믿는 쪽으로 기울어져 있고, 또 화자가 청자도 이 명제를 믿는 쪽으로 기울어져 있을 때 쓰인다고 주장했다. 한편 장석진(1973)에서는 화용론적 입장에서 서법에 따라 {-지}의 의미를 파악하였는데, 그 핵심 의미를 '추정(suppositiveness)'으로 보기도 하였다. 이를 보면 서술문에서의 {-지}는 추정적(suppositional)인 의미를, 의문문에서는 '화자가 추정한 제의에 동의를 구하는' 의미를, 명령문에서는 '요구'나 '명령'보다는 '제의'를, 청유문에서는 '건의'나 '요구'보다는 '제의'를 뜻한다는 것이다.

(22ㄴ)의 {-는지 싶다}는 자신의 사태를 대상으로 하지 않으면 잘 호응하지 않는데, 이는 {-지 싶다}가 발화 현장 사태와 밀접히 관련된 확인된 '앎'을 표상할 수 없기 때문이다. 물론 화자 자신이 내포문 주어로 기능하면 자신이 하고 있는 행위에 대한 의심 표현으로 어울릴 수가 있다. 한편 이미 알고 있는 사실을 주관적 믿음으로 표상하는 {-지}는 불확실한 인식을 표시하는 {-르}과 통합되어 의문 명사화 어미 {-르지}가 된다. (23ㄷ)은 이러한 처럼 의심 표현의 {-르지 싶다}이다. 한편 확실성 여부를 표명하는 {-지 싶다}는 경험 사실이 근거로 작용하는 경우에 확신을 나타내게 되며 화맥에 따라 명제에 대한 의심을 나타내기도 한다. 이러한 {-지 싶다}의 실제 예문을 보기로 하자.

> (24) ㄱ. 아마도 무슨 장학 관계에 필요한 자료쯤이나 되겠지 싶었는데 직원의 대답은 전혀 의외였다. ('86:110)
> ㄴ. 도자기의 결손된 부분이 하도 아섭고 안타까워 금으로 메꿔 놓고 보니 금빛 부분만 튀는 게 암만해도 본디 모양은 그게 아니었지 싶다는 거였다. ('89:404)
> ㄷ. 골목길에 주차시킨 내가 잘못이지 여기었습니다. ('90:417)
> ㄹ. 아무래도 길안내는 내 몫이지 싶어 나는 그녀를 데리고 횟집으로 들어갔다. ('94:294)

이상 예문에서 {-지 싶다}는 사태에 대한 막연한 '짐작'을 나타낸다고 볼 수 있다. 특히 이는 발화 현장에서 이미 어느 정도 알고 있지만 이러한 앎이 확인된 것이 아니므로 주관적 믿음을 통해 사태를 어림하고 있는 것이다.

4.4.1.6 이상에서 우리는 {-(나/ㄴ가/르까/지) 싶다} 구문의 의미 기능에 대해 살펴보았다. 이제까지 논의된 바를 다음과 같이 정리할 수 있을 것이다.

첫째, {싶다}의 선행 요소는 {-ㄴ가, -나, -르까, -지} 이외에

{-다, 구나} 등 매우 다양하다. 이러한 주관화 기능소 {싶다}는 사실과 다를 수 있는 가능 세계를 선행 어미의 도움을 받아 표상하게 된다.

둘째, {싶다} 구문은 완결된 문장 형식을 명제로 취하므로 짐작·추측의 주관적 관여보다는 사태에 대한 비확정적 서술 태도에 초점을 둔다.

셋째, {싶다} 구문은 선행 내포문 어미에 따라 의미가 다양하게 분화된다. 우선 {-나 싶다}는 '의심', '추측' 을 뜻하지만 주로 부정 명제를 통한 비확정 서술 태도의 완곡어법적 기능을 수행한다.

넷째, {-ㄴ가 싶다}는 {-나 싶다}의 의미와 유사하다. 다만 {-나 싶다}는 주로 자신의 경험한 사태에 대하여 의심하는 발화 상황에 잘 사용되는 반면, {-ㄴ가 싶다}는 {-ㄴ가}의 시상에 이끌려 발화 현장 사태와 밀접히 관련된 상황에서 의심 표현이나 비확정적 서술태도에 의한 공손 표현에 적합하게 사용된다.

다섯째, {-ㄹ까 싶다}는 {-ㄹ까}가 지닌 특성에 이끌려 '추측' 표현에 잘 사용된다. 이러한 '추측'의 의미 또한 불확실한 앎이나 믿음의 상태에서 가능 명제를 조심스럽게 내놓는 소극적 관여 양상을 보여준다.

여섯째, {-지 싶다}의 {-지}는 '앎'이나 '믿음'에 두루 관여하는 문법요소로 주관화 기능소 {싶다}와 어울려 지각, 짐작, 추측 등의 다양한 문맥 의미를 형성한다. 이로써 {-지 싶다}는 선행 요소나 화맥에 따라 확실성 여부를 달리하기도 한다.

4.4.2 {-(나/ㄴ가/ㄹ까) 보다}

4.4.2.1 {-(나/ㄴ가/ㄹ까) 보다}는 {-(ㄴ/ㄹ) 모양이다}와 마찬가지로 '원인 미룸 짐작'을 핵심 의미로 지니고 있음을 밝힌 바 있다. 아울러 객관적인 근거로 사태를 판단하기에 주관화 정도가 낮

은 편이며 확실한 짐작을 나타내는 표현 형식이라는 것도 전 장에서 언급하였다. 여기에서는 이런 사실을 바탕으로 {보다} 구문이 문장이나 발화 차원에 어떻게 쓰이고 있는지를 검토하기로 한다. 특히 동일 유형의 {싶다} 구문 및 유사한 기능의 {-(ㄴ/ㄹ) 모양이다}와 어떤 차이가 있는지에 초점을 두어 논의를 진행하기로 한다.

4.4.2.2 {-(나/ㄴ가/ㄹ까) 보다}에서 먼저 제기할 수 있는 문제는 양태 술어 {보다}이다. 일반적으로 동사 {보다}는 감각 기관을 통해 외적 세계를 받아들이는 구체적인 행위를 말하며 이로써 감각(지각) 동사로 불러 왔다. 이런 {보다}가 통사적 환경에 떠라 다양한 의미 분화를 일으키게 되지만 이들은 서로 관련된 의미망을 형성하는 것도 사실일 것이다.134) 이러한 사실은 {보다} 구문이 화자의 직접 지각한 경험 사실을 근거로 채택하고 있는 점으로도 입증된다. 특히 기저 구조는 다르겠지만 {보다} 구문은 화자의 개입 양상에 따라 중의적으로 해석된다.

    (1) ㄱ. 창문을 열고 벗꽃이 피었나 보았다.
       ㄴ. 벗꽃이 피었나 보았다. 사람들이 벗꽃놀이를 가자고 하였다.

    (2) ㄱ. 비가 오는가 봐. {우산 가져다 드리게, 우산 쓴 것을 보면}
       ㄴ. 비가 많이 오네. 우산 써야 할까 보다.

  (1)은 화자가 행동주로 기능하느냐 아니면 경험주로 기능하느냐에 따라 {보다}의 의미가 분화됨을 나타내고 있다. 이로써 (1ㄱ)의 {보다}는 화자의 지각 행위를 나타내는 감각 동사로, (1ㄴ)은 미확인 명제를 짐작하는 양태 동사로 기능하고 있다. 이런 중의적

---

134) 감각 행위 동사 {보다}는 선행 어미에 따라 '시행'과 '추측'의 보조 동사로 기능한다. 그러나 최근 연구(우형식:1986, 황병순:1989)에서는 '시행', '지각 경험', '추측' 따위로 구분하고 이에 대한 공유 의미역이 탐색되기도 하였다.

인 해석은 (2)에서도 동일하게 나타난다. 특히 (2ㄴ)의 {-ㄹ까 보다}는 의향이나 짐작의 중의적 해석이 가능하다.

이러한 {보다}가 지닌 지각·경험 특성은 양태 술어 {보다}에도 그대로 적용되어 문법적 제약에서 {싶다}와 대응된다. 우선 선행하는 내포문 어미로 {-나/ㄴ가/ㄹ까}만 취하며 모문 술어 {보다}에도 다음과 같이 어미 제약이 따른다.

(3) ㄱ. *숙이가 학원에 갔{다, 구나, 지} 보다.
    ㄴ. 숙이가 학원에 갔는가 보{네, 구나, 지, *니?, *ㄹ까?, *아라}.

(3ㄱ)에서 {보다}가 {-다}, {-구나}, {-지}로 이룩되는 내포문을 취할 수 없는 까닭은 주관적인 지각 명제를 객관적인 {보다}로 짐작 대상화할 수 없기 때문이다. 한편 (3ㄴ)의 {-네}, {-구나}, {-지}는 역으로 객관적인 짐작 사실은 화자가 지각 대상화하기에 자연스럽기 때문에 문법적이다. 그러나 {보다}에 후행하는 의문법 어미 제약은 {-ㄴ가 보다}의} 객관적인 단언 특성에 이끌려 호응하지 않으며 {보다}가 행위 동사로 쓰일 때만 가능하다. 이러한 어미 제약 현상을 {싶다}에 적용하면 주·객관적 특성이 잘 드러난다. (3)의 상황에서 {싶다}는 객관적인 지각 사실을 주관적인 술어 {싶다}로 표상할 수 있지만 주관화한 짐작 사실 자체는 객관적인 지각 대상이 될 수 없다. 한편 {보다}가 지닌 객관적 특성은 선행 내포문의 선어말 어미나 부정문 형성에도 관여한다.

(4) ㄱ. 저 작은 손으로 피아노를 치{겠, ??려}나 싶다.
    ㄴ. 저 작은 손으로 피아노를 치{??겠, 려}나 보다.

(5) ㄱ. 왠지 먹었는가 {싶, *보}지 않게 먹어서 또 먹었어.
    ㄴ. 어머니가 여행을 갈까 {싶, *보}지가 않아.

　(4)에서 {싶다}, {보다}는 대상 명제 요소인 {겠}이나 {-려}에 따라 달리 선택된다. {겠}으로 이룩된 가능성에 대한 판단 명제는 주관적이어서 {싶다}로 대상화할 수 있다. 그러나 {-려}는 {-ㄹ 것이다}처럼 객관적 특성이 강해 {보다}의 대상으로 자연스러운 내포문을 형성하고 있다. 이러한 {보다}가 지닌 객관화 특성은 (5)처럼 자신의 판단 자체를 부정할 수 없지만 주관적인 {싶다}는 이와는 달리 이를 허용하기도 한다. 이러한 {보다}의 객관적 특성은 화자의 직접 경험 사실을 표현할 수 없음은 물론, 자신의 경험 사태를 대상화하더라도 의식하지 못하는 경험주로 기능할 때에만 가능하다.

　　(6) ㄱ. (주사 맞고 나서) 꽤 아프지 않았나 {싶어, *봐}.
　　　　ㄴ. 나는 그녀를 정말로 사랑하는가 {싶어, ??봐}.
　　　　ㄷ. 이 책은 네가 읽기에는 너무 어렵지 않나 {싶어, *봐}.

　4.4.2.3 {-나 보다}는 선행하는 내포문 서술어에 제약이 다른다. 이는 동작 동사에는 자연스럽게 결합하지만 몇몇 상태 동사와는 결합하지 않는 특성이 있다. 이점에서 {-ㄴ가 보다}와 구별된다.

　　(7) ㄱ. 며느리를 봐서 아저씨께서 기쁘{*나, ㄴ가 보}다.
　　　　ㄴ. 고추가 좀 {맵나 보, 매운가 보}다.
　　　　ㄷ. 영희가 저 옷을 사고 싶{나, 은가} 보다.

　　(8) ㄱ. 신발이 좀 크{??나, ㄴ가} 보다.
　　　　ㄴ. 신발이 좀 작{나, ㄴ가} 보다.

　이러한 서술동사 제약은 주로 주체 중심 형용사에서 두드러지게 나타난다. (7ㄱ)의 '기쁘다' 외에 '슬프다', '아프다', '고프다', '춥다', '예쁘다' 등의 주관 동사들은 {-나 보다}와 결합할 수 없다.

그러나 같은 주관동사로 볼 수 있지만 대상 중심의 감각 형용사인 '춥다', '어둡다', '무겁다', '부드럽다' 등은 비교적 자연스럽게 결합하기도 한다. 이러한 선택적 결합은 {-나 보다}가 시상을 자유로히 표현할 수 없는 형태적 특성 때문으로 보여 진다. 한편 (8)처럼 {크다}에 {-나 보다}가 부자연스러운 이유도 내적 경험 사태를 순간적으로 판단하는 상황에 시상이 불투명한 {-나 보다}가 적절히 호응할 수 없기 때문이다. 이러한 서술 동사 제약은 다음 예문처럼 과거 사태에 대한 짐작 표현에는 자연스럽게 해소되기도 한다.

(9) ㄱ. 무슨 병을 앓았는지 그로서는 알 수 없는 일이었다. 오래 병원에 있었다니 대단히 아팠나 보다 생각할 뿐이었다. ('83:209)
　　ㄴ. 남편은 우리를 먹여 살려야 하는 버거움을 언제나 지갑 속의 돈으로 계산하고 있었던 거다. 나는 몰랐지만 그는 아마, 돈에 대하여 원한이 깊었나 보다. ('95:337)

{-나 보다}는 {-ㄴ가 보다}에 비해 응축된 짧은 형식으로서 화자의 즉각적인 상황 판단에 더욱 잘 어울린다.

(10) ㄱ. "배가 아파… 뱃속의 아이가 발길질을 하나 봐." ('77:95)
　　ㄴ. 나이는 속일 수 없나 봐요. 요새 불면증이랍니다. ('80:218)
　　ㄷ. "이상해요. 제가 아주 나이 많은 여자가 된 듯한 느낌이 들어요. 하룻밤 새 늙은 여자가 되어버렸나 봐요." ('85:130)
　　ㄹ. "남쪽으로 넘어갔나 보구나. 집안을 어지럽혀 놨는 걸 보니 갑작스럽게 떠나게 됐나 보다." ('88:472)

(10)의 예문에 {-ㄴ가 보다}를 대체시켜도 문맥상 의미가 크게 달라지지 않는다. 다만 표현 효과상 {-나 보다}가 {-ㄴ가 보다}에 비해 사태에 대해 직접적이고 적극적인 관여를 하는 듯하다. 이러한 {-나 보다}는 외적 정보에 의한 상황 판단에 잘 쓰이는데, 직

접 경험하지 않은 미확인 정보를 짐작하여 청자에게 전달하는 화
맥에서 흔히 사용된다.

> (11) ㄱ. "하긴 나도 몇다리 건너 들은 소리지만, 부모는 일찍 돌아가
> 시고 오빠가 한 분 있었는데 수년 전에 이민가고 그때부터 내
> 내 혼자처지인가봐. 지금까지도 용두동인지 어디에 세들어 있
> 는 방 전세금이 전부라나봐." ('83:9)
> ㄴ. "영감님이 화장을 해 달라고 유언을 하셨다나봐. 진태네가 미
> 국 가 있을 동안에 시어머니가 돌아가셨지 않니. 그때 영감님
> 은 딸들만으로 장사를 치르면서 심정이 착잡했었나봐. 다음
> 세상에야 조상 묘소 알뜰히 돌볼 자손이 어디있겠느냐고 부득
> 부득 마나님을 화장하자고 우겼다나봐." ('85:83)
> ㄷ. "뭐 들리는 이야기로는 원장 신부가 아주 재미있는 사람이라
> 나 봐요." ('94:193)

(11)에서 화자는 타인에 의한 간접 정보를 사실 정보로 믿지
않기 때문에 짐작의 형식을 빌어 이를 발화 전달하고 있다. 이러
한 정보는 그 출처를 확인할 수 없지만 자신이 알고 있는 내적 정
보로서 객관적인 가치를 지니고 있다.

4.4.2.4 {-ㄴ가 보다}는 선행 서술어 제약을 보이지 않을 뿐 의
미는 {-나 보다}와 유사하다. 이런 {-ㄴ가 보다}가 '원인 짐작'에
사용된 실제 예를 보기로 하자.

> (12) ㄱ. 비행기 뜰 시간이 가까운가 보다. 그의 동료들이 차례차례
> 출구를 통과하고 있었다. ('78:200)
> ㄴ. 엉덩이가 드러나는 바지에 원색 자켓을 입은 젊은 남녀 서넛
> 이 어우러져 지나갔다. 등산로가 있는가 보았다. ('81:130)
> ㄷ. 다리를 끄는 듯이 비척비척 걸어가는 야윈 뒷모습을 보며 현
> 도는 병자인가 보다라고 생각했다. ('83:238)

> (13) ㄱ. 미군부대에서는 〈애국가〉가 흘러나왔고 그리고 〈성조기여 영

원하라〉가 이어졌다. 하기식을 하는가 보았다. ('79:109)
ㄴ. 당신 아내 옆엔 당신의 아이가 있었던가 봅니다. 당신 아내
가 당신 아이에게 속삭이는 소리가 들리더군요. ('92:217)
ㄷ. 그림을 찾는다는 말에 나는 그저 도쿄에서 무슨 아트 페어니
하는 대형 전시회가 열리나 보다 생각했었다. ('93:332)

(14) ㄱ. "중앙선 타고 단양지나 죽령(竹嶺)을 넘어가지요. 죽령에 똬
리굴이라고 있어서 기차가 한바퀴 완전히 넘어갑니다."… "고개가
험한가 봅니다." ('85:61)
ㄴ. 택시 운전사는 차에서 두 번이나 내려 사람들에게 장소를 물
었습니다. 그 호텔은 이즈음 새로 지은 아직 별로 잘 알려지
지 않은 곳인가 봅니다. ('89:41)
ㄷ. "늘 애지중지하던 시계였대요. 그래서 성만씨가 슬쩍 집어들
고 나온 것인가 봐요. 아마 영감님이 아끼는 거니까 제법 값
이 나가는 금시계라도 되는 줄 알았던 모양이죠." ('91:364)

(12)은 화자가 발화 현장에서 직접 경험한 시지각 사실을 근거
로 원인이 될 만한 사실을 알아차리고 있다. 이런 객관적인 근거
와 사실의 인과 논리는 화자의 전제된 지식 경험에서 도출된 것이
다. (11)에서는 청각 경험에 의한 짐작을 표상하고 있으며, (13)
에서는 청자, 타인의 직접적 언술 정보나 화자가 발화 현장에서
경험한 사실을 근거로 하고 있다. 이러한 {-ㄴ가 보다}의 근거 특
성은 발화 현장에서의 지각 경험이 대다수이며 짐작 내용 또한 객
관적인 사실이 많다.

이 점에서 {-나 보다}와 차이가 난다. (10), (11)에서 보듯이
{-나 보다}는 자신의 내적 상태를 짐작 내용으로 하기도 하며 간
접 정보 역시 발화 현장에 밀접하지 않은 특성이 있다. 이러한 차
이는 {-나 보다}의 {-나}가 지닌 시상의 불투명성에서 그 원인을
찾을 수 있겠다. 이러한 발화 현장에서 경험한 객관적인 근거 사
실은 주관적인 추측의 '확실성'과는 다르다. 이는 화자의 직접 보고

듣고 느껴서 얻는 새로운 사실이므로 그 자체로 확실성을 지니고 있다. 이러한 확실성과 관련 있는 {-ㄴ가 보다}의 예를 들어보기로 하자.

(15) ㄱ. "아마 서너 시간 조히 지났을거요. 쥔양반하고 꼬마가 여적지 과수밭에 있지 뭡니까. 뭐 그런가 보다 하면서,… ('84:190)
　　ㄴ. 이것은 이 세상이래도 좋고 아니래도 좋다. 이 세상이 아닌 것 같다. 아마 이 세상이 아닌가 보다. ('89:45)
　　ㄷ. 순쟁이는 어머니를 아지미라고 불렀지요. 어머니는 그녀에게 아줌마가 되는가 봅니다. ('89:49)

(15ㄱ)은 직접 경험한 객관적 사실을 짐작의 어조로 진술하여 직접성을 약화시키고 있다. 이러한 화용 원리는 {-(ㄴ/ㄹ) 모양이다}에도 적용된다. 한편 (ㄴ)은 {것 같다}에서 {-ㄴ가 보다}로 확신의 강도를 높이고 있는 발화이다. 또한 (ㄷ)은 경험 사실의 해석을 {-ㄴ가 보다}를 통해 언술함으로써 청자의 주의를 환기시킴은 물론 통보 기능을 강화하고 있다.

4.4.2.5 {-ㄹ까 보다}는 특정 명제에서만 {짐작}의 의미를 지니고 있을 뿐 지레 짐작의 {-ㄹ까 봐}로 전이되어 사용되고 있다. 이는 {-ㄹ까}가 지닌 의향·추정 가운데 추정의 기능은 {보다}의 객관적인 특성에 이끌려 약화된 반면, 원인의 {-아서}가 통합되어 원인 짐작의 명맥을 유지하고 있기 때문이다. 우선 자신의 수행 의지를 소극적으로 표출하는 의향(意向)의 {-ㄹ까 보다}를 보기로 하자.

(16) ㄱ. 한 대 때려 **줄까 보다**. 하는 짓 봐서는.
　　ㄴ. 집을 이번에 **살까 봐**. 집값이 더는 떨어지지 않겠어.

(17) ㄱ. "불빛이 흐리구나. 트랜스를 써야 **할까 부다**." "시력이 나빠지신 탓일 거예요." ('79:20)

　　　ㄴ. "얘, 그건 내일 쓸 전유어야. 뒤곁으로 내놔. 여기 놔뒀다간
　　　　또 금방 없어지겠다. 상엔 제육이나 놓으렴. 제육도 떨어졌
　　　　다고? 아유 먹성들도 좋아. 나물도 내일 쓸 걸 다시 무쳐얄
　　　　까보다." ('85:82)
　　　ㄷ. "네 충고를 고마워해야 할까보다" ('90:412)

　'의향'의 {-ㄹ까 보다}는 위 예문에서 보듯 그렇게 해야만 할 당
위적 상황을 언술할 때 흔히 사용된다. 이런 '의향'은 상황에 의해
생겨난 사실일 뿐이어서 화자의 실현 의지는 {싶다}에 비해 덜 적
극적이다. (17)예문의 {-ㄹ까 보다}는 '의향'과 '짐작'의 중의적인
해석이 가능하다. (17ㄱ)을 '짐작'으로 해석하면 화자는 '불빛이 흐
리다'라는 객관적 경험 사실로 미루어 트랜스(변압기)를 써야 할
상황을 짐작하고 있다고 볼 수 있다. 이러한 짐작은 원인적 사실에
따른 결과 짐작이라고 할 수 있다. 이처럼 {-ㄹ까 보다}가 {-나/ㄴ
가 보다}와 논리 관계가 상반되게 나오는 까닭은 {-ㄹ까}의 {-ㄹ}
의 특성에 이끌린 결과일 것이다. 즉 '미결정'의 인식 상태를 지닌
{-ㄹ}로 이룩되는 {-ㄹ까 보다} 구문에 근거가 되는 결과적 사실
은 인식 논리상 상정되기 어렵기 때문이다.
　{-ㄹ까 보다}의 {-ㄹ까}가 지닌 원인 짐작의 무표성은 원인의
접속어미 {-아서}가 결합함으로써 {보다}가 지닌 '원인성'을 회복
하게 된다. 대신에 하나의 어미처럼 응축되어 '지레 짐작'의 의미로
전이된다.

　　(18) ㄱ. 언니가 제 옷을 입을까 봐 미리 감추었어요.
　　　　　ㄴ. 주식 시세가 떨어질 까봐 일찍 팔았구나.
　　　　　ㄷ. 늦을까 봐 아예 처음부터 택시를 타고 왔어요.

　　(19) ㄱ. "그리고 어머니한테 전화가 갈거야. 돈도 돈이지만, 너 차 사
　　　　　　고로 무슨 일 낼까 봐 펄펄 뛰시니까." ('77:11)
　　　　　ㄴ. 가끔 우리를 불러내 데리고 가곤 하던 낚시광인 김 감독은

좋은 포인트를 놓칠까 봐 초조한 모양이었다. ('94:122)
　　ㄷ. 겁먹은 눈초리의 그녀는 내가 자기 부친에게 그녀의 출현을
　　　　밀고할까 봐 겁먹은 모양이었다. ('79:197)

　이상은 후행문 사실에 대한 원인을 지레 짐작으로 발화하고 있다. {-ㄹ까봐}는 기대하지 않은 사태의 가능성에 대해 미리 짐작하는 화맥에 적절히 사용된다. 따라서 걱정·근심·불안 등의 발화내적 행위를 수행하기도 한다.

　4.4.2.6 이상에서 우리는 {-(나/ㄴ가/ㄹ까) 보다}의 주관적 양태 의미를 살펴 보았다. 이제까지 논의된 바를 정리해 보면 다음과 같다.

　첫째, {-(나/ㄴ가/ㄹ까) 보다} 구문은 객관적인 원인 미룸 짐작 상황에 사용한다. 이는 {보다}의 지각적 의미가 선행 의문법 어미와 통합하여 '짐작'의 의미를 형성한 것이다. 이런 {보다} 구문은 객관적인 경험 사실을 근거로 채택하여 주관성 정도가 낮은 확실한 짐작 표현에 사용된다.

　둘째, {-나 보다}는 선행 서술어에 화용론적 제약이 따른다. 즉 주관적인 주체 중심 형용사는 {-나 보다}와 호응하기 어렵지만 대상 중심 형용사와는 자연스럽게 어울린다. 이러한 {-나 보다}는 {-ㄴ가 보다}의 응축형으로서 즉각적인 판단 상황에 적합하며 외부적 정보를 내적 정보로 수용하여 짐작 발화하는 데 잘 쓰인다.

　셋째, {-ㄴ가 보다}는 직접 경험 사실을 근거로 발화 현장과 밀접한 화맥에서 일반적인 사실을 짐작하는 데 사용한다. 아울러 {-나 보다}처럼 주관적인 명제를 짐작 내용으로 잘 취하지 않는 경향이 있어 덜 주관적이라고 볼 수 있다.

　넷째. {-ㄹ까 보다}는 구어에서는 '의향' 표현으로 살아 있고 문어에서는 당위적인 상황에 대한 '짐작'의 기능을 수행한다. 그리고 {-ㄹ까}의 특성에 이끌려 원인 짐작에는 무표적이며 원인의 접속어미 {-아서}와 통합하여 '지레 짐작'을 뜻한다.

4.4.3 {-(나/ㄴ가/ㄹ까) 한다}

4.4.3.1 {-(나/ㄴ가/ㄹ까) 한다}는 상관적 장면의 발화에서 거의 사용되지 않을 뿐더러 단독적 장면에서도 실제 용례를 찾아보기 어려울 만큼 생산적이지 않다.[135] 이는 동일 유형의 다른 형식에 비해 제약이 많고 통보적 기능을 수행하기에는 부적합한 형식이기 때문일 것이다. 따라서 여기에서는 개괄적인 의미 특성만을 살펴 보기로 한다.

4.4.3.2 嚴正浩(1990)에서는 {-(나/ㄴ가/ㄹ까) 한다}의 {한다}를 {싶다}, {보다}의 대동사로 볼 수 없으며 추측이나 의도로 해석되는 점을 들어 형식 동사로서도 보기 어렵다고 주장하였다. 그러나 양명희(1990)에서는 {하다} 구문을 인용문으로 취급하여 {하다} 역시 '생각하다', '걱정하다' 등으로 대체할 수 있다고 보았다. 이 글에서는 {한다} 구문의 {하다}를 {싶다}와 마찬가지로 일단 주관화 기능소로 보고자 한다. 물론 {싶다}는 '느낌', '판단', '사고' 등의 전 심리 영역을 바탕으로 하지만, {한다}는 한정된 화맥에서 '생각하다'로 대체되어 {싶다}보다 관여하는 인식 영역이 좁다. 이러한 {하다}의 주관화 기능은 모문 술어로서 내포문에 대한 주관적인 관여뿐만이 아니라 의문 명사화문을 서술문으로 만들어 서술 태도를 취하게 한다.

{한다}는 {싶다}와 동일한 통사 구조에 사용되는 특징을 지니고 있다. 즉 '추측'의 기능뿐만이 아니라 '바람(願望)' 표현에서도 {싶다}와 같은 형식을 취한다.

    (1) ㄱ. 모를 내게 비가 좀 왔으면 {싶, 한}다.
        ㄴ. 공부를 하고자 {하, 싶으}면 서울로 올라 오너라.

---

135) 李箱 文學賞 作品集 전 19권 가운데 {나/ㄴ가/ㄹ까 한다} 형식은 불과 3개의 용례밖에 찾을 수 없을 정도로 흔치 않았다.

위 예문에서 보듯이 {-면 싶다}의 {싶다} 대신에 {하다}가 사용되어도 문맥 의미인 '바람'이 크게 달라지지 않는다. 다만 (1ㄴ)에서와 같이 {-(으)면}이 결합되는 형식에서는 '바람'의 {-고 싶다}와 의도의 {-고자(려고) 하면}은 의미가 다르다. 물론 이러한 '추측', '의도', '원망'은 미확인의 가능 세계라는 인식 바탕에서 분화되었을 것이다.

{-(나/ㄴ가/ㄹ까) 한다} 구문의 모문 술어 {한다}는 인지동사가 지니고 있는 지속적인 미완료의 상적 특성인 {한다} 형을 유지하고 있다. {한다} 구문의 문법 제약을 살펴보면 우선 내포문 어미로 {싶다} 구문처럼 {-나}, {-ㄴ가}, {-ㄹ까}의 의문법 어미를 취한다.136) 또한 일반적으로 내포문에 부정 의문문을 취하는 경향이 있다. 이런 {한다} 구문에서는 인지 내용이 되는 내포문에 주어 제약이 따른다. 즉 {-나/-ㄴ가}의 내포문 주어는 1인칭이나 3인칭을 요구하며 {-ㄹ까}는 1인칭 주어로 국한된다.

(2) ㄱ. 재현이가 놀이터에 가지 않았{나, 는가, 을까} 한다.
　　ㄴ. ?재현이가 놀이터에 갔{나, 는가, 을까} 한다.
　　ㄷ. 재현이가 혹시 놀이터에 갔{나, 는가, 을까} 해서 가보았어요.

(3) ㄱ. 내가 이번 선거에 나가 보{*나, *는가, ㄹ까} 한다.
　　ㄴ. 반장 선거에서 내가 되{나, 는가} 했다. 떨어지고 말았지만.

(2)에서 보듯 {-(나/ㄴ가) 한다} 구문은 부정의문문을 내포문으로 취하여 가능성이 적은 명제에 대한 의심 표현에 잘 사용된다.

---

136) {한다} 구문은 내포문 어미로 {-나/-ㄴ가/-ㄹ까}만 취하지는 않는다. 이미 완료된 상황에서 과거 인식 내용을 술회할 때에는 다음과 같이 {-다} 형도 취할 수 있다.

　　a. "틀림없네요. 어쩐지 낯이 익는다 했더니, 맞지요?" ('92:38)
　　b. 그 녀석이 우리 아이를 때렸지 했는데, 아니나 다를까.

물론 (2ㄷ)이나 (3ㄴ)처럼 사실확인이 끝난 완료된 사태에서는 긍정 명제를 취하기도 한다. 한편 의향 표현의 {ㄹ까 한다}는 화자 자신만의 심리를 표상하므로 경험주와 동일한 주어가 오게 된다. 이러한 주어 제약은 {싶다} 구문과도 유사한 양상을 보인다.

(4) ㄱ. 당신은 아이가 놀이터에 가지 않았나 {했, 싶었}겠다.
    ㄴ. 어머니는 아이가 놀이터에 가지 않았나 {하, 싶으}셨겠다.

(4)에서 {겠}으로 이룩되는 {하다}와 {싶다}의 판단 주체는 동일하게 모문의 3인칭 주어이다.137) 이는 (4ㄴ)에서 존칭의 {시}의 주체가 인식 주제자인 {어머니}임을 통해서도 확인된다. 이러한 사실은 {한다}가 {싶다}의 대용이나 '생각하다'의 대동사적 기능으로 사용되었음을 암시한다.

4.4.3.3 {한다} 구문의 의미 또한 {싶다}와 유사하다고 볼 수 있다.138) 즉 의심, 회의를 나타내거나 과거 추측 사실을 서술할 때 잘 쓰인다.

(5) ㄱ. 아마도 이번 학기에는 쉬어야 하지 않{나, 을까} 한다.

---

137) 嚴正浩(1990)에서는 {싶다}만이 문두에 주제(주어)에 해당하는 명사구의 도입을 허용한다고 보았는데, 이러한 논지는 예문설정에 문제가 있어 보인다. 즉,
    a. 철수는 영희가 갔겠지 {하, 싶}겠다.
    b. 철수는 영희가 가{*았나, 지 않았나} 하겠다.

    이상의 예문을 통해 嚴正浩(1990)에서는 b의 {한다} 구문이 3인칭 전지적 시점을 허용하지 않는다고 보았다. 그러나 거기에서도 지적했듯이 이는 긍정 명제를 취하고 있어서일 뿐, 자연스럽게 용인된다. 또한 a에서도 {하다}가 {싶다}와 같이 호응한다. 이때에선행 {겠}의 주체는 철수이고 후행 {겠}의 판단 주체는 화자가 될 것이다.
138) 嚴正浩(1990)에서는 {한다}를 '화자의 주관적인 판단'으로, {한다} 구문을 '화자의 명제 내용에 대하여 내리는 판단'으로 파악한 바 있다.

ㄴ. 그가 연기를 너무 과장되게 하지 않{나, 는가} 한다.
ㄷ. 추풍령에는 지금쯤 눈이 오지 않을까 한다.

(6) ㄱ. 사전에 나와 있지 않{나, 은가, 을까} 해서 찾아보았어.
ㄴ. 그 애가 좀 얌전해졌{나, 는가, 을까} 했는데, 그러기는 커녕
더 개구쟁이가 됐더라고.
ㄷ. 컴퓨터에 좀 배울까 **했더니** 도대체 무슨 말인지 모르겠더라.

(5)의 {한다} 구문은 발화 현장에 밀접한 한정된 화맥에서 사용
될 뿐이다. 여기에서 {한다}는 화자의 주관적인 사유 명제를 표상
하는데, 그 사유 명제는 가능성이 적어 의심할 만한 대상이기 때
문에 비확정적인 서술 태도를 지니게 된다. 이처럼 사실과 다를
수 있는 개연성이 적은 명제는 (6)처럼 역사실이 드러나 있는 화
맥에서 잘 사용된다. 특히 (6)에는 불확실한 추측 사실에 대한 술
회(述懷)에 {하다}가 다양한 접속어미와 결합하여 사용된다. 이대
의 {하다} 대신에 {판단하다, 생각하다}를 대체할 수가 있다. 실제
로 '생각하다'가 자신의 주장을 완곡하게 표현하기 위하여 잘 사용
되는 것처럼 {한다} 구문 역시 {싶다}와 마찬가지로 상관적 장면
에서 공손어법적 기능을 수행한다.

(7) ㄱ. 옳기는 옳은 말씀인데 그건 기왕의 상식이나 원칙론의 한계를
벗어나지 못하는 관념론이 아닌가 합니다. 그래서 저는 하나의
가설을 세우고자 합니다. ('90:424)
ㄴ. 나는 우리가 통일 문제에 대해 좀더 조심스럽게 자세로 접근해
야 하지 않을까 합니다. 왜냐하면 섣부른 환상은 통일을 더 지
연시키지 않나 하기 때문입니다.

(8) ㄱ. 우리가 자신의 생각을 글자로 적기 시작한 최초의 글형식이라
면 아마 일기를 적는 일이 아닌가 생각됩니다. ('77:252)
ㄴ. 형님께서 이 일은 나서시지 않는 것이 좋지 않나 **생각합니다.**

(7)에서 보듯이 {한다}는 자신의 주관적인 판단이나 생각을 조심스럽게 청자에게 내비쳐 타진할 때 사용된다. 이는 {한다}가 (8)에서의 '생각하다'와 동일한 기능을 수행한다고 볼 수 있다.[139)

4.4.3.4 이상에서 우리는 {-(나/ㄴ가/ㄹ까) 한다} 구문의 의미기능을 살펴보았다. 이제까지 논의된 바를 간단히 정리해 보면 다음과 같다.

첫째, {한다}는 모문 술어로 내포문에 대한 주관적 관여를 할 뿐만이 아니라, 의문 명사화문 처럼 객관적 양태에 의한 서술태도에 주된 서술문으로 만들어 서술태도를 취하게 하는 기능을 지니고 있다.

---

139) Hewitt & Stokes(1975:1~11, 이병혁 편저 1986:283~312)에서는 '자기방어어'라는 이름으로 전략적 언어 표현의 기능을 다루었다. 이에 따르면 '자기방어어'란 "어떤 의도된 행동이 결과적으로 미칠 의심이나 부정적 전형화를 회피 또는 미리 제거하고자 사용되는 언어 전략이나 장치"라는 것이다.
이러한 '자기방어어와' 짐작·추측 표현들의 언술태도적 기능은 상호 관련이 깊다 할 것이다. 특히 이러한 표현 예와 더불어 최근 '생각하다'를 사용한 완곡한 피동형 어법 역시 여기에 해당된다 하겠다. 이에 대한 몇 가지 예를 소개하면,

　(i) a. 제가 알고 있는 사실이 틀릴지도 모르겠습니다만, …
　　　 b. 제가 그 방면에 전문가는 아닙니다만,…
　　　 c. 이상스럽게 들릴지 모르겠습니다만, 전 비행접시를 봤습니다.

　(ii) a. 지금은 모두가 슬기롭게 대처해야 할 때가 아닌가 하는 생각을 잠시 가져보기도 합니다.
　　　 b. 물론 당신 말에 일리가 있다고 생각되지 않는 것도 아닙니다.
　　　 c. 우리 정치가 너무 낙후되어 있지는 않은가 하는 생각이 가끔씩 들기도 합니다.

(1)의 표현들은 후술하고자 하는 의견, 주장에 책임지지 않으려는 양다리 걸치기식 표현들이다. 아울러 (2)도 자신이 진술한 내용이 내 생각의 전부는 아니라면서 은근히 책임 회피의 여지를 남기려는 화법들이다. 앞으로는 불확실성 시대의 언어적 소산인 이들 표현들의 언어 사회적 기능에도 관심을 기울여야 할 것이다.

둘째, {한다} 구문은 {싶다}와 거의 유사한 의미 기능을 수행한다. 다만 {싶다}처럼 인식 영역이 넓지 않아서 제한된 화맥에서 '생각하다', '판단하다'의 대용으로 사용될 뿐이다. 따라서 {싶다}보다는 덜 주관적이다.

셋째, {한다}는 주로 개연성이 낮은 명제를 주관적으로 판단하여 회의, 의심하는 표현에 잘 사용된다. 이러한 주관적 판단의 바탕에는 추측이 내재되어 있어서 과거 추측 사실을 술회하는 데에도 사용된다. 아울러 {싶다}처럼 상관적 장면에서 자신의 주장을 완곡하게 표현하기도 한다.

4.5 제5유형

이 유형은 의문 명사화소 {-ㄴ/ㄹ지}나 명사화소 {-기}에 실질적 의미를 지니고 있는 서술어 {모르다}, {쉽다}가 통합되어 재구조화한 형식을 말한다. 이들의 통합 결과 {모르다}의 '不知'나 {쉽다}의 '容易'의 의미는 사태에 대한 가능성, 불확실성의 문맥 의미로 전화된다. 이들은 사태에 대한 가능성·개연성·확실성의 객관적 양태 의미나 화자의 주관적 양태 의미에서 차이가 날 것이다. 따라서 이 장에서는 이들이 지닌 중의적 해석 문제와 이에 따른 양태 의미를 고찰하고자 한다.

4.5.1 {-(ㄴ지/ㄹ지) 모른다}

4.5.1.1 여기에서는 {-(ㄴ지/ㄹ지) 모른다}의 양태화 과정과 양태 의미의 속성을 실제 용법을 통해 확인하고자 한다. {-(ㄴ지/ㄹ지) 모른다} 구문에 대한 연구는 몇몇 연구에서 '추측'의 의미를 지니고 있음을 소개되어 있을 뿐, 의미 기능이 정밀히 고찰된 적은 없는 듯하다.

우선 인지 동사 '모르다'의 중의적인 해석이 가능한 예문을 보면,

> (1) ㄱ. 비가 올지 몰랐어. 그래서 우산이 없어 비 흠뻑 다 맞았어.
>   ㄴ. 비가 올지 몰라. 그러니 우산을 가지고 학교에 가거라.

(1ㄱ)의 {모르다}는 '不知'로 해석되며, (1ㄴ)의 {모르다}는 사태의 가능성에 대한 판단으로 추측 표현에 쓰였다. 이러한 {모르다} 구문의 중의성은 기저 구조가 다를 것임을 암시한다. 후자의 {-ㄴ/ㄹ지 모른다} 구문의 통사적 특성은 '추측'의 양태 구문이 지니고 있는 통사 구조와 일치한다. 즉 상황 공범주 주어를 지니고 있어 주어가 외현적(overt) 성분으로 나타나 있지 않다.140)

> (2) ㄱ. [[나는] [[비가 올지] 모른다]]
>   ㄴ. [[Top 나는] [[NP e(=상황)이] [[비가 오]s' ㄹ지 모른다]]고 추측한다]].

(2ㄱ)의 {모르다}는 단순히 대상 성분을 목적어 성분으로 타동 구성하는 반면, (2ㄴ)의 {모르다}는 {-ㄹ지}와 통합하여 상황에 대한 가능성 판단의 양태적 기능을 수행하게 된다. 이러한 재구조화된 양태 표현 형식인 {-ㄴ/ㄹ지 모른다}의 기능을 살펴보기 위해 일단 구성요소들의 기능을 재분석하여 이들의 특성부터 검토해 보기로 하자.

{-ㄴ/ㄹ지 모른다}의 구성 요소 가운데 우선 {-ㄴ지}, {-ㄹ지}는 문맥에 따라 다양한 문법 범주를 지닐 수 있다는 데 주목할 필요가 있다.141) 이 가운데 우리에게 관심을 끄는 것은 의문 명사화

---

140) 상황주어 설정은 박승윤(1983), 임홍빈(1985), 신선경(1993) 참조.
141) 의문 명사화문 이외에 '-ㄴ지'는 부사절을 형성하는 부사절 어미(접속어미)나, 의문문 구성의 종결어미로도 기능하는 것은 주지의 사실이다. 이들 각 범주를 '의문 명사화소'로 보고 다른 범주는 이들의 기능전이로 보거나(오승신:1986), 개별 범주로 파악하였든(고영근:1975) 일반적

문을 구성하는 경우이다. 이러한 {-ㄴ지}의 용법을 보기로 하자.

   (3) ㄱ. 나는 비가 오는지를 안다.
      ㄴ. 비가 올는지 안 올는지 모른다.
      ㄷ. 그는 비가 오는지를 관상대에 알아보았다.

  위의 예문의 {-ㄴ지}는 의문 명사화소의 기능을 수행한다고 볼 수 있다. 왜냐하면 이들이 의문문 형식을 취하고 있지만, {-ㄴ지} 뒤에 주격·목적격 조사가 오는 것으로 보아 내포문이 명사 상당의 통사적 자격을 취하고 있음을 알 수 있다. 그런데 이처럼 {-ㄴ지}가 주로 의문 명사화문의 기능을 수행하지만 {추측}의 {-ㄴ지 모른다}의 {-ㄴ지}는 이와는 다른 기저구조를 지니고 있다. 왜냐하면 이들은 의문 명사화문이 명사의 자격으로 내포된 문장으로 보기 어려운 제약들이 뒤따르기 때문이다.

   (4) ㄱ. 나는 비가 왔는지{∅, *도} 모른다.
      ㄴ. *나는 그가 웃을지도 모른다

   (5) ㄱ. *어쩌면 그의 말이 맞을지도 틀릴지도 모른다.
      ㄴ. *그 돈은 위조지폐인지 아닌지 모른다.

   (6) ㄱ. *어쩌면 그가 나를 사랑하는지를 모른다.
      ㄴ. *조심해라, 잘못하면 사고 날지를 모른다.

  (4)에서의 상위문 주어 제약 현상은 짐작·추측의 상황 공범주 설정 규칙에 따른 것이라고 볼 수 있다. 이는 짐작·추측 구문의 인식 주체인 화자를 주어로 취하지 않는 특성에 기인한 것이며 화자 아닌 제3자를 취하는 경우에도 '추측'으로 해석되지 않는다. 아

인 기능은 명사화소라는 데에 의견을 같이 한다.

울러 {-ㄴ지} 뒤에 조사가 사용되지 않는 (2ㄱ)은 '不知'로 해석된다. 이 또한 하나로 통합되어 '추측'으로 해석되는 {-(ㄴ지/ㄹ지) 모른다}와는 다른 기저 구조를 지니고 있을 것이다.

(5)은 선택적인 정·부정의 이중 명제를 대상화할 수 없다. 이는 (5)과 더불어 목적어 성분의 의문 명사화문을 대상화하지 않고 {-ㄴ지}에 선행하는 명제를 대상으로 하고 있음을 뜻한다. 따라서 {-(ㄴ지/ㄹ지) 모른다}는 하나의 통합 요소로 '추측'의 의미 기능을 수행하는 양태 표현 형식이라는 잠정적 결론에 도달하게 된다. 이런 양태 기능은 다음과 같이 {-(ㄴ지/ㄹ지) 모른다} 구문을 인용절로 내포하거나 내포문에 의문사를 취할 수 없는 다음 예에서도 찾아볼 수 있다.

(7) ㄱ. *나는 비가 올지를 모른다고 생각했다.
    ㄴ. 나는 비가 올지 모른다고 {생각, 예상, 기대, 추측…}했다.

(8) ㄱ. 그가 왜 밥을 안 먹는지 {모른, 짐작했, 생각했, ??추측했}다.
    ㄴ. 나는 그가 언제 철 들지 {모른, 짐작했, 생각했, ??추측했}다.

(7)는 인용절이 내포된 구문으로 인용절 명제가 '생각하다'라는 사유 동사의 인지 내용이 되어야 한다. 그런데 '-고 생각하다'의 명제 내용은 사실임을 전제하지 않음으로 사실 판단 명제인 (7ㄱ)의 의문 명사화문은 비문법적이다. 그러나 추측 명제인 (7ㄴ)은 자연스럽게 용인된다. (8)은 의문사가 있는 의문 명사화문으로 '추측'의 의미를 지니지 못한다. 의문 명사화문이 지시하는 것은 의문 그 자체가 아니라 의문에 대한 답이다. 따라서 (8ㄱ)은 '나는 그가 밥을 안 먹는 이유를 모른다'로 바꿀 수 있다. 이처럼 확실한 실재 명제는 {앎}의 대상이 될 수 있으며 문맥의미 또한 대상에 대한 '不知'로 해석된다. 여기에서 '짐작하다'는 인식 바탕이나 대상화 조건(실재 대상)으로 쓰일 수 있으나, '추측하다'는 대상화 조건에 위

배되어 비문법적이다. 이는 {-(ㄴ지/ㄹ지) 모른다}가 짐작보다는 추측 표현에 가까울 것이라는 사실을 암시한다.

{-(ㄴ지/ㄹ지) 모른다}의 구성 요소인 '모른다'는 고정된 형태로 양태 기능에 참여한다. 물론 과거의 인지 사실을 서술하는 경우에 '몰랐다'를 허용하기도 하지만 이때도 다음과 같이 {-도}가 뒤따라야 자연스럽다.

(9) ㄱ. 그가 나를 속였는지{ø, 도} 몰랐다.
　　 ㄴ. 사실 그동안 노마리아에 대해서 잊고 지내온 것이 아니라 가능하면 잊으려고 노력한 것인지도 몰랐다. ('87:303)
　　 ㄷ. 나는 나의 촉새 같은 입을 그에게 들킬까봐 그렇게 열심히 갈비를 뜯고 있었는지도 몰랐다. ('89:419)
　　 ㄹ. 그는 아내가 언젠가는 가출하게 될 것이라는 사실을 이미 알고 있었다. 그럴 뿐만 아니라, 마음 한 쪽 구석에는 아내를 은근히 기다리고 있었는지도 몰랐다. ('94:185)

이러한 {-(ㄴ지/ㄹ지) 몰랐다} 형식은 (9ㄱ)처럼 {-도}가 결합되지 않으면, {-ㄴ지}가 의문 명사화소로 {모르다}와 분리되어 양태 기능을 상실한다. 그러나 이는 위 예문처럼 문어에서 과거 인식 사실에 서술의 쓰일 뿐, 일상 발화에서는 잘 사용되지 않는다. 이러한 '모른다'는 인지 동사가 지니고 있는 지속적인 미완료의 상적 특성을 지니고 있다. 이러한 지속적인 미완료상은 잠정적인 사태를 함의하고 이는 사태에 대한 불확실한 인식으로 이어진다. 아울러 사태 인식 시간 또한 순간적인 '짐작'과는 다르다.

한편 {-(ㄴ지/ㄹ지) 모른다}의 수의적 요소인 조사 {도}는 다른 것에 함께 포함되어 동일한 가치를 표시하는 기능으로 '추측'의 의미를 강화한다. 즉 사태의 추이에 대한 인식이 전제된 사실도 가능하지만, {-(ㄴ지/ㄹ지) 모른다}로 표상한 사실의 가능성도 동일한 가치를 지닐 수 있다는 것이다. 즉 이는 전제된 사실보다는 확실하지 않은 가능 사태에 대하여 동일한 가치 표명을 한다고 볼 수 있다.

{-(ㄴ지/ㄹ지) 모른다}와 유사한 형식의 {-(ㄴ지/ㄹ지)도 모르겠다}는 {겠}의 의미 기능에 이끌려 짐작 상황의 발화에 흔히 쓰인다.

(10) ㄱ. (비 온다고 하자) 아버지 비 맞는지도 모{르겠, ?른}다. 얼른 우산 가지고 나가 보자.
ㄴ. (과제물을 거두려 하자) 아차! 집에 놓고 왔는지도 모{르겠, ?른}다. 가방에 없네.
ㄷ. (장난을 심하게 치자) 저러다가 쟤들 다칠는지도 모{르겠, ?른}다. 좀 말려라.

(10)은 화자 언술 정보나 지각 경험을 바탕으로 가능 사태를 발견했을 때의 발화이다. 이러한 가능 사태를 알아차리는 표현은 {-(ㄴ지/ㄹ지) 모른다}의 의미와 {겠}의 '짐작'의 의미가 통합한 결과로 보여진다. 특히 화자와 발화 사태는 매우 밀접한 거리를 유지하고 있으며 순간적인 인식 시간은 짐작이 지니고 있는 주관적 특성과 관련성이 깊다 하겠다. 이러한 짐작 상황에 {-(ㄴ지/ㄹ지) 모른다}가 어색한 이유도 이러한 주관화 특성과 근거와 대상과의 인과관계에 기인한다.

이상 {-(ㄴ지/ㄹ지) 모른다}의 구성 요소들의 양태적 기능을 살펴보았다. 이제 이러한 양태 의미가 실제 용례에 어떻게 나타나 있고 어떠한 화용론적 제약이 뒤따르는지 살펴보기로 하자. 특히 추측 표현의 {-ㄹ 것이다} 등과 어떠한 변별 의미역이 어디에 있는지에 관심을 두어 진행하기로 한다.

4.5.1.2 {-(ㄴ지/ㄹ지) 모른다}에서 먼저 거론될 수 있는 것은 선행하는 추측 대상의 특성이다. {-(ㄴ지/ㄹ지) 모른다}는 확실하지 않은 사태에 대한 가능성, 개연성에 초점을 둔다. 따라서 두 가

지 가능 사태가 전제된 불확실한 사태를 대상화하므로 확실한 근거가 명시된 지각적 상황에서는 잘 쓰이지 않는다.

> (11) ㄱ. (김이 나자) 찌개가 끓{겠, 는 것 같, ?는지도 모른}다.
>   ㄴ. (뒷모습을 보고) 저 여자 예쁘{겠, ㄹ것 같, ㄹ 것이, ?? ㄹ지도 모른}다.

> (12) ㄱ. 남북 통일이 쉽지는 않겠지만, 의외로 빨리 이루어 지{? ㄹ것이, ㄹ지 모른}다.
>   ㄴ. 이 문제의 정답은 ○이거나 ×이{ㄹ것이, *ㄹ지 모른}다.

　이상 예는 {-(ㄴ지/ㄹ지) 모른다}가 지닌 대상 명제의 특성을 잘 보여주고 있다. (11)은 화자가 직접 지각 경험하고 있는 사태를 어렴하고 있는 지각적 상황에서의 발화이다. 이때에는 다른 가능성을 배제할 수 있는 확실한 세계이므로 {-(ㄴ지/ㄹ지) 모른다}가 부자연스럽다. 특히 (12ㄱ)처럼 {-(ㄴ/ㄹ지) 모른다}는 자신이 알고 있는 사실에 대한 역 사태의 가능성을 개진하는 표현에 자연스럽다. 반면 {-ㄹ 것이다}는 두 가지 사태의 가능성을 동일한 가치로 그 개연성을 따져 판단하였으므로 다른 사태의 가능성은 배제하게 되어 (12ㄱ)에는 호응하기 어렵다. 이러한 가능 세계에 대한 추측 행위의 선택적 태도는 (12ㄴ)에서도 잘 드러나 있다. 사태의 추이를 일어나거나 일어나지 않는 두 결과로 전제할 때, 예상되는 사태의 개연성을 동일하게 취급하여 따지거나 동일하게 보지 않을 수도 있다. 전자적 상황에서는 {-ㄹ 것이다}가 후자에서는 {-(ㄴ지/ㄹ지) 모른다}가 선택된다. 따라서 {-(ㄴ지/ㄹ지) 모른다}는 {-ㄹ 것이다}에 비해 확실성이 낮은 추측 표현이라고 볼 수 있다.142)

---

142) {-ㄴ지/ㄹ지 모른다}의 이런 특성은 가능성 유·무 판단의 {-ㄴ/ㄹ 수 있다}와 유사하다고 볼 수 있다. 한편 이러한 논지는 "추정(추

{-(ㄴ지/ㄹ지) 모른다}의 판단 근거는 추측 표현의 {-ㄹ 것이다}와 유사하다. 불확실한 사유 명제를 대상으로 하기에 근거 또한 경험적 사실보다는 전제적 사실이나 추측 표현 같은 가상 명제로 이룩되는 예가 많다. 아울러 화자 내면에 존재하는 논리적 판단의 근거는 표면 언어에 잘 드러나지 않으며 초맥락적 정보나 서술자의 상상에 의존하게 마련이다.

(13) ㄱ. 내 첫 울음은 비명으로 들렸다고 어머니는 말했다. 첫 호흡
　　　　지옥의 불길처럼 뜨거웠을지도 모를 일이다. ('77:172)
　　　ㄴ. 엘리베이터를 타면 안 된다. 십삼층에서 한번 멎은 것으로
　　　　보아 누군가 타고 있을 것이다. 그뿐인가 내려가는 길에서도
　　　　수많은 사람들이 올라탈지도 모른다. 그렇게 된다면 내 비위
　　　　행위는 변명의 여지도 없이 발각될 것이다. ('78:155)
　　　ㄷ. 여기 굿당은 부자들만 상대하는 곳인 모양이다. 한번 굿판이
　　　　벌어졌다고 하면 보통 복채가 천 만원은 넘는다고 한다. 2천
　　　　만원, 3천 만원 하는 경우도 있다고 하는데 좀 과장된 소문
　　　　인지도 모른다. ('90:232)

(13)은 발화 현장 내의 직접 경험 사실보다는 간접 정보나 화자의 발화 외적 지식 등을 근거로 확실하지 않은 사태에 대한 가능성을 개진(開陣)하는 표현들이다. 이러한 외부적 관점의 객관적인 추측 행위는 가정된 전제 조건 하의 판단이나 일련의 연상적 추측 상황에서 사용된다.

(14) ㄱ. 큰 공장이 문을 닫으면 수많은 공장들은 갈 곳이 없었다. 나
　　　　는 돈도 못 벌고 놀게 될지도 모른다. ('77:145)
　　　ㄴ. 아버지가 집에 있었더라면 어머니는 병원에 나타나지 않았을
　　　　지도 모른다. 아니 분명 그랬을 것만 같다. ('95:110)

량, 짐작, 미룸)은 불확실한 일에 대한 두 가지 가능성에 대한 무의지적 선택"으로 규정한 김차균(1981)과 궤를 같이 한다.

ㄷ. 종일 사람에게 폭행을 휘두르는 데에는 어마어마한 힘이 소모 될 것이 틀림없었다. 어쩌면 맞는 사람 못지 않은, 그보다 더 큰 힘이 소모될지도 모른다. ('95:399)

(15) ㄱ. "버리긴요. 아마 길을 잃은 노인네일 거예요. 잘하면 두둑히 사례를 받을지도 몰라요. 신문에두 모범시민으로 기사가 날 지도 모르구요" ('78:123)
　　 ㄴ. 할머니는 아버지가 돌아왔으니 늘 하던 말로, 문벌 좋은 집 안에 새장가를 들라고 아버지를 부추길 것이다. 그렇게도 보 기 싫어하는 어머니를 내쫓고 말테지. 어쩜 자기까지 좇아날 지도 모른다. ('84:312)
　　 ㄷ. 그래서 나는 이렇게 생각해 보기로 했다. 저 허스키한 젊은 여 자는 아마도, 아무리 생각해도 아내는 아닐 것이 고 딸이나 조 카도 아닐 것이니, 그저 삶에 상처 입은 여자와 일상에 지친 남자가 정말 사랑을 하는 것일지도 모른다고. ('94:109)

(14)는 가정된 전제 조건 명제를 근거로 가능 세계를 표상하고 있다. 특히 {-(ㄴ지/ㄹ지) 모른다} 구문에 '어쩌면(어찌하면)'이라 는 조건적 가정 표현이 잘 호응한다. 이는 추측 행위 이전에 가정 화 과정이 우선하여 실재하지 않는 가능 세계 표상을 뒷받침할 수 있기 때문이다.

(15)에서의 판단의 근거는 가정된 추측 표현의 가상 명제라는 점에서 (9)와 동일한 기능을 수행한다. 여기에서 {-ㄹ 것이다}, {-ㄹ 터이다}가 {-(ㄴ지/ㄹ지) 모른다}와 같이 일련의 추측 표현 에 사용되며 이들은 화자의 논리적 전개에 요구되는 필연성을 표 출하게 된다. 그리고 {-(ㄴ지/ㄹ지) 모른다}가 이러한 논리 전개 에서 가장 늦게 나오는 것은 개연성이 적은 사태를 표상하는 기능 때문이며 이는 확실성의 문제로 귀결된다. 즉 확실성의 정도가 가 장 낮아서 가능성 있는 명제를 채택한 이후에 마지막으로 도출된 것이다. 이러한 확실성의 정도는 다음 예에 잘 드러나 있다.

(16) ㄱ. 내 가방 속에는 라면 부스러기가 좀 들어 있을 것이었다.
　　　　먹다 남은 빵 조각도 좀 있을지도 모른다. ('91:251)
　　ㄴ. 내가 알고 있는 일본이란 그 누군가에 의해서 여과되거나 굴
　　　　절된 일본일지도 모른다. 아니 그럴 것이다. ('93:358)
　　ㄷ. 짐을 너무 많이 실은 탓이라고 나는 생각했었다. 적재 적량
　　　　보다 너무 많이 욕심을 부렸는지도 모른다고… 아니다. 틀림
　　　　없이 그랬을 것이다. ('94:133)
　　ㄹ. 아내는 내가 변명하길 바라고 있었는지도 모른다. 아니, 아
　　　　내의 태도로 보아 틀림없이 그랬던 것 같다. ('95:261)

(16)에서는 {-ㄹ지 모른다}가 {-ㄹ 것이다}보다 확실성의 정도
가 낮음을 보여주고 있다. {-(ㄴ지/ㄹ지) 모른다}는 가능 사태에
대한 따짐의 논리로 하나를 선택하여 판단·주장한 {-ㄹ 것이다}
와는 다르다. 이는 두 가지 가능성 가운데 개연성이 낮은 하나의
명제를 배제하지 못하고 이를 가능 명제를 상정하고 있다고 볼 수
있다. 이로써 개진된 가능 명제에 대하여 화자는 어느 정도 확신
을 갖게 되면, (14)의 ㄴ,ㄷ처럼 {-ㄹ 것이다}를 사용하여 단언하
거나 주장하게 되는 것이다. 이러한 논거는 (14ㄹ)처럼 일단 가능
명제를 타진해 보고 이를 {것 같다}로 보다 확실하게 의견을 개진
하는 데에서도 엿보인다. 한편 이러한 불확실한 가능 명제의 상정
은 약한 단언적 효과를 가져와 공손어법에도 잘 사용된다.

(17) ㄱ. 아버지! 길이 미끄러울{것 같으, 듯하, ?것이, 지도 모르}니
　　　　조심히 다녀오세요.
　　ㄴ. 교수님! 저 시험 못 볼{것 같습, *것 입, 지도 모릅}니다. 시
　　　　험기간에 군대에 가거든요.

(18) ㄱ. 그는 그냥 제 운명의 역할을 충실히 해준 저의 엑스트라에
　　　　지나지 않는지도 모릅니다. ('89:34)
　　ㄴ. 기록은 역사의 벽돌이라 할 수 있다. 그러나 역사적 기록의

한 마디, 한 줄 사이에는 많은 이야기가 숨어 있다. 그래서
소설을 역사의 보충작업이라고 하는지 모른다. ('92:170)
ㄷ. 저는 그 여자를 좋아했습니다. 어쩌면 이 세상에 태어나서 처
음 느낀 타인에 대한 사랑이었는지 모릅니다. ('92:199)

(17)은 화자가 이미 알고 있는 사실일 수도 있다. (17ㄱ)에서
화자는 사실상 길이 미끄럽지 않은데도 사고라도 날까봐 미끄러울
가능성을 배제하지 않고 있다. 이로써 {-ㄹ지도 모른다}로 조심스
럽고 정중하게 의견을 개진하고 있다. (17ㄴ)은 시험 보아야 하는
당위적 상황에서 사태의 가능성을 조심스럽게 개진함으로써 청자
에게 양해를 구하고 있다. 이러한 공손한 표현 효과는 (18)에도
마찬가지이다. (18ㄴ)의 서술자는 논리적 판단 절차에 따라 조심
스럽게 자신의 의견을 내어놓고 있다. 이는 자신의 판단에 대해서
책임지지 않으려는 확신 없는 태도에서 비롯된 것이다.

4.5.1.3 이상에서 우리는 {-(ㄴ지/ㄹ지) 모른다}의 양태 기능과
이에 따른 특성들을 살펴보았다. 이제까지 논의된 바를 요약하면
다음과 같다.

첫째, {-(ㄴ지/ㄹ지) 모른다}는 {ㄴ지/ㄹ지}와 {모른다}의 구성
요소로 이룩되어 있지만, '추측'의 양태 표상에서는 분리할 수 없는
통합체로 기능한다.

둘째, {-(ㄴ지/ㄹ지) 모른다}는 사태에 대한 가능성 밝힘으로
'추측'의 의미를 형성한다. 그러한 가능성은 두 가지 가능 명제 가
운데 하나를 배제할 수 없어 개진된 것이므로 개연성이 매우 낮
다. 이는 확실성을 논리적 절차로 표상할 수 있는 {-ㄹ 것이다}와
는 달리 확실성이 매우 낮은 추측 표현에 사용된다.

셋째, {-(ㄴ지/ㄹ지) 모른다}의 추측 대상은 불확실성을 바탕으
로 짐작 상황의 객관적 대상에는 제약이 따른다. 또한 추측의 근
거는 가상 명제이거나 조건 명제 등이며 동일한 추측 표현 형식인
{-ㄹ 것이다}, {-ㄹ 터이다} 등과 함께 잘 쓰인다. 이러한 불확실

성은 공손한 의견 진술의 발화내적 행위를 수행한다.

4.5.2 {-기 쉽다}

4.5.2.1 여기에서는 {-기 쉽다}의 양태화 과정과 양태 의미의 속성을 동일 유형의 {-(ㄴ/ㄹ지) 모른다}와 비교를 통해 확인하기로 한다.

{-기 쉽다}는 이맹성(1968), 국응도(1968)에서 중의성 문제가 제기된 후에 송석중(1985)에서 이와 관련된 문법적 처리가 본격적으로 논의된 바 있다.143) 이러한 논의에서 이 글과 관련된 몇 가지 사실을 우선 검토하기로 하자.

첫째, {-기 쉽다}는 다른 양태 연산자와 마찬가지로 고정된 통합 형식으로 양태 기능을 수행한다.

> (1) ㄱ. 속이 아플 때에는 밥보다 죽이 먹기 {쉽, 쉬웠}다.
>   ㄴ. 수술한 지 삼일 됐으니, 지금쯤 죽을 먹기 {쉽, *쉬웠}다.
>
> (2) ㄱ. 속이 아플 때에는 죽을 먹기가 쉽{더라, 지 않다}.
>   ㄴ. 수술한 지 삼일이 경과 됐으니, 지금쯤 그가 밥을 먹기가 쉽
>   {겠다, *더라, *지 않다}

(1ㄱ)은 '수월하다'의 뜻으로 쓰인 {쉽다}이다. 이때의 {-기}는 명사화소로서 {-ㄴ 것}으로 대체할 수 있으며 시상에도 제약을 받지 않는다. 그러나 (1ㄴ)의 {-기 쉽다}는 내포문 명제의 시상에는 제약을 받지 않으나 {쉽다} 자체는 고정된 형을 유지해야 한다. 또한 {-기} 역시 동일 명사화 기능의 {-ㄴ 것}으로 대체하기도 어

---

143) 송석중(1969)에서는 {쉽다^1(容易)}과 {쉽다^2(推測)}가 통사적 기저 구조 차이뿐만이 아니라 어휘 형성과정에서도 분화된다는 논지를 각 종 문법적 제약을 통해 입증하였다.

렵다. (2ㄱ)의 {쉽다}는 화자가 직접 경험한 사실을 회상하거나 부정 진술하는 평가적 화행에 쓰이고 있다. (2ㄴ)에서의 {-기 쉽다}는 경험주와 문장 주어가 다를 때에만 인식 대상화하여 양태화할 수 있음을 보여 준다.

두 번째로 {-기 쉽다}의 양태적 특성을 살펴볼 수 있는 것은 내포문의 서술 동사나 내포문 주어에 따라 {쉽다}와 {-기 쉽다}가 분화된다는 점이다.

(3) ㄱ. 잘 모를 때에는 긴 것이 답이기 쉽다.
ㄴ. 그 사람 일요일에는 집에 없기 쉽다. 낚시를 늘 가거든.

(4) ㄱ. 곧 겨울이 올 테니 날씨가 추워지기 쉽다.
ㄴ. *나는 {슬프, 춥, 예쁘, 아프, 맵}기 쉽다

{-기 쉽다}는 서술동사 {-이다}나 존재동사 {있다}를 내포문 동사로 취하는 경우에 잘 호응하며 이 경우에는 '쉽다(容易)'로 해석되지 않는다. 아울러 (4ㄴ)처럼 화자 자신의 내적 심리 상태에 대해서는 {기 쉽다}가 호응하지 않는다. 이는 다른 추측 표현 형식의 {-ㄹ 것이다}와 동일한 반면, {것 같다}와는 상반된다. 한편 {쉽다(容易)}도 특정 화맥에서 {이다}나 {있다}와 호응하기도 한다.

(5) ㄱ. 아이들 보살피랴 남편 챙기랴 현모양처이기 쉽지 않다.
ㄴ. 여름엔 밖에 나가는 것보다 시원한 집에 있기가 훨씬 쉽다.
ㄷ. 이 화장품만 바르면 예뻐지기가 {쉽습, 일도 아닙}니다.

(5ㄱ)의 {-이다}는 선행명사의 속성에 따라 지정적 의미로 쓰인 것일 뿐 본래는 '현모양처 노릇하기'로 볼 수 있다. (5ㄴ)의 {있다}는 존재보다는 행위의 뜻을 지닌 동사로 사용된 경우로 {-기}

와 {쉽다} 사이에 부사가 개입할 수 있다. 또한 상태 변화의 '예뻐지다'를 통해 {쉽다(容易)}가 행동을 기술하고 있음을 알 수 있다. 이 점은 어떤 상태에 대한 가능성을 판단하는 {-기 쉽다}와 구별된다. 이처럼 {쉽다(容易)}와 {-기 쉽다}는 기저 구조뿐만이 아니라 어휘 의미에서도 차이가 난다. 그러나 {쉽다}가 지닌 '가치판단(평가)'의 의미와, {-기 쉽다}의 '가능성 판단'은 어느 정도 의미 관련성이 있다 하겠다.[144]

(6) 스케이트를 배우기 쉽다.
ㄱ. 스케이트를 타는 것을 경험해 보니까, 내 능력으로 스케이트를 타는 것이 힘들거나 어렵지 않다고 판단(평가)할 수 있었다.
ㄴ. 나는 스케이트를 배울 가능성이 많다고 판단한다.

(6)은 중의적인 해석이 가능한 예문이다. (6ㄱ)은 '스케이트를 배우는 것이 쉽다'라는 평가 구문이다. 이러한 {쉽다(容易)}에도 (6ㄴ)의 {-기 쉽다}처럼 평가에 다른 가능성이 내재해 있어 양자는 가치 판단(평가)에서 의미적 관련성이 있어 보인다. 물론 짐작·추측 구문의 형식들이 지니고 있는 중의성 문제처럼 사태를 인식 대상화하느냐 그렇지 않느냐의 차이에 따라 동일 구문이 달리 해석되고 있는 것이다. 이로써 {-기 쉽다}는 사태를 인식 대상화하며 이에 대한 가능성을 판단하여 '추측'의 의미를 획득한다. 이제 이러한 {-기 쉽다}의 의미를 살펴보자.

4.5.2.2 {-기 쉽다}를 사전에서는 '가능성이 많다'로 풀이하고 있는데, 이런 해석은 주로 다음과 같은 경우를 말한다.

---

144) 송석중(1969)에서는 '불어 배우기 쉽다'라는 문으로 {쉽다(容易)}와 {기 쉽다}의 구조를 다음과 같이 구분하였다. 그러나 두 어휘를 별개의 어휘 항목으로 보는 관점은 이 글의 논지와는 좀 다르다.

a. [[[ϕ 불어 배우]s기)]ṡ]ɴ[쉽다]v̂
b. [불어]ɴ[배우기 쉽다]v̂

(7) ㄱ. 이 잔은 깨지기 쉬운 유리로 만들었다.
    ㄴ. 틀리기 쉬운 문제니까 조심해라.

(8) ㄱ. 아마 그가 범인이기 쉬워. 왜냐면 전에도 이런 일이 있었거든.
    ㄴ. 어머니는 연속극을 보기가 쉬워. 스포츠는 안 좋아하시거든.

(7)은 관형절로 내포된 {-기 쉽다}로 사태가 일어날 가능성이 많음을 표현한다. 이처럼 개연성이 높은 미확인 명제를 (8)처럼 판단 대상화할 때 '추측'의 의미를 지니게 된다. 따라서 {-기 쉽다}의 핵심 의미는 가능성 판단이라고 볼 수 있으며 이는 화맥에 따라 단순한 가능성 판단만을 뜻하거나 추측으로 전이되기도 한다. 이러한 {-기 쉽다}의 가능성의 정도는 {-ㄹ지도 모른다}와 비교할 때 훨씬 높은 편이다.

(9) ㄱ. 이 정도 비가 와서는 둑이 안 무너져. 그래도 혹 무너지 {ㄹ지 모르, *기 쉬우}니까 한번 살펴보고 오너라.
    ㄴ. 그 여자 일본말을 아주 잘 하던데. 생김새로 봐도 일본 여자이 {*ㄹ지 몰라, 기 쉬워}.

(9)에서 {-ㄹ지도 모른다}는 이미 단언한 사실에 대한 일말의 가능성을 타진하고 있는데 반해 {-기 쉽다}는 논리적 판단 과정을 통해 개연성을 표상하고 있다. 따라서 다른 가능성을 전제하지 않은 강한 단언적 효과를 지니게 된다. 물론 이처럼 사실일 가능성이 50% 이상으로 보이는 {-기 쉽다}는 화・청자의 긴밀한 상관적 장면의 발화에는 잘 쓰이지 않고 자신의 개연적 판단을 일방적으로 통보하는 데에 주로 사용된다. 이러한 특성으로 {-기 쉽다}는 사회적 기능을 잘 수행하지 않는다.

(10) ㄱ. 선생님! 퇴근 무렵이라서 차가 막히{*기 쉬우, ?ㄹ 거, ㄹ테, ㄹ지도 모르}니까 돌아가지요.

　　ㄴ. 그리고 그 일기 쓰기나 편지질을 좋아하는 사람들이란… 적
　　　　어도 빈번히 패배를 당하기 쉬운 심성의 복수심 많은 내향적
　　　　성격의 소유자들이기 쉽다는 것이 지금까지 말씀드린 제 이야
　　　　기의 요지인 것 같습니다. ('77:255)

　　(10ㄱ)은 사태의 추이가 불분명하며 윗사람에게 공손하게 개진
하여야 할 상황에서의 발화이다. 이때 {-기 쉽다}는 어느 정도 확
실성을 지닌 단언의 기능으로 잘 호응하지 못한다. 한편 (10ㄴ)에
서의 {-기 쉽다}는 이와는 달리 어느 정도 공손어법적 기능을 수
행하고 있는 듯 보인다. 이는 문학 강연의 언술 상황에서 청중에
게 자신의 주장을 확실하지 않은 어조로 발화하고 있는 경우이다.
이때에도 {-기 쉽다}는 청중을 대상으로 하여 공손한 진술을 하는
것이라기보다는 자신의 개연적 판단을 비확정 서술태도로 단순히
통보하고 있다고 볼 수 있다. 한편 화자는 청중에게 {-기 쉽다}를
통한 개연적 판단이 자신의 강연 요지임을 {것 같다}로써 정중하
게 표현함으로써 끝을 맺고 있다.

　4.5.2.3 이상에서 우리는 {-기 쉽다}의 양태 의미를 개괄적으로
살펴보았다. 이제까지 논의된 바를 요약하면 다음과 같다.

　첫째, {-기 쉽다}의 {쉽다}는 {-(ㄴ지/ㄹ지) 모른다}의 '모른다'처
럼 중의적인 해석이 가능하다. 이러한 중의성은 추측 표현의 {-기
쉽다}가 하나의 양태 연산자로 통합되어 있음을 뜻한다. 아울러 기
저 구조나 다른 문법적 제약에서 {쉽다(容易)}와 '가능성'의 {-기 쉽
다}가 구별됨도 확인할 수 있었다.

　둘째, 기저 구조가 다르겠지만 {-기 쉽다}의 가능성 판단은 {쉽
다(易)}가 지니고 '가치 판단(평가)'과 의미 관련성이 내재되어 있
다. 이는 {쉽다(容易)}에도 가능성 판단의 의미가 내재해 있으며
인식 대상화 여부에서 양자가 분화된 것으로 보인다.

　셋째, {-기 쉽다}의 '추측'의 의미는 객관적 양태인 '가능성'에서
비롯된 것이다. {-기 쉽다}의 가능성 정도는 매우 높은 편이다. 이

러한 의미 특성으로 한정된 언술 상황에 사용되며 단언적 효과로 공손어법에는 잘 사용되지 않는다.

4.6 유사 짐작·추측 구문

유사 짐작·추측 구문이란 '짐작'이나 '추측'과 관계된 언술 행위를 통칭한다. 이러한 추상적이고 포괄적 개념을 구체화하기 위해 다음과 같이 그 양상을 몇 가지로 세분하여 살펴볼까 한다.

첫째, 짐작·추측 표현 형식의 해석 기제로 사용된 {-게 생겼다}, {-어 보이다}, {-처럼(같이) 보이다} 등도 유사 짐작·추측 구문의 범주에 포함할 수 있을 것이다. 왜냐하면 이들 역시 문맥에 따라 '짐작', '추측'의 양태 의미를 지닐 수 있으며, 일부 형식은 양태 연산자의 의미 해석에 사용되는 등 의미 관련이 있기 때문이다. 이러한 의미적 관련에도 불구하고 이들을 유사 표현 형식으로 보고자 하는 이유는 이들의 핵심 의미를 '가치 판단(평가)', '유사 판단' 등으로 보는 것이 합리적이기 때문이다.

둘째, 짐작·추측 구문의 일반 형식에서 벗어나는 표현들이 있다. 즉 단일 명제에 대한 심리적 태도를 표상, 서술하지 않는 접속 형식을 취하고 있는 구문을 말한다. 이는 양태적 기능 외에도 청자에게 추측한 바를 확인하는 서법 기능의 일부 의문법 어미를 들 수 있다. 아울러 원인이 될만한 가능 명제를 결과적 사실과 함께 서술하는 {-ㄴ지}, {-ㄹ까} 의문 명사화문이 이에 속한다. 물론 이들은 문의 형식을 달리하여 주관화 서술 기능소인 {싶다}, {보다}, {모른다} 등과 통합하여 양태 연산자를 구성한다. 따라서 형태·의미론적으로 상관성은 깊지만 양태 기능 외에 핵심적 기능이 별도로 존재하여 유사 짐작·추측 구문의 범주에 넣었다.

셋째, 사태에 대한 짐작·추측의 심리적 행위가 수행되었지만 이를 직접 언어로 표상하지 않고 다른 언술 행위를 위해 사용하는

예가 있다. 이는 의사소통 행위에 전제되는 '추론'이나 '추리'로 볼 수 있다.[145]

이 절에서는 이러한 다양한 짐작·추측 관련된 언어 표현을 제시하여 일반적인 짐작·추측 구문과 이들이 어떻게 다른지 살펴보는데 목적을 둔다. 아울러 개념적 양태가 지니고 있는 범주 문제에 대한 올바른 방향을 제시하고자 한다.

4.6.1 {-아 보이다}에 '짐작'의 의미가 내재해 있음을 보인 기존의 연구는 박지홍(1981:116), 고영근·남기심(1983:120)에서였다. 이들은 이를 단순히 '짐작'을 나타내는 보조동사로 처리한 바 있다. 이러한 {-아 보이다} 구문에 대한 엄밀한 의미론적 해석은 金興洙(1988:201~207)에서 이루어졌다. 그에 따르면 {-아 보이다} 구문은 시각 경험이 수반되는 평가적 화행에 적합한 형식이며, 이는 경험과 평가의 복잡성 때문에 경험과 사실의 차이를 전제하는 상황에서 잘 쓰인다는 것이다.

(1) ㄱ. 화장 때문에 예뻐 보이지, 실제로는 예쁘지는 않아.
ㄴ. 아버지의 얼굴은 침통해 보였고, 콧날은 더욱 길게 늘여져 보였다. ('79:12)
ㄷ. 잠옷은 고급스러워 보였지만 이미 낡은 것이었다.('92:351)

{-아 보이다}는 사태를 판단 대상화하여 자신의 심리로 받아들이는 주관화 과정을 보여준다. 이때에 주관화 대상은 상태동사로 이룩되는 평가 명제에 국한되며, 화자는 시지각에 바탕을 둔 {보이다}로 판단의 판단(가치 판단)을 하게 된다. 이런 {-아 보이다}

---

145) 형식적인 추리 과정에서 생겨나는 확실한 표현에서는 추측 표현 형식이 다음의 예처럼 추측 발화에 외현될 필요가 없다.

a. 저 사람이 영희의 아버지야. 고로 영희는 저 사람의 딸이야.
b. 4.19 의거는 1959년에 일어났어. 나는 그 이듬해 태어났고 그래서 나는 4.19를 겪지 못했어.
c. 건물 양식으로 미루어 보건대, 저 집은 조선시대 지은 것이야.

의 평가적 속성은 (1)의 ㄱ,ㄷ처럼 사실과의 차이가 전제되는 상황이나 (ㄴ)처럼 사실에 대해 가치 중립적인 경우도 있다.

{-아 보이다}의 주관화 특성과 사실과의 관계는 특정 상황에서 '짐작'으로 해석되기도 한다. 즉 경험적 근거로 가치를 판단하되 그것이 사실이라는 믿음이 약하거나 개연적인 특정 명제에서는 짐작이 내재되어 있다.

(2) ㄱ. 잘 모르지만, 꽤 비싸 **보이**는데.
　　ㄴ. 어림쳐도 옷이 좀 작아 **보여**. 워낙에 하루가 다르게 크니까.

(3) ㄱ. 귀부리가 희끗희끗한 걸로 보아 쉰은 족히 넘어 **보이**는 그 운전수는, 내 말이 떨어지기가 무섭게… ('78:224)
　　ㄴ. 엘리베이터에는 부부인 듯한 젊은 남녀와 세 살쯤 되어 **보이**는 남자 아이 하나, 다섯 살 정도의 여자아이… ('93:15)
　　ㄷ. "우리 눈엔 그가 입고 다니는 옷거리가 번번히 조금씩 지난 듯해 뵈더구먼. 형편이 그리 윤택해 뵈진 않어. ('85:254)

이상의 예에서 {-아 보이다}는 확인되지 않은 사실을 짐작을 통해 사태를 개연적으로 평가하는 데 사용하였다. 그러나 이는 {-아 보이다}가 짐작 상황에 밀착되어 나온 해석일 뿐, 핵심적 의미는 '가치판단(평가)'에서 크게 벗어나지 않는다.

{-로 보이다}도 {-아 보이다}와 마찬가지로 평가적 언술 상황에 흔히 사용된다.

(4) ㄱ. 대충 눈치로 보아 그들이 찾아가는 사람도 준호와 절친한 사람으로 보이지 않았고, 그저 오다가다 주소만 적어준 겨우 안면만 있는 사람처럼 **보여**졌었다. ('82:12)
　　ㄴ. 승용차 운전사로 **보이**는 말끔한 신사복 차림의 젊은이는 무료하게 서성거리며 담배를 피워대고 있었다. ('90:220)
　　ㄴ. 이번에 마라톤 신기록은 아마도 주최측의 착오로 **보인**다.

{-로 보이다}도 시각 경험이 전제된 상황에서 잘 쓰이지만 (3ㄷ)
처럼 사유 명제를 판단 대상으로 삼기도 한다. {-로 보이다}는 {-로}
가 지닌 '대상의 선택'으로 개연적 판단의 의미를 형성한다. {-로 보이
다}에도 짐작 행위가 내재되어 있지만 이 역시 평가로 해석하는
것이 옳다. 또한 {-로 보이다}는 경험적 사실에 가까운 경험적 평
가로 단언하고 있어 단언의 효과를 보여주지 않는 짐작과는 다르
다.

한편 의사(擬似) 판단의 {-듯 보이다}, {-처럼 보이다} 구문도
화자의 인식태도 여하에 따라 평가와 짐작의 중의적인 해석이 가
능하다.146)

(5) ㄱ. 비행접시{처럼, 같이} 보이는데.
    ㄴ. 금방이라도 울{것처럼. 것같이, 듯(이)} 보이는데.

(6) ㄱ. 그는 술에 취해 있거나 아니면 환각 상태 같아 보이기도 했다.
    ㄴ. 그녀는 입성이나 행동거지로 보아 가정집 여자가 아닌 어디
       술집 접대부나 시골 다방 종업원 같아 보였다. ('81:262)

이상의 예문에서 {-처럼(같이) 보이다}는 내재되어 있는 정보와
현재 경험 사태와의 유사성을 바탕으로 가치 판단하거나 개연적
판단을 내리고 있다. 그러나 단언의 정도가 높은 {보이다}의 특성

---

146) {것 같다}, {듯하다}의 해석에 원용되어 왔던 {-처럼(듯) 보이다}는
    의사 판단에서 확대된 은유 표현이나 타인의 심리를 파악하는 언술
    상황에도 흔히 쓰인다.

      (i) a. 창밖에선 여전히 눈이 내리고 있어 레이스 커튼이 움직이고 있는
            것처럼 보였다. 그런 느낌은 우리가 앉은 방안이 어디론지 한없
            이 떠오르는 것 같은 착각으로 이어졌다. ('81:26)
         b. 온갖 혹독한 훈련을 다 받았다는 그들 삼청교육대는 첫눈에도 벌
            써 혼이 다 빠져 버린 통나무처럼 보였다. ('90:85)

     (ii) a. 내 눈엔 넌 지금 평정을 잃고있는 것처럼 보였다. ('90:148)
         b. 어머니는 이미 세상의 영욕을 초월한 듯이 보였다. ('95:89)

으로 말미암아 이 역시 유사 짐작 구문으로 볼 수 있다.

 4.6.2 의문문 가운데 몇몇 형식은 질문의 기능 이외에 미지 사실에 대한 화자의 추측을 표현하는 기능도 함께 지니고 있다. 이들은 "화자가 사물이나 상황에 대하여 아직 모르거나 알아도 미진한 상태의 발화이어야 한다"는 의문문의 성립 조건이 짐작·추측 구문의 조건과 부합되기 때문이다. 그러나 의문문은 청자에게 응답을 요구하여 해결하려는 의도가 있어야 함을 전제로 하고 있다. 따라서 개체내 소통 행위에 주된 기능이 있는 짐작·추측 구문과 구별된다. 물론 화자 자신을 청자로 한 단독적 장면에서는 명제를 추정적으로 판단 대상화하게 마련이다. 이러한 확실성이 적은 회의나 의심 표현은 짐작·추측과 밀접한 의미 관련성을 지니게 된다.

(7) ㄱ. "글쎄요. 이층에서 죽치고 있어놔서 몇 명이나 되는지는 확실히 모르겠습니다마는, 아마 한 이백명이나 **될까**." ('86:112)
　　ㄴ. "대체로 가난해. 백화점 상품의 질은 우리 나라 육십년대 중반쯤 될까. 그러나 사회복지 정책이 잘되 있고… ('90:36)

(8) ㄱ. 출근 때마다 내게 귀가의 시간을 묻곤 하는 아내의 버릇도 그 무렵부터 시작된 것이 아닌가 생각된다. ('78:242)
　　ㄴ. 안락의자에 편안히 기대고 앉아 있기에도 힘들어하는 것이 아닐까 하는 의심이 들만큼 연약해 보였다. ('80:8)

 이상 예에서 화자는 사태를 어림하거나 명제를 판단하기엔 사태에 대한 믿음이 부족하다. 이에 부정 의문의 형식을 빌어 소극적으로 언술하고 있다.147) 이러한 추정 의문 형식에 주관화 술어 {싶다}가 통합되면 자연스럽게 양태 기능을 수행하게 되는 것이

---

147) Lyons(1977)에서는 부정형 의문문은 화자가 원래 가지고 있던 가정(prior present)과 현존하는 증거(presents evidence) 사이에 모순이 생길 때 사용된다고 보았다. 이러한 모순은 사태에 대한 불확실한 인식으로 이어져 추측으로 해석되는 여지가 된다.

다. 한편 의문법 어미나 지각 양태소로 알려진 {-지}도 문맥에 따라 '짐작'의 의미를 지니게 된다.

> (9) ㄱ. 살리나스, 어디서 많이 듣던 이름이다. 존스타인백의 소설,
> 〈에덴의 동쪽〉의 무대가 살리나스였지, 아마, ('82:23)
> ㄴ. "키는 껀정한 녀석이 금방 울먹하더라구요. 홀어머니였다지요,
> 아마." ('83:105)
> ㄷ. (침을 흘리는 것을 보고) 너 배 고프{구나, ㄴ 모양이다}.

(9)의 ㄱ, ㄴ은 이미 알고 있는 사실이지만 확실하지 않은 의심 표현이라고 볼 수 있다. 이때에 {-지}는 주로 불확실성을 표현하는 양태 부사 '아마'와 더불어 쓰인다. 또한 (9ㄷ)은 어떤 사실을 화자가 미루어 지각하거나 짐작하는 발화이다. 이때 지각 양태소로 알려진 {-구나}와 짐작의 {-ㄴ 모양이다}가 함께 쓰여 지각과 짐작의 긴밀성을 보여주고 있다. 그러나 이미 논의된 대로 {-지}, {-구나}는 {싶다}가 통합하여 짐작·추측 양태 의미를 지닐 뿐 그 단독으로는 지각 양태소로 기능한다.

4.6.3 '짐작·추측'의 의미는 특정 접속 형식에서도 찾아 볼 수 있다. 이들은 접속 어미처럼 결과적 사태를 수식하는 부사절에 쓰이며 원인이 될 만한 가능 명제를 상정하고 있다. 이들의 예로는 {-ㄴ지}, {-ㄴ가}, {-ㄹ까봐}, {-ㄴ/ㄹ 모양} 등이 있다. 이들 역시 {-ㄴ지 모른다}, {-ㄴ가 싶다(한다)}, {-ㄹ까 보다}, { -ㄴ/ㄹ 모양이다}에서 통사적 기능 전이에 따른 형식들이다. 따라서 의미 관련성은 매우 높다.

{-ㄴ지} 구문에 대해서는 오승신(1987)에서 포괄적으로 논의되었는데,[148] {-ㄴ지} 부사절은 상위문 내용에 따라 상위문의 원인

---

148) {-ㄴ지}에 대한 문법적 처리는 부사절(高永根:1975), 명사구 보문의
     보문자(이맹성:1968, 김남길:1984, 김태한:1976, 이익환:1979)와,
     관형사형 어미와 형식명사의 통합체(손호민:1973, 성낙수:1976, 권

이 될 만한 추측적 가능명제를 서술하거나 행동 동기를 추측적으로 해석하여 발화하는 데 사용된다는 것이다.

(10) ㄱ. 사고라도 났는지 아무리 기다려도 버스가 안 오네.
ㄴ. 약수터에 가는지 새벽에 일찍 나갔어요.
ㄷ. 도대체 책을 읽기나 한 건지 보고서 내용이 엉망이군.

(11) ㄱ. 돼지우리에 저녁거리라도 퍼주고 있었던지 그녀는 아직도 물기가 흐르는 나무 바가지를 들고 서 있었다. ('80:79)
ㄴ. 이내 취기가 올랐는지 그는 몸을 소파에 기대었다. 갓 목욕한 뒤였으므로 무리는 아닐 것이다. ('78:128)
ㄷ. 낮에 사무실에서 보았던 중늙은이가 퇴근을 하려는지 굿판을 살피려는지 밖으로 나왔다가 나와 마주쳤다. ('90:222)

(10)에서 화자는 결과적 사태나 행동의 원인이 될 만한 가능명제를 짐작 발화하고 있다. 이런 {-ㄴ지}의 의미 기능은 (11)에서도 적용된다. 특히 (11ㄷ)에서는 타인의 의도, 욕구 등의 심리적 대상은 인식자로서는 미확인의 대상일 수밖에 없다. 이러한 미확인 명제에 대한 복수의 가능명제가 {-ㄴ지}로 상정된 것이다.

의문법 어미로 알려진 {-나}, {-ㄴ가}도 내포된 부사절에 쓰이면 {-ㄴ지}와 동일하게 '해석적 추측'의 의미를 지닌다.[149]

재일:1985, 홍종선:1986)로 보는 등 다양하게 이루어졌다. 오승신(1986)에서는 상위문 내용에 대하여 {-ㄴ지} 부절은 원인이 될 만한 추측적 내용의 '원인적 추측'과, 인과 관계의 결속력이 약한 행위 표현 등은 '해석적 추측'으로 구분하였다.

149) 행위 표현에서의 {-나} 내포문은 '지각', '생각'을 나타내는 어사나 확인 동사(찾다, 보다…) 등과 어울리는 특성이 있다. 이를 명제화했을 때 짐작으로 전이되는 것이다.

a. 그녀가 누구와 사랑하나{의문이다, 걱정스럽다, 알아보다…}.
b. 사람에게는 얼마나 돈이 있나가 매우 중요하다.

(12) ㄱ. 잠을 자{나, 는가} 집에는 불빛 하나 없이 조용하였다.
　　　ㄴ. 영화가 슬프{*나, ㄴ가} 나오는 사람들의 눈이 발갛다.
　　　ㄷ. 국어사전이 없{나, 는가} 우리 집으로 빌리러 왔었어요.

(13) ㄱ. 낮잠이라고 자고 있었던가 얼굴이 부스스했다. ('81:146)
　　　ㄴ. 시끄럽게 들려오던 개구리소리도 귀에 익어진 탓인가 음악처
　　　　　럼 감미로웠다. ('88:228)
　　　ㄷ. 호기심 못지 않게 짐짐한 구석이 더 많은 여행이라 그런가
　　　　　한여름 완행 버스 속은 꽤나 고역스러웠다. ('88:169)

　{-나}, {-ㄴ가}는 결과적 사실에 근거하여 원인이 될 만한 가능 명제를 확실하지 않은 어조로 서술하는데 사용한다. 이러한 {-나}, {-ㄴ가}에 4유형의 양태 술어 {싶다}, {보다}, {한다}가 연결되어 짐작·추측 구문을 이루는 것이다.

　4.6.4 언어는 영구적으로 되풀이되는 정신 활동이다. 따라서 발화는 단순히 정보를 주고받는 데서 그치지 않고 받은 정보를 해석하고 이를 적절히 재처리하여 전달하게 된다. 이러한 정보 해석 절차에 추론은 절대적인 작용 기제로 쓰이고 있음은 주지의 사실이다.[150] 이러한 언어 수행적인 추론화 과정에서 추측 행위는 당연히 내재되어 있을 것이다.

(14) 甲: 만복이, 자네 놀구 먹느니 다문 며칠 밥 얻어먹을 자리라두
　　　　　들어가 보려나? ('80:6)
　　　乙: 식구들이 피서여행 떠나서 비어 있는 집 봐주는 일인가요?
　　　甲: 지레짐작으루 아는 척 말구 생각 있는지 없는지나 말하게.

---

150) Grice(1975,1978)의 대화 함축(conversational implicature)에 내재된 추론, Sperber & Wilson(1986)의 개별적 발화 해석에 적합하게 기능하는 추론 과정에 대한 인지론적 연구 등은 이 분야의 길잡이가 될 것이다.

(15) 甲: 오늘 점심 뭐 얼큰한 것 없을까?
    乙: 어제 밤에 술드셨군요. 아침 못 먹었겠네요.
    甲: 자네 아주 쪽집게네 그려. 직업 바꿔도 되겠어.

 (14)에서 乙은 甲의 언술 정보(1차적 정보)를 바탕으로 내재된 언어 외적 상황이나 지식, 맥락적 정보 등을 총동원하여 갑의 발화 의도·정보적 가치 등을 추론하여 확인 질문하고 있다. 이러한 추론 과정은 의사 소통의 중요 변수로 작용한다. 물론 이 담화에서의 추론은 사실과 일치하지 않았음을 정보 소유자인 갑의 발화에서 잘 드러나 있다.

 (15)도 언술정보를 바탕으로 발화 외적 전제 지식을 동원하여 추론하고 있다. 이 담화에서는 사전 정보가 충분하여 미확인 사태이면서도 지각적 표현으로 확실하게 표현하고 있다. 물론 '술을 마시다'라는 명제와는 달리 화자는 아침 식사에 대한 사실성 여부를 짐작으로 가능 명제화하고 있다. 이러한 담화는 비교적 추론 절차가 간단하다. 그러나 특정 담화에서 발화자는 청자(이전 화자)의 언술에 대한 추론적 해석과 이에 따른 발화 전략 등 복잡한 의사 소통 과정을 수행한다.

(16) ㄱ. 甲: 자넨 장사가 잘 되는군 그래?
        乙: 점심이나 먹으러 가지.
    ㄴ. 甲: 누가 총알만 대준다면, 한번 싸워볼텐데.
        乙: 점심이나 먹고 얼른 가게. 난 총알은커녕 화살도 없네.

(17) ㄱ. 甲: 전 교통법규를 위반하지 않았는데요.
        乙: 지금도 '면허증 제시 불이행' 조항을 위반하고 있습니다.
    ㄴ. 甲: 한번만 봐주세요.
        乙: 보았기 때문에 적발한 것 아닙니까?

 위 담화들은 화·청자 간의 추론적 발화 해석과 이에 따른 의사

소통 과정을 보여주고 있다. 우선 (16)은 甲의 요청 발화와 乙의 거절 발화가 간접적으로 표명된 담화이다. 그 한 예를 보면 (16ㄱ)의 乙은 甲이 찾아온 이유를 甲의 발화나 기타 발화 외적 정보에서 찾게 마련이다. 이로써 甲이 사업 자금을 빌린 적이 있거나 또 빌리려는 정보에 따라 乙은 적절한 거절 발화를 강구한다. 그러한 의도에서 발화된 표현이 "점심이나 먹으러 가지"이다. 이런 발화를 (17ㄴ)의 甲도 추론 절차에 따라 적절히 인지 해석하여야 할 것이다. 그러나 이를 이행하지 않았거나 무시한 甲은 자신의 발화 목적을 은유적으로 주지시키고 있다. 이에 대하여 乙도 분명한 어조로 그러나 완곡한 언술태도를 견지하고 있다. 이러한 의사소통에 관여하는 추론 과정은 (17)에서도 동일하다.

의사소통 과정에서 보여주는 추론 과정(inference process)은 최근 언어 심리학자들이나 담화론자들에 의해 활발히 연구되고 있다. 물론 이러한 추론은 확인하기 위하여 표상화되지 않는 한 화자의 두뇌에 내재되어 있을 뿐이다. 그러나 이처럼 외현되지 않는 추론도 짐작·추측의 인식론적 과정을 거칠 것이다.

4.6.5 이상에서 우리는 짐작·추측과 관련된 유사 표현 형식들을 살펴보았는데 이제까지 논의된 바를 요약하면 다음과 같다.

첫째, 짐작·추측 구문은 일반적으로 단일한 언어 외적 사태를 대상으로 이를 심리적으로 표상하는 것을 말한다. 이러한 일반 유형 외에도 짐작·추측이 추론 과정이나 다른 구문 형식에도 내재되어 있다.

둘째, 경험적 평가의 {-아(로) 보이다}, {-처럼(같이) 보이다} 등은 경험적 근거로 사실을 판단하되, 사실이라는 믿음이 약한 개연적 상황에서 잘 사용된다. 이로써 어림으로 헤아리는 짐작 표현에 사용되기도 한다. 특히 {-ㄴ지}, {-ㄴ가}는 '해석적 추측'으로서 추측의 의미가 내재해 있는 형식들이다. 이러한 표현 형식들은 짐작·추측 구문과 통사·의미적으로 관련이 있다.

5. 맺음말

5.1 이제까지 우리는 국어의 짐작·추측 구문에 대하여 논의하였다. 지금까지의 논의에서 우리는 국어에서 짐작·추측에 관한 언어 형식이 다양하게 분포되어 있으며, 그들이 비교적 동일한 개념적 양태범주에 포괄되어도 개별적 의미 기능이 존재한다는 사실을 다시금 깨닫게 되었다. 이제 우리는 이제까지 연구된 바를 정리하고 해결되지 못한 문제를 제시하여 그 해결 전망에 대하여 밝히고자 한다.

5.2 짐작·추측 구문은 '짐작', '추측'이라는 심적 세계의 언어적 표상을 말한다. 이는 언어 외적 세계를 인식하는 주된 기능과 함께 수용된 정보를 청자에게 전달하는 기능도 지니고 있었다. 따라서 본 고에서는 양태(modality)의 두 가지 측면을 고려하여 논지를 전개하였다. 즉 '짐작', '추측'이라는 화자의 주관적인 양태와 사태가 지닌 '가능성', '개연성', '확실성'의 객관적 양태로 구분하였다.

객관적 양태는 미확인, 불확실한 사태에 대해 화자의 직접적인 개입으로 이루어지므로 자료 주도적 처리 과정을 거치게 된다. 즉 물리적인 자극에서 청각적인 음향, 시각적 형태 등의 외적 정보들은 조작 단계에서 중요한 판단 자료로 사용하는 경우를 말한다. 반면 주관적 양태란 입력 과정보다는 조작 과정에 초점을 두는 패러다임을 구축하는 개념 주도적(top-down) 처리 과정을 통해 이루어진다.

아울러 확실성 문제는 명제에 대한 화자의 신뢰도와 비례한다. 그러나 화자의 주관에 따라 확실성이나 단언 효과가 중의적으로 나타나며 확실성에 관한 인식 태도도 언술 태도에 따라 가변적으로 나타나므로 해석 과정에 주의를 요하게 된다. 이 글에서는 이러한 확실성 여부와 관련된 서술태도와 화용적 기능인 공손어법에도 관심을 갖고 양태 연산자의 의미를 탐색하고자 하였다〈16쪽,

양태 연산자의 의미 체계 〈(도식1) 참조〉.

5.3 짐작·추측 구문의 논의에 앞서, 2장에서는 짐작·추측에 관한 인지 과정(개념화)을 살펴보았다. 이는 모든 의미 구조가 인지 영역에 비추어 기술되리라는 믿음 아래 짐작·추측과 느낌, 앎, 판단, 생각과의 인식론적 상관성을 소박하게나마 고찰하였다. 그 결과 짐작은 주로 느낌이나 앎과 관련된 지각적 행위이며, 추측은 논리적 판단이나 사유를 바탕 인식영역으로 지니고 있었다. 또한 이러한 의미 관계는 구문 유형에도 차이를 보이는 바, '느끼다', '알다', '판단하다', '생각하다' 등의 구문유형으로 '짐작하다'와 '추측하다'와의 의미 관련성을 분석하였다.〈56쪽, 인지동사의 구문 유형 (도식 3) 참조〉.

이러한 인식론적 상관성을 바탕으로 주관적 양태 의미인 '짐작'과 '추측'의 개념을 규정하였다. 그 결과 짐작(어림·미룸)과 추측은 상호 공유하는 의미역이 엄연히 존재하지만 대상성, 인식 방법, 근거 특성, 인식 조건 등에서 변별 의미역도 아울러 지니고 있었다. 이로써 양태 연산자들을 '짐작'이나 '추측'으로 의미를 배당할 근거를 마련하였다〈76쪽, '짐작'과 '추측'의 변별 의미역 (도식 4) 참조〉.

5.4 제3장에서는 전 장에서 밝혀진 인식론적 사실을 바탕으로 짐작·추측 구문의 성립 조건과 특성을 살펴보았다. 이는 화자(인식자), 명제(인식대상), 명제태도(인식방법)로 구분하여 각각의 조건을 논의하였다. 또한 짐작·추측이 어떻게 언어로 표상화되는지를 언술 상황과 표상화 과정을 통해 구체적으로 살펴보았다.

그 결과 짐작·추측 관련 양태 연산자들은 상관적·단독적 장면의 언술 상황에 따라 선별되어 사용되었다. 우선 화·청자가 서로 정보를 주고받는 상관적 장면의 언술 상황에서는 미룸 짐작의 {겠}, {-(나/ㄴ가) 보다}, {-(ㄴ/ㄹ) 모양이다}가 잘 사용되었다. 한편 {-ㄹ 것이다}, {-(ㄴ지/ㄹ지) 모른다}는 이전 화자의 짐작 발화에 동조하거나 의문 정보에 답하는 언술 상황에 사용되었다.

이들은 주로 단독적 장면의 추측 언술 상황에 밀접하였다. 또한 {것 같다} 류는 이러한 언술 상황에 크게 제약을 받지 않는 판단 형식임도 확인하였다.

짐작·추측의 표상화 과정은 정보 처리 이론에 따라 입력 정보 → 입력에 대해 수행되는 조작 과정 → 출력 정보로 나누어 도식화하였다. 그 결과 어림 짐작과 미룸 짐작, 추측이 각각 별도의 정보 처리 과정을 통해 생성되었다〈100쪽, 짐작·추측의 정보처리 과정 (도식 5) 참조〉.

3.3에서는 짐작·추측 구문을 포괄적으로 변별할 수 있는 관계 특성을 논의하였다. 우선 주관화 정도에서는 기존 연구에서의 주·객관의 문제를 검토하고 그 기준을 제시하였다. 그 결과 어림 짐작, 의사 판단의 {것 같다} 유형이 주관화 정도가 가장 높으며, 미룸 짐작의 {겠}, {-(나/ㄴ가) 보다}, {-(ㄴ/ㄹ) 모양이다}가 가장 덜 객관적이었다. 특히 논란의 대상이 되었던 {겠}과 {-ㄹ 것이다}의 주·객관의 문제는 인식자와 인식 대상에 따라 주·객관이 상보적으로 나타났다. 여기에서 밝혀진 주관화 정도를 개괄하면 {것 같다} 〉 {듯싶다} 〉 {듯하다} 〉 {겠} 〉 {-ㄹ 것이다} 〉 {-(나/ㄴ가) 보다} 〉 {-(ㄴ/ㄹ) 모양이다} 순이다.

짐작·추측 구문의 두 번째 특성으로 근거와 짐작 사실의 논리 관계를 검토하였다. 그 결과 '미룸 짐작'은 근거와 사실의 인과적 결속력이 높았다. 이는 근거가 원인이 되고 새로운 사실이 결과가 되는 상황에서 {겠}이 쓰이고, 이와 반대의 상황에서는 {-(나/ㄴ가) 보다}, {-(ㄴ/ㄹ) 모양이다}가 생산적으로 사용되었다. 아울러 {듯하다}, {것 같다}는 밀접한 인과 관계력을 보이지 않지만 원인이나 결과적 사태의 판단에 두루 기능하였다.

5.5 제4장에서는 서론에서 행한 짐작·추측 구문의 유형화 작업을 토대로 유형별, 개별적 형식들의 의미 기능을 다루었다. 이는 짐작·추측의 의미 생성 과정과 주·개관적 양태 의미, 공손어법

적 기능을 파악하는 순으로 논의하였다. 그 결과 개별 형식의 독자적인 의미 활성역을 파악할 수 있었다.

제1유형의 양태소 {겠}은 발화 현장에 밀접한 사태의 가능성 판단으로 어림 짐작은 물론 청자의 언술 정보를 근거로 한 결과 미룸 짐작에도 잘 쓰인다. 또한 문맥 의미만큼 다양한 공손어법 기능도 수행한다. 또 다른 양태소 {리}는 현대국어에서는 동요가 심한 편이지만 일부 짐작 표현이나 추측 상황에 잘 사용된다. 이러한 {리}는 짐작·추측의 의미 기능을 수행하였지만 {겠}이 {리}의 의미 영역을 대신함으로써 '추측' 표현에 보다 밀접히 사용된다.

제2유형은 'A(N$_1$)가 B(N$_2$)이다'의 구조에서 A의 성분이 공범주화한 구조를 지니고 있으며 구성 요소들이 재구조화되어 양태 기능을 수행하게 된다.

우선 {-ㄹ 것이다}는 '추리'라는 논리적 판단이 미치는 언술에 잘 쓰인다. 이는 불확실한 사유 명제를 다양한 전제 근거로 개연적으로 판단하는 인지 과정을 거쳐 '추측'의 의미를 지닌다. {-ㄹ 것이다}의 핵심 의미는 '추측'이지만 실제 발화에서 화자는 추리 행위를 의식하지 못하는 경우가 많다. 이로써 객관적 양태의 확실성 여부의 표상에 {-ㄹ 것이다}가 관여한다. 즉 확실하지 않은 사태에 대한 개연적 판단이나 주관적인 확신 표현으로 의견·주장의 발화내적 효력을 낳기도 한다.

{-ㄹ 터이다}는 '개연적 상황 판단'으로 추측 표현에 사용된다. 그러나 {-ㄹ 터이다}는 현대국어에서 문어에만 용례가 남아 있을 뿐 어미 통합체 {-ㄹ텐데}, {-ㄹ테니까}, {-ㄹ테면}로 변화할 정도로 동요가 심하다.

{-(ㄴ/ㄹ) 모양이다}는 인과론적인 지식을 전제로 결과적 사태에 대한 원인적 해석으로 짐작 표상에 기능한다. 이러한 결과적 사실은 화자의 객관적인 지각 사실이나 발화에서의 언술 정보 등이며, 이는 새로운 사실을 짐작하는 객관적인 근거가 된다. 따라서

확실성이 높은 단언의 효과를 가져와서 공손어법에는 잘 사용되지 않는다.

제3유형은 사태를 주관적으로 판단하는 주된 기능으로 짐작·추측 표현에 쓰인다.

우선 {듯하다}는 '유사성'을 바탕으로 은유·짐작 표현에 쓰인다. 짐작의 {듯하다}는 주로 화자의 느낌이나 직관에 의존하여 발화 현장에 밀접한 사태를 직접 판단하게 된다. 반면 {듯싶다}는 주관적 기능소 {싶다}에 이끌려 주관적인 짐작 표상에 사용됨은 물론 화자의 심상(心象)을 나타내는 비유 표현에도 관여한다. 아울러 주관화 기능으로 완곡어법에도 적절히 사용된다. {성싶다}는 비유 표현에 사용되지 않을 뿐더러 그 핵심 의미도 '상황에 대한 가능성 판단'으로 볼 수 있다.

{법하다}는 사실일 가능성이 높은 당위적인 화맥에서 '추측'의 의미를 구축한다. 또한 실제 용례에서는 {법}과 {하다}에 {-도}가 삽입되어 나타나는데, 이는 당위성을 약화시켜 '추측'의 의미를 회복시키는 기능을 한다. 한편 {것 같다}는 사태를 직접 가능 대상과의 유사성 비교를 통해 생성되므로 자신의 경험·지식 등이 판단의 근거로 기능하여 매우 생산적으로 사용된다. 이러한 {것 같다}의 핵심 의미는 '의사 판단'으로 볼 수 있으며 이는 문맥에 따라 은유·평가·짐작, 추측 표현에 사용된다. 아울러 {것 같다}의 주관적 의사 판단의 기능은 유보적 서술 태도를 취할 수 있어서 공손어법에도 매우 생산적으로 사용된다.

제4유형은 완결된 의문문에 양태 술어가 결합된 구조를 지니고 있다. 이 유형의 {싶다}, {한다} 구문은 비확정적 언술 태도에 초점을 둔 형식으로서 객관적 양태의미인 불확실성을 바탕으로 이룩된다. 한편 미룸 짐작의 {보다} 구문은 주관적 양태의미에 초점을 두는 표현 형식이다.

{-(나/ㄴ가/ㄹ까/지) 싶다}는 선행 요소에 의해 의미가 구별된

다. 이 가운데 {-(나/ㄴ가) 싶다}는 '의심', '추측'을 뜻하지만 주로 부정 명제를 통한 비확정 서술태도의 공손어법적 기능을 수행한다. {-ㄹ까 싶다}는 추측 표현에 잘 사용되지만 이는 불확실한 앎이나 믿음의 상태에서 가능명제를 조심스럽게 내놓는 소극적 관여 양상을 보여준다. 끝으로 {-지 싶다}는 {-지}의 다양한 기능에 이끌려 확실성을 달리 할 수 있는 짐작·추측 표현 형식이다.

{-(나/ㄴ가/ㄹ까) 보다}는 객관적인 원인 미룸 짐작 상황에 잘 사용한다. {-(나/ㄴ가) 보다}는 직접 경험한 사실정보를 근거로 즉각적인 상황 판단이나 짐작 발화하는 데 잘 쓰였다. {-ㄹ까 보다}는 구어에서는 '의향' 표현으로 살아 있고 문어에서 당위적인 상황에서 '짐작'의 기능을 수행하였다. 그러나 원인의 접속어미 {-아서}와 통합한 '지레 짐작'의 {-ㄹ까봐}로 동요될 정도로 짐작의 양태 기능이 점차 약화되는 형식이었다. {-(나/ㄴ가/ㄹ까) 한다}는 {싶다}와 거의 유사한 의미 기능을 수행한다. 다만 {싶다}처럼 인식 영역이 넓지 않아서 제한된 화맥에서 '생각하다', '판단하다'의 대용으로 사용되었다. 따라서 {싶다}보다는 덜 주관적이었다.

제5유형도 다른 형식처럼 중의적인 해석이 가능하였고 구성 요소들이 재구조화되어 하나의 양태 연산자 기능을 하였다. {-(ㄴ지/ㄹ지) 모른다}는 사태에 대한 가능성을 밝힘으로 '추측'의 의미를 형성한다. 그러한 가능성은 두 가지 가능 명제 가운데 하나를 배제할 수 없어 개진된 것이므로 개연성이 매우 낮았다. 따라서 불확실한 추측의 {-(ㄴ지/ㄹ지) 모른다}는 공손한 의견 진술에 사용된다. 끝으로 {-기 쉽다}의 '추측'은 핵심 의미인 '가능성 판단'에서 온 것이며 그 가능성의 정도는 매우 높은 편이다. 이러한 의미 특성으로 한정된 화맥에 사용되며 단언적 효과로 완곡어법에는 잘 사용되지 않았다. 이상 유형별 개별 형식의 주·객관적 양태 의미와 담화·화용적 의미를 개괄하면 다음과 같다.

〈 짐작·추측 구문의 의미 양상 (도식 8) 〉

	형 식	인식태도(정서적·지시적 기능)		서술태도 (사회적기능)	
		주관적 양태	객관적 양태	비확 정적	공손 어법
제1유형	{겠}	결과 미룸짐작 [1]	가능성 [2]	+	+
	{리}	추측, 짐작 [1]	±확실성 [2]	±	−
제2유형	{ㄹ 것이다}	추측 [1]	±확실성 [2]	±	−
	{ㄹ 터이다}	추측 [2]	당위적 상황 가능성[1]	−	−
	{모양이다}	원인 미룸짐작 [1]	+확실성 [2]	−	−
제3유형	{듯하다}	어림, 미룸짐작 [2]	유사성(개연성) [1]	+	−
	{듯싶다}	어림, 미룸짐작 [2]	유사성(개연성) [1]	+	+
	{성싶다}	짐작, 추측 [2]	가능성, 개연성 [1]	−	−
	{법하다}	추측 [2]	당위적 사실 가능성[1]	−	−
	{것 같다}	어림, 미룸, 추측[2]	의사성(가능성) [1]	+	+
제4유형	{싶다}	추측 [3]	−확실성 [2]	+[1]	+
	{보다}	결과 미룸짐작 [1]	±확실성 [2]	−	−
	{한다}	추측 [3]	±확실성 [2]	+[1]	−
제5유형	{모른다}	추측, 짐작 [2]	−확실성 [1]	+	+
	{기 쉽다}	추측 [2]	가능성, 개연성 [1]	−	−

위 도식에서 작은 숫자는 주·객관적 양태 의미 가운데 어느 것을 핵심 의미로 하는지 나타낸 것이다. 이러한 양태 의미의 구별과 특성은 결정론적이기보다는 개연론적 방법에 의해 얻어진 결과이다. 끝으로 개념 규정에 따른 양태 범주를 엄밀히 하기 위하여 유사 짐작·추측 구문도 간략히 언급하였다. 여기에는 {-ㄹ까}. {-ㄴ가} 등의 추정 의문문이나 평가 표현의 {-아/으로/처럼 보이다}, 원인적 해석의 {-ㄴ지/ㄴ가} 등이 있었다. 이러한 형식들은 일반 서술 형식을 취하고 있지 않을 뿐, 일반적인 양태 표현 형식과 의미적 관련을 맺고 있었다.

5.6 인류는 정신 세계를 해명하기 위하여 끊임없이 노력해 왔으며 현재에도 여러 학문 분야에서 앎(지식)의 문제를 해결하고자 다양한 방법들이 모색되어 왔다. 그럼에도 불구하고 그 해결의 실마리를 찾기가 쉽지 않듯이 정신 문제의 해명을 추구했던 본 고의 남은 과제는 해결된 것보다 훨씬 많을 것이다. 여기에서는 이제까지의 연구에서 해결되지 못한 몇 가지 문제만을 제시해볼까 한다.

우선 이 연구는 짐작·추측과 관련된 모든 형식을 양태 범주로 설정하였다. 그러다 보니 이에 관련된 언어 기제들은 형태론적 구성도 풍부할 뿐만이 아니라 통사적으로도 다양한 모습을 지니고 있었다. 여기에서는 의미 구조에 초점을 두어 논의했으므로 각 유형의 통사 구조에는 깊이 있는 논의를 하지 못하였다.

두 번째, 본 고에서는 짐작·추측 구문을 이해하기 위하여 심리 현상과 관련된 다양한 현실 세계의 논리를 세워 입론하고자 하였다. 이 점에서 최근의 인지 과학이나 인지 언어학, 담화 언어학의 도움을 받고자 하였다. 그러나 이 분야의 일천한 연구 성과와 본인의 무지로 깊이 있는 논거를 세우지 못하였다. 특히 인지과학은 마음의 문제를 인지의 문제로 취급하여 다양한 방법으로 접근하는 학문이다. 이에 다양한 학문이 상호보완적으로 협동하여야 한다. 이러한 인지과학에서의 언어학의 역할은 매우 비중이 높다 하겠다. 짐작이나 추측과 같은 정신 공간의 문제도 단순한 언어 논리의 문제에서 벗어나 좀더 시야를 확대할 필요가 있을 것이다.

세 번째로 지적하고 싶은 문제는 짐작·추측 구문을 더욱 세밀히 고찰하기 위하여 개별 형식의 통시적인 연구가 우선되어야 할 것이다. 왜냐하면 짐작·추측 표현 형식들이 각각 언술 상황이 다를 뿐더러, 형태나 의미가 동요되거나 변화하는 양상을 쉽게 발견할 수 있었기 때문이다. 아울러 연령별, 계층별로 표현 형식이 차이가 난다는 점도 관심을 두어야 할 것이다. 이러한 변화 요인이나 양상, 혹은 앞으로의 연구 방향을 세우기 위해서라도 통시적 연구를 검토해 봄 직하다.

끝으로 짐작·추측 현 형식들이 지니고 있는 중의성 문제를 이 연구에서는 깊이 검토하지 못하였다. {겠}, {리}, {-ㄹ 것이다}, {-ㄹ 터이다}, {-ㄹ까 싶다(한다)} 등이 지닌 '의도(의향)'와 '짐작·추측'과의 관계는 물론, 이들의 상호 이질성 문제는 또 다른 정신 세계를 엿볼 수 있는 계기가 될 것이다.

제2부

자기방어 표현의 유형과 기능

1. 머리말

이 글은 언술 전략적 차원에서 이루어지는 자기방어 표현(自己防禦 表現)의 의미 기능과 유형을 고찰하는 데 목적을 둔다.

우리는 자신이 인식한 사물, 현상을 언어로써 가능한한 충실히 표상하며, 때로 불확실한 세계까지도 양태 표현 형식을 빌어 가능한 실재 사태로 기술하게 된다. 그러나 이러한 심리적 표상은 단순히 지시물과 화자와의 관계에서만 비롯되지 않고, 발화 상황이나 청자와의 관계에 따라 표현 태도를 달리 하게 마련이다.

가령 특정한 발화 상황—의견·주장의 진술, 청문회의 증언, 정치적 공방 따위의 담화—에서 발화자는 상대로부터 반박·공격을 받을 처지에 놓이거나, 자신의 언술로 사회, 정치적인 불이익을 당할 수도 있다. 이에 화자는 이러한 상황에 대비하고자 여러 방어 기제를 강구하기 마련이다.1) 그 가운데 가장 일반적인 방어 기제

---

1) 방어 기제(defence mechanism)란 정서-중심의 대처의 범위에 들어가는 것으로 사람들이 위협적인 충동이나 외부의 위험에 직접적으로 대응하기보다는 자아를 보호하기 위하여 무의식적으로 현실을 왜곡하는 과정을 말한다. 심리학에서 다루어 온 방어 기제로는 억압, 부인, 투사, 합리화 등이 있으며, 자기방어 표현도 심리적 표상으로서 이와

는 언어이며2), 이러한 전략적 차원에서의 언술을 포괄하여 '자기 방어 표현(自己防禦 表現)'이라 부를 수 있다.

기존 연구에서는 이러한 언술들을 표현적 관점에서 수사학적인 용어를 빌어 '완곡어법'으로 다루거나, 화용론자들은 대화의 규칙에 따라 공손어법으로서의 격률을 제시하였다. 우선 노대규(1988)에서는 '완곡어법'을 "화자가 청자에게 수치 감정이나 불쾌 감정, 또는 공포 감정을 불러일으키는 직접적이고 노골적인 단어나 표현의 사용을 피하고, 그러한 감정들을 일으키지 않는 간접적이고 시사적인 완곡한 단어나 표현으로 바꾸어 나타내는 화법"으로 규정지어, 감정·정서적 차원에서의 완곡어법만을 주로 다루었다.

그러나 본 고에서는 단순히 청자의 감정 야기보다는 긴장된 언술 상황에서 자신을 방어하기 위한 언어 전략에 표현 가치를 둔다는 데 착안하여 '자기방어 표현'이라는 용어를 사용하기로 한다. 특히 필자는 제1부에서 짐작·추측의 인식 양태소들이 지닌 서술태도나 사회적 기능으로서의 완곡어법을 다룬 바 있다.3) 이는 화자가 불확실한 인식 세계를 바탕으로 명제내용에 대해 책임지지 않으려는 공손한 언술 태도라는 점에서 궁극적으로 자신을 방어한다는 언표내적 효력을 지니게 된다.

'자기방어 표현'이란 용어는 John Hewitt & Randall Stokes

깊은 관련이 있을 것이다.
2) 청문회에 나온 어떤 증인은 시종일관 눈을 내리감은 모습으로 답변한 일이 있다. 이는 자신이 처한 현실에 대한 분노와 상대방에 대한 의도적 무관심을 나타내어 불리한 상황을 모면하려는 계산된 행동으로 해석할 수 있다. 또한 답변 도중 반성하는 어조나 태도, 동정심을 유발하는 눈물 흘리기 등의 비언어적 의사소통 방법도 자신을 방어하기 위한 수단이 될 수 있다. 다만 그 효과는 시청자에 따라 수용하거나 거부하는 등 다양하게 나타난다.
3) 양태소 '겠'을 박옥숙(1987)에서는 완곡어법적 기능에, 임칠성(1991)에서는 서술 태도적 기능에 초점을 두고 다룬 바 있다. 아울러 짐작·추측 구문 전반에 관한 의미 체계는 졸고(1996ㄴ) 참조.

(1975)에서 처음으로 소개된 바 있다. 이에 따르면 '자기방어 표현'이란 "어떤 사건이나 행위가 현재의 출현적 의미(emergent meaning)를 깨뜨리거나, 현재 인지되고 있는 상황 정체성을 위태롭게 만들 위험성이 있을 때, 행위자가 사용하는 상호 작용의 전술"이라는 것이다. 그러나 여기에서는 자기방어 표현의 대상을 현재 상태에서 문제가 될지도 모르는 사건을 문제가 되지 않도록 만드는 전망적인 발화에만 국한하고 있다. 아울러 어떤 행위나 말에 의해 상호 작용 과정이 파괴되었을 때 사람들이 그에 대해 정당화나 변명을 하는 소급적인 해명 발화와는 구별된다는 것이다.

그러나 이 글에서는 해명성 발화나 전망적인 자기방어 표현이 모두 의심이나 부정적인 전제 지식 전형화를 회피하거나 제거하기 위한 정열 행위(aligning action)라는 데에 주목하고자 한다. 또 심리적 표상은 지향성(intentionality)을 지닌 조정적 언어 행위이므로 일단 광의의 '자기방어 표현' 영역에 넣어 논의를 진행하기로 한다.

2. 자기방어 표현의 범주와 기능

자기방어 표현은 어휘, 접미사, 양태 표현 형식, 문장, 텍스트에 이르기까지 다양한 문법적 단위로 구성되어 있다.4) 우선 최근 일어난 정치·역사적 사건을 중심으로 어휘 차원의 자기방어어부터 살펴보기로 하자.

(1) ㄱ. 떡값, 위로금, 성금, 통치 자금(뇌물). 깃털(허세, 하수인)·몸

---

4) 어휘, 접미사, 양태 표현 형식은 비교적 명백한 구성 요소로 범주화되나, 문장이나 텍스트 단위로 구성되는 자기방어 담화는 일정한 형식으로 구현되지 않으므로 의미 유형에서 일괄하여 설명하기로 한다.

　　　통(실세, 주범, 배후자), 심부름꾼, 전달자(금품수수자). 체벌
　　　(사랑의 매), 기압(얼차려). 협조 요청(청탁 외압).
　ㄴ. 쿠데타(반란, 혁명), 광주 사태(광주 민주화 운동, 항쟁),폭도
　　　(참여자, 민주투사), 조선 침략(조선 진출), 강제 징용(동원).
　ㄷ. 유감, 통석(痛惜)의 념(念), 부적절한 관계.5)

　정치적 사건의 당사자는 자신에게 불리한 여론이나, 정적들의
반박 따위에서 벗어나기 위해 부정적인 어감의 단어를 기피한다.
대신에 의미역을 축소하거나, 자신을 정당화하고 합리화할 단어를
생산, 사용한다. 가령 사법 처리를 피하기 위한 방편으로 대가성이
있는 '뇌물' 대신에 '떡값'이나 '위로금' 등의 언어 전략을 구사한다
거나, '뇌물' 대신에 '통치 자금'이라는 용어로 대통령직을 수행하는
데 불가피하였음을 표명하기도 한다. 이로써 언어 수용자에게 새
롭고도 긍정적인 해석을 유도하는 것이다. 특히 은유적인 방법을
사용하여 자신의 방어벽을 쌓기도 하는데, '깃털', '몸통' 따위가 그
것이다.
　일반적으로 화자는 전달하고자 하는 개념을 가장 가깝게 전달하

---

5) '통석(痛惜)의 념(念)'은 1990년 5월, 당시 일본을 방문한 노태우 대통
　령에게 일본왕 아키히토가 '과거사 사죄 발언' 중 표현한 말이다. 이 어휘
　는 사전에도 없는 말로 유명한 작가가 만들어 냈다는 설까지 분분하였다.
　일왕의 발표 이후 일본 아사히 신문은 "통석(痛惜)은 영어로 'deep regret'
　로 도덕적 의미를 포함하여 '깊이 뉘우친다', '아주 유감으로 생각한다'는 취
　지를 내포하고 있다"고 설명하였다. 그러나 이에 대한 우리의 인식은 사과
　는 해야 하는데 사과하기는 싫은 상황에서의, 또는 자국민의 체면을 살리
　면서도 상대 국가에 대한 예의를 차리려는 말장난이라고 비난하기도 하였
　다.
　'부적절한(not appropriate) 관계'는 1998년 미국의 클린턴 대통령이 성
　추문에 관련된 대 국민 사과문에서 사용한 단어이다. 상스러운 성적 표현
　을 완곡하게 표현하고자, 더욱이 정치 사회적으로 위기에 몰린 권력자의
　교묘한 언술 전략에서 이루어진 표현이라 볼 수 있다. 이후 우리 나라에서
　도 유사한 사건에서 자주 등장하는 유행어가 될 정도로 이 어휘는 자기방
　어어로서 충분히 제 기능을 수행하였다.

기 위해서 효과적인 방법을 강구한다. 그런데 직설적인 방법으로는 그와 같은 효과를 충분히 거두기 어렵다고 판단할 때, 비유라는 언어 편법을 사용하여 불리한 상황을 모면하게 된다. 이처럼 은유적 표현은 일반 언중에게 잘 알려져 있는 어휘를 활용하여 화자가 의도하는 새로운 의미를 효과적으로 전달할 때 적절히 활용된다. 여기에서의 새로운 의미는 정치적인 뇌물 수수 사건에 연루된 화자가 자신의 관여도를 낮추고, 한층 깊이 관계된 실제 책임자에게 책임을 떠넘기려는 방어 전략이라고 볼 수 있다.6)

(1ㄴ)에서는 역사적 사건에 대한 인식 차이를 분명히 보여주는 예이다. 이러한 평가의 바탕에는 자신의 입장에서 사태를 유리하게 재해석, 생산하려는 언어 심리가 깔려 있다.7) 이는 결국 자신들의 행위를 정당화하고, 혹여 제기될 지도 모르는 상반된 이데올로기를 미리 차단하고자 한 데 따른 것이다.8)

---

6) 은유적인 표현은 원관념이 지닌 해석상의 불투명성으로 때로 책임을 전가하고, 사실을 호도하기도 한다. 그 예로 "떡을 주무르다 보면 떡고물이 묻게 마련이다"라는 어느 정치가의 '떡고물' 발언은 상황의 불가피성을 통해 자신의 행위를 해명한 발화로 유명하다.

7) 인간의 언어는 기본적으로 권력의 표상이다. 권력은 일반적으로 강제와 합의를 통해 형성된다고 하는데, 이때 언어는 합의를 유도해 내는 중추적인 역할을 수행한다. 언어의 이러한 속성에 따라 추상적인 이념, 이념적 진술이 만들어지며, 때로 사회제도나 체제를 바꾸려면 필연적으로 새로운 담론 체계를 재구성해야 할 것이다. 이점에서 최근 '역사 바로 세우기' 운동은 새로운 담론 체계의 구성이 밑바탕되어 있다고 볼 수 있다.

8) 1995년 10월 5·18 관련자들에 대한 기소와 광주 청문회 위증자 고발 문제가 정치 쟁점으로 대두되는 상황에서 노태우 씨는 "광주사태는 중국의 문화 혁명에 비하면 아무 것도 아니다"라는 발언으로 큰 파문을 몰고 왔다. 가해자의 한 사람격인 발언자로서는 수천만 명이 희생을 당했으면서도 책임자를 크게 처벌하지 않았던 문화혁명과 광주 민주화 운동을 대비하여, 자신에게 불리하게 진행되는 주변 상황을 타개하고자 한 발언이었다. 그러나 이 발언으로 오히려 여론의 비난을 받자 그는 "진의와 다르게 알려졌다"라고 언론에 책임을 돌리는 식으로 발뺌했다. 또 녹음된 자신의 육성이 공개되자 그제서야 '유감' 표명으로 '사과'의 뜻을 전

(1ㄷ)은 외교상 상대국에 전달하는 의례적이고 완곡한 표현들이다. 이 가운데 '유감(遺憾)'은 상대의 행위를 비난, 반박하여야 할 상황에서 외교적 마찰을 피하기 위해 사용되는 공손하고 정중한 표현이다. 이 또한 간접적, 우회적인 방법을 사용하여 최소한의 불쾌감을 나타내어 상대를 자극하지 않으려는 용어 선택의 결과이다.9)

다음은 접미사 '-적'이나 '-아(어) 지다' 등에 의한 자기방어 표현을 살펴보기로 하자.

(2) ㄱ. 12·12 사태는 쿠데타적 사건이다.
　　ㄴ. 사건의 진상은 반드시 밝혀져야 하고, 또 그렇게 되어지리라고 보여집니다.

접미사 '-적(的)'은 명사 뒤에 붙어 '~ 상태로 된, 그런 성질을 띤'으로 해석된다. 그런데 이러한 유사 판단은 "12·12 사태는 쿠데타이다"라는 정언 판단에서 한걸음 물러나 이도 저도 아닌 그야말로 상반된 해석의 여지를 남기고 있다. 이로써 화자는 정략적 차원에서 어느 한 집단의 편을 들어줌과 동시에 다른 한 편도 무시하지 않는 방어적 언술 전략을 구사하여 부정적 전형화를 피하

했다. 이 일련의 담화는 자기방어의 전형적인 과정을 잘 보여준다.

9) 1995년 11월 7일 에토 다가미(江藤隆美) 일본 총무처 장관이 "식민지 시대 한국에 좋은 일도 했다" 라는 망언을 했다. 이에 대해 김영삼 대통령은 "이번에야말로 버르장머리를 고쳐놓겠다"라고 직접적인 발언을 하여 외교적 마찰을 빚을 뻔한 사건이 있었다. 이 발언으로 일본 언론은 "'버르장머리'라는 용어는 어른이 아이들을 나무랄 때나 쓰는 상스러운 표현이자, 외교적으로 전례가 없는 용어"라며, 일본 정부의 미온적인 대처를 비판하고 나섰다. 그러자 일본 정부 대변인 노사카(野坂浩賢) 관방장관이 "대통령으로서 좀더 절도 있게 발언해 주기 바란다"는 은근하면서도 강력한 불쾌감을 전달하였다. 대통령의 언술은 국민의 분노를 잘 표현했다는 점에서는 긍정적이었지만, 상대방을 고려하지 않은 단어를 선택, 공박 당한 결과를 낳았다고 볼 수 있다.

게 된다.

 피동 표현의 '-아(어) 지다'는 행동의 주체를 드러내기를 꺼리는 심리 때문으로 보인다. 이는 주관보다는 상황에 의존한 판단임을 나타냄으로써 발화에 대한 책임을 회피하고 있다. 이 경우 '-아(어) 지다'는 피동의 의미 외에도 사태에 대한 가능성 판단으로도 해석되어 불확실성의 양태 의미와도 상관성이 깊다.

 그렇다면 불확실한 인식 태도나 비확정적인 서술 태도와 관련된 언어 표현들은 모두 자기방어 전략을 바탕으로 이루어졌다고 볼 수 있다. 이러한 비확정적 서술태도를 나타내는 표현형식들은 제1부의 짐작·추측 구문 연구에서도 살펴보았듯이 매우 다양하게 발달되어 있다. 논의를 위해 그 한 예를 다시 들어보기로 하자.

(3) ㄱ. 그러나 제 생각으론 그런 몇몇 부러운 천재들을 제외하고 나면 대개는 사정 이 매우 다른 게 아닌가 싶어집니다.… 일기 쓰기 좋아하는 사람이란… 그 사회의 풍속이나 질서에 원망이 많은 사람이기 쉽다는 이야기가 되겠습니다.… 천재들은 이번에도 물론 그런 절차나 과정이 필요 없겠지요. 하지만 천재거나 둔재거나, 그가 끝내 그의 싸움을 단념하지 않고 작가에의 공인 절차나 과정들을 치러 낸 연후에 우리도 이제 비로소 그를 한 사람의 작가로 이름 부를 수가 있을 것입니다. 그렇다면 우리는 한 사람의 공인된 작가에 관해 이야기를 할 때가 온 것 같습니다. 그리고 그 작 가의 책임에 관한 이야기를 해도 좋을 것 같습니다.

    (李淸俊 '支配와 解放', 「'77 李箱文學賞 受賞作品集」)

  ㄴ. 그러나 모든 언어에 인지시가 있는 것이 아니기 때문에 국어에 있어서 인지시 설정에 타당성이 문제될 수 있겠죠. 아울러 국어에서 역사적으로는 {-더 -}가 인지 태도를 나타내 주지 않고 따라서 중세 국어 시제의 경우에는 인지 시점을 별도로 논하지 않고 있다는 점도 고려해야 할 것입니다.… '-겠네요, 겠더라' 같은 경우에 '-네요', '-더라'가 정말 양태소의

의미로 결합되어 있는 지 아니면 다른 기능이나 쓰임을 갖게 되었는지에 대해서도 좀더 분석이 있어야 될 것습니다… 국어의 양태소는 이같이 감각과 추리가 얽히는 과정에 있는 것 같아요.… 이런 관점에서 지각과 추리가 아주 배타적인 개념이라고 볼 수는 없지는 않은가 합니다.… 이때 바로 지각적 판단이 성립되는 것 같습니다.

(「언어」 20-3, 1995:265~266)

(3ㄱ)은 강연 형식의 소설에서 발췌한 예문이며, (3ㄴ)은 "국어의 시제, 상, 서법"을 주제로 한 토론 가운데 한 주제 발표자의 언술 내용이다. 이러한 공식석상에서는 사회적 관례나 청중의 반박을 고려하여 확인된 사실까지도 되도록 겸손하고 조심스럽게 언술하게 마련이다.10) 이러한 공손어법의 기능을 수행하는 언어 형식으로는 '겠', '것 같다', '듯싶다', '-(나/-ㄴ가) 싶다', '-(ㄴ지/ ㄹ지) 모른다' 등이 매우 생산적으로 사용된다.11)

한편 화자는 때로 자신의 의견·주장을 '-ㄹ 것이다' 등을 빌어 확실한 어조로 발화하게 되는데, 이러한 표현들에도 자기방어의 심리가 내재되어 있다. 즉 사태에 대한 인식이 자신의 믿음일 따름이고, 그래서 자신이 틀릴 수 있음 알기 때문에 화자는 이를 상대에게 은폐하기 위해 확실한 어조로 발화하는 것이다. 이러한 역설적인 자기방어 방법은 공손어법 규칙에 어긋나지만 때로 훌륭한 자기방어 기제가 되기도 한다.12)

---

10) 우리는 공손어법을 사용함으로써 결국 자기 자신을 방어하기도 하며, 역으로 자기를 방어하기 위해 공손어법을 사용하기도 할 것이다. 그렇다면 자기방어와 공손성 가운데 보다 근본적인 것은 무엇인가? 지기중심적 사고나 심리주의 원칙에 입각한다면 당연히 자기방어가 우선일 것이다. 그러나 공손어법을 비롯한 모든 예절 행위가 자신을 방어하기 위한 표상 행위라면 이러한 해석 또한 문제가 될 것이다. 철학적인 이 문제는 이 글과 직접적인 관계가 없으므로 후에 재론하기로 한다.
11) 짐작·추측 구문의 사회적 기능에 대해서는 졸고(1996) 참조.
12) 우리는 자신의 주장을 강조하기 위하여 때로 확신이나 의지를 표명하

완곡어법적인 자기방어 표현은 짐작·추측과 관련된 표상 형식 이외에도 다음과 같은 다양한 방법으로 이루어진다.

(4) ㄱ. 모두가 슬기롭게 대처해야 할 때가 아닌가 하는 생각을 잠시 가져 보기도 합니다.
ㄴ. 우리 정치가 너무 낙후되어 있지는 않은가 하는 느낌이 불현듯 들기도 합니다.
ㄷ. 물론 당신의 말에도 어느 정도 일리가 있다고 생각되지 않는 것은 아닙니다.
ㄹ. 이는 상투적인 야당 파괴 공작이라고 감히 말하고 싶습니다.

(4ㄱ)의 완곡한 피동형은 어찌 보면 겸손한 것처럼 보인다. 그러나 한편으로는 진술한 내용이 자신의 일관된 생각이 아니라는 점을 통해 화자는 책임을 회피하고 빠져나갈 여지를 남기고 있다. 특히 장형 부정 의문문 형식의 '-ㄴ가' 형식은 불확실한 앎이나 믿음의 양태 표현에 관여하며, 그러한 생각 역시 고정된 것이 아니라 한시적으로 스쳐 지나가는 수많은 생각 가운데 하나일 뿐이라는 것이다. 일반적으로 명제 내용에 대한 화자의 판단(생각)은 반드시 판단의 근거가 있어야 하고, 자신이 주장하고 있는 '생각'이

기도 한다. 그러나 이러한 강조법을 사용한다고 반드시 수용자에게 심리적 효과를 거두지는 않는다는 데 문제가 있다. 즉,

a. 나는 그가 돈을 훔쳤다고 {확신한다, 분명히 말할 수 있다, 믿어 의심치 않는다, 내 명예를 걸고 단언한다, ……}.
b. {두말할 것도 없이, 왈가왈부 따질 것도 없이…} 우리가 이길 것입니다.
c. 이 사람 믿어 주세요. 이 사람 보통 사람입니다.

이상의 표현(주장)들은 주장하는 사람이 신뢰도를 강화하기 위한 발화 의도에서 표출된 것이라는 심층적 해석이 가능하다. 그러나 이는 오히려 주장을 약화시키기도 한다. 즉 내포된 명제문은 나의 믿음일 따름이어서, 어쩌면 내가 틀릴 수도 있음을 내재하고 있다. 따라서 지나친 강조는 명제 내용에 대한 취약한 믿음을 은폐하기 위한 방어적 표현 방법일 수 있다.

일으키는 결과에 대해서도 책임을 져야 한다. 그러나 특정 화맥에서 화자는 신뢰할 수 없는 인식 기제를 전제로 불확실한 인식 세계로 도피하여 자신을 지킨다. (4ㄷ)에서도 화자는 상대의 의견을 수용하고 싶은 생각이 조금도 없다. 다만 자신의 주장이 미칠 부정적 결과를 회피하거나 제거하고자 사용하는 언술 전략일 따름이다. (4ㄹ)도 '감히'라는 어휘의 불투명성—'과감히'나 '송구함을 무릅쓰고'라는 상반된 의미가 있음—으로, 또 '-고 싶다'라는 모호한 표현으로 자기를 방어하는 언술 전략을 구사하고 있다.

이상 자기방어 표현은 어휘, 접미사, 문장 차원에서부터 나아가 텍스트에 이르기까지 특정한 언어형식을 거론하기 힘들 정도로 다양하게 발달되어 있었다. 아울러 비언어적 의사소통 방법을 이용한 자기방어 방법까지 거론한다면 자기방어 기제는 언어 차원을 넘어 매우 광범위한 범주를 띠게 된다.

3. 자기방어 표현의 유형

자기방어 표현은 앞으로 일어날 사태에 대해 그것이 문제가 되지 않도록 취하는 전망적 자기방어 표현과, 일어난 행동이나 말에 대해 해명하는 소급적 자기방어 표현으로 나눌 수 있다.

전망적 자기 방어는 일반적으로 화자가 표현, 전달하고자 하는 언술 앞에 전제적인 문장 형식으로 이루어지는데, 현재 속에서 미래를 정의하고 문제가 될 부정적 사태를 미리 차단하는 기능을 한다. 반면 소급적 자기방어 표현은 현재 속에서 과거를 다루게 되어 다양한 심리적 방어 기제가 두루 도용되며, 일정한 형식에 구애받지 않고 다양한 언어로 이루어진다.

이 글에서는 소급적 자기방어어를 중심으로 청문회 및 정치 담화에 나타난 해명성 언술들을 심리적 방어 기제 용어로 유형화하고, 이에 대한 반응도 아울러 살펴보기로 한다.

3.1 전망적 자기방어 표현

전망적 자기방어 표현은 John Hewitt & Randall Stokes (1975)에서 상세히 다루어졌으므로 여기에서는 간단히 소개로만 그칠까 한다.13)

(5) ㄱ. 제가 혹시 잘못 알고 있는지 모르겠습니다만, ……
ㄴ. 그 문제에 대해 깊이 생각해보지는 않았지만, ……
ㄷ. 물론 제가 그 방면에 전문가는 아니지만, ……

(5)에서 화자는 의견을 진술하거나, 자신이 하게 될 일련의 행동이 화자의 바람·기대한 대로 되지 않을 것을 미리 전제하고 있는 발화이다. 즉 자신의 의견을 바꿀 용의가 있으며, 자신의 생각이나 행동에 최소한도로밖에 몰입하지 않았으며, 전문가가 아니기 때문에 말이나 행동에 잘못이 있더라도 널리 이해해 달라는 양해 표현이다.14) 이러한 양다리 걸치기식 자기방어 표현은 가장 일반

---

13) John Hewitt & Randall Stokes(1975:이병혁 편저,1986)에서는 자기방어어의 유형을 '양다리 걸치기', '자격인정 요구', '규칙위반의 면허', '인지적 자기방어어', '판단보류 요청'으로 구분하였고, 이에 대한 다양한 반응 책략을 제시하고 있다. 그러나 언어사회학적 입장에서의 전망적 자기방어어는 이밖에도 다양한 유형이 재론될 있을 것이며, 분류 기준이 상대에 대한 요청과 자신의 태도(양다리 걸치기, 인지적 자기방어어)를 포괄하고 있다는 점에서 문제가 된다.

14) 95년 5월 10일 교육부 장관이었던 모 씨는 대학 특강에서 사견임을 전제하고, "6·25는 명분 약한 동족 분쟁, 베트남엔 용병으로 참전'이라는 진보적 주장을 폈다. 사견(私見)임을 전제한 것은 자신의 언술 내용이 예민한 이데올로기적 문제로써, 그 주장이 몰고 올 파장을 염두에 두었기 때문이다. 그럼에도 불구하고 이 발언 파문으로 장관직에서 해임된 결정적 이유는 발화자의 신분과 발화 장소에 있었다. '사견'

적인 용법이며, 이에 대한 반응도 다양하게 나타난다.15)

> (6) ㄱ. 제가 그렇게 째째한 사람은 아닙니다. 쓸 때는 확실히 쓰지
> 요. 그렇지만……
> ㄴ. 이런 부탁{을 드리기 좀 뭣하지만, 이 참으로 염치없는 짓이
> 라는 걸 잘 알지만} 잘 부탁 드립니다.
> ㄷ. 여러분에게는 이해하기 힘든 일이겠지만,…
> ㄹ. 너무 성급히 결론 짓지는 말아 줘. 내 말을 한번 끝까지 들어봐.

(6ㄱ)은 자신이 부정적인 인물(구두쇠)로 전형화되는 것을 알아차린 화자가 미리 그것을 방어하기 위해 자격 인정을 요구함으로써 뒤이은 행위를 합리화하는 발화이다. (6ㄴ)에서의 화자는 자신의 청탁이 상대방에게 규칙 위반으로 취급될 것을 예측한다. 이로써 그것이 거절의 이유가 될 가능성이 있으므로, 화자 자신은 이를 미리 명시함으로써 '규칙 위반자'라는 부정적 전형화를 미리 차단하고 있다. (6ㄷ)은 화자 자신이 상황을 정확히 파악하고 있다는 것을 보여 줌으로써, 상대로부터 상황 인식 능력에 결함이 있으면서 주장하거나 행동한다는 회의적 반응을 미리 제어하는 것이다. 또 (6ㄹ)에서 화자는 자신의 행위 의미가 완전히 제시되지 않은 언술 상황에서 감정적 반응, 판단을 상호 합의될 때까지 보류해 달라는 요청 발화이다.

이상 (6ㄱ)의 '자격인정 요구', (6ㄴ)의 '규칙위반의 면허', (6

이라는 자기방어의 벽보다 '장관'이라는 신분과 국방 대학원이라는 강연 장소가 그 방어벽을 무너뜨리는 공박 요소로 더 강력히 작용했기 때문이다.

15) 자기방어 표현은 자신의 말이나 행동의 특정 내용으로부터 그의 정체성을 분리하려는 노력이다. 사용자의 관점에서 보면 전망적 자기방어 표현은 전술된 자기방어 표현 부분과 후술하는 주 내용까지 상대가 다 수용하였을 때 가장 성공적이라 볼 수 있다. 그러나 실제 발화에서는 부분적 수용과 거부 등 반응이 매우 다양하게 나타난다.

ㄷ)의 '인지적 자기방어어', (6ㄹ)의 '판단보류 요청' 등의 전망적 자기방어 표현과 관련지어 이들을 포괄할 만한 화용상의 적정 조건은 우선 자신의 말이나 행동이 가설적이고, 협상의 여지를 남겨야 한다는 점이다. 이는 청자 또는 제3자에게 부담을 주지 않으려는 화용의 원칙과 어느 정도 일치한다.

　화자가 청자 또는 제3자에 대한 자신의 태도를 공손하게 나타내기 위한 화용원칙으로 Leech(1983)는 '공손 원칙(politeness principle)을 제시하였다. 이러한 정중어법에는 다음과 같은 6가지 격률로 이루어져 있으며, 이는 다분히 관습적이고 소극적인 자기방어의 성격을 띠지만, 자기방어의 언표내적 행위와도 관련되어 적용이 가능할 것이다.16)

　㈎ 말재치 격률(Tact maxim) : 타인에게 부담 주는 표현을 최소화하라.
　㈏ 관용 격률(Generosity maxim) : 자신에게 이로운 표현을 최소화하라.
　㈐ 찬동 격률(Approbation maxim) : 타인을 비방하는 표현을 최소화하라.
　㈑ 겸양 격률(Modesty maxim) : 자신을 칭찬하는 표현을 최소화하라.
　㈒ 동의 격률(Agreement maxim) : 타인간의 의견 차이를 최소화하라.
　㈓ 공감 격률(Sympathy maxim) : 자신과 타인간의 반감을 최소화하라.

　이상의 공손 원칙은 상대로부터 공격받지 않으려는 방어적 언술 전략과 상호 관계한다. 왜냐하면 상대에게 공격받을 단초를 제공하지 않기 위해서는 자신의 의견, 주장을 약화하는 대신에 상대방의 입장을 수용하여 재전형화의 단서를 제공해 주지 말아야 하기 때문이다. 다만 상이한 점은 이러한 6가지 격률이 화자에게 정중히 요청하거나 거절 또는 약속하는 발화에 잘 적용되는 반면, 자기방어 표현은 정보 제공의 진술에 잘 사용된다는 것이다.

---

16) Leech(1983)는 공손원칙이 Grice(1975)의 대화의 일반 원칙인 '협조 원칙(cooperative principle)이 해결하지 못한 문제를 설명하기 위한 것임을 역설하였다.

(7) ㄱ. 마음이 썩 안 내키겠지만 네가 먼저 사과해야겠다.
     ㄴ. 부주의해서 못 들었는데, 다시 한번 말씀해주시겠어요?
     ㄷ. 부잣집 맏며느리 감이라서 과연 통이 크구나.
     ㄹ. 여러모로 부족하지만 잘 부탁드리겠습니다.
     ㅁ. 당신 말이 맞습니다. 그렇지만 너무 심하지 않을까요?
     ㅂ. (나서기 좋아하는 청자에게) 넌 매사에 참 적극적이구나.

(7ㄱ)은 상대에게 부담이 되는 행위를 요청하는 발화로써 말재치(요령)의 격률을 지키고 있다. 이때 화자는 모임에 나오는 일이 청자에게 부담이 크다는 것을 전제적 사실로 수용하여 청자와의 관계를 긴밀히 유지하고 있다. (7ㄴ)은 못들은 책임을 화자 자신의 부주의 탓으로 돌려서 자신의 부담을 최대화하고, 청자의 부담을 최소화하는 관용의 격률에 따른 정중어법이다. (7ㄷ)은 청자를 비난하거나 트집잡는 표현을 최소화하는 대신 칭찬하고 맞장구치는 표현을 최대화한 찬동의 격률을 지킨 발화이다. (7ㄹ)은 겸양의 격률을 지킨 발화이며, (7ㅁ)은 상대방과 일치하지 않은 표현을 최소화하는 동의의 격률을 지킨 표현이며, (7ㅂ)은 상대방으로부터의 반감을 최소화한 공감 격률을 지킨 표현이다.

이처럼 공손어법은 한 마디로 자기 중심적인 생각을 상대방 관점에서 생각하고 표현하는 것으로써, 혹여 발생할지도 모를 상대와의 갈등과 대립을 최소화할 수 있는 언어표현이라는 것이다. 여기에서 우리는 공손어법이 자기방어의 한 수단이 될 수 있음을 알 수 있다. 가령 (7ㄷ)이나 (7ㅂ)과 같은 언술 상황에서 화자가 사실 그대로를 다소 부정적인 어조로 표현하게 되면 청자로부터 공격을 받을 수 있다. 즉 "넌 왜 그렇게 헤프니"라든가, "그만 설쳐라!"라고 표현했을 때에 돌아올 청자의 반응은 대화의 단절이나, 인신공격에 대한 공격적 발화로 이어질 수 있기 때문이다.[17]

---

17) 긍정적인 의사소통법은 화·청자를 모두 만족시켜 좋은 인간관계를 형성하거나, 화자에게는 자기 방어의 계기가 된다. 성격특성에 따른

3.2 소급적 자기방어 표현

소급적 자기방어 표현은 어떤 행위나 말에 의해 사회적인 상호 작용 과정이 파괴되었을 때 이루어진다. 이러한 소급적 자기방어 방법 가운데 대표적인 것이 해명으로써, 해명이란 어떤 행위나 말에 의해 상호작용 과정이 파괴되었을 때 사람등이 그것에 대해 정당화나 변명을 하는 것을 말한다.

일상 담화에서도 해명성 발화는 흔히 사용되지만 해명성 발화가 빈번히 사용되는 언술 상황은 정치적 공방이나, 법정, 청문회장 등이다. 여기에서는 최근에 일어난 정치적 사건에 대한 해명성 언술과 청문회의 진술 내용을 대상으로 책임 회피, 정당화, 변명, 부인(否認) 등의 자기방어 방법에 관여하는 모든 언어 표현의 기능을 살펴보기로 하자.18)

논의를 위해 우선 '전직 대통령의 비자금 사건'을 둘러싼 당사자의 해명성 진술만을 차례대로 나열해 보자.

(8) ㄱ. 이런 해괴하고 황당한 얘기를 도저히 납득할 수 없다.
  ㄴ. 재임 때도 많이 참았고, 퇴임 후 동네북처럼 맞았다. 민주 발전의 밑거름이 된다고 생각했기 때문이다. 세계에서 가장 잘 참는 나도 이젠 못 참는다.
  ㄷ. 아무리 국회의원의 발언이 면책 특권이 있다고 해서 전직 대통

긍정·부정 표현은 '도전적(적극적인:설치는)', '말이 많은(구변좋은:수다스러운)', '독립적인(소신있는:독불장군식의)', '이성적인(합리적인:따지는)', '야망있는(꿈많은:허황된)', '감정적(정감이 풍부한:신경질적인, 변덕이 심한), '꼼꼼한(소심한:세심한)' 등이 있다.

18) 1988년 12월의 '5공 비리 조사 특위 청문회'와 1997년 4월 '한보 청문회'를 말한다. 청문회(聽聞會)는 원래 개념과는 다르게 어떤 비리의 진상을 규명하는 심문(審問, 尋問) 기능을 지니고 있다. 따라서 연루된 사건과 자신이 무관함을 여러 방어적 언술로 공개 진술하므로 이 글의 자료로서 적합하다고 보았다.

　　　령의 이름을 아무 데나 갖다 붙여서 명예를 훼손해도 되는 것
　　　이냐? 수사를 해서라도 명예회복이 됐으면 한다.
　　ㄹ. 경호 실장이 찾아와 문제의 3백억원 차명계좌가 6공 통치자금
　　　이라는 사실을 보고할 때까지 자신은 몰랐다.
　　ㅁ. 이 사건에 대해 나 혼자서 모든 책임을 안고 어떤 처벌도 달게
　　　받을 각오입니다.

　위 예에서 의혹을 받는 사건의 당사자는 자신을 방어하기 위해
다양한 수사법을 강구하고 있다. (8ㄱ)은 '전직 대통령 4천억 비
자금설'이 제기되자, 미확인 사실(설) 자체를 원천적으로 받아들이
지 않는 진술이다. 이는 부정적 전형화(비자금 소유, 부도덕한 사
람)의 단서가 되는 자료의 출현 의미를 거부함으로써 사건과의 연
루 가능성을 미리 차단한다. 이러한 진술로는 "도데체 무슨 말을
하는지 모르겠습니다", "그런 생각은 해보지도 않았습니다.", "제가
답변해야 합니까?", "그런 황당한 얘기에 일일이 답변할 가치를 못
느낀다" 등이다.19)

　(8ㄴ)은 부정 사건의 연루 의혹에서 벗어나고자 적극적인 공격
일변도로 자신을 방어하는 진술이다. 특히 '잘 참는 사람'이라는 긍
정적 전제와, 이에 대한 명분, 연이은 논리 전개로 자신의 무관함
을 감정적으로 표출하고 있다. (8ㄷ)에서 진술자는 한걸음 더 나
아가 수사를 촉구하여 명예를 회복하고자 하는 데까지 이른다. 이
는 자신에게 가장 불리할 수도 있는 가정 전제를 사용한 가장 적
극적인 부인 방법이다. 이러한 잡아떼기식 진술은 수용자에게는
사실로 드러나기까지는 매우 설득력 있게, 혹은 더욱 의심하게 되
는 해석적 수용 양상을 띤다. 그러나 사실이 드러나게 되면 당사
자는 (8ㄹ)처럼 시인을 하되, 앞선 진술의 당위성을 부여하는 또

---

19) 이러한 자기방어 표현은 심리학에서의 '억압(repression)'과 유사하
　　다. 즉 위협적인 충동이나 생각을 의식 밖으로 밀어내는 것으로, 이러
　　한 억압은 가장 기본적이면서 중요한 방어 기제이다.

다른 방어체계를 새로이 구축한다. 아울러 일련의 '부인-시인-사과'로 이어지는 해명성 자기방어 진술의 마지막 단계인 (8ㅁ)은 언뜻 보면 자신이 희생양이 되겠다는 발언처럼 들린다. 그러나 이 또한 철저한 진상 조사를 바라는 국민 여론을 무마하여, 수사 확대에 따른 부정적 결과를 미리 차단하는 식의 방어 효과를 노린 발화로 해석된다. 이상의 청문회 등에서 행해진 해면성 담화를 바탕으로 정치인의 소급적 자기방어 표현을 좀더 구체적으로 나누어 보기로 하자.

3.2.1 책임 회피, 책임 전가

자기방어 표현과 관련된 책임성의 문제는 일정 형식의 언어적 방법에 의한 책임 회피와, 진술 내용에 의한 책임 전가(轉嫁) 등이 있다. 경험주가 이미 알고 있는 사실임에도 불구하고 '미확인', '불활실성' 표상의 언어형식으로 진술한다면 이는 명제에 대해 책임을 지지 않으려는 방어적 태도에 따른 것이라고 볼 수 있다. 아울러 전가(轉嫁)는 자신이 관계된 일을 남이나 상황의 탓으로 돌리는 변명 등을 말한다.

> (9) ㄱ. 대가성이 없었던 것으로 알고 있다.
> ㄴ. 기부금 모금은 강제와 다름없었고, 또 그런 의혹이 짙은 것으로 생각된다.
> ㄷ. 확인되지는 않았지만 거액의 돈을 받았다{더라. 는 설이 파다하다. 는 항간에 소문이 일고 있다. 는 의혹이 일고 있다}

'-으로 알다'는 인지 내용과 사실이 다를 수 있는 잠정적 사태의 인지 경험에 잘 쓰이므로, 사실성 전제는 가치 중립적이다. 따라서 명제 내용에 책임지지 않으려는 방어적 언술 태도에 적합하다. (9ㄴ)은 어휘적인 '다름없다', '짙다' 등의 불투명한 표현으로 책임을

회피하고 있다. 한편 (9ㄷ)은 출처가 불분명한 언술, 보도 따위를
전제로 인지 경험주에서 자신을 빼버린 발화이다. 이로써 화자는
다른 사람이 경험한 사실을 수용한 데 불과해 책임을 모면하게 된
다.20) 그러나 이러한 발화는 자신을 교묘히 숨기고 상대를 공격하
는 양면적인 특성을 지닌다. 이러한 '책임 회피'와는 달리 '책임 전
가'는 매우 다양하게 발달되어 있다. 그 몇몇 예만 보기로 하자.

  (10) ㄱ. 직접 대선 자금을 받지 않았다.
       ㄴ. 실무자가 한 일이라서 난 잘 모르겠다.
       ㄷ. 황당하고 해괴한 생각이 든다. 무슨 정치적 음모와 장난이 있
          는지도 모르겠다.
       ㄹ. 언론에서 잘못 보도한 것이다.
       ㅁ. 기부금을 내라는 강요는 없었지만 분위기상 빠질 수 없어 냈다.

  (10ㄱ)은 '직접'이라는 표현으로 자신에게 직접적인 책임이 없거
나 상대적으로 책임이 덜함을 표명한 발화이다. 이는 타인, 실무자
에게 책임을 전가함으로써 자신은 그 사실에 대해 몰랐다는 2차적
인 방어 논리로 이어질 수 있을 것이다.21) (10ㄷ)은 정치적인 '음

---

20) 신문 보도 등에 흔히 보이는 익명(匿名), 익년, 또는 텔레비전의 자막
    처리 등도 자기방어의 한 수단이 된다. 이는 구체적 정보를 밝힘으로
    써 발생할 수 있는 피해를 최소화하기 위한 방어 전략의 표상이다. 물
    론 이는 독자들이나 시청자들에게는 호기심과 반감으로 이어지기도 한
    다. 아울러 최근 익명성이 보장되는 통신 공간상의 언어 표현들이 다
    분히 공격적이고 일탈적인 이유도 매체 특성상 자기를 방어할 명분이
    없어졌기 때문으로도 해석된다.
21) 정치인들의 발뺌식 언술은 교묘한 화법을 동원하게 된다. 노씨로부터
    "직접 대선자금을 받지 않았다"는 김영삼 전 대통령의 언술은 부정적
    전형화를 호도하고, 노태우 씨와의 차별성을 부각시키고자 의도된 표
    현이라고 볼 수 있다. 물론 "이름을 쓰고 봉투에 넣어 전달하면 다 신
    랑 측에 전달되는 것이지, 결혼식 때 신랑이 직접 축의금을 받느냐?"
    는 야당측 언술은 이러한 자기방어 표현의 한계를 여실히 드러낸다.

모설'로 사태의 발생 원인을 제기하여, 정적들에게 책임을 전가하는 방법이다. (10ㄹ), (10ㅁ)에서도 화자는 사태의 책임을 '언론의 오보'나 '당시의 정치 사회적 상황'으로 발뺌하여 책임을 회피하고 전가하고 있다.

3.2.2 부인(否認)

사람들은 일반적으로 자신에게 유리한 전형화의 단서가 나오면 이를 시인하고, 그렇지 않은 경우에는 자신을 방어하기 위해 이를 인정하지 않는 경향이 있다. 따라서 부정적인 전형화의 언술 상황에 처한 화자는 때로 이를 인정하지 않음으로써 자기를 방어하게 된다.22) 그러나 이 방어 기제는 '사실'과 관련지어 한시적인 특성을 지니고 있으며, 제2의 부정적 전형화를 낳게 하기도 한다. 부인은 화맥에 따라 형태가 달라지므로 여기에서는 정치적인 뇌물수수 사건에 연루된 정치인들의 잡아떼기식 부인 발화만을 간추려 보자.

(11) ㄱ. 돈을 받은 사실이 없다.
　　　ㄴ. 절대 그런 일 없다. 모르겠다거나 기억이 안 난다는 것이 아니다.
　　　ㄷ. 왜 내 이름이 거기 올라 있는지 모르겠다.
　　　ㄹ. 돈을 받은 사실도 없고, 받을 이유도 없고, 받을 만한 위치에 있지도 않았다.

---

22) 심리학에서의 '부인(denial)이란 외적인 위험에 대처하는 방어기제의 한 방법을 말한다. 즉 인정할 수 없는 충동이나 생각을 받아들이지 않는 것을 말한다. 부인은 사실성과 결부되어 확인이 되면 '거짓말(쟁이)' 라는 재전형화의 단서가 될 수 있다. 그렇지만 부인 발화자들은 다급한 상황을 모면하거나 여론이 가라앉기를 기다리기 위해 행하는 일이 많다. 또한 부인은 정치인들의 말바꾸기 행태에도 깊이 관여한다.

이상의 부인 발화는 책임 회피나 책임 전가에 비해 더욱 적극적인 언술 전략으로써 (11ㄱ)처럼 단순히 사실을 부인하거나, (11ㄴ)처럼 자신의 언술이 부인이 아님을 덧붙여 진술함으로써 정당화하거나, (11ㄷ)처럼 책임 전가식 잡아떼거나, (11ㄹ)처럼 다양한 측면에서의 부인을 통해 자신의 정당성을 논리적으로 밝히기도 하는 등 매우 다양하다.

물론 이러한 부인 언술 전략은 때로 효과를 거두기도 하겠지만, 부정적인 수용자에게는 또 다른 '거짓말쟁이'라는 전형화의 단서가 되기도 한다. 한편 부인 발화는 때로는 발화 이후 곧바로 사실이 드러나 거짓말이었음이 드러나기도 한다. 이럴 때 혹자는 부정적으로 재전형화된 자신을 회복하기 위해서 또 다른 자기방어 표현을 사용하기도 한다. 실례를 들면 "측근이 받은 사실을 몰랐다"라는 책임 전가식 언술이나, "오래 되어 기억이 희미하다"라는 변명식 언술, 또는 "○ 회장한테 돈을 받은 바 없다고 했지, 언제 ○ 회사 돈을 안 받았다고 한 적 있느냐"는 억지 논리의 말장난(pun) 언술 등 매우 다양하게 이루어진다.

3.2.3 진술 거부(拒否)

상대방으로부터 공박을 받거나 의심을 받을 때, 진술 거부는 때로 법률상의 '묵비권(默秘權)'처럼 훌륭한 자기방어 방법이 된다. 함구 전략은 자신의 발언이 가져올 피해나 부정적 영향을 고려하여, 상황을 모면하거나 반전시키고자 하는 고도의 심리 전략이다. 그렇지만 이 역시 진술 거부가 그 자체로 간접 시인이라는 해석을 낳을 수 있는 한계가 있다.

    (12) ㄱ. (재판에 계류중이어서) 답변해 드릴 수 없다.
        ㄴ. 대답하기 곤란하다.
        ㄷ. 공직에 있으면서 얻은 사실은 법률로 말 할 수 없게 돼 있다.

ㄹ. 내가 답변{할 사항이 아니라고 본다. 꼭 답변해야 합니까?}
ㅁ. {잘 기억나지 않는다. 기억에 없다.} 그래서 답변할 수 없다.

(12)의 ㄱ, ㄴ은 답변을 통해 빠지기 쉬운 양면적인 부정 상황을 화자가 꺼릴 때 사용되는 표현들이다. 예를 들면 시인과 부인 답변 모두가 자신에게 불리하게 작용한다거나, 정치적 이해관계가 양자에 다 걸려 있다고 생각될 때 사용되는 표현이다. 특히 (10ㄷ)처럼 증언자들은 때로 공직자의 기밀 유지 책임을 적절한 방어벽으로 사용하기도 한다. (12ㅁ)도 마찬가지이다. 이러한 언술 상황에서 화자가 취할 최선의 방어는 양자를 다 수용하는 답변 거부이다. 다만 이러한 진술의 효과는 간접 시인이라는 해석도 가능케 하지만, 때로 질문자의 감정을 상하게 하는 부정적 효과도 가져오게 마련이다.23)

이상 세 가지 해명 방법 외에도 자기 방어 언술은 비교 우위, 논리적 해명, 감정 호소, 역공격 등 매우 다양하게 이루어진다. 이에 대한 예를 하나씩 들어보기로 하자.

(13) ㄱ. 그들이 저지른 죄과에 비하면 우리가 한 행동은 아무 것도 아닙니다. 실제로 수백만 명을 죽이면 영웅이 되지 않습니까?
　　ㄴ. 대통령 재임 중의 공적인 행위, 즉 헌법과 법률이 부여한 책무에 따라 처리된 국정 행위에 대해 후에 일일이 조사를 받아야 한다면 국정은 소신대로 처리할 수 없다. 조사를 받는다는 것은 전례를 만드는 것이고, 또 정치적으로도 이용될 소지가 있다. 후임 대통령에게 바람직하지 못한 전례를 남겨

---

23) 1997년 4월 7일에 열린 '한보 청문회'에서는 "O 의원에게 돈을 준 사실이 있나?", 「기억에 없다」, "'기억에 없다'라는 것과 '사실과 다르다'는 차이가 있는가?", 「예」 라는 의원의 질문과 증인의 방어적 문답이 이루어졌다. 이는 '예', '아니오'의 직접 답변을 피한 증인에게 완곡한 유도 질문을 행함으로써, 청문회 증언에 대한 명쾌한 답변을 받아 내어 사실 진술을 유도한 질문으로 평가받기도 하였다.

부담을 줄 수는 없다. 이에 조사에 응할 수 없다.
ㄷ. ("순수한 선심으로 일해 기금을 냈느냐"는 질문에) 만용이지
요, 잘나지도 못 한 게 괜히 잘난 척하다가 그만…
ㄹ. 말씀이 좀 과한 것 같습니다. 아무리 국회의원 신분이라고
그렇게 막말해도 되는 겁니까?

(13ㄱ)의 비교 우위적인 방법은 비교 상대를 전면에 내세움으로써 자신의 부정적 전형화를 약화하려는 의도적 발화이며, (13ㄴ)의 논리적 해명은 귀납적 논리 형식을 빌어 자신의 행위를 적극적으로 밝히는 경우이다. 그러나 자칫 추론 과정에 오류가 있거나, 감정적인 숭요자들에게 오히려 반감을 살 소지도 있다. (13ㄷ)의 감정에 호소하는 방법은 일단 자신의 잘못을 인정하고, 이로써 자신의 발화로 야기할지도 모를 부정적 재전형화를 회피하려는 언술 전략이다. 그러나 이 역시 오류의 한 유형이자, 구차하다거나 비겁하다는 인상을 심어줄 수 있는 한계가 있다. (13ㄹ)은 방어해야 할 화자가 도리어 공격적인 어조로 적극 방어하는 발화이다. 그렇지만 역공격의 목표는 공격에 있는 것이 아니라, 단지 공격적 자세를 취함으로써 자신의 공적인 자존심을 지키고, 상대방의 예봉을 미리 꺾어 보려는 발화로 해석된다.24)

4. 맺음말

이제까지 다루어진 자기방어 담화의 기능과 유형을 정리하면 다

---

24) 청문회나 법정 진술 등의 언술 상황에서는 간혹 상대에 대한 체면 손상 행위가 빈번히 일어난다. 특히 청문회장에서 일방적으로 증인을 꾸짖거나 죄인 취급하는 심문이 문제가 되기도 하였다. 이러한 발화 상황에서 증인들은 자립적, 독립적 주체로서 자신의 신분을 인정받고자 하는 욕구를 지니고 있으며, 이러한 적극적 체면(positive face)의 욕구가 역공격으로 발현되기도 한다.

음과 같다.

첫째, 자기방어 표현은 상대로부터 공박 받을 수 있는 특정 발화 상황에서 화자가 취하는 다양한 언술 전략을 말한다. 이러한 자기방어 표현에는 미리 문제가 될 만한 언술 사태를 미리 해소하는 전망적 자기방어 표현과, 이미 행위나 말에 의해 문제가 된 사건을 소급적으로 정당화하거나 해명하는 소급적 자기방어 표현으로 나눌 수 있다.

둘째, 자기방어 표현은 어휘, 접미사, 양태 표현형식, 문장, 텍스트에 이르기까지 매우 다양하게 발달되어 있다. 이에 이 글에서는 담화·화용론적 방법에 따라 이들을 해석하였다.

셋째, 소급적 자기방어 표현은 주로 해명성 언술로 방어 전술이 구축되는데, 그 유형은 책임회피, 책임 전가, 부인(否認), 거부, 비교 우위, 역공격 등 다양한 심리, 논리적 언어로 이루어진다. 이들 각각은 모두 자신에게 불리한 발화 외적 상황을 모면하거나, 부정적인 전형화를 벗어나기 위해 취하는 방어 전략에 바탕을 둔다.

앞으로 남은 문제는 이러한 자기방어 표현들을 어떻게 문법 논리에 따라 설명할 수 있는가를 우선 제기할 수 있다. 아울러 각 유형의 표현들의 기능을 체계적으로 정리하고, 담화 차원에서 이를 설명하는 일이다. 특히 특정 언술 상황에서 이루어지는 공격과 방어의 의사소통 체계, 가령 방어 언술 뒤에 일어날 수 있는 다양한 언술 반응 등의 연구에 천착해야 하리라 본다.

제3부

'떨어지다'의 인지 과정과 영상 도식

1. 머리말

이 글은 다의어(polysemy)로써 다양한 용례를 지닌 '떨어지다'를 인지 언어학적으로 해석하고, 이를 영상으로 도식화하는 데 목적을 둔다.

인지 언어학에서는 한 단어가 지니는 많은 의미들 사이의 공통적 자질을 추출하여 핵심 의미로 삼고, 이 핵심 의미가 실제 상황에서 인간의 인지·추리 능력에 의해 어떻게 구체적 의미로 확장되어 사용되는가를 설명하고 있다.[1]

이러한 방법에 의거한 단어의 의미 분석은 통상적으로 동음이의어나 다의어로 생각되던 단어들을 재분석할 수 있으며, 나아가 한

---

[1] Jakendoff(1982)에서는 의미 구조는 개념 구조의 일부이며, 보편적이 아니라 언어마다 특이하게 나타난다고 보았다. 이에 따르면 문법, 즉 개념 구조를 반영하는 언어 구조의 대표적 예로 공간적인 개념(abstrat domain)으로 확대되어 쓰이는 영역의 일반화(cross-field generalization)를 들고있다. 또한 Langaker(1982, 1983)에서는 한 단어가 지니는 다양한 의미들(different versions)은 본질적으로 같은 상황을 나타내는 것인데 여기에다가 각각 다른 영상(image)을 부여함으로서 생성되는 것이라 주창한 바 있다.

단어가 가지는 여러 부차적 의미 사이의 의미 관련성도 추출할 수 있게 해 준다.

인지 언어학에서는 인간의 언어 능력이란 인간이 지니고 있는 다른 지각·인지 능력의 일부이므로 언어 분석에 지각·인지 능력을 반드시 고려해야 한다고 강조하고 있다. 이에 따라 인지 문법 학자들은 의미를 개념화(인지 과정)과 동일시하고 있어 그 명시적 기술에 적용해 왔다. 그들은 언어 의미의 본질을 다음의 다섯 가지에 초점을 두고 있다(Langacker:1987, 이기동 외 역:1991).

(개) 의미는 개념화(심리적 경험)로 환원된다.
(내) 자주 쓰이는 표현은 전형적으로 서로 관련된 의미망을 보여 준다.
(대) 의미 구조들은 인지 영역들에 준하여 특징지어 진다.
(래) 바탕에 윤곽을 부과함으로써 구조의 값을 끌어낸다.
(매) 의미 구조는 관습적 영상(imagery)을 포함한다. 즉 의미 구조는 특정한 방식으로 상황을 해석한다.

(개)는 의미론자들이 도전하는 것을 의무로 여기는 개념적, 관념적 의미론을 옹호하는 입장으로서 사전에서의 '떨어지다'의 개념을 우선 원용하기로 한다. (내)는 원형 이론과 의미의 범주화에 따른 규정이며, (대)는 명제의 기본 관찰 방법을 제시하는바, 어떤 개념들이 다른 개념들을 전제하고 포함하고 있으며 이 전제된 개념들이 전제하는 개념들의 출현과 특정화를 위한 기초를 제공해 준다는 점이다. 가령 직각 삼각형의 빗변(hypotenuse)은 개념 조직의 상위층을 형성하는 기본 인지영역(cognitive domains)인 직각 삼각형을 전제하거나, 봄은 일년을 네 계절로 나누는 기본 개념을 전제한다는 것이다.

(래)는 모든 표현이 의미적으로 바탕에 윤곽을 부여하는 것으로 서술되어진다는 것이다. 이는 지각 심리학에서 원용된 이론으로, 인지 언어학자들은 '바탕(ground:base)-윤곽(figure:profile)'에

기초를 두어 언어를 분석하였다. ㈐는 한 단어가 지니는 다양한 의미들은 본질적으로 같은 상황을 나타내는 것인데, 여기에다가 각기 다른 영상을 부여함으로써 의미 구조가 생성된다는 것이다.

이 글에서는 인지 언어학적 방법에 기초를 두어 '떨어지다'의 인지 과정을 고찰하고자 한다. 이를 위해 우선 기존의 연구를 검토하고, '떨어지다'의 구체적 의미와 이를 공유한 원초적 의미를 추출하여 범주화 및 망상모형을 정립하는 순으로 논의를 진행하기로 한다.

2. '떨다'와 '지다'의 인지 과정

'떨어지다'는 형태론적으로 비교적 어원이 분명하면서도 '-아(어) 지다'형 동사로 여기기 어려울 정도로 고착된 하나의 단어로 쓰이고 있다[2]. 독립된 하나의 형태가 다른 형태와 결합하여 의미 복합체로 기능하는 경우의 의미 추출은 개별적 형태의 의미를 추출하여 이를 비교 검증하는 것 외에는 별다른 방법이 없는 듯하다.

우선 '떨어지다'는 의미상으로는 '지다'와 유사하면서도, 타동사 '떨다'의 의미도 그대로 유지하고 있는 이채로운 동사이다. 이 점이 다른 허사적 기능을 수행하는 '-아(어)지다'와 다른 점이다.

이를 입증하기 위해 우선 분석 가능한 '떨다'와 '지다'의 의미를 파

---

2) 통시적으로 '떨어지다'는 '쩌디다'와 '쩌러디다' 형태가 있었으며, '쩌러디다〉'쩌러지다'〉'떠러지다'〉'떨어지다'로 변화과정을 거쳤을 것이다. 한글 맞춤법(1988 개정) 15항에 따르면 '떨어지다'는 "앞 낱말의 본뜻이 그대로 유지되고 있는 형태로 원형을 밝히어 적는다"고 하여 "떨어지다 - (밤을) 떨다"로 어원을 분명히 밝히고 있다. 한편 어근이 분명하지 않는 동사로는 '자빠지다', '쓰러지다', '넘어지다', '미끄러지다', '부러지다', '사라지다'; '토라지다', '불거지다(凸)' 등을 제시하고 있는데, 이들 역시 형태소 분석은 가능하지만 불분명한 어원으로 그 의미 구성소의 잔재를 확인하기 어려울 따름이다.

악하고, 이들이 통합된 '떨어지다'의 인지 과정(개념화)를 파악한 후에 이들을 각각 비교함으로써 범주화 및 망상모형의 기틀을 마련하고자 한다.

2.1 '지다'의 인지론적 의미 기능

'떨어지다'를 동사 '떨(다)'와 접미사 '-어지(다)'의 통사적 합성어로 보지 않고, 동사 '떨(다)'와 '지다'의 형태적 합성어로 재분석할 때, 두 동사 가운데 의미적으로 더욱 밀접한 '-지다'의 의미 기능부터 살펴보기로 하자.

논의를 위해 '지다'의 사전적 뜻풀이를 밝히면 다음과 같다.[3]

① 해나 달이 공중에서 지면으로 내려가다. (해가 ~, 달이 ~)
② 꽃이나 잎이 나무에서 떨어져 내리다. (꽃이 ~)
③ (상태·현상이) 이루어지거나 나타나다.(그늘, 장마, 얼룩이~)
④ (서로 좋지 못한 관계가) 되다. (원수가 ~)
⑤ (경기, 내기, 싸움, 소송 등에서) 상대방을 이기지 못하고 꺾이다.
⑥ 젖이 불어 저절로 나오다. (젖이 ~)
⑦ 어느 행위자가 물건을 등에 얹다. (짐을~)

이상 본동사로 쓰인 '지다'의 다양한 용례를 개괄했는데, '지다'를 개별적인 동음이의어로 보느냐의 문제에서 출발하여, 다의어로 처리할 때에는 과연 핵심의미를 무엇으로 보느냐도 제기, 검토해

---

3) 사전들마다 이에 대한 처리 방법도 각각이다. 지다1에서 지다2까지 동음이의어로 처리한 예(「우리말큰사전」:한글학회)도 있으며, 문법 범주별로 동사, 보조동사, 접미사로 나누어 처리한 사전(「국어대사전:김민수 외 공저)도 있으며, ①②, ③④, ⑤,⑥,⑦로 나누어 동의어로 일괄 처리한 예(「국어대사전」:이희승)도 눈에 띈다. 위 예문은 이기동(1992)의 다의 처리 순서에 따른 것이다.

야 할 것이다.4)

　이 글에서는 일단 '지다'를 다의어 처리하는 입장을 견지하여 논의를 진행하기로 한다. 즉 '지다'가 여러 가지 의미를 지니되, 핵심 의미에서 추상화된 다의 관계를 지니고 있다고 보고자 한다.5) 이는 이들의 용례들이 전형적으로 서로 관련된 의미망을 보여 줄 것이며, 각각의 의미 구조들이 물체의 공간 인지영역들에 준하여 설명될 수 있기 때문이다.

　'지다'를 다의어로 처리할 때, 원형적 의미를 무엇으로 파악하느냐가 의미망 구축에 관건이 될 것이다. 이에 이 글에서는 구체적인 사물의 변화 과정을 나타낸 ①②를 우선 '지다'의 핵심의미로 보고자 한다. 이기동(1992)에서도 이러한 관점에서 '지다'의 핵심 의미를 '어느 개체가 높은 곳에서 낮은 곳으로 옮아가는 과정'으로 파악한 후에 이를 다음과 같이 도식화한 바 있다.

---

4) 성광수(1976)에서는 '지다'가 '落'의 의미에서 '滅', '負'의 의미로 변화했다고 보았으며, 배희임(1986)에서는 원초적 의미를 '위→아래'의 방향 이동에 의한 상태 변화의 '下', '低'의 개념으로 파악하여 '落'이나 '負'의 용법으로 쓰이다가 실사로서의 기능을 잃고 허사화하는 과정에 있는 형태로 보았다. 이러한 관점은 이기동(1992)에서도 동일하다. 그러나 임홍빈(1978)에서는 '落'과 '滅'을 다의어로 보고 '負'를 동음이의어로 처리하였으며, 원초적 의미를 '生'으로 보았다. 그러나 이러한 견해는 다분히 피동구문 논의를 위한 의미 파악으로 보여진다.

5) 하나의 어휘소에 유연성을 지닌 둘 이상의 복합적 의미 관계인 다의 관계(polysemy)를 맺고 있는 다의어는 핵심 의미와 파생 의미가 다발을 이루고 있다. 양자는 형태, 기능, 속성의 유사성과 더불어 사물과 개념 사이에 시·공간적 인접성에 의해 밀접한 연관관계를 맺고 있다. 다의어의 검증 기준을 임지룡(1993)에서는 다음과 같이 제시한 바 있다.

```
                                            ┌─ 그렇다 ─── 일반적
                     ┌─ 있다 - 그 차원의 모든 영 ─┤
  ㅇ 의미 공통차원 여부 ┤       역을 망라하는가    └─ 아니다 ─── 다의어¹
                     └─ 없다 ─────────────────────────── 다의어²
```

〈 '지다'의 핵심 의미(도식 1) 〉

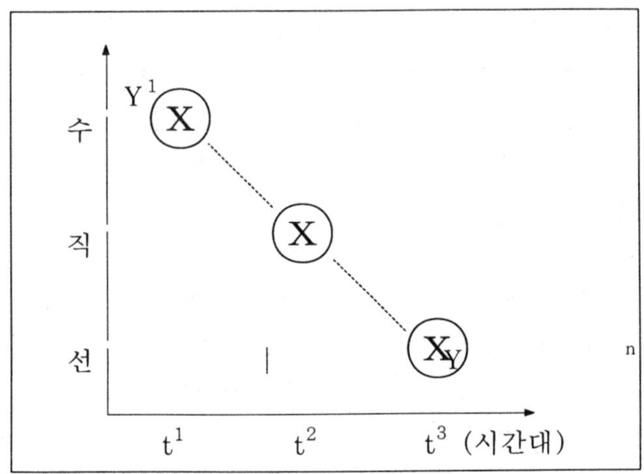

위 도식은 어떤 개체 X가 있고 이것이 어느 시점(t^1)에서 Y^1
의 위치에 있다가 시간이 지난 어느 시점 t^{n}에서는 Y^1 보다 낮
은 Y^{n}의 위치로 옮아가는 과정을 나타내고 있다. 이러한 물리적
인 공간의 하강 이동이 실제 언어표상에서는 인지적인 공간 개념
을 수용하여 구체화된 것으로 보여진다.6)

---

6) 이기동(1992)에서는 ③의 '그늘이 지다'는 개체가 빛을 발해서 그림자
가 아래 쪽에 나타나는 과정으로, 즉 햇빛의 이동과정(위→아래)의 결
과에 따라 생긴 현상이며, '장마가 지다'도 빗물의 이동 경로(위→아래)
에 따른 결과적 사태라는 것이다. 또한 ⑤의 '싸움, 경기, 소송 등에서
지다' 역시 이기는 사람이 위로 가게 되고 지는 사람이 아래로 가는 일
반적 인지경험을 바탕으로 추상화과정을 거친 결과라는 것이다. 타동사
로 쓰인 ⑥도 개체의 속성과 이동 양상이 다를 뿐 원형적 의미에서 크
게 벗어나지 않으며, ⑦의 '지다'도 인식 바탕에 지는 사람과 지이는 물
체 사이의 위치에 따른 관계 해석으로 보고 있다.
 이러한 해석은 다분히 작위적이긴 해도 인식론적 바탕에 근거를 두고
있어 설명적 충족성이 높다 하겠다. 다만 설명치 못한 여타 예문도 이
런 방식으로 설명이 가능하다. 즉 '얼룩이 지다'는 액체 따위가 물체에

그러나 이러한 다의적인 인지 해석은 본동사로 쓰인 '지다'에만 적용할 수 있는 한계를 보여준다. 왜냐하면 본동사로 쓰인 '지다' 이외에 명사 뒤에 붙어 준접미사로 쓰이거나, 용언 어미 '-아 (어)' 아래에 붙어 쓰이는 '-지다'는 이와는 다른 인지과정을 보여주기 때문이다. 이들은 '落'의 실사적인 의미를 상실하고, 피동이나 상태 변화를 드러내는 양상(樣相) 범주로 전이되기 때문이다.7) 이처럼 허사화된 '-아/-어 지다'를 살펴보기 전에 우선 '-지다'의 다양한 용례부터 검토하기로 하자.

> (1) ㄱ. 값지다. 기름지다. 멋지다. 흩지다. 각지다. 밑지다. 벽지다. 차지다. 뒤지다. 건방지다. 한갓지다. 암팡지다. 여무지다.… …
> ㄴ. 숨지다. 눈물지다. 빚지다. … …

이상 예는 명사 뒤에 붙은 '-지다'로써 (1ㄱ)이 '그렇게 되어 있는 상태'를 나타내고 있다. 그런데 '-지다' 앞의 형식명사는 대부분 실질적인 뜻을 지닌 명사들로 이루어지지만, '암팡지다', '다부지다'의 '암팡', '다부'처럼 그 어원을 확인하기 어려운 것들도 있다.

묻거나 스며서 생기는 현상으로 '묻거나 스미'는 물체의 이동 과정 가운데 결과에 초점이 놓인 것을 말한다. 반면 '때가 지다'의 인지과정은 이와는 반대로 물체에서 이탈되는 과정을 역시 '위→아래'로 수용한 결과로 볼 수 있다. 또한 '원수가 지다', '척(隻)이 지다'는 '척(隻)'이 "조선 때 소송사건의 피고를 이르던 말"이므로 수직적인 대립 관계로 내려감을 뜻한다. 아울러 '모가 지다'도 모서리가 생기는 과정에 근거하여 수평이동에서 수직이동을 통해 생성되는 인지과정으로 설명할 수 있다. 물론 이런 경우 전체적인 영상화 과정은 '모가 나다'가 잘 보여준다.

7) '지다'의 상적인 기능은 임홍빈(1978), 송병학(1979), 배희임(1986), 서승현(1991) 우인혜(1997) 등에서 '변화', '과정', '기동성', '자동성' 따위로 다양하게 개진되었다. 한편 피동의 '지다'는 최현배(1937), 성광수(1976), 허웅(1983)으로 이어지는 전통문법 학자들에서, "결합하는 선행 요소에 피동(입음)의 의미를 덧붙이"는 문법소로 파악되어 지금에 이르고 있다. 아울러 강정희(2001)에서는 '지다'의 '가능성'의 양태 의미가 새롭게 조명되었다.

한편 (1ㄴ)은 '어떤 상태나 현상이 겉으로 드러나거나 이루어짐'을 나타내고 있다. 특히 이들은 생략된 격표지에 따라 통사적으로도 다른 양상을 보여준다. '빚(을) 지다'처럼 대격 어미가 합성된 형태도 있는 반면 대부분 주격의 '이(가)'가 생략된 합성어 형식들이다.

물론 이들 대부분은 '지다'는 상적 의미만을 지니고 있어서 특수화(구체화) 과정을 거치기 이전의 추상적인 원형을 재구하기란 그리 쉽지 않다. 그런데 여기에서 주목해야 할 점은 형식들에서도 '지다'가 지닌 핵심 의미의 잔재를 확인할 수 있다는 것이다.

(2) ㄱ. 값지다(값이 많이 나가다). 기름지다(기름기가 많다). 멋지다
       (아주 멋있다),
   ㄴ. 홀지다. 각지다. 외지다. 차지다(찰+지다). 여무지다.(여물+
       지다). 건방지다. 한갓지다.
   ㄷ. 밑지다(손해보다). 뒤지다(뒤떨어지거나 처지다)
   ㄹ. 숨지다(숨을 거두다, 죽다). 눈물지다(눈물이 흐르다). 빚지다.

(2ㄱ)의 '-지다'는 실질 명사가 지닌 어떤 상태를 강화시켜주는 기능을 수행하고 있으며, (2ㄴ)에서는 실질명사의 의미에 단순 상태 변화의 기능을 수행하고 있을 따름이다. 특히 '차지다'의 '찰(끈기가 있는)', '여무지다'의 '여물다'처럼 어원에서 형태가 변화된 형식도 있다. (2ㄷ)은 공간 표상어 '밑', '뒤'에 '-지다'가 결합한 형태로써, 특이하게도 추상화된 제3의 의미를 지니고 있다. 또한 긍정적인 공간 표상어 '위', '앞'에 '-지다'가 결합할 수 없는 것도 매우 이채롭다. 이는 '앞서다', '위(에) 오르다'처럼 실현 가능한 긍정적 상태로의 지향에는 '-지다'가 어울릴 수 없기 때문이다. 이러한 특성은 '꽃이 지다'와 유사한 '숨지다'나, 채권·채무자의 관계 특성에서 연유된 '빚지다', 또는 위에서 아래로 변화를 여실히 보여주는 '눈물지다'에서도 확인된다.

한편, 용언 어미 '-아(어)' 아래어 붙어 쓰이는 '-지다'는 문법

처리 문제에서는 논의가 분분하였지만, 일반적으로 선행용언의 의미를 그대로 간직한 채 변화된 결과 상태를 표현한다는 점은 공통적으로 지적되었다.8).

    (3) ㄱ. 움직여지다. 걸어지다. 녹아지다. … …
       ㄴ. 만들어지다. 깨어지다. 뚫어지다. 허물어지다. … …
       ㄷ. 예뻐지다. 작아지다. 붉어지다. 뚱뚱해지다. … …

    (3ㄱ)은 자동사에 '-지다'가 붙은 형태로 '어떤 현상이나 동작이 이루어지거나 이루어져 나타남'을 보인다. (3ㄴ)은 타동사에 '-지다'가 결합한 형태로써 동일한 의미 기능을 지닌다. 예컨대, '만들어지다'는 '만든 상태가 이루어져 나타나다'라는 변화(됨)의 의미를 지니게 된다.9) 이러한 과정 동사화는 (3ㄷ)처럼 상태동사와

---

8) '지다'를 보조동사로 취급한 연구로는 최현배(1983), 허웅(1985), 김기혁(1987) 등에서였으며, 이중 허웅(1985)에서는 통어적 합성어의 용언 만들기에서 뒤의 용언이 보조동사인 합성어의 예로 '떨어지다'와 비슷한 '늘어지다', '엎어지다', '흩어지다' 등을 들고 있다. 한편 '지다'를 파생접미사로 보는 견해는 이강로(1967), 고영근(1974), 서승현(1991), 하치근(1988)에서 다루어졌다. 특히 고영근(1974)에서는 접미사의 범주에 넣되 조동사적인 면도 있음을 고려하여 준접미사로 처리하였으며, 문장구조에 직접 관여하는 특성으로 통사적인 접사로 간주하였다. 이와는 달리 이정민(1974)에서는 상태동사 뒤에 오는 '-아(어)지다'를 오로지 '起動(Inchoative)'에만 관련시킨 논의도 있었으며, 황병순(1986), Sohn, H. M(1976)에서처럼 복합어 구성에 관계되는 복합 동사로서의 처리 가능성도 제기된 바 있다.

9) 배희임(1986)에서는 {-아(어) 지다}의 의미를 '기차가 움직여진다'라는 문을 '움직이기 시작했다'라는 〔기동성〕과, '안 움직이던 기차가 움직인다'는 〔가능성〕 혹은 〔과정성〕등의 부차적인 의미자질로 파악하였다. 이처럼 피동 범주에서 시각을 달리한 시도는 자동사 본래의 성격에서 시인한다고 보았다. 아울러 {이, 히. 리, 기} 피동사와 공존하는 '타동어근 + 지'형도 피동성보다는 가능이나 기동의 의미 특성이 부각되는 점으로 미루어 전반적으로 '-지다'가 '피동'보다는 변화 결과의 상태에 치중한 표현이라는 것이다.

'-지다'의 결합에서도 동일하게 어떤 상태가 변화를 표상한다.

우리는 이제까지의 논의에서 '-지다'가 어휘적 의미보다는 선행 요소의 '변화'를 가능케 하는 형식 형태소로 기능하고 있음을 알 수 있었다. 그러면 이러한 '-지다'의 의미 특성은 어디에서 오는 것일까 ? 이는 결국 실사로 쓰인 '지다'의 다의적인 의미 특성에서 공유하고 있는 '변화성'을 바탕으로 선행 요소의 결과 상태를 표현한다고 볼 수 있다.

2.2 '떨다'의 인지론적 의미 기능

'떨어지다'의 '지다' 역시 '-아/-어 지다'와 동일하게 실질적인 의미를 상실한 것일까? 이런 의구심을 풀기 위해 사전에서 또 다른 형태론적 통합소 '떨다'의 의미 기능을 살펴보기로 하자. 우선의 '떨다'의 사전적 뜻풀이를 정리해 보면,

(4) 떨다^1 자
    ① 작은 폼으로 바르르 흔들다. (문풍지, 나뭇가지가 ~)
    ② 무서워하거나 겁내다. (떨지 말아라)
    ③ 인색하여 몸을 사리거나 몹시 망설이다. (돈 백원에도 벌벌~)

(5) 떨다^2 타
    ① (춥거나 흥분한 일로 몸을) 잘게 흔들다. (독감으로 몸을 ~)
    ② 소리의 진동이 고르지 않게 울려 나오다. (목소리를 ~)
    ③ 경망스러운 짓을 자꾸 하다. (아양, 수다, 방정을 ~)

(6) 떨다^3 타
    ① (붙은 것을) 떨어지게 하다. (곡식을 ~, 밤나무의 밤을 ~)
    ② (전체 셈에서 얼마를) 덜어내거나 빼다. (내 몫을 떨고 주다)
    ③ (팔다 남은 물건을)한꺼번에 팔아버리거나 사다. (재고품을 ~)

우리는 '지다'와 마찬가지로 '떨다'의 처리도 두 가지 입장을 견지할 수 있다. 그 하나는 위 사전에서의 뜻풀이처럼 떨다[1]에서부터 떨다[3]까지 동음이의어 처리하는 것이요, 다른 하나는 다의어로 처리하는 것이다.[10]

우선 (4)와 (5)의 ①, ②는 모두 '생물체나 물체가 작은 폭으로 계속 흔들려 움직임'을 핵심 의미로 각각 추상화된 용례들이다. 아울러 나머지는 '물체에 부착되어 있는 개체를 분리시키거나 없앰', 즉 '이탈'을 핵심의미로 지니고 있다.

우리는 '지다'의 다의어 처리과정에서도 보았듯이, '떨다' 역시 이 양자의 의미가 인지론적 상관성이 매우 깊어 이들을 포괄할 만한 핵심의미를 상정하여 다의어로 처리할 수 있을 것이다. 즉 (6)의 ①에서 '떨다'는 물체를 흔들거나 손으로 터는 반복적인 행위는 물체가 반복적으로 흔들리는 모습을 결과 사태로 만드는 행위라는 점에서 의미론적 유연성이 깊다. 왜냐하면 흔들거나 흔들리는 대상의 모습은 같은 인지 영역에서 동일한 표상을 다른 인식 대상을 선택하여 구체화된 영상을 지니고 있기 때문이다.

(6)의 '이탈' 의미는 구체적인 사물에서부터 추상적인 셈이나 상거래 행위로 확대됨을 자연스럽게 보여준다. 즉 물체에서 개체로의 이탈 행위는 전체에서 부분으로, 전체에서 여분으로 추상화된다. 이러한 추상화 관계는 개체 속성의 인접성에 이끌린 결과이다.

물론 (5)의 ③도 '생물체나 물체의 작은 진동'에서 파생된 의미로 보기 어려울 정도로 추상화되어 있다. 그렇지만 반복적인 가벼운 행위라는 점에서 인식론적 상관성이 깊다 하겠다.

성질이나 행동을 밖으로 표출하는 것을 나타내는 동사는 국어에 매우 발달해 있다. 그 가운데 '화, 신경질, 질투, 기억, 용기…' 따

---

10) '떨다'는 일반적으로 자동사 떨다[1]과 타동사 떨다[2]로 동음이의어 처리하고 있다(「우리말큰사전」:한글학회, 「국어대사전:김민수 외 공저)」. 반면 타동사 '떨다'를 위 보기처럼 다시 구분한 사전도 있다(「국어대사전」:이희승). 필자는 논의진행상 일단 구분해 놓은 것을 원용하였다.

위는 밖으로 존재를 이루는 '나다(내다)'가 흔히 쓰인다. 물론 감정의 심리적 표출이나 생성은 이밖에도 '부리다', '피우다' 등이 있지만 이들과 '떨다'는 몇 가지 점에서 변별된다.

가령, '아양을 ~'의 '떨다'는 행동을 밖으로 표출한다는 점에서 유사한 동사 '부리다', '피우다'와 대조적인데, 행위자의 의지가 개입할 수 있는 양자에 비해 '떨다'는 행위 자체에 주안점을 두는 듯하다. 또한 '떨다' 앞에 오는 명사들의 공통적인 의미 특성은 가볍거나 불필요하다는 부정적 인식이 내재되어 있으며, 행위주에 내재되어 있지 않고 단순히 부착 개체로 인식하여 '떨다'와 결합하게 된다.

하나의 개체(그렇게 생각되는 것)가 두 개체로 분리되거나 이탈되는 동사로는 '떨다' 이외에도 '끊다', '풀다' 등이 있다. 그렇지만 '끊다', '풀다'는 결합된 개체를 전제로 나누어지는 데 초점이 놓이는 분리 동사들이다. 반면 '떨다'는 행위자에 의해 대상에서 부착된 개체의 비부착으로의 변화 과정을 중시하는 이탈 동사이다.

여기에서 이탈되는 개체는 단일 개체가 아닌 군집개체로써, 우리는 이를 물체에 부착되어 있는 별도의 개체로 인식하는 경우가 많다. 이러한 인식론적 조건으로 이탈 행위가 모든 부착 개체에다 적용되지 않는 것을 다음 예에서 확인 할 수 있다.

(7) ㄱ. 옷에 묻은 먼지를 떨었다.
    ㄴ. {밤, 호두, 벼의 낫알, 은행… …}을 떨다.

(8) ㄱ. * 벽에 붙은 광고물을 떨다.
    ㄴ. *{사과, 배, 고추, 미역 … …}을 떨다.

(7)의 예문에서 보듯이, 개체의 특성에 따라 이탈 행위는 제한적이다. 즉 물체에 붙어 있거나 달려 있는(부착) 개체의 이탈행위는 군집되어 있는 개체를 흔들거나 도구를 사용하여 한꺼번에 이탈시킬 때에 성립한다. 만약에 이탈시키는 방법이 다르거나 떨어

뜨리는 개체의 특성에 따라 서술동사는 달라지게 마련이다.

(8ㄱ)에서 '떨다'가 호응할 수 없는 이유는 다양하다. 우선 부착된 개체가 인위적이라는 점과, 물체(벽)를 흔들 수 없다는 이탈 방법의 적용이 적합치 못해서이다. 또한 개체 역시 물체에 직접 붙어 있지 않고 다른 매개체(풀, 압정)에 강제로 부착되어 있으므로 개별적으로 힘을 가해야 하는 타동사 '떼다'가 적합하다. 아울러 (8ㄴ)에서의 개체는 개별적인 이탈 행위가 요구되므로 '따다'가 호응하는 것이다.

이상을 통해 '떨다'의 핵심 의미는 '이탈'에 있되, 달려있거나 붙어 있는 군집개체를 부착당한 물체를 흔들거나 손으로 터는 방법을 사용하여 한꺼번에 이탈시키는 행위를 전제하고 있다고 결론지을 수 있다. 이러한 '떨다'를 영상으로 도식화하면 다음과 같다.

〈 '떨다'의 핵심 의미(도식 2) 〉

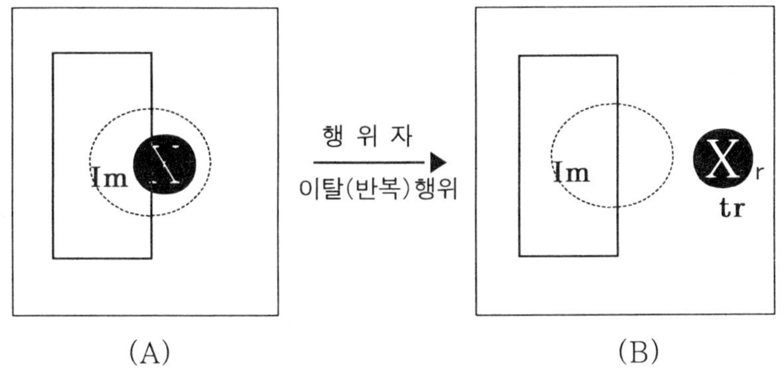

위 도식에서 A에서 B로의 과정은 '떨다'의 행위를 영상화한 것이다. '떨다'는 '위→아래'의 이동과정과는 달리 행위자에 의한 개체의 이탈 행위에 모습이 부과되어 있다. 아울러 부착 조건이나, 이탈 방법 등의 인지론적 조건을 필요조건으로 생성된다.

3. '떨어지다'의 인지 과정과 영상 도식

'떨어지다'를 사전에서 찾아보면, '떨다'나 '지다'보다 많은 다의적인 용례가 제시되어 있음을 알 수 있다. 또 모든 사전에서 '떨어지다'를 다의어로 처리하고 있다는 점이 독특하다. 왜냐하면 만일에 통합 전의 각 구성소('떨다', '지다')의 의미가 형태론적 통합체의 의미에 그대로 반영되었다면, '떨다'와 '지다' 각각을 동음이의어로 처리하는 데 문제가 발생되기 때문이다. 다시 말해 서로 다른 의미를 지닌 구성소의 의미가 통합되면 일반적으로 두 가지 의미를 보여준다는 것이다.11)

물론 어느 한 구성소가 허사화하는 파생어의 경우에는 상관이 없겠지만, '떨어지다'는 '지다'가 단순히 허사적 기능만을 수행하는 다른 '-아/-어 지다'와는 다르기 때문이다. 그렇다면 '떨다'와 '지다'의 의미소 가운데 각각 선별적으로 '떨어지다'에 전이되어 나타났다는 것과, 아니면 이 글의 다의어 처리 방식대로 '지다'와 '떨다'를 하나의 의미로 설명하고, 이에 따라 '떨어지다'를 다의어 처리하였다는 잠정적 결론이 나온다. 두 가지 설명법 가운데 어느 것이 더 타당할는지는 역으로 '떨어지다'의 의미 규명으로 입증해 보기로 하자. 이를 위해 사전에서 보여주는 '떨어지다'의 용례를 의미 유형

---

11) 김석득(1988)에서는 형태적 결합체의 의미관계를 다음과 같이 크게 다섯 가지의 의미 관계의 변화로 나누고 있다.

   (1) 본디 뜻의 제3의 뜻으로의 뜻바꿈 : $[A+B \rightarrow A\&B \rightarrow AB \rightarrow C]$
   (2) 가진 이접(disjunction inclusive)의 임의 선택적 뜻바꿈 : $[A+B \rightarrow A \lor B]$
   (3) 비슷한 대등적 뜻으로의 뜻바꿈 : $[A+A \rightarrow A\&A \rightarrow A2 \rightarrow (A\&A)c]$
   (4) 비슷한 연쇄적 뜻으로의 뜻바꿈 : $[A+B \rightarrow A의B \rightarrow AB \rightarrow (A의B)c]$
   (5) 확대적 뜻 더함의 뜻바꿈 : $[a+B \rightarrow aB]$, $[A+b \rightarrow Ab]$ (a,b는 파생접사)

  위 유형에서 (1)~(4)는 합성어의 의미관계를 나타내며, (5)는 파생어의 의미관계를 나타낸다. '떨어지다'는 다른 '-아/-어 지다'처럼 파생어의의미 관계력을 보여주지도 않으며, 그렇다고 (1)처럼 제3의 의미로 탈바꿈하지도 않는 듯하다.

별로 개괄하여 망상 모형의 기틀을 삼기로 한다.12)

I〔상→하(落下)〕

① 위에서 아래로 내려지다. (빗방울이 ~, 폭탄이 ~, 사람이~.)
② 값, 정도, 수준 상태 따위가 낮아지거나 못해지다. (석유값, 성적, 인기, 품질이 ~.)
③ (좋지 못한 상태나 처지)에 처하게 되다. (타락의 길로 ~.)
④ 명령, 구호, 신호 따위가 내리다 / 임무가 맡겨지거나 닥치다.
⑤ (형용사적으로 쓰이어) 다른 것보다 못하다. (인물이 언니보다 ~.)

II〔이탈(離脫)〕

① (달렸거나 붙었던 데서) 따로 떼어지다. (단추, 사과, 꽃이 ~.)
② 옷, 신 따위가 해어져 못 쓰게 되다. (옷, 신이 ~)
③ 셈에서 다 치르지 못하고 남게 되다. (지난번에 떨어진 돈이다.)
④ 셈에서 남거나 어긋나지 아니하다. (계산이 딱 ~. 팔면 100원~.)
⑤ (함께 하거나 따르지 않고) 뒤에 처지다. (집에 혼자 ~.)
⑥ 두 곳 사이에 거리를 가지고 있다. (육지에서 4km 떨어진 섬이다.)
⑦ (밴 아이가) 유산되다.
⑧ 시험·선발·선거 따위에 뽑히지 못하다. (시험, 선거에 ~)
⑨ (성이나 군진 따위가) 함락되다. (요새가 적의 손에 ~)
⑩ 병·습관 따위가 없어지다. (감기가~, 나쁜 버릇이 ~)
⑪ 숨이나 마음 감각 같은 것이 끊어지거나 없어지다. (정, 밥맛이 ~)
⑫ (뒤를 못 대서) 남아 있는 것이 없게 되다. (양식, 돈, 일거리가 ~)

전 장에서 '지다'의 핵심의미로 '어느 개체의 위에서 아래로의 변화'로, '떨다'를 '물체에 부착되어 있는 개체의 이탈'로 파악했다면,

---

12) 「우리말큰사전」(한글학회 편)이나 「국어대사전」(김민수 외 편)에서 보면, 순서는 다소 차이가 있지만 21, 24개의 용례로써 '떨어지다'를 다의어 처리하고 있다. 논의 진행을 위해 필자 나름대로 다시 순서를 재조정하였음을 밝혀둔다.

'떨어지다'는 이 가운데 어느 것을 핵심 의미로 하는지, 아니면 둘의 의미영약을 망라하는지, 또는 제3의 핵심의미를 새로 상정해야 하는지 규명해야 할 것이다. 이로써 '떨어지다'의 의미 구조가 명확해지고 더불어 망상 모형 및 관습적 영상을 도식화할 수 있을 것이다. 이를 위해 용례 하나 하나에 인지론적 해석을 내려보기로 하자.

'하향(下向)'의 의미자질을 지니고 있는 '떨어지다'의 인지과정과 공간화 은유 과정은 공간 개념어인 '위(上)'와 '아래(下)의 추상화 과정을 통해 드러난다. 이는 단순한 공간적 상하의 위치 지정에서부터 인지, 추리 능력에 의해 추상적 영역으로 확대되기 때문이다.

일반적으로 공간 표상어 '위'는 단순히 '어떤 기준의 중간 이상'에서 '다른 것보다 나은 쪽, 높은 지위나 촌수…"를 표지하고, '아래'는 '물건의 땅쪽'에서 '다른 것보다 못한 쪽, 지위나 신분의 낮은 쪽, 수량이 적거나 정도, 수준, 질 따위가 낮은 편'을 뜻하게 된다.13)

물리적 공간에서의 상하 이동이 인식적인 변화로 추상화 과정을 보이는 것은 위 ①~⑤가 이에 해당된다. 즉, '위(上)→하(下)'의 물리적인 변화과정이 그 속성의 유사성으로 말미암아 '고(高)→저(低)'로, 또는 좋지 못한 상태로의 변화로 확대된다. 이를 다시 인지론적 제약 조건으로 구체적으로 살펴보기로 하자.

---

13) Lakoff & Johnson(1980)에서는 영어의 'up/down'의 공간화 은유를 다음과 같이 서술하였는바, 이는 국어에서도 적용 가능하다.

    (a) up : 행복한 상태, 의식상태, 건강한 상태, 살아있는 상태, 지배, 다량, 상류층, 좋은 상태, 도덕적, 이성적.
    (b) down : 불행한 상태, 무의식 상태, 질병상태, 피지배, 소수, 소량, 하류층, 나쁜 상태, 비도덕적, 비이성적.

한편, 박경현(1987)에서는 국어의 상하 개념어인 '위', '아래'가 시간적인 선후관계나 긍정·부정적 판단, 〔±可視〕, 〔덧보탬/바탕〕으로 의미 영역이 확대됨을 언급하였다.

우선 ①의 구체적인 물체인 '빗방울, 폭탄, 사람' 등은 위에서 아래로의 방향 이동에 의한 상태 변화를 나타낸다. 그런데 이때에 '떨어지다'는 물리적인 중력의 영향 아래 물체의 하강 이동 과정을 뜻하게 된다. 따라서 이동하는 개체에 부여되는 조건은 중력을 받을 만한 물체이거나, 이에 합당한 여러 조건을 구비하여야 한다.

(9) ㄱ. 사방이 어두워지더니 {*비, ?소나기, 빗방울}가(이) 떨어졌다.
   ㄴ. {*비, *소나기, 빗방울}가(이) 떨어지는 창가에 앉아 있었다.

(10) ㄱ. *눈이 온 대지 위에 떨어졌다.
   ㄴ. 눈송이가 하나 둘 떨어지더니 마침내 함박눈이 퍼부었다.
   ㄷ. 콧잔등에 눈이 떨어졌다.

(11) ㄱ. 길에 떨어진 눈을 밟으며 학교에 갔어.
   ㄴ. 떨어진 눈은 살아 있다.

'떨어지다'의 물리적 개념은 사람이나 대상이 중력에 대항하는 효과적 저항력을 상실할 때 성립된다. (9)에서 보듯이 자연 대상인 '비'도 높은 곳에서 낮은 곳으로 이동하는 물체이지만 중력에 지배를 받는 개체로 인식하여야 '떨어지다'와 호응할 수 있다. 이 점에서 '지다'와 변별된다. '지다'가 '장마, 홍수, 큰물..'등과 결합하여 지속적 상태에 걸쳐 비가 온 결과 상태를 나타내지만, '떨어지다'는 인지자가 대상의 순간적인 낙하 운동의 역학적 조건에 합당한 단일 개체로 인식하여야 한다. 이로써 '떨어지다'는 인지자의 인식 영역이나 인식 대상화 조건에 밀접히 영향을 받는 것이다.
(9)에서의 대상 명사 '빗방울'은 인식자의 인식 영역 내에 들어 있는 단일 개체이므로 자연스럽게 '떨어지다'와 호응하고 있다. 반면 10)의 '눈'도 '비'와 마찬가지로 무한한 개별개체가 모여 있는 복합체이다. 대상물체인 '눈'이나 '비'가 개별 개체로써 중력에 대항

하는 효과적 힘을 상실하여 수직 이동할 때에 '떨어지다'는 관계 서술되므로 이에 필요한 조건만 주어지면 자연스럽게 호응한다.

　(10ㄱ)과 (10ㄴ)은 '떨어지다'의 인식 영역과 인식 대상화 조건에 따라 대조적인 양상을 보여준다. (10ㄱ)의 인식 영역은 화자의 가시 공간을 벗어나 있고, 또 무한 복합 개체이므로 '떨어지다'가 어울리지 못한다. 물론 이런 경우에는 인식 영역에 제한을 받지 않는 '오다, 퍼붓다, 내리다' 등이 올 수 있다. 반면 (10ㄴ)이나 (10ㄷ)에서는 단일 개체를 나타내거나, 변화된 결과의 공간이 개별 개체로 수용할 수 있을 정도로 작아서 '떨어지다'가 호응하게 된다.

　한편 11)에서 보듯이 관계문에서의 '떨어지다'는 이러한 대상화 조건에 비교적 자유스럽다. 왜냐하면 명사 수식어는 비시간적이므로 인지자가 마음속에서 재구성한 요약(summary)주사로 과정의 모습을 드러내지 않기 때문이다.

　'떨어지다'는 물체를 자유 투하하거나 연직 투하, 혹은 포물선 운동(포탄, 공)의 경우에도 출발점이 다를 뿐, 운동력과 중력이 동일한 정점에 이르는 순간부터 적용할 수 있다. 따라서 '떨어지다'는 물체의 수직 이동에 모습 결정소가 있는 듯하지만, 이보다는 중력의 작용에 바탕을 둔 동사임을 알 수 있다.

　　　(12) ㄱ. 공이 파울선 밖으로 날아가다가 관중석에 떨어졌습니다.
　　　　　　ㄴ. {화살. *총알}이 과녁판에 떨어졌다.
　　　　　　ㄷ. 절벽으로 자동차를 밀어 떨어{*졌다. 뜨렸다.}

　(12ㄱ)처럼 '떨어지다'는 반드시 물리적인 수직 낙하 운동의 개체에만 적용을 받지 않는다. 포물선을 그리는 야구공의 이동 경로를 추적해보면 타력에 의해 날아가던 물체가 힘이 다하는 순간, 즉 중력이 작용하면서부터 '떨어지다'의 작용인이 시작되는 것이다. 따라서 중력에 영향받지 않는 (12ㄴ)의 '총알'이나 (12ㄷ)에서는

'떨어지다'가 어울릴 수 없다.

또한 '떨어지다'는 대상의 출발점(위)과 도착점(아래)의 거리에 제약을 받는다. 이러한 특성을 '떨어지다'의 상적 특성으로 설명할 수 있다.14) 그러나 상적 특성만으로는 공간에서의 물체의 이동이 인식자의 심리적 공간 개념으로 투영된 '떨어지다'의 인지과정을 충분히 설명하기 어렵다.

우선 '떨어지다'와 완료상 형태 '-아/-어 있다'와 진행상 형태인 '-고 있다'와의 연결 제약을 보면 인지능력과 언어능력과의 밀접성이 잘 드러난다.15)

(13) ㄱ. {*빗방울, 진눈깨비, ?폭탄}이(가) 떨어져 있다.
　　　ㄴ. 사과가 {??나무에서, 땅에} 많이 떨어져 있네.

(14) ㄱ. 그 사람은 옥상에서 {?떨어져 있다. 떨어져 있었다}
　　　ㄴ. 절벽 아래에 떨어져 있는 사람이 그 대역 배우입니다.

(13) '-아/-어 있다'는 완료나 지속의 상적 의미보다는 처소적인 의미가 더욱 엿보인다. 이런 경우 '-아/-어 있다'는 '-한 상태로 있

---

14) 황병순(1986ㄱ.ㄴ)에서는 '떨어지다'를 성취 동사로 분류하고, 상적 특성을 〔+기동성, -잠재성, -과정성, +종결성〕으로 보았다. 아울러 '떨어지고 있다'는 '종결성'에 잠재해 있는 〔+과정성〕을 획득하고 있으며, '떨어져 있다'는 〔-순간성, +종결성〕으로 파악하였다. 그러나 이러한 상적 특성은 두 개나 그 이상의 개체 사이의 상호관계에 따라 변할 수 있어 쉽게 규정짓기 어렵다.
15) 기존 언어학에서는 낱말 의미의 섬세하고 풍부한 면을 형식적인 의미 자질로 낱말의 뜻을 포착하여 문장 안에서의 낱말의 쓰임을 예측하려 하였다. 그러나 인지 언어학에서는 기존의 방법이 낱말의 극히 제한된 부분의 의미나 쓰임을 반영할 뿐, 전체를 다룰 수 없어 지극히 경직된 방법이라고 지적하였다. 이에 인지 언어학자들은 언어 능력과 일반 인 지 능력을 구분하지 않을뿐더러 형식적인 짜임보다는 낱말의 유연성과 풍부함이 우리의 인지능력과 어떤 연관이 있는지에 초점을 두고 영상화하여 보여주고자 하였다.

다'로 치환된다. 따라서 떨어진 개체의 속성으로 말미암아 그 상태를 유지하기 어려운 (13ㄱ)의 '빗방울'은 호응하기 어렵다. 물론 이는 '폭탄'에서도 그대로 적용되는바, 터지지 않은 불발탄은 폭탄의 본래 형태를 유지하고 있으므로 '-아/-어 있다'와 자연스럽게 호응한다. 즉 '떨어져 있다'는 완료보다는 개체 상태의 지속의 상적 특성의 의미가 강하다.16) 그런데 (13ㄴ)처럼 상태의 지속은 낙하 상태의 지속이 아니라 낙하가 완료된 상태의 지속에 초점을 두고 있으므로 '-아/-어 있다'는 공간적 의미로 전이되는 것이다. 아울러 (14ㄱ)처럼 낙하 물체가 유정물일 때에도 상태 지속을 확인할 수 있는 과거 사태 서술이 더욱 자연스럽게 된다.

한편 '-고 있다'는 상태 지속을 확인할 수 있는 상황에서만 '떨어지다'와 자연스럽게 호응한다.

(15) ㄱ. *영희가 침대에서 떨어지고 있다.
    ㄴ. ?철수가 10층 건물에서 떨어지고 있다.
    ㄷ. 공수 부대원이 공중에서 낙하산으로 떨어지고 있다.

(15)의 예문에서 보듯, [+종결성]을 지닌 '떨어지다'도 개체의 특이성이나 인식 거리의 확장으로 상태 지속의 [과정성]을 획득할 수 있다. 이는 위에서 아래로의 낙하 운동, 즉 상태 변화의 과정이 인식자에 의해 연속(sequential) 주사(走査)로 파악할 수 있기 때문이다. 이러한 특성은 야구공이 날아갈 때의 우리의 인식론적 과정과 동일하다. 즉 사건의 연속적인 상태가 순차적·순간적으로 나타나지만, 사건이 전개됨에 따라 주어진 사건의 한 상태에서 다음 상태로 우리의 인지 작용도 뒤따라가기 때문이다.

개체의 순간적인 낙하 과정을 나타내는 '떨어지다'도 다음 예문

---

16) 국어 진행상 형태 '-고 있다', '-는 중이다'의 상태 지속의 의미나, 이에 대한 처소론적 해석은 고영근(1980) 참조.

처럼 인식론적 상황에 따라 다음과 같이 가변적인 제약 현상을 보여준다.

(16) ㄱ. {*단추, 먼지}가 떨어지고 있다.
   ㄴ. {사과, 밤, 감}이 떨어지고 있으니, 얼른 수확하는 게 좋겠다.
   ㄷ. {주가, 명령, *신발, ??감기, *밥맛, ?돈}이 떨어지고 있다.

이상 (16)은 개체에 따른 '고 있다'와의 제약을 보여준다. 우선 위에서 아래로의 연속 주사를 확인할 수 있는 명사와는 잘 호응하나, 단순히 개체의 이탈 행위에 바탕을 둔 명사들과는 잘 호응하지 못한다. 물론 (16ㄴ)에서의 '떨어지다'의 대상은 한 개체의 '낙하'나 '이탈'을 뜻하지 않는다. 그것은 군집된 개체의 시간 차이를 둔 변화 과정을 염두에 둔 표현으로 해석된다.

④의 '명령, 지시, 호령' 따위는 위에서 아래로의 상하 공간 관계에 적용을 받는 대상 명사들이다. 이 경우 화자는 자기보다 신분이나 지위 계급이 높은 사람에게서 내려지는 대상명사들을 받아들이는 수용자로 기능한다. 이처럼 '떨어지다' 대상 명사의 공간 은유화 과정은 상하 속성이 다소 불투명한 관계에도 때로 성립하지만, 제약이 따르거나 다른 의미로 전이되기도 한다.

(17) ㄱ. {아버지, 딸아이}의 말이 떨어지기 무섭게 나는 뛰어 갔어.
   ㄴ. 그만 만나자는 말이 도무지 입에서 떨어져야 말이지.
   ㄷ. 무슨 말을 해야 할지 {입, ?말}이 떨어지지 않더라고.

'말(음성)' 자체는 물리적으로는 수평적 공간 이동을 하는 것 같으나, (17)에서처럼 서술 관계에 따라 달라지므로 사실상 매우 불투명한 공간 이동 양상을 보여준다.17) '말'과 '떨어지다'는 (17ㄱ)

---

17) 화·청자와의 관계에 따라 '말'은 '말씀을 올리다', '말을 내리다(까다)'처럼 상승이나 하강 술어와 관계하며, '말이 오가다', '말을 옮기다'처

처럼 신분의 상하관계를 벗어난 경우에도 잘 호응하는 것으로 보아 '상하 이동'의 의미보다는 '이탈'의 의미로 해석된다. 특히 '입을 떼다', '말을 쏘아붙이다' 등의 숙어로도 확인되며, '말이 떨어지다'는 발음기관인 '입(술)'에서의 '말'이라는 개체의 이탈 행위를 뜻한다. 물론 발성은 다물었던 입술을 조작하(입을 떼다, 입을 벌리다)거나, 피동적으로 이탈됨으로써 생성된다. 이에 (17ㄷ)처럼 개체로부터의 이탈 과정을 적확하게 기술하지 않아서 '말이 떨어지다'는 부자연스럽다.

한편 '떨어지다'의 뜻풀이 ②(값, 수준, 정도에서 후퇴하거나, 뒤로 처지다)와 ⑤(다른 것보다 못하다)는 두 대상의 현저성에 의한 비교를 바탕으로 공간 은유화된 것으로써, 동일한 인지 과정을 보여 준다.

(18) ㄱ. 성적이 1등에서 5등으로 그만 떨어졌어.
     ㄴ. 우리 선수가 선두 그룹에서 뒤로 떨어졌어.

(19) ㄱ. 인물이 언니보다 좀 떨어지지만, 학교 성적은 떨어지지 않아.
     ㄴ. 우리 제품이 디자인은 좀 떨어지지만, 성능은 손색이 없어.

(18)의 '떨어지다'는 공간 은유화 과정을 통해 상하 공간 개념이 확대된 예이다. 그런데 (18ㄴ)은 보기에 따라 전후 개념일 수도 있고, 상하 개념으로도 해석된다. 또한 상하 이동에 내재되어 있는 이탈 행위로도 보여진다. 물론 국어의 상하 개념어와 전후개념어는 시간적 선후관계나, 긍정·부정의 속성 등에서 의미론적 상관성을 지녀 일치하기도 한다. 이처럼 '떨어지다'는 때로 상하 공간 개념이 전후 개념으로 전이되어 나타나기도 한다. (19)는 비교 기준보다 비교 속성이 못함을 나타내는 평가 구문으로써, 이 역시

럼 수평 이동 술어와도 잘 어울린다.

공간개념어의 은유화 과정을 통해 생성된 것이다.

이상으로 우리는 '상→하' 방향이동에 의한 상태 변화의 기능을 지닌 '떨어지다'의 인지론적 제약과, 이에 따른 의미 확대 과정을 살펴보았다. 이를 바탕으로 이들의 범주화 관계를 도식하면 다음과 같다.

〈 '떨어지다¹〔落下〕'의 의미 범주화(도식 3) 〉

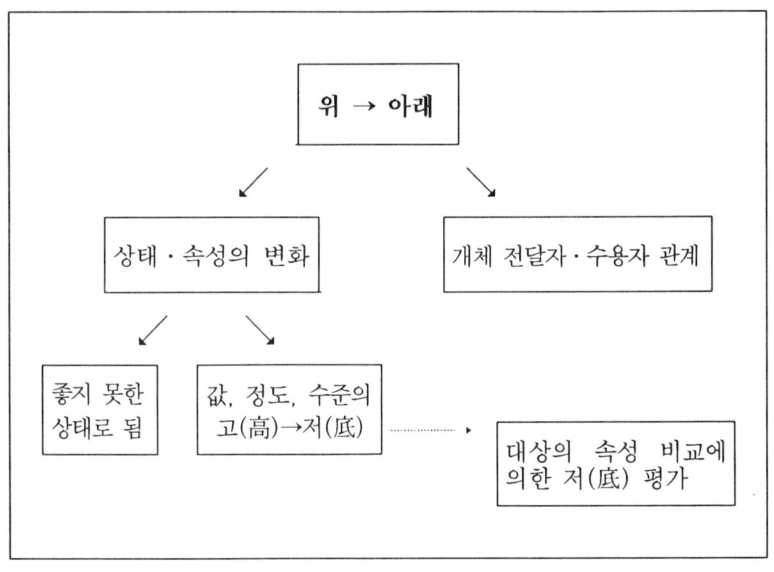

위 도식에서 굵은 선으로 된 상자는 원형적인 의미 관계를 표시한다. 또한 실선 화살표는 도식(schematicity) 관계를, 점선 화살표는 확대(extension) 관계를 나타낸다. 이런 범주화 관계는 인지상의 현저성이나 거리에도 변화가 있게 마련이다. 우선 구체적인 개체의 낙하는 상태·속성의 변화에 대해 추상화되어 도식적 관계를 형성한다. 아울러 두 개체가 지닌 속성을 비교하여 가치 판단화하는 '떨어지다'는 인지과정의 복잡성으로 추상화의 거리가

먼 확대 관계를 이루게 된다.

물체(전체)에서 개체(부분)로의 이탈을 핵심의미로 지닌 '떨어지다'는 '떨다'의 의미를 그대로 유지하고 있다. 물론 언급한 대로 '이탈'은 '상→하'의 '지다' 의미와 상충되기도 한다.

이탈 행위는 하나의 개체로 인식할 만한 대상이나, 부착되었거나 이탈할 만한 개체적 속성을 전제로 성립된다. 일반적으로 장녀 상태의 '과일, 꽃, 단추…' 따위는 나뭇가지나 옷 등에 부착된 것으로 인식하는 개체들이다. 부착 당한 개체의(지표:landmark)의 이웃에서 부착 개체(탄도체:trajecter)가 벗어나는 과정을 도식화하는 관계서술에 앞서, 이들 개체의 속성이 추상화되는 과정을 예문을 통해 살펴보기로 하자.

(20) ㄱ. 바람이 불어 {사과, 꽃}이 떨어졌다.
　　　ㄴ. {옷, 신, 책}이 떨어져서 새로 샀어요.
　　　ㄷ. 사고로 뱃속의 아이가 떨어졌대요.

(20ㄱ)은 하나의 물체에 달려있거나 부착된 개체의 이탈 과정을 표현하는 대표적 예문이다. 이 경우 떼어져 내려지는 '이탈'과 '낙하'의 의미가 공유되어 있다. 즉 발화 상황에 따라 '사과, 나뭇잎. 꽃잎' 등은 낙하 개체로 또는 이탈 개체로 해석될 수 있는 여지가 있다.[18] 반면 (20ㄴ)의 '떨어지다'는 하나의 개체가 닳아서 구멍이 나거나 찢어지는 '헤어지다'의 의미를 좀더 강화한 것으로 해석된다. 즉 하나의 개체로 존속하여야 할 대상이 부분적인 이탈

---

18) 문맥이나 발화 상황에 동일한 개체가 다음과 같이 낙하, 이탈, 생성, 소멸 개체로 해석된다.

　　a. 뉴우튼은 사과가 떨어지는 것을 보고 만유인력의 법칙을 발견했다 한다.
　　b. 사과가 떨어지지 않도록 하나하나 붙잡아 매두었으면 좋겠어.
　　c. 윷놀이를 이긴 사람에게는 부상으로 사과 한 상자가 떨어졌다.
　　d. 가게에 사과가 떨어졌다고 해서 못 사왔어요.

이 이루어져 못쓰게 됨을 적극적 의미를 띤다. 이처럼 하나의 개체를 두 개체로 관계 서술하는 '떨어지다'는 이탈 행위에 초점을 두지만, 뒤에 두 개체가 어느 정도 거리를 지니게 되면 '떨어져 나가다' 등으로 한층 의미를 강화하기도 한다.

(20ㄷ)은 (20ㄱ)과 개체 속성이 다를 뿐, 동일한 관계 서술을 보여준다. 즉 어머니의 태에 부착된 아기가 이탈됨(落胎)으로 유산됨을 뜻한다. 이러한 부착에서 이탈에까지 이르는 인식론적 과정은 개체와 개체에서 벗어나 점차 추상화 과정을 거쳐 공간 은유화된다.

(21) ㄱ. 지난 번에 떨어진 오천원을 마저 갚아라.
     ㄴ. 그 집만 사면 적어도 몇 백만원은 떨어집니다.
     ㄷ. 계산이 딱 맞아 떨어졌다.

(22) ㄱ. 그 사람과 좀 떨어져 걸어가고 있었다.
     ㄴ. 김 선생님은 학교에서 좀 떨어진 곳에 살고 계셔.

(21)은 셈 행위에서 흔히 볼 수 있는 예문들이다. 셈 행위는 계산 과정을 통해 남거나 모자라거나 혹은 남지도 모자라지도 않을 수 있는 상황이 전제되어 있다. (21ㄱ)은 전체 금액에서 이탈된 부분 개체를, (21ㄴ)은 투자액에서 생성되는 이득을 수용자적 입장으로 표현하고 있는 예문이다. 반면 (21ㄷ)은 이탈 행위를 전제로 새로운 결과적 사태가 생성됨을 추상화한 예문이다.

(22)는 개체에서 또 다른 개체의 이탈이 추상화 과정을 통해 처소적인 표현으로 전이된 예문이다. 이처럼 두 개체의 공간적인 거리 관계는 때로 '떨어지다'가 지닌 고정된 물체로의 이탈이 아닌 인식 공간의 확대로 이어진다. (22ㄱ)은 변화하는 상태 내에서의 이탈 행위를 서술하고 있는데, 상대적인 운동 속도의 차이에서 발생하는 이탈 과정은 실제와 인식이 역으로 나타나기도 한다. 즉

탄도체는 고정되어 있고 지표가 움직이면 그 탄도체는 반대방향으로 움직인다고 생각하는 착시 결과를 낳거나, 혹은 더 빠른 속도의 물체에 의해 상대적으로 자신이 그 변화지표에서 이탈하고 있다는 주관화된 관습적 영상을 보이기도 한다.[19]

이탈 행위는 시발점의 공간 지각만을 초점화하면, 이탈 행위 뒤의 공간은 대상의 '유(有)→무(無)'로 변화된다. 이 때 '떨어지다'의 확장 의미 '없어지다(滅)'의 의미가 도출된다.

(23) ㄱ. {양식, 돈, 일거리…}이(가) 떨어졌어요.
ㄴ. 진지가 적에 손에 떨어졌다.
ㄷ. {감기, 손을 빠는 버릇}이(가) 떨어졌어요.
ㄹ. {정, 밥맛, 숨}이 똑 떨어졌어요.

(23)는 원형 범주의 중심에서 거리가 먼 하위 도식에 있는 '떨어지다'이다. (23ㄱ)은 구체적인 사용 개체가 부분적인 이탈을 통해 암지 않고 다 없어짐을 뜻한다. 물론 이는 개체를 소유하고 있는 또 다른 개채(쌀통, 소유자…)로부터의 핵심적인 '이탈'의 의미가 전제되어 있다. (23ㄴ)은 자기 소유의 개체가 이탈되어 타인 소유로 변화됨, 즉 개체의 없어짐이나 빼앗김을 나타낸다. 여기에서 "진지가 우리 손에 떨어졌다"라는 표현도 가능하지만, 이는 "우리가 진지를 빼앗다"라는 해석보다는 "상부에서 우리에게 진지를 맡기다"라는 상황에서의 표현으로 해석된다. 이에 (23ㄴ)의 상대적인 표현은 "진지가 우리 손에 들어왔다"가 자연스럽다. (23)의 ㄷ, ㄹ은 몸이나 정신에 부착되어 있다고 관념화된 개체가 이탈로

---

19) 우리는 달리는 기차 속에서 기차가 이동하지 않고 전봇대가 뒤로 밀려 나간다고 생각하거나, 반대 방향의 기차가 떠나는 것을 보면서 자신이 탄 기차가 이동한다고 생각한 경험이 있을 것이다. 이러한 다분히 주관적인 착시 현상은 언어 현상에도 그대로 나타난다, 즉 "100미터 달리기에서 영수한테 떨어졌다"라는 구문도 '떨어지다'의 원형적 의미에서 확대 된 예이다.

없어지거나 사라짐을 표현한 예들이다. 아울러 '시험, 선거…' 등과 결합하는 '떨어지다'는 상대적 서술어 '붙다'에서 알 수 있듯이, 뽑힘의 대상에서 일탈됨을 뜻한다.

이상으로 '개체로부터의 이탈(離脫)'을 핵심의미로 지닌 '떨어지다'의 다양한 인지 과정을 살펴보았다. 이를 바탕으로 추상화 과정을 망상 모형으로 도식하면 다음과 같다.

〈 '떨어지다^2[離脫]'의 의미 범주화(도식 4) 〉

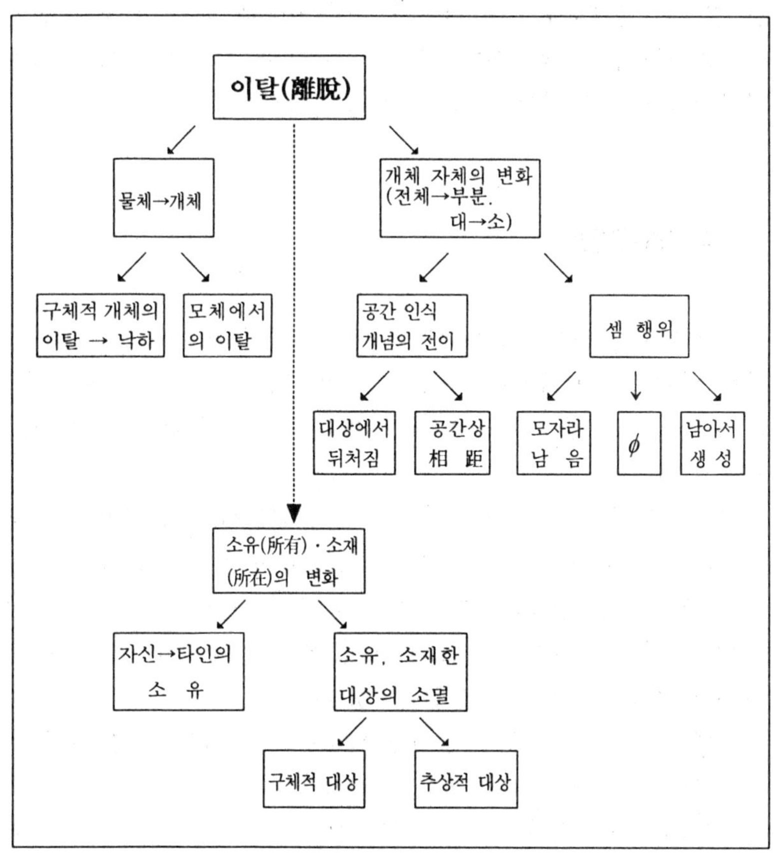

'떨어지다'가 지닌 '이탈'의 망상조직은 도식(→), 확대(…►)관계를 통해 원형에서 거리가 멀수록 추상화 관계력도 높다고 할 수 있다. 이는 유사성이나 인접성을 근거로 도출된다.

이탈 행위의 속성은 부착을 전제로 하므로 두 개체를 필요조건으로 성립된다. 이에 피부착물과 부착물이 구체적으로 드러나 있는 것은 편의상 물체→개체로 명명하여 분류기준으로 삼고, 단순히 하나의 개체라고 인식할 만한 것은 '개체의 크기, 양, 속성의 변화를 기준으로 구분하였다. 아울러 후자는 다시 구체적인 상황을 전제로 셈행위에서의 여분의 속성 양상과 공간 개념의 전이로 추상화 과정을 도식하였다. 끝으로 추상화된 소멸(消滅)의 의미를 지닌 추상화의 거리가 가장 먼 것으로 설정하였다.

4. 맺음말

이제까지 필자는 '떨어지다'의 인지 과정(개념화)을 파악하고, 이를 바탕으로 형태론적 통합체 '떨어지다' 및 구성소 '떨다'와 '지다'의 영상 도식을 시도하였다. 이제까지 논의된 바를 요약하면 다음과 같다.

첫째, '떨어지다'는 하나의 고착된 합성동사로 쓰이면서도 형태적 결합요소인 '떨다'와 '지다'의 의미가 내재되어 있을 것이라는 가설 아래 논지를 전개하였다. 그 결과 '떨다'가 지닌 '이탈'의 의미와 '지다'가 지닌 '위에서 아래로의 상태 변화'의 의미역이 '떨어지다'에 두루 관여하고 있음을 확인할 수 있었다.

둘째, '떨다'와 '지다'의 용례를 다의어 처리하지 않고 단일한 핵심의미로 파악하여 이에 대한 영상도식을 시도하였다. 이로써 '떨어지다'의 모습 결정소를 다음과 같이 합성된 도식으로 영상화할 수 있을 것이다.

〈 '떨어지다'의 영상 도식(도식 5) 〉

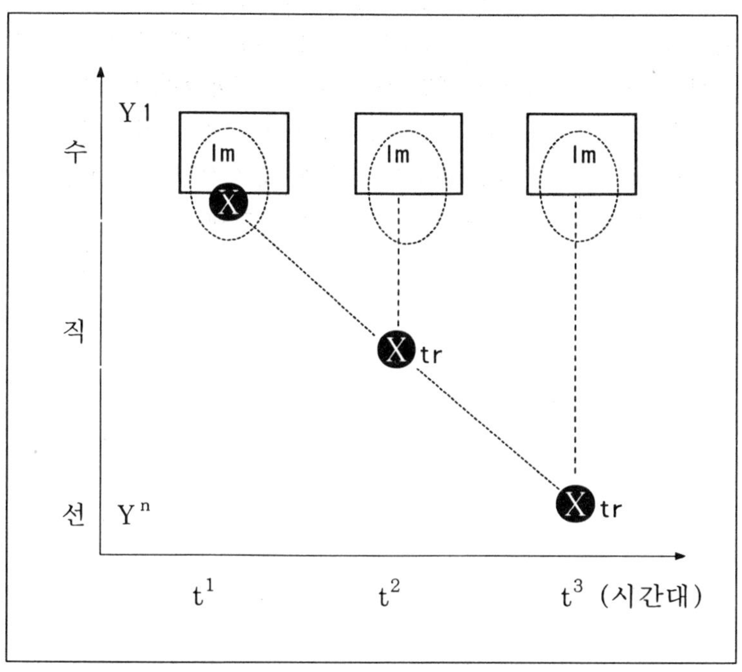

  그러나 위 '떨어지다' 도식은 모든 '떨어지다'의 용례를 다 포괄하고 있으므로 개별적인 의미를 영상으로 충족하게 설명해 주지는 못하고 있다. 다만 위 도식에서 우리는 인지자가 인식론적 과정의 어느 순간에 어떤 부과된 대상에 초점을 두느냐, 또는 대상과의 관계 서술에 따라 영상이 달리 나타나기도 한다. 즉 단순히 개체의 순간적인 분리에 모습이 부과된 '떨어지다'도 있고, 시간적인 변화 과정전체에 모습이 부과된 영상도 있을 것이다. 또는 변화되기 전 양상이나, 변화된 결과에 초점이 놓여 '낙하', '이탈'의 바탕 영역이 '생성', '소멸'의 모습으로 드러나기도 한다. 이러한 다양한 인지론적 해석은 인지자의 인식 양상으로 언어 구조를 해석한 결과이기도 하며, 역으로 인지 구조가 인간

의 언어능력에 그대로 산출된 결과이기도 하다.

끝으로 영상에 부과된 모습을 망상모형으로 도식해 본 결과, '떨어지다'의 추상화 과정을 설명할 수 있었다. 앞으로 남은 문제는 이러한 인지론적 해석이 개별 어휘의 의미 파악이나 의미 전이과정에 얼마나 적용될 수 있는지에 대한 지평을 넓히는 일일 것이다. 물론 이러한 연구의 대상도 단순한 공간적인 어휘에서 벗어나 추상적인 어휘들로 확대하는 일도 이에 포함된다.

참 고 문 헌

1. 참고 자료

○ 李箱 文學賞 受賞 作品集

제1회(1977) : 金承鈺, 〈서울의 달빛 0장〉 外 7편.
제2회(1978) : 李淸俊, 〈잔인한 都市〉 外 7편.
제3회(1979) : 吳貞姬, 〈저녁의 게임〉 外 7편.
제4회(1980) : 柳在用, 〈關係〉 外 7편.
제5회(1981) : 朴婉緖, 〈엄마의 말뚝〉 外 7편.
제6회(1982) : 崔仁浩, 〈깊고 푸른 밤〉 外 7편.
제7회(1983) : 徐永恩, 〈먼 그대〉 外 7편.
제8회(1984) : 李均永, 〈어두운 기억의 저편〉 外 7편.
제9회(1985) : 李祭夏, 〈나그네는 길에서도 쉬지 않는다〉 외 8편.
제10회(1986) : 崔一男, 〈흐르는 북〉 외 7편.
제11회(1987) : 李文烈, 〈우리들의 일그러진 영웅〉 외 7편.
제12회(1988) : 임철우·韓勝源, 〈붉은 방·해변의 길손〉 외 6편.
제13회(1989) : 金采原, 〈겨울의 幻 -밥상을 차리는 女子-〉 외 7편.
제14회(1990) : 金源一, 〈마음의 감옥〉 외 8편.
제15회(1991) : 趙星基, 〈우리시대의 소설가〉 외 9편.
제16회(1992) : 梁貴子, 〈숨은 꽃〉 외 9편.
제17회(1993) : 최수철, 〈얼음의 도가니〉 외 9편.
제18회(1994) : 최 윤, 〈하나코는 없다〉 외 10편.
제19회(1995) : 윤후명, 〈하얀 배〉 외 9편.

2. 참고 논저

강범모 (1983), "한국어 보문명사 구문의 의미특성", 「語學硏究」 19-1.

姜永善 外 (1992), 「세계철학대사전」, 高麗出版社.

강정희 (1982), "제주방언의 상태동사의 동작화과정에 대하여", 「梨花語文論
　　集」5, 梨花女大 語文學硏究所.

_____ (1992), "비교와 가정·추측·비유의 인식론적 상관성에 대하여", 「한남대학교 논문집」 22.

_____ (2001), "제주방언의 '-아/-어 지다' 구문 연구", 「韓南語文學」25, 韓南大學校 國語國文學會.

高永根 (1965), "現代國語의 敍法體系에 對한 硏究", 「國語硏究」 15.

_____ (1970), "現代國語의 準自立形式에 對한 硏究 —특히 配列의 차례를 중심으로—", 「語學硏究」 6-1. 서울대 어학연구소.

_____ (1974), "現代國語의 終結語尾에 對한 構造的 硏究", 「語學硏究」 10-1.

_____ (1974), 「현대국어의 파생법미사에 대한 구조적 연구」, 광문사.

_____ (1976), "現代國語의 文體法에 대한 硏究", 「語學硏究」 12-1.

_____ (1980), "국어 進行相 형태의 處所論的 해석", 「語學硏究」 16-1.

_____ (1981), 「中世國語의 時相과 敍法」, 탑출판사.

_____ (1978), "形態素의 分析限界", 「언어학」 3 .

_____ (1986), "樣態와 敍法의 相關關係", 「國語學新硏究」, 탑출판사.

고영근·남기심 (1985), 「표준국어문법론」, 탑출판사.

郭江濟 (1982)(역), 「哲學의 意味」, 博英社.

국응도 (1968), "Embedding Transformation in Korean Syntax", Ph. D. dissertation, University of Texas.

김광해 (1995), "의미의 도식화와 접미사 {-적(的)}", 「어휘연구의 실제와 응용」, 집문당.

김규철 (1988), "모습의 '겠'과 바탕의 '-을 것'", 「冠嶽語文硏究」 13.

김동욱 (2000), "한국어 추측표현의 의미차이에 관한 연구—'ㄴ것 같다', 'ㄴ듯하다', 'ㄴ가 보다', 'ㄴ모양이다'의 의미차이를 중심으로", 「국어학」 35, 국어학회.

金敏洙 (1971), 「國語文法論」 , 一潮閣.

金敏洙 外 (1991), 국어대사전 , 금성출판사.

김봉주 (1990), 「개념학-의미론의 기초-」, 한신문화사.

金錫得 (1974), "한국어의 시상", 「한불연구」 I, 연세대 한불연구소.

_____ (1988), "구성요소의 뜻과 총합체의 뜻과의 관계", 「동방학지」 59.

김승곤 (1978), "연결형 어미 '-니까', '-아서', '-므로', '-매'의 말쓰임에 대하여", 「인문과학논총」 11. 건국대학교.

김영채·박권생 (1992), 「인지심리학-이론과 적용-」, 박영사.

김영정 (1989), "기능주의의 여러 유형과 감각질 문제", 「認知科學」, 民音社.

김영희 (1980), "평가구문의 구조", 「한국어 통사론의 모색」, 탑출판사.

김용석 (1975), 「한국어 불완전명사 연구-'대', '때문', '듯'을 중심으로-」, 연세대학교 대학원.

______ (1982), "'듯'의 의미와 통사", 「배달말」 7, 배달말학회.

金完鎭 (1970), "문접속의 '와'와 구접속의 '와'", 「어학연구」 6-2.

김일웅 (1993), "한국어의 서법-서법의 개념과 하위 범주-", 「우리말 연구」 3, 우리말 연구회.

김정대 (1990), "비교구문 논의를 위한 몇 가지 전제", 「경남어문논집」 3, 경남대학교 국어국문학과.

김차균 (1980), "국어 미정 형태소의 의미", 「韓國言語文學」 19, 韓國言語文學會.

______ (1981), "「을」과 「겠」의 의미", 「한글」 173·174, 한글학회.

______ (1990), 「우리말의 시제와 상의 연구」, 태학사.

金泰玉·李玄浩(1991)(共譯), 「談話·텍스트 言語學 入門」, 養英閣.

김청자 (1983), "보조동사 '보다'의 의미연구", 「국어국문학논집」 18, 서울대학교 사범대학교 국어국문학연구회.

김태자 (1987), 「발화분석의 화행의미론적 연구」, 탑출판사.

金興洙 (1983), "{싶다}의 통사·의미 특성", 「冠岳語文硏究」 8,

______ (1985), "심리동사 구문의 斷言的 의미", 「국어학」 14, 국어학회.

______ (1988), 「현대국어 심리동사 구문에 관한 연구」, 서울大學敎 大學院.

______ (1993), "명사화 관련 '것' 구조에 대한 의미·기능적 접근", 「語文論叢」 12, 國民大學校 語文學研究所.

羅鎭錫 (1953), "未來時制 補助語幹 '리'와 '겠'의 교체", 국어국문학 6, 국어국문학회.

______ (1972), 「우리말의 때매김 연구」, 과학사.

南基心 (1969), "문형 'N₁이 N₂이다'의 분석연구", 「계명논총」 12, 계명대학교.

______ (1972), "現代國語 時制에 관한 問題", 「國語國文學」, 55~57.

______ (1986), "{이다} 구문의 통사적 분석", 「한불연구」 7, 연세대학교.

______ (1991), "불완전명사 '것'의 쓰임", 「국어의 이해와 인식」 -길음 김석득 교수 회갑기념 논문집-, 한국문화사.

南基心, 高永根, 李益燮(共編)(1975), 「現代國語文法」, 啓明大學出版部.

南基心·Lukoff (1978), "論理的 形式으로서의 '-니까' 구문과 '-어서' 구문", 「국어의 통사·의미론」, 塔出版社.

문경환 (1975), "인지체계 속의 언어기능", 「인지과학」2-2, 인지과학회.

문정복 (1987), 「언어와 논리」, 형설출판사.

박근호 (1990), "선어말어미 '겠'에 관한 연구", 경북대 대학원 석사논문.

박선자 (1993), "한국어 서법 연구 -볼자리 가설과 우리말의 서법-", 「우리말 연구」 3, 우리말 연구회.

朴勝彬 (1935), 「朝鮮語學」, 朝鮮語學硏究會.

박승윤 (1983), "*Kes Kath-ta* Construction and Subjectlessness in Korean, 「*KOREAN LINGUISTICS*」 vol.3, JCKL.

박양규 (1975), "소유와 소재", 「국어학」 3, 국어학회.

박영환 (1988), "사회변동과 언어변화", 「韓南語文學」 14, 韓南大學校 國語國文學會.

_____ (1991), 「指示語의 意味 機能」, 韓南大學校 出版部.

박옥숙 (1987), "임의적 불확실성과 화자의 주관적 선택 -'겠'의 화용론-", 「한글」 195, 한글학회.

박재연 (1999), "국어 양태범주의 확립과 어미의 의미 기술-인식양태를 중심으로-", 「국어학」 34, 국어학회.

박종갑 (1987), 「國語疑問文의 意味機能硏究」, 弘文閣.

박지홍 (1981), 「현대우리말본」, 문성출판사.

배희임 (1986), "'지'와 피동", 「국어학신연구」, 탑출판사.

서승현 (1991), "용언＋지다/대다 구조에 관한 연구", 「우리말연구」 11, 홍문각.

서정목 (1987), 「국어 의문문 연구」, 탑출판사.

_____ (1991) "국어 의문문의 의문성 정도에 대하여", 「국어의 이해와 인식」, -길음 김석득 교수 회갑기념논문집-, 한국문화사.

서정수 (1977), "{겠}에 관하여", 「말」 2

_____ (1978), "르것에 관하여", 「국어학」 6, 국어학회.

徐泰龍 (1980), "動名詞와 後置詞 '을', '은'의 基底意味", 「震檀學報」 50.

成耆徹 (1979), "經驗과 推定", 「文法硏究」 4,

成光秀 (1976ㄱ), "不完全名詞＋{하(다), 이(다)에 대한 生成論的 分析"「語文論集」17. 고려대.

_____ (1976ㄴ), "국어간접피동에 대하여", 「문법연구」 3, 문법연구회.

_____ (1984), "국어의 추정적 표현" 「한글」 184, 한글학회.

성낙수 (1976), "보문 명사 '터', '지'의 연구", 「문법연구」 3, 문법연구회.

_____ (1978ㄱ), "이유·원인을 나타내는 접속문 연구(Ⅰ)", 「연세어문학」 11.

_____ (1978ㄴ), "이유·원인을 나타내는 접속문 연구(Ⅱ)", 「한글」 162.

소흥렬 (1979), 「논리와 사고」, 이화여자대학교 출판부.

_____ (1990), "표상의 실재성과 가능성", 「인지과학」 2-2, 인지과학회.

손춘섭 (1992), "현대국어의 의존명사 연구", 전남대 대학원 석사논문.

송병학(1979), 「한국어의 수동태」, 「언어」 4-2.

송석중 (1969), "It's Not Easy to Interpret the Word Swipta 'Easy' ", Departemant of linguistics, Michigan State University.

_____ (1993), 「한국어 문법의 새 조명」, 지식산업사.

신기철·신용철(1974), 새 우리말 큰 사전, 三省出版社.

신선경 (1993), "'것이다' 구문에 관하여", 「國語學」 23, 國語學會.

申昌淳 (1972), "현대 한국어의 용언보조어간 「겠」의 의의와 용법", 「朝鮮學報」65, 日本天理大. (남기심 외 공편 1975 所收)

신현숙 (1991), 「한국어 현상-의미 분석」, 상명여자대학교출판부.

沈在箕 (1982), 「國語語彙論」, 集文堂.

양명희 (1990), "현대국어 동사 '하-'의 의미와 기능", 「국어연구」 96.

安明哲 (1983), "現代國語의 樣相研究", 「國語研究」 56.

양인석 (1972), 「Korean Syntax」, 백합출판사.

_____ (1976), "韓國語 樣相의 話用論(Ⅰ)", 「언어」 1-1, 한국언어학회.

嚴廷植 (1984), 「確實性의 追求」, 西江大學校 人文科學研究所.

嚴正浩 (1990), 「終結語尾와 補助動詞의 統合構文에 대한 研究」, 成均館大學院.

오승신 (1986), "'-ㄴ지'의 통사적 기능전이에 따른 의미 변화 연구」, 이화여자 대학교 대학원 석사학위논문.

우인혜 (1997), "우리말의 피동 연구", 「한글」 161, 한글학회.

우형식 (1986), "지각동사 '보다'의 경험과 추정", 「연세어문학」 19, 연세대 국어 국문학회.

_____ (1991), "인지동사 구문의 유형 분석", 「국어의 이해와 인식」 -길음

김석득 교수 회갑기념 논문집-, 한국문화사.

왕문용 (1988), 「근대국어의 의존명사 연구」, 한샘.

유동석 (1984), "양태조사의 통보기능에 대한 연구", 「국어연구」 60, 국어
   연구회.

윤평현 (1991), "국어의 가정 표현에 대한 고찰", 「국어의 이해와 인식」-길
   음 김석득 교수 회갑기념 논문집-, 한국문화사.

이강로 (1967), "파생접사 '-지-'의 형태론적 연구", 「인천교육대학논문집」 2.

이강조 (1988)(역), 「인식론」, 요하네스 헤센(저), 서광사.

李建源 (1990), "느낌만이 뜻인가", 「인지과학」 2-1, 인지과학회.

이기갑 (1987), "미정의 씨끝 '-으리-'와 '-겠-'의 역사적 교체", 「말」 12,
   연세대 한국어학당.

이기동·김종도(1991) (역), 「인지문법」, R.W. Langacker(저),한신문화사.

이기동 (1977), "동사 '오다' '가다' 의미 분석", 「말」 2, 연세대 한국어학당.

_____ (1978), "조동사 '지다'의 의미연구", 「한글」 161, 한글학회.

_____ (1983)(편저), 「언어와 인지」, 한신문화사.

_____ (1985)(역), 「문법이해론」, 범한서적주식회사.

_____ (1986), "낱말의 의미와 범주화", 「東方學志」50, 延世大學校 國學研究所.

_____ (1987), "마침꼴의 의미 연구", 「한글」 195, 한글학회.

_____ (1989), "언어주관성의 문제", 「한글」 206, 한글학회

_____ (1991), "동사 '하다'의 문법", 「국어의 이해와 인식」 -길음 김석득 교
   수 회갑기념 논문집-, 한국문화사.

이기동·김종도(1991)(역), 「인지문법」, R.W. Langacker(저), 한신문화사.

_____ (1992), "다의구분과 순서의 문제", 「새국어생활」 2-1, 국립국어연구원.

李基用 (1978), "言語와 推定", 「國語學」 6, 國語學會.

이기종 (1988), 「국어 인과구문에 관한 연구」, 한남대학교 대학원 석사학위
   논문.

_____ (1989), "국어 부정 구문에 연구-부정 극어를 중심으로-",「韓南語
   文學」15, 韓南大學校 國語國文學會.

_____ (1990), "중세국어 '-고져/-과뎌'의 의미기능", 「韓南語文學」 16, 韓
   南大學校 國語國文學會.

_____ (1992), "짐작구문(斟酌構文)의 인지론적 해석(Ⅰ)" 「雪苳 朴堯順 先
   生 停年退任 紀念論叢」, 刊行委員會.

_____ (1993), "짐작·추측구문 논의를 위한 몇가지 전제", 「韓南語文學」 19,

　　　　韓南大學校 國語國文學會.

______ (1995ㄱ), "광고언어의 구조와 특성", 「대전어문학」 12, 대전대학교 국어국문학회.

______ (1995ㄴ), "'떨어지다'의 인지론적 해석", 「韓南語文學」 20, 韓南大學校 國語國文學會.

______ (1996ㄱ), 「국어 짐작·추측 구문에 관한 연구」, 한남대학교 대학원 박사학위 논문.

______ (1996ㄴ), "'-(ㄴ지/ㄹ지) 모른다'. '-기 쉽다'의 의미 기능", 「韓南語文學」 21, 韓南大學校 國語國文學會.

______ (1997), "자기방어표현의 유형과 기능", 「韓南語文學」 22, 韓南大學校 國語國文學會.

______ (1998), "쉼표(,)의 기능과 사용실태", 「韓南語文學」 23, 韓南大學校 國語國文學會.

______ (2000), "{듯하다}, {듯싶다}, {성싶다}의 의미 차이", 「한국언어문학」 44, 한국언어문학회.

______ (2001ㄱ), "맞춤법 교정 프로그램에 나타난 형태소 분석의 실태—아래 훈글(HWP)을 중심으로—, 「韓南語文學」 25, 韓南大學校 國語國文學會.

______ (2001ㄴ), "정신공간 표상의 인식론적 상관성", 「어문학」 72, 한국어문학회.

李南淳 (1981), "'겠'과 '르것' ", 「冠岳語文硏究」 6.

______ (1988), 「국어의 부정격과 격표지 생략」, 탑출판사.

이맹성 (1968), "Nominalization in Korean Syntax", 「語學硏究」 4-1.

이병모 (1995), 「의존명사의 형태론적 연구」, 學文社.

이병욱 (1988), 「인식론」(역), D.W.햄린(저), 서광사.

이병혁 (1986)(편저), 「언어사회학 서설」, 까치.

李相殷 (1986),(監修) 漢韓大字典, 民衆書林.

이상규 (1986), "경북방언에서의 미확정 서법(1)", 「어문론총」 20, 경북대학교 국문과.

이선경 (1986), "서법과 언술행위적 한정 작용", 「한글」 193호, 한글학회.

李承旭 (1986), 「國語 文法體系의 史的 硏究」, 一潮閣.

이영애 (1987),(역) 「인지심리학」, 을유문화사.

―――― (1992),(역) 「인간사고의 심리학」, 교문사.

이영옥·정성호(1991)(역), 「표상-인지과학의 기초에 관한연구-」, 민음사.

이익환 (1979), 「Korean Particles, Complements, and Questions」, Ph. D. Dissertation, D. Dissertation, Univ of Texas at Austin (한신문화사 1980)

______ (1985), 「현대우리말본」, 문성출판사.

이정모 (1989), "덩이글 이해의 심리적 과정의 한 모형", 「認知科學」, 民音社.

이정민 (1973), "The Korean Modality in the Speech Act", Papers in Linguistics1-2 (University of Michgan) (번역:南基心外 共編, 1975)

______ (1974), 「Abstract Syntax and Korean with Reference of korea」 범한서적.

______ (1975), "언어행위에 있어서의 양상구조", 「現代國語文法」, 啓明大學 出版部.

______ (1976), "Case for Psychological Verbs in Korean", 「언어」 1-1.

______ (1978), "'알다'라는 말의 분석", 「마음」 1(思惟會).

이주행 (1988), "의존명사의 의미 분석", 「임동권 박사 송수 기념 논문집」

______ (1988), 「한국어 의존명사의 통시적 연구」, 한샘.

李智凉 (1990), "서법", 「國語研究 어디까지 왔나」, 서울대 大學院 國語國文 學會 編.

이현희 (1982), "국어의 의문법에 대한 통시적 연구", 「國語研究」 52.

이홍배 (1968), 「A Study of Korean Syntax」, 범한서적.

이희자 (1984), "'겠' 언표내적 효력 분석", 연세대 대학원 석사학위논문.

이희승 (1982), 「국어대사전」, 민중서관.

임동훈 (1991), "현대국어 형식명사 연구, 「國語研究」 103.

임지룡 (1993), 「국어 의미론」, 탑출판사.

______ (1996), "의미의 인지 모형에 대하여", 「語文學」 57, 한국어문학회.

______ (1997), 「인지 의미론」, 탑출판사.

______ (1999), "감정의 생리적 반응에 대한 언어화 양상", 「담화와 인지」 6-2. 담화인지학회

______ (2000), "'화'의 개념적 양상", 「언어」 25-4.

______ (2001), "'기쁨'과 '슬픔'의 개념화 양상", 「國語學」 37, 국어학회.

임칠성 (1991), "비확정 서술의 '겠'에 대하여", 「국어국문학」 105, 국어국문 학회.

任洪彬 (1974), "名詞化의 意味特性에 대하여", 「國語學」 2, 國語學會.

______ (1978), "피동성과 피동구문", 「국민대학교논문집」.

______ (1980), "'겠'과 對象性", 「한글」 170, 한글학회.

______ (1985), "국어의 {통사적}인 空範疇에 대하여", 「語學研究」 21-3.

張京姬 (1982), "國語疑問法의 肯定과 否定", 「國語學」 11, 國語學會.

______ (1984), "{겠}과 인과법칙", 「어학」 11, 全北大學校 語學研究所.

______ (1985), 「現代國語의 樣態範疇研究」, 탑출판사.

______ (1995), "국어의 양태 범주의 설정과 그 체계", 「언어」 20-3. 한국언어학회.

張素媛 (1986), "文法記述에 있어서의 文語體 研究", 「國語研究」 72.

장석진 (1973), "話의 生成的 研究", 「語學研究」(별권).

정대현 (1989), "해석된 –상사형으로서의 심상", 「認知科學」, 民音社.

정원수 (1992), "중세국어 어미 '(으)리'의 분석과 선어말 어미들의 통합순서", 한글학회 대전지회 발표 요지.

鄭春會 (1992), 「認知言語學」(編譯), 螢雪出版社.

조규태 (1983), "준자립명사 〈모양〉에 대하여", 「배달말」 8, 배달말학회.

趙明翰 (1979), 「言語心理學」, 正音社.

______ (1989), "인지과학과 심리학", 「認知科學」, 民音社.

______ (1989), "언어 처리 이론으로서의 단원성의 문제", 「認知科學」, 民音社.

조숙환·이현호 (1992),(편) 「언어학과 인지」, 한국문화사.

周時經 (1910), 「國語文法」, 博文書館.

차현실 (1983), "보조용언의 인식양상", 「논문집」 13, 경기대.

______ (1984), "{싶다}의 의미와 통사구조", 「언어」 9-2.

______ (1986), 양상술어(modal predicate)의 통사와 의미 –미확인 양상술어를 중심으로–, 「이화어문논집」 8.

최현배 (1937:열두번째펴냄:1985), 「우리말본」, 정음문화사.

하치근 (1988), "국어 파생접미사의 유형분류", 「한글」 199. 한글학회.

한글학회 (1992), 「우리말큰사전」

韓瑞錫 (1983), 「칸트 哲學思想의 理解」, 養英閣.

황병순 (1989), "감각 동사 '보다'와 행위 동사 '보다', 「배달말」 14, 배달말학회.

______ (1986), "'-어'와 '-고'의 기능에 대하여", 「국어학신연구」 탑출판사.

허 웅 (1975),「우리옛말본」, 샘문화사.

______ (1982), "한국말 때매김법의 걸어온 발자취",「한글」178, 한글학회.

______ (1983),「국어학:우리말의 오늘, 어제」, 샘문화사.

홍양추 (1987),「국어 매인 이름씨 연구」, 건국대 대학원 박사학위 논문.

홍사만 (1987), "'기지·미지'의 정보구조",「우해 이병선 박사 회갑기념논총」.

Austin, J. L.(1962), *How to do Things with Word*, London:Oxford University Press.

Bybee, J. L.(1985), *Morphology: A Study of the Relation between Meaning and Form*, Amsterdam:Benjamins.

Bybee, J. & S(1995), Fleischman eds., *Modality and Discourse*, John Benjamins Publishing Company.

Chafe, W.(1970), *Meaning and the Structure of Language*, The MIT Press.

__________(1974), "Language and Consciousness", *Language* 50.

Conardo, F. G & Lance J. R. (1986), "Conceptul combination and the given/new distinction" *Journal of memory and Language* 25.

Cook, W. A.(1979), *Case grammer: Development of the Matrix Model*(1970~1978), Georgetown University Press.

Fauconnier, G.(1985), *Mental Space: Roles and Strategies*, Cambridge, Mass.: and London: MIT Press/Bradford.

Fillmore, C. J.(1971), "Verbs of Judging:An Exercise in Semantic Description" in Fillmore & Langendoen(eds) *Studies in Linguistic Semantics*, Holt, Rinehart & Winston, Inc.

Fodor, J. A.(1983), *The Modularity of Mind* : An essay on faculty psychology, Cambridge, Mass. MIT Press.

Givon, T.(1979), *On Understanding Grammer*, NewYork:Academic Press.

________(1984), *Syntax:*a Functional-Typological Introduction, John Benjamins B.V.

Grice, H. P.(1975), Logic and Conversations, *Syntax and Semantics*. Vol 3, New York: Academic Press.

______(1978), "Further notes on Logic and Conversation", in Cole 1978.

Griffiths, A. P.(ed.)(1977), *Knowledge and Belief*, London:Oxford University Press.

Haiman, J.(ed)(1985). *Iconicity in Syntax*. Amsterdam/Philadelphia :John Benjamins.

Halliday, M.A.K(1970), "Functional Diversity in Language as Seen form Consideration of Modality and Mood in English", *Foundation of Language* 6.

Hare, R. N.(1970), "Meaning and Speech Acts", *Philosophical Review* 79.

Hewitt, J. & Stokes, R.(1975), "Disclaimers", *American Sociological Review* 40. (이병혁 편저(1986), 「언어사회학 서설」, 까치.)

Jackendoff, R. (1975), "On Belief Context", *Linguistic Inquiry* 6-1

_______ (1983), *Semantics and Cognition*, Cambridge, Mass: MIT Press.

Jespersen, O.(1924), *The Philosophy of Grammar*, London:George Allen and Un win Ltd.

John Hewitt & Randall Stokes(1975), "Disclaimers", *American Sociologicals Review*, Vol, 40.

Karttunen, L.(1978), "Syntax and Semantics of Question", *Questions*, ed. Henry Hiz.

Katz, J. J., & Fodor, J. A, (1963) "The Structure of a Semantic Theory", *Language* 39.

Katz, J. J. (1972), *Semantic Theory* New York: Harper & Row.

Kim, N.(1984), *The Grammar of Korean Complementation*. Honolulu :Univ. of Hawaii, Center for Korean Studies.

Kimio(1988), *Territry of information*, John Benjamins Publishing Company.

Kuno, S.(1973), *The Structure of Japanese Language*, The MIT Press.

Lakoff, G(1987). *Woman, Fire and Dangerous Things*, Chicago and London : The University of Chicago Press. (이기우 옮김 (1994), 「인지 의미론」, 한국문화사.)

Langacker, R. W.(1982), "*Spacegrammar, analysability, and the*

English passive", Language 58.

_______ *Orientation*. Ⅱ: *Semantic Structure*. Trier.

_______(1983), "*Foundation of Cognitive Grammar*", Ⅰ: *Orientation*. Ⅱ: *Semantic Structure*. Trier.

_______(1985), "Observations andSpeculations on Subjectivity", in Haiman 1985.

_______(1986), "An Introduction to Cognitive Grammar", *Cognitive Science* 10.

Leech, J.(1974), *Semantics*, Harmondsworth:Penguin Book Ltd.

_______(1983), *Principle of Pragmatics*, London·NewYork:Longman Linguistics Library.

Lyons, J.(1977), *Semantics*, London: Cambridge Press.

Miller, G. A. & Johnson, L.(1976), *Language and Perception*, The Belknap Press.

Murry Singer, 정길성·연준흠 역(1994),「언어심리학」, 한국문화사.

Palmer, F.R(1986), *Mood and Modality*, Cambridge: Cambridge University Press.

Price, H. H.(1934-5), "Some Consideration about Belief", in Griffiths (ed.), *knowledge and Belief*, 1967.

Ramstedt, G. J(1939), *A Korean Grammar*, Helsinki.

Searle, J. R,(1969), *Speech Acts*, Syntax and Semantics, Vol, 3. New york:Academic Press.

Sommerfeldt, K. E.(1973), "Satzsemantik und Modalität", *Zeitschchrift für Phonetik Sprachwissenschaft und Kommunikation* 6.

Sperber, D & Wilson, D.(1986), *Relevance ; Communication & Cognition*, Blackwell.

Sweetser, E.(1984), Semantic Structure and Semantic Change: English Perception Verbs in an Indo-European Context. Trier.

White, A. R. (1975), *Modal Thinking*, Newyork: Cornell University Press.

早津惠美子(1988), "[らしい]と[ようだ]",「日本語學」, 明治書院.

찾아보기

(ㄱ)

166, 178, 181, 195, 196, 201,
  205, 206, 208, 226, 247, 248,
  250, 251, 253, 266, 271, 290
직접 정보 98, 114
진술 거부 314
진위 판단 160, 167, 169, 230

(ㅈ)

책임 전가 311, 312, 314, 317
책임 회피 309, 311, 312, 314
초맥락적 66, 71, 103, 112,
  121, 165, 170, 266
초점화 119, 344
추량 25, 128, 130, 162
추론 18, 103, 120, 150, 220,
  276, 282, 283, 284
추론 과정 283, 284, 316
추리 18, 31, 55, 56, 58, 69,
  70, 71, 73, 74, 87, 88, 96,
  115, 144, 147, 150, 158, 160,
  162, 165, 167, 169, 239, 276,
  288, 319

(ㅌ)

타동구성 61
탄도체 342, 344
통각 180
특정 판단 130

(ㅍ)

판단 근거 18, 54, 104, 119,
  180, 181, 185
평가 23, 37, 42, 45, 47, 48,
  50, 68, 81, 85, 92, 93, 105,
  106, 113, 132, 153, 167, 182,
  185, 207, 208, 223, 224, 233,
  234, 272, 274, 277, 289
표상 21, 25, 28, 35, 54, 98,
  178, 187, 202, 229, 263, 269,
  329, 355
표상소 115, 123, 124, 125,
  127, 150, 184, 239
표상화 77, 85, 95, 97, 102,
  144, 178, 284, 286
표상화 과정 29, 97, 102, 103,
  286, 287

(ㅎ)

함의 38, 39, 48, 52, 65, 263
해명성 발화 297, 309
핵심 의미 25, 44, 126, 129,
  144, 145, 148, 165, 166, 170,
  175, 185, 188, 193, 205, 208,
  209, 210, 213, 214, 220, 225,
  273, 288, 289, 290, 319, 324,
  326, 329, 331, 334
행동주 78, 89, 245
현저성 340, 341
형태론적 통합체 187, 332, 346
화맥 15, 41, 43, 50, 51, 91,
  92, 111, 112, 113, 114, 115,

이 기 종(李基宗)

1960년 충북 옥천에서 출생하여 대전에서 중·고등학교를 다니다. 한남대학교 국어국문학과를 졸업하고 동 대학원 석사, 박사 학위를 취득하였다. 대전대, 배재대, 건양대 등에서 강의를 하였고, 대전산업대학교 BK21 계약교수를 지냈으며, 현재는 한남대에 출강하고 있다.

【주요 논저】
· 국어의 짐작·추측 구문에 관한 연구(1996)
· 작문의 이론과 실제(1997)
· 국어 인과구문(因果構文)에 관한 연구(1988)
· 말·글과 문화(1999) 외 다수

우리말의 인지론적 분석

인　쇄 2001년 7월 24일
발　행 2001년 7월 31일
저　자 이기종
발행인 이대현
편집 이은희·김민영
표지디자인 홍동선
발행처 도서출판 역락 / 서울 성동구 성수2가 3동 277-17
　　　　성수아카데미타워 319호(우 133-123)
TEL 대표·영업 3409-2058 편집부 3409-2060 팩스 3409-2059
전자우편 yk3888@kornet.net / youkrack@hanmail.net
등록 1999년 4월 19일 제2-2803호

정가 15,000원
ISBN 89-88906-99-3-93710

* 잘못된 책은 교환해 드립니다.